Die Umsetzung der Richtlinie 93/13/EWG über missbräuchliche Klauseln in Verbraucherverträgen in Deutschland, dem Vereinigten Königreich, Frankreich und Italien

Studien zum vergleichenden und internationalen Recht -
Comparative and International Law Studies

Herausgeber: Bernd von Hoffmann, Erik Jayme
und Heinz-Peter Mansel

Band 82

PETER LANG
Frankfurt am Main · Berlin · Bern · Bruxelles · New York · Oxford · Wien

Klaus Herkenrath

Die Umsetzung der Richtlinie 93/13/EWG über missbräuchliche Klauseln in Verbraucherverträgen in Deutschland, dem Vereinigten Königreich, Frankreich und Italien

Auswirkungen nationaler Umsetzungstechniken auf den Harmonisierungserfolg

PETER LANG
Europäischer Verlag der Wissenschaften

Bibliografische Information Der Deutschen Bibliothek
Die Deutsche Bibliothek verzeichnet diese Publikation in der Deutschen Nationalbibliografie; detaillierte bibliografische Daten sind im Internet über <http://dnb.ddb.de> abrufbar.

Zugl.: Trier, Univ., Diss., 2002

D 385
ISSN 0930-4746
ISBN 3-631-51237-6

www.peterlang.de

Was der Mensch sät, wird er auch ernten.

Meinen Eltern

Vorwort

Die vorliegende Arbeit wurde im Sommersemester 2002 vom Fachbereich Rechtswissenschaft der Universität Trier als Dissertation angenommen.

Mein herzlicher Dank gilt Herrn Professor Dr. Bernd von Hoffmann für die Betreuung der Arbeit sowie für die Aufnahme des Werks in die Schriftenreihe „Studien zum vergleichenden und internationalen Recht". Herrn Professor Dr. Dr. h.c. Peter Bülow danke ich für die Erstellung des Zweitgutachtens.

Schließlich danke ich den Mitgliedern des Zentrums für Europäisches Wirtschaftsrecht der Universität Bonn für die Gewährung eines Promotionsstipendiums im Rahmen des Graduiertenkollegs „Europäisches und internationales Wirtschaftsrecht".

Köln, im Juni 2003 Klaus Herkenrath

Inhaltsverzeichnis

Seite

Abkürzungsverzeichnis

a.A.	anderer Ansicht
a.a.O.	am angegebenen Ort
ABlEG	Amtsblatt der Europäischen Gemeinschaften
Abs.	Absatz
AcP	Archiv für die civilistische Praxis
a.E.	am Ende
a.F.	alte Fassung
AG	Die Aktiengesellschaft: Zeitschrift für das gesamte Aktienwesen, für deutsches, europäisches und internationales Unternehmens- und Kapitalmarktrecht
AGB	Allgemeine Geschäftsbedingungen
AGBG	Gesetz zur Regelung des Rechts der Allgemeinen Geschäftsbedingungen
Alt.	Alternative
Art.	Artikel
Artt.	Artikel (Plural)
Aufl.	Auflage
BauR	Baurecht: Zeitschrift für das gesamte öffentliche und zivile Baurecht
BB	Betriebs-Berater
BeurkG	Beurkundungsgesetz
BGB	Bürgerliches Gesetzbuch
BGBl.	Bundesgesetzblatt
BGH	Bundesgerichtshof
BGHZ	Entscheidungen des Bundesgerichtshofes in Zivilsachen
BT-Drucksache	Drucksache des Deutschen Bundestages
BVerfG	Bundesverfassungsgericht
bzw.	beziehungsweise
civ. 1re	première chambre civile
CCons.	Code de la consommation
DB	Der Betrieb
DDR	Deutsche Demokratische Republik
ders.	derselbe
dies.	dieselbe(n)
DNotZ	Deutsche Notar-Zeitschrift
Dok.	Dokument
DStR	Deutsches Steuerrecht: Wochenschrift für Steuerrecht, Wirtschaftsrecht und Betriebswirtschaft

DVBl.	Deutsches Verwaltungsblatt
EG	Europäische Gemeinschaft
EGBGB	Einführungsgesetz zum Bürgerlichen Gesetzbuch
EGV	Vertrag zur Gründung der Europäischen Gemeinschaft
Einl.	Einleitung
ERPL	European Review of Private Law
etc.	et cetera
EU	Europäische Union
EuGH	Gerichtshof der Europäischen Gemeinschaften
EuGVÜ	Brüsseler EWG-Übereinkommen über die gerichtliche Zuständigkeit und die Vollstreckung gerichtlicher Entscheidungen in Zivil- und Handelssachen
EuR	Europarecht
EUV	Vertrag über die Europäische Union
EuZW	Europäische Zeitschrift für Wirtschaftsrecht
e.V.	eingetragener Verein
EVÜ	Römisches EWG-Übereinkommen über das auf vertragliche Schuldverhältnisse anzuwendende Recht
EWG	Europäische Wirtschaftsgemeinschaft
EWGV	Vertrag zur Gründung der Europäischen Wirtschaftsgemein-schaft
EWIV	Verordnung (EWG) Nr. 2137/85 des Rates vom 25. Juli 1985 über die Schaffung einer Europäischen wirtschaftlichen Interessenvereinigung
EWS	Europäisches Wirtschafts- & Steuerrecht
f.	folgend
ff.	fortfolgend
Fn.	Fußnote
GG	Grundgesetz
GMBl.	Gemeinsames Ministerialblatt des Auswärtigen Amtes, des Bundesministers des Innern, des Bundesministers für Ernährung, Landwirtschaft und Forsten, des Bundesministers für Jugend, Familie und Gesundheit, des Bundesministers für Raumordnung, Bauwesen und Städtebau, des Bundesministers für innerdeutsche Beziehungen, des Bundesministers für Forschung und Technologie, des Bundesministers für Bildung und Wissenschaft, des Bundesministers für wirtschaftliche Zusammenarbeit
GRUR Int.	Gewerblicher Rechtsschutz und Urheberrecht, Internationaler Teil
HGB	Handelsgesetzbuch

Hrsg.	Herausgeber
IPR	Internationales Privatrecht
IPRax	Praxis des Internationalen Privat- und Verfahrensrechts
i.V.m.	in Verbindung mit
JR	Juristische Rundschau
Jura	Juristische Ausbildung
JuS	Juristische Schulung
JZ	Juristenzeitung
Kfz	Kraftfahrzeug
LG	Landgericht
lit.	litera
m.E.	meines Erachtens
m.w.N.	mit weiteren Nachweisen
n.F.	neue Fassung
NGCC	La Nuova Giurisprudenza Civile Commentata
NJW	Neue Juristische Wochenschrift
Nr.	Nummer
PHG	Produkthaftungsgesetz
RabelsZ	Rabels Zeitschrift für ausländisches und internationales Privatrecht
REDC	Revue européenne de droit de la consommation
RGZ	Entscheidungen des Reichsgerichts in Zivilsachen
RIW	Recht der Internationalen Wirtschaft
RL	Richtlinie 93/13/EWG des Rates vom 5. April 1993 über missbräuchliche Klauseln in Verbraucherverträgen
Rn.	Randnummer
Rs.	Rechtssache
S.	Seite/Satz
S.E.	Societas Europaea
Slg.	Sammlung der Rechtsprechung des Gerichtshofes und des Gerichts erster Instanz der Europäischen Gemeinschaften
TA Luft	Technische Anleitung zur Reinhaltung der Luft
UCTA	Unfair Contract Terms Act 1977
UN	United Nations
UTCR 1994	The Unfair Terms in Consumer Contracts Regulations 1994
UTCR 1999	The Unfair Terms in Consumer Contracts Regulations 1999
VersR	Versicherungsrecht: Juristische Rundschau für die Individualversicherung

vgl.	vergleiche
VuR	Verbraucher und Recht
WM	Wertpapiermitteilungen: Zeitschrift für Wirtschaftsrecht und Bankrecht
WiB	Wirtschaftsrechtliche Beratung
z.B.	zum Beispiel
ZEuP	Zeitschrift für Europäisches Privatrecht
ZfRV	Zeitschrift für Rechtsvergleichung, Internationales Privatrecht und Europarecht
ZHR	Zeitschrift für das gesamte Handelsrecht und Wirtschaftsrecht
ZIP	Zeitschrift für Wirtschaftsrecht

Literaturverzeichnis

Alpa, Guido

Implementation of the EC Directive on Unfair Contract Terms (93/13) in Italy, the United Kingdom and France and its Effects on European Contract Law, in: Ferrari, Franco (Hrsg.): The Unification of International Commercial Law, 1. Aufl., Baden-Baden 1998, zitiert: *Alpa* in Unification of International Commercial Law

ders.

L'applicazione della normativa sulle clausole abusive nei contratti dei consumatori: primo bilancio, Rivista trimestrale di diritto e procedura civile 1999, 1173-1200

ders.

Sul recepimento della direttiva comunitaria in tema di clausole abusive, NGCC 1996, parte seconda, 46-48

ders.

The implementation of the EC directive on unfair contract terms in Italy, ERPL 1997, 181-184

ders.

The implementation of the EC directive on unfair contract terms (93/13) in Italy – a comparison with the implementation in the United Kingdom and in France, in: Krämer, Luwig etc. (Hrsg.): Law and diffuse Interests in the European Legal Order: Liber amicorum Norbert Reich = Recht und diffuse Interessen in der Europäischen Rechtsordnung, 1. Aufl., Baden-Baden 1997, zitiert: *Alpa* in Liber amicorum Norbert Reich

Antoniolli Deflorian, Luisa

Consumer Contracts in Italian and Community Law – Patterns of Integration and Disintegration, in: Schulte-Nölke, Hans/Schulze, Reiner (Hrsg.): Europäische Rechtsangleichung und nationale Privatrechte, 1. Aufl., Baden-Baden 1999, zitiert: *Antoniolli Deflorian* in Europäische Rechtsangleichung und nationale Privatrechte

Arena, Roberta Evelina

La direttiva comunitaria 93/13 sulle clausole abusive. Suo recepimento nell'ordinamento italiano con particolare riferimento alla disciplina dei contratti bancari, Giurisprudenza di Merito 1998, 156-170

Arndt, Hans-Wolfgang
Warenverkehrsfreiheit innerhalb der Europäischen Union: der Fall „Keck“ – EuGH, NJW 1994, 121, JuS 1994, 469-473

Artz, Markus
Schuldrechtsmodernisierung 2001/2002 – Integration der Nebengesetze in das BGB, JuS 2002, 528-536

Bangemann, Martin
Privatrechtsangleichung in der Europäischen Union, ZEuP 1994, 377-380

Bar, Christian von
Gemeineuropäisches Deliktsrecht, Band I: Die Kernbereiche des Deliktsrechts, seine Angleichung in Europa und seine Einbettung in die Gesamtrechtsordnungen, München 1996, zitiert: *von Bar*, Gemeineuropäisches Deliktsrecht, Band I

Barbiera, Lelio
Il recepimento della direttiva del 5 aprile 1993 del Consiglio CEE sulle clausole abusive nei contratti stipulati con i consumatori nell‘ alternativa tra inserzione nel codice e redazione di una legge speciale, in: Bianca, Cesare Massimo/Alpa, Guido (Hrsg.): Le clausole abusive nei contratti stipulati con i consumatori: L’attuazione della direttiva comunitaria del 5 aprile 1993, Padova 1996, zitiert: *Barbiera* in Le clausole abusive nei contratti stipulati con i consumatori

Bartole, Sergio
Novità e problemi applicativi del disegno di legge La Pergola per l’attuazione delle direttive comunitarie, Foro Italiano 1988, IV, 494-499

Basedow, Jürgen
Der kollisionsrechtliche Gehalt der Produktfreiheiten im europäischen Binnenmarkt: favor offerentis, RabelsZ 59 (1995), 1-55

ders.
Die Klauselrichtlinie und der Europäische Gerichtshof – eine Geschichte der verpaßten Gelegenheiten, in: Schulte-Nölke, Hans/Schulze, Reiner (Hrsg.): Europäische Rechtsangleichung und nationale Privatrechte, 1. Aufl., Baden-Baden 1999, zitiert: *Basedow* in Europäische Rechtsangleichung und nationale Privatrechte

ders.
Über Privatrechtsvereinheitlichung und Marktintegration, in: Immenga, Ulrich/Möschel, Wernhard/Reuter, Dieter (Hrsg.): Festschrift für Ernst-Joachim Mestmäcker zum 70. Geburtstag, 1. Aufl., Baden-Baden 1996, zitiert: *Basedow* in Festschrift für Mestmäcker

Bates, T. St. John N.
The Implementation of European Union Directives in National Law: a United Kingdom Perspective, in: Karpen, Ulrich/Wenz, Edgar Michael (Hrsg.): National Legislation in the European Framework, 1. Aufl., Baden-Baden 1998, zitiert: *Bates* in National Legislation in the European Framework

Baumert, Andreas J.
Die Umsetzung des Art. 6 Abs. 2 der AGB-Richtlinie im System des europäischen kollisionsrechtlichen Verbraucherschutzes, EWS 1995, 57-69

Beale, H.G. (General Editor)
Chitty on Contracts, Volume 1: General Principles, 28th edition, London 1999, zitiert: *Bearbeiter* in Chitty on Contracts

Beale, Hugh
Legislative Control of Fairness: The Directive on Unfair Terms in Consumer Contracts, in: Beatson, Jack/Friedmann, Daniel (Hrsg.): Good Faith and Fault in Contract Law, Oxford, 1995, zitiert: *Beale* in Good Faith and Fault in Contract Law

Beatson, Jack
European Law and Unfair Terms in Consumer Contracts, Cambridge Law Journal 1995, 235-238

ders.
The Incorporation of the EC Directive on Unfair Consumer Contracts into English Law, ZEuP 1998, 957-968

Beitzke, Günther
Probleme der Privatrechtsangleichung in der Europäischen Wirtschaftsgemeinschaft, ZfRV 5 (1964), 80-93

Benabent, Alain
Clauses abusives: le droit français et ses réactions à la directive européenne, ERPL 1995, 211-219

Berger-Walliser, Gerlinde
Mißbräuchliche Klauseln in Verbraucherverträgen nach Inkrafttreten des Code de la consommation und Umsetzung der EG-Richtlinie 93/13 in Frankreich, RIW 1996, 459-463

Bianca, Cesare Massimo
Le tecniche di controllo delle clausole vessatorie, in: Bianca, Cesare Massimo/Alpa, Guido (Hrsg.): Le clausole abusive nei contratti stipulati con i consumatori: L'attuazione della direttiva comunitaria del 5 aprile 1993, Padova 1996, zitiert: *Bianca* in Le clausole abusive nei contratti stipulati con i consumatori.

Bigliazzi Geri, Lina
A proposito della proposta di attuazione della direttiva comunitaria sulle clausole abusive nei contratti stipulati con i consumatori, in: Bianca, Cesare Massimo/Alpa, Guido (Hrsg.): Le clausole abusive nei contratti stipulati con i consumatori: L'attuazione della direttiva comunitaria del 5 aprile 1993, Padova 1996, zitiert: *Bigliazzi Geri* in Le clausole abusive nei contratti stipulati con i consumatori.

Bin, Marino
Clausole vessatorie: una svolta storica (ma si attuano così le direttive comunitarie?), Contratto e impresa/Europa 1996, 431-456

Birk, Rolf
Il recepimento della direttiva e il diritto tedesco, in: Bianca, Cesare Massimo/Alpa, Guido (Hrsg.): Le clausole abusive nei contratti stipulati con i consumatori: L'attuazione della direttiva comunitaria del 5 aprile 1993, Padova 1996, zitiert: *Birk* in Le clausole abusive nei contratti stipulati con i consumatori.

Blaurock, Uwe
Wege zur Rechtseinheit im Zivilrecht Europas, in: Starck, Christian (Hrsg.): Rechtsvereinheitlichug durch Gesetze: Bedingungen, Ziele, Methoden, Göttingen 1992, zitiert: *Blaurock* in Rechtsvereinheitlichung durch Gesetze

Bleckmann, Albert
Chancen und Gefahren der europäischen Integration: zum Demokratieprinzip in der EG, JZ 1990, 301-306

ders.
Europarecht: das Recht der Europäischen Union und der Europäischen Gemeinschaften, 6. Aufl., Köln, Berlin, Bonn, München 1997, zitiert: *Bleckmann*, Europarecht

Börner, Bodo
Die Produkthaftung oder das vergessene Gemeinschaftsrecht, in: Grewe, Wilhelm G. etc. (Hrsg.): Europäische Gerichtsbarkeit und nationale Verfassungsgerichtsbarkeit: Festschrift zum 70. Geburtstag von Hans Kutscher, 1. Aufl., Baden-Baden 1981, zitiert: *Börner* in Festschrift für Kutscher

Bone, Sheila/Rutherford, Leslie/Wilson, Stephen
Unfair Terms in Consumer Contracts Regulations: The New Law, Newcastle 1996, zitiert: *Bone/Rutherford/Wilson*, Unfair Terms in Consumer Contracts Regulations

Brambring, Günter
Anmerkung zu BGH, Urteil vom 29. Juni 1989 – VII ZR 151/88, DNotZ 1990, 99-103

Brandner, Hans Erich/Ulmer, Peter
EG-Richtlinie über mißbräuchliche Klauseln in Verbraucherverträgen: kritische Bemerkungen zum Vorschlag der EG-Kommission, BB 1991, 701-709

Bright, Susan/Bright, Christopher
Unfair Terms in Land Contracts: Copy out or Cop out?, The Law Quarterly Review 1995, 655-673

Brock, Patrick
Der Schutz der Verbraucher vor mißbräuchlichen Klauseln im französischen Privatrecht: Die Bedeutung der EG-Richtlinie 93/13 über mißbräuchliche Klauseln in Verbraucherverträgen vom 5. April 1993 für das französische Privatrecht, Berlin 1998, zitiert: *Brock*, Schutz der Verbraucher vor mißbräuchlichen Klauseln im französischen Privatrecht

Brownsword, Roger/Howells, Geraint
The Implementation of the EC Directive on Unfair Terms in Consumer Contracts – Some Unresolved Questions, The Journal of Business Law 1995, 243-263

Bunte, Hermann-Josef
Die EG-Richtlinie über mißbräuchliche Klauseln in Verbraucherverträgen und ihre Umsetzung durch das Gesetz zur Änderung des AGB-Gesetzes, DB 1996, 1389-1393

ders.
Gedanken zur Rechtsharmonisierung in der EG auf dem Gebiet der mißbräuchlichen Klauseln in Verbraucherverträgen, in: Löffelmann, Peter etc. (Hrsg.): Festschrift für Horst Locher zum 65. Geburtstag, Düsseldorf 1990, zitiert: *Bunte* in Festschrift für Locher

Canaris, Claus-Wilhelm
Verfassungs- und europarechtliche Aspekte der Vertragsfreiheit in der Privatrechtsgesellschaft, in: Badura, Peter/Scholz, Rupert (Hrsg.): Wege und Verfahren des Verfassungslebens: Festschrift für Peter Lerche zum 65. Geburtstag, München 1993, zitiert: *Canaris* in Festschrift für Lerche

Capponi, Bruno
Diritto comunitario e azioni di interesse collettivo dei consumatori, Foro Italiano 1994, IV, 439-456

Carbone, Vincenzo
La risposta italiana alle contestazioni comunitarie sull'applicazione della direttiva sulle clausole abusive: il commento, Il corriere giuridico 1998, 984-987

Cesàro, Ernesto
Direttiva comunitaria e clausole abusive in Italia, in: Rizzo, Vito (Hrsg.): Diritto privato comunitario, volume I: fonti, principi, obbligazioni e contratti, Napoli 1997, zitiert: *Cesàro* in Diritto privato comunitario, volume I

Cian, Giorgio
Europäisches Privatrecht aus italienischer Sicht: Die Umsetzung der EG-Richtlinie 93/13 über Verbraucherverträge in das italienische Recht, in: Jayme, Erik etc. (Hrsg.): Jahrbuch für italienisches Recht, Band 10: Verfassungsprivatrecht, Allgemeine Geschäftsbedingungen, Unternehmensbesteuerung, Heidelberg 1997, zitiert: *Cian* in Jahrbuch für italienisches Recht 10 (1997)

Claßen, Christiane
Nichtumsetzung von Gemeinschaftsrichtlinien: von der unmittelbaren Wirkung bis zum Schadensersatzanspruch, Berlin 1999, zitiert: *Claßen*, Nichtumsetzung von Gemeinschaftsrichtlinien

Coester-Waltjen, Dagmar
Europäisierung des Privatrechts, Jura 1998, 320-322

Coing, Helmut
Europäisches Privatrecht, Band I: Älteres Gemeines Recht (1500 bis 1800), München 1985, Band II: 19. Jahrhundert, München 1989, zitiert: *Coing*, Europäisches Privatrecht, Band I/II

Collins, Hugh
Good Faith in European Contract Law, Oxford Journal of Legal Studies 14 (1994), 229-254

Damm, Reinhard
Europäisches Verbrauchervertragsrecht und AGB-Recht: Zur Umsetzung der EG-Richtlinie über mißbräuchliche Klauseln in Verbraucherverträgen, JZ 1994, 161-178

Danglehant, Catherine
Commentaire de la loi n° 95-96 du 1er février 1995 concernant les clauses abusives et la présentation des contrats, Actualité Législative Dalloz 1995, commentaires législatifs, 127-134

Dauses, Manfred A.
Die rechtliche Dimension des Binnenmarktes, EuZW 1990, 8-11

Davo, Hélène
Clauses abusives: bref aperçu de la loi du 1er février 1995 transposant la directive 93/13/CEE, REDC 1995, 215-221

dies.
Clauses abusives: loi du février 1995 transposant la directive 93/13/CEE en droit français, ERPL 1997, 157-163

De Moor, Anne
Common Law and Civil Law Conceptions of Contract and a European Law of Contract: the Case of the Directive on Unfair Terms in Consumer Contracts, ERPL 1995, 257-271

De Negri, Rossella
La tutela di matrice comunitaria nei confronti delle clausole abusive nei contratti con i consumatori, Diritto del commercio internazionale 1998, 173-223

De Nova, Giorgio
Italian Contract Law and the European Directive on Unfair Terms in Consumer Contracts, ERPL 1995, 221-230

ders.
La novella sulle clausole vessatorie e la revisione dei contratti standard, Rivista di diritto privato 1996, 221-245

Dean, Meryll
Consolidation or Confusion?, New Law Journal 1995, 28-30

dies.
Unfair Contract Terms: The European Approach, Modern Law Review 1993, 581-590

Deckert, Martina R.
Europäisches Gesellschaftsrecht – Eine Zwischenbilanz, DStR 1997, 874-879

Deckert, Martina R./Lilienthal, Nicolas O.
Die Rechtsetzungskompetenzen der EG im Privatrecht, EWS 1999, 121-133

Delebecque, Philippe
La protection des consommateurs en France contre les clauses abusives, in: Fakultätsgruppe Saarbrücken der European Law Students' Association und Centre juridique franco-allemand der Universität des Saarlandes (Hrsg.): Recht und Gesetz im deutsch-französischen Dialog = Loi et droit dans le dialogue franco-allemand, Köln, Berlin, Bonn, München 1997, zitiert: *Delebecque* in Recht und Gesetz im deutsch-französischen Dialog

Di Fabio, Udo
Richtlinienkonformität als ranghöchstes Normauslegungsprinzip? Überlegungen zum Einfluß des indirekten Gemeinschaftsrechts auf die nationale Rechtsordnung, NJW 1990, 947-954

Di Majo, Adolfo
Proposte e scelte dei progetti di recepimento, in: Bianca, Cesare Massimo/Alpa, Guido (Hrsg.): Le clausole abusive nei contratti stipulati con i consumatori: L'attuazione della direttiva comunitaria del 5 aprile 1993, Padova 1996, zitiert: *Di Majo* in Le clausole abusive nei contratti stipulati con i consumatori

Dietlein, Max
Neue Rechtsmaßstäbe für Allgemeine Geschäftsbedingungen?, NJW 1974, 969-973

D'Ippolito, Guiseppe
Il recepimento e la tutela dei consumatori, in: Bianca, Cesare Massimo/Alpa, Guido (Hrsg.): Le clausole abusive nei contratti stipulati con i consumatori: L'attuazione della direttiva comunitaria del 5 aprile 1993, Padova 1996, zitiert: *D'Ippolito* in Le clausole abusive nei contratti stipulati con i consumatori

Duffy, Peter
Unfair contract terms and the draft E.C. Directive, The Journal of Business Law 1993, 67-79

Dumollard, Benoît
L'Intégration des Directives Communautaires relatives à la Protection des Consommateurs en Droit Privé Français, in: Schulte-Nölke, Hans/Schulze, Reiner (Hrsg.): Europäische Rechtsangleichung und nationale Privatrechte, 1. Aufl., Baden-Baden 1999, zitiert: *Dumollard* in Europäische Rechtsangleichung und nationale Privatrechte

Eberstein, Hans Hermann
Die zweckmäßige Ausgestaltung von Allgemeinen Geschäftsbedingungen im kaufmännischen Geschäftsverkehr: Anleitung mit Klauselvorschlägen für Allgemeine Lieferbedingungen, 4. Aufl., Heidelberg 1997, zitiert: *Eberstein*, Zweckmäßige Ausgestaltung von AGB

Eckert, Hans-Werner
Die EG-Richtlinie über mißbräuchliche Klauseln in Verbraucherverträgen und ihre Auswirkungen auf das deutsche Recht, WM 1993, 1070-1078

Erdmann, Ulrich
Europäisches Fremdenrecht, Frankfurt am Main, Berlin 1969, zitiert: *Erdmann*, Europäisches Fremdenrecht

Everling, Ulrich
Umsetzung von Umweltrichtlinien durch normkonkretisierende Verwaltungsanweisungen: zur jüngsten Rechtsprechung des Europäischen Gerichtshofes, RIW 1992, 379-385

Fallon, Marc
Le droit applicable aux clauses abusives après la transposition de la directive n° 93/13 du 5 avril 1993, REDC 1996, 3-27

Ficker, Hans G.
Zur internationalen Gesetzgebung, in: Caemmerer, Ernst von etc. (Hrsg.): Vom deutschen zum europäischen Recht, Festschrift für Hans Dölle, Band II: Internationales Recht, Kollisionsrecht und Internationales Zivilprozeßrecht, Europäisches Recht, Tübingen 1963, zitiert: *Ficker* in Festschrift für Dölle

Fischer, Hans Georg
Folgen mangelnder oder unvollständiger Umsetzung von EG-Richtlinien, WiB 1997, 673-679

Franzen, Martin
Privatrechtsangleichung durch die Europäische Gemeinschaft, Berlin, New York 1999, zitiert: *Franzen*, Privatrechtsangleichung durch die Europäische Gemeinschaft

Frey, Kaspar
Wie ändert sich das AGB-Gesetz?, ZIP 1993, 572-580

Fumagalli, Luigi
Le clausole abusive nei contratti con i consumatori tra diritto comunitario e diritto internazionale privato, Rivista di diritto internazionale privato e processuale 1994, 15-32

Furgiuele, Giovanni
Tre osservazioni e due corollari per l'attuazione della direttiva comunitaria sulle clausole abusive, in: Bianca, Cesare Massimo/Alpa, Guido (Hrsg.): Le clausole abusive nei contratti stipulati con i consumatori: L'attuazione della direttiva comunitaria del 5 aprile 1993, Padova 1996, zitiert: *Furgiuele* in Le clausole abusive nei contratti stipulati con i consumatori

Fuß, Ernst-Werner
Die „Richtlinie“ des Europäischen Gemeinschaftsrechts, DVBl. 1965, 378-384

Gebauer, Martin
Grundfragen der Europäisierung des Privatrechts: eine Untersuchung nationaler Ansätze unter Berücksichtigung des italienischen und des deutschen Rechts, Heidelberg 1998, zitiert: *Gebauer*, Grundfragen der Europäisierung des Privatrechts

Georgiades, Apostolos
Zu einem gemeineuropäischen Privatrecht – Illusion oder Realität?, in: Tomuschat, Christian etc. (Hrsg.): Europäische Integration und nationale Rechtskulturen, Köln, Berlin, Bonn, München 1995, zitiert: *Georgiades* in Europäische Integration und nationale Rechtskulturen

Ghestin, Jacques/Marchessaux-van Melle, Isabelle
L'application en France de la directive visant à éliminer les clauses abusives après l'adoption de la loi n° 95-96 du 1er février 1995, La Semaine Juridique 1995, édition générale, doctrine, Nr. 3854, S. 275-282

Giampieri, Alberto
L'attuazione della direttiva sulle clausole abusive negli stati dell'Unione Europea, in: Bianca, Cesare Massimo/Alpa, Guido (Hrsg.): Le clausole abusive nei contratti stipulati con i consumatori: L'attuazione della direttiva comunitaria del 5 aprile 1993, Padova 1996, zitiert: *Giampieri* in Le clausole abusive nei contratti stipulati con i consumatori

Götz, Volkmar
Europäische Gesetzgebung durch Richtlinien – Zusammenwirken von Gemeinschaft und Staat, NJW 1992, 1849-1856

Grabitz, Eberhard/Hilf, Meinhard
Kommentar zur Europäischen Union, Stand: 12. Ergänzungslieferung Mai 1998, München, zitiert: *Grabitz/Hilf*, Kommentar zur EU

Groeben, Hans von der/Thiesing, Jochen/Ehlermann, Claus-Dieter (Hrsg.)
Kommentar zum EU-/EG-Vertrag, Band 1: Artikel A – F EUV, Artikel 1 – 84 EGV, Band 4: Artikel 137 – 209 a EGV, 5. Aufl., Baden-Baden 1997, zitiert: *Bearbeiter* in von der Groeben/Thiesing/Ehlermann

Grundmann, Stefan
EG-Richtlinie und nationales Privatrecht: Umsetzung und Bedeutung der umgesetzten Richtlinie im nationalen Privatrecht, JZ 1996, 274-287

ders.
Europäisches Schuldvertragsrecht: das europäische Recht der Unternehmensgeschäfte, ZGR-Sonderheft 15, Berlin, New York 1999, zitiert: *Grundmann*, Europäisches Schuldvertragsrecht

Gstaltmeyr, Martin
Bewehrung von EG-Richtlinien: Sanktionssysteme bei fehlender oder fehlerhafter Umsetzung durch die Mitgliedstaaten, München 1998, zitiert: *Gstaltmeyr*, Bewehrung von EG-Richtlinien

Guizzi, Vincenzo
The Implementation of Community Directives in Italy, in: Karpen, Ulrich/Wenz, Edgar Michael (Hrsg.): National Legislation in the European Framework, 1. Aufl., Baden-Baden 1998, zitiert: *Guizzi* in National Legislation in the European Framework

Habersack, Mathias
Richtigkeitsgewähr notariell beurkundeter Verträge, AcP 189 (1989), 403-424

Habersack, Mathias/Mayer, Christian
Die überschießende Umsetzung von Richtlinien: Normauslegung und Rechtsweg im Grenzbereich zwischen deutschem und europäischem Privatrecht, JZ 1999, 913-921

Hauschka, Christoph E.
Entwicklungslinien und Integrationsfragen der gesellschaftsrechtlichen Akttypen des Europäischen Gemeinschaftsrechts, AG 1990, 85-103

ders.
Grundprobleme der Privatrechtsfortbildung durch die Europäische Wirtschaftsgemeinschaft, JZ 1990, 521-532

Hayder, Roberto
Privatrechtsvereinheitlichung durch die Europäische Gemeinschaft – Kommentar zum Vortrag von Hans Claudius Taschner, in: Müller-Graff, Peter-Christian (Hrsg.): Gemeinsames Privatrecht in der Europäischen Gemeinschaft, 2. Aufl., Baden-Baden 1999, zitiert: *Hayder* in Gemeinsames Privatrecht in der Europäischen Gemeinschaft

Heinemann, Klaus
Auf dem Wege zur europäischen Dienstleistungshaftung, ZIP 1991, 1193-1204

Heinrichs, Helmut
Das Gesetz zur Änderung des AGB-Gesetzes: Umsetzung der EG-Richtlinie über mißbräuchliche Klauseln in Verbraucherverträgen durch den Bundesgesetzgeber, NJW 1996, 2190-2197

ders.
Der Anhang zur EG-Richtlinie über mißbräuchliche Klauseln in Verbraucherverträgen (93/13 EWG vom 5.4.1993) und seine Bedeutung für das deutsche Recht, in: Krämer, Luwig etc. (Hrsg.): Law and diffuse Interests in the European Legal Order: Liber amicorum Norbert Reich = Recht und diffuse Interessen in der Europäischen Rechtsordnung, 1. Aufl., Baden-Baden 1997, zitiert: *Heinrichs* in Liber amicorum Norbert Reich

ders.
Die EG-Richtlinie über mißbräuchliche Klauseln in Verbraucherverträgen, NJW 1993, 1817-1822

ders.
Die Entwicklung des Rechts der Allgemeinen Geschäftsbedingungen im Jahre 1996, NJW 1997, 1407-1420

ders.
Umsetzung der EG-Richtlinie über mißbräuchliche Klauseln in Verbraucherverträgen durch Auslegung: Erweiterung des Anwendungsbereichs der Inhaltskontrolle, NJW 1995, 153-159

Heiss, Helmut
Europarecht, Verbraucherrecht und allgemeines Privatrecht: eine schwierige Dreiecksbeziehung, JZ 1997, 83-84

Herdegen, Matthias
Europarecht, 2. Aufl., München 1999, zitiert: *Herdegen*, Europarecht

Heß, Stefan
Die Umsetzung von EG-Richtlinien im Privatrecht, Frankfurt am Main, Berlin, Bern, Bruxelles, New York, Wien 1999, zitiert: *Heß*, Die Umsetzung von EG-Richtlinien im Privatrecht

Hilf, Meinhard
Die Richtlinie der EG – ohne Richtung, ohne Linie?, EuR 1993, 1-22

Hippel, Eike von
Der Schutz des Verbrauchers vor unlauteren Allgemeinen Geschäftsbedingungen in den EG-Staaten: Bestandsaufnahme und Überlegungen zur Rechtsangleichung, RabelsZ 41 (1977), 237-280

ders.
Verbraucherschutz in Europa, RabelsZ 45 (1981), 353-376

Hoffmann, Bernd von
Internationales Privatrecht einschließlich der Grundzüge des Internationalen Zivilverfahrensrechts, 6. Aufl., München 2000, zitiert: *von Hoffmann*, Internationales Privatrecht

ders.
Richtlinien der Europäischen Gemeinschaft und Internationales Privatrecht, ZfRV 1995, 45-54

Hohmann, Gerhard
Möglichkeiten einer besseren verfahrensrechtlichen Kontrolle Allgemeiner Geschäftsbedingungen, JZ 1975, 590-596

Hommelhoff, Peter
Verbraucherschutz im System des deutschen und europäischen Privatrechts, Heidelberg 1996, zitiert: *Hommelhoff*, Verbraucherschutz

ders.
Zivilrecht unter dem Einfluß europäischer Rechtsangleichung, AcP 192 (1992), 71-107

Hommelhoff, Peter/Wiedenmann, Kai-Udo
Allgemeine Geschäftsbedingungen gegenüber Kaufleuten und unausgehandelte Klauseln in Verbraucherverträgen: Grundsätzliches zur Transformation der EG-Klauselrichtlinie ins deutsche Recht, ZIP 1993, 562-572

Hondius, Ewoud
The Reception of the Directive on Unfair Terms in Consumer Contracts by Member States, ERPL 1995, 241-255

ders.
Unfair contract terms: towards a European Law: Introduction, ERPL 1997, 121-134

ders.
Unfair Terms in Consumer Contracts, Utrecht 1987, zitiert: *Hondius*, Unfair Terms in Consumer Contracts

Horn, Norbert
EG-rechtlicher Verbraucherschutz im deutschen Privatrecht, in: Horn, Norbert/Baur, Jürgen F./Stern, Klaus (Hrsg.): 40 Jahre Römische Verträge – von der Europäischen Wirtschaftsgemeinschaft zur Europäischen Union, Berlin, New York 1998, zitiert: *Horn* in 40 Jahre Römische Verträge

Howells, Geraint
Data Protection, Confidentiality, Unfair Contract Terms, Consumer Protection and Credit Reference Agencies, The Journal of Business Law 1995, 343-355

Hübner, Ulrich
„Europäisierung des Privatrechts“, in: Hübner, Ulrich etc. (Hrsg.): Festschrift für Bernhard Großfeld zum 65. Geburtstag, Heidelberg 1999, zitiert: *Hübner* in Festschrift für Großfeld

Ipsen, Hans Peter
Europäisches Gemeinschaftsrecht, Tübingen 1972, zitiert: *Ipsen*, Europäisches Gemeinschaftsrecht

Jarass, Hans
Folgen der innerstaatlichen Wirkung von EG-Richtlinien, NJW 1991, 2665-2669

Jayme, Erik
Klauselrichtlinie und Internationales Privatrecht – Eine Skizze, in: Westphalen, Friedrich Graf von/Sandrock, Otto (Hrsg.): Lebendiges Recht: von den Sumerern bis zur Gegenwart; Festschrift für Reinhold Trinkner zum 65. Geburtstag, Heidelberg 1995, zitiert: *Jayme* in Festschrift für Trinkner

Jayme, Erik/Kohler, Christian
Das Internationale Privat- und Verfahrensrecht der EG 1993 – Spannungen zwischen Staatsverträgen und Richtlinien, IPRax 1993, 357-371

Joerges, Christian
Die Europäisierung des Privatrechts als Rationalisierungsprozess und als Streit der Disziplinen: Eine Analyse der Richtlinie über mißbräuchliche Klauseln in Verbraucherverträgen, ZEuP 1995, 181-201

Joustra, Carla
Consumer Law, in: Hartkamp, Arthur etc. (Hrsg.): Towards a European Civil Code, 2nd edition, The Hague, London, Boston 1998, zitiert: *Joustra* in Towards a European Civil Code

Kapnopoulou, Elissavet N.
Das Recht der mißbräuchlichen Klauseln in der Europäischen Union: das griechische Verbraucherschutzgesetz als Beitrag zum europäischen Privatrecht, Tübingen 1997, zitiert: *Kapnopoulou*, Recht der mißbräuchlichen Klauseln in der EU

Kappus, Andreas
EG-Richtlinie über mißbräuchliche Vertragsklauseln und notarielle Verträge – Steht den deutschen Notaren ihr gemeinschaftsrechtliches Waterloo bevor?, NJW 1994, 1847-1849

Karimi, Abbas
Les modifications des dispositions du Code de la consommation concernant les clauses abusives par la loi n° 95-96 du 1er février 1995, Les Petites Affiches, 5 mai 1995 (n° 54), 4-12

Klauer, Irene
Die Europäisierung des Privatrechts: der EuGH als Zivilrichter, 1. Aufl., Baden-Baden 1998, zitiert: *Klauer*, Europäisierung des Privatrechts

Klesta Dosi, Laurence
Il controllo delle clausole abusive: la direttiva 93-13 alla luce della giurisprudenza tedesca, francese e inglese, NGCC 1994, parte seconda, 426-438

Klima, Peter
Frankreich: Mißbräuchliche Klauseln in Verträgen, RIW 1992, 98-102

Kohler, Christian
Integration und Auslegung – zur Doppelfunktion des Europäischen Gerichtshofes, in: Jayme, Erik (Hrsg.): Ein internationales Zivilverfahrensrecht für Gesamteuropa: EuGVÜ, Lugano-Übereinkommen und die Rechtsentwicklungen in Mittel- und Osteuropa, Heidelberg 1992, zitiert: *Kohler* in Internationales Zivilverfahrensrecht für Gesamteuropa

Kötz, Hein
Europäisches Vertragsrecht, Band I: Abschluß, Gültigkeit und Inhalt des Vertrages, die Beteiligung Dritter am Vertrag, Tübingen 1996, zitiert: *Kötz*, Europäisches Vertragsrecht, Band I

ders.
Unfair Terms in Consumer Contracts: Recent Developments in Europe from a Comparative and Economic Perspective, in: Lynge Andersen, Lennart etc. (Hrsg.): Festskrift til Ole Lando – Papers Dedicated to Ole Lando, Kopenhagen 1997, zitiert: *Kötz* in Festskrift til Lando

Kretschmar, Christian
Die Richtlinie 93/13 EWG des Rates vom 05.04.1993 über mißbräuchliche Klauseln in Verbraucherverträgen und das deutsche AGB-Gesetz: europäischer Verbraucherschutz: Umsetzungsaspekte und Auswirkungen auf das deutsche Recht, Frankf m(.Uurt am Main, Berlin, Bern, New York, Paris, Wien 1998, zitiert: *Kretschmar*, Richtlinie 93/13/EWG und AGBG

Lando, Ole
Die Regeln des Europäischen Vertragsrechts, in: Müller-Graff, Peter-Christian (Hrsg.): Gemeinsames Privatrecht in der Europäischen Gemeinschaft, 2. Aufl., Baden-Baden 1999, zitiert: *Lando* in Gemeinsames Privatrecht in der Europäischen Gemeinschaft

Lawson, R.G.
Unfair Contract Terms – The EC Commission's Proposals, Business Law Review 1992, 195-198

Lecheler, Helmut
Die Fortentwicklung des Rechts der Europäischen Union durch den Amsterdam-Vertrag, JuS 1998, 392-397

Lener, Giorgio
La nuova disciplina delle clausole vessatorie nei contratti dei consumatori, Foro Italiano 1996, V, 145-176

Lenz, Carl Otto (Hrsg.)
EG-Vertrag: Kommentar zu dem Vertrag zur Gründung der Europäischen Gemeinschaften, 2. Aufl., Köln etc. 1999, zitiert: *Bearbeiter* in Lenz, EGV-Kommentar

Locher, Horst
Das Recht der Allgemeinen Geschäftsbedingungen, 3. Aufl., München 1997, zitiert: *Locher*, Recht der AGB

ders.
Zur Umgestaltung des deutschen Bauvertragsrechts durch EG-Initiativen: Ein dornenreicher Weg nach Europa, BauR 1992, 293-298

Long, Antoinette
Unfair Contract Terms: New Directive, Implementation and Recent Developments, in: Heusel, Wolfgang (Hrsg.): Community Law in Practice: Including Facets of Consumer Protection Law, Dublin, Trier 1996, zitiert: *Long* in Community Law in Practice

Lutter, Marcus
Die Auslegung angeglichenen Rechts, JZ 1992, 593-607

Macdonald, Elizabeth
Mapping The Unfair Contract Terms Act 1977 and The Directive on Unfair Terms in Consumer Contracts, The Journal of Business Law 1994, 441-462

MacNeil, Iain
Good Faith and the Control of Contract Terms: The E.C. Directive on Unfair Terms in Consumer Contracts, The Judicial Review 1995, 147-152

Maurer, Hartmut
Allgemeines Verwaltungsrecht, 11. Aufl., München 1997, zitiert: *Maurer*, Allgemeines Verwaltungsrecht

Mazeaud, Denis
La loi du 1er février 1995 relative aux clauses abusives: véritable réforme ou simple réformette?, Droit et Patrimoine, juin 1995, études/doctrine, 42-52

Medicus, Dieter
Bürgerliches Recht: Eine nach Anspruchsgrundlagen geordnete Darstellung zur Examensvorbereitung, 18. Aufl., Köln, Berlin, Bonn, München 1999, zitiert: *Medicus*, Bürgerliches Recht

Meerfeld, Alexandra
Beschränkung der kollisionsrechtlichen Parteiautonomie durch verbraucherschützende Privatrechtsangleichungsrichtlinien der EG, Aachen 1999, zitiert: *Meerfeld*, Beschränkung der kollisionsrechtlichen Parteiautonomie

Meilhac, Gaëlle
Le Nouveau Droit Français des Clauses Abusives: un Nouveau Départ pour le Juge?, in: Schulte-Nölke, Hans/Schulze, Reiner (Hrsg.): Europäische Rechtsangleichung und nationale Privatrechte, 1. Aufl., Baden-Baden 1999, zitiert: *Meilhac* in Europäische Rechtsangleichung und nationale Privatrechte

Micklitz, Hans-W.
AGB-Gesetz und die EG-Richtlinie über mißbräuchliche Klauseln in Verbraucherverträgen, ZEuP 1993, 522-535

ders.
Richtlinie 93/13, AGB-Gesetz und Europarecht, in: Fakultätsgruppe Saarbrücken der European Law Students' Association und Centre juridique franco-allemand der Universität des Saarlandes (Hrsg.): Recht und Gesetz im deutsch-französischen Dialog = Loi et droit dans le dialogue franco-allemand, Köln, Berlin, Bonn, München 1997, zitiert: *Micklitz* in Recht und Gesetz im deutsch-französischen Dialog

Micklitz, Hans-W./d'Usseaux, Francesca Brunetta
Die Umsetzung der Richtlinie 93/13 in das italienische Recht, ZEuP 1998, 104-117

Micklitz, Hans-W./Reich, Norbert
Verbraucherschutz im Vertrag über die Europäische Union – Perspektiven für 1993, EuZW 1992, 593-598

Morin, Anne
Unangemessene Vertragsbestimmungen – Die Besonderheiten der französischen Verfügung im Hinblick auf die neuerliche Integration der Richtlinie vom 5. April 1993, VuR 1995, 381-386

Möschel, Wernhard
Politische Union für Europa: Wunschtraum oder Alptraum?, JZ 1992, 877-884

Müller-Graff, Peter-Christian
EC Directives as a Means of Private Law Unification, in: Hartkamp, Arthur etc. (Hrsg.): Towards a European Civil Code, 2nd edition, The Hague, London, Boston 1998, zitiert: *Müller-Graff* in Towards a European Civil Code

ders.
Europäisches Gemeinschaftsrecht und Privatrecht: das Privatrecht in der Europäischen Integration, NJW 1993, 13-23

ders.
Gemeinsames Privatrecht in der Europäischen Gemeinschaft: Ebenen und gemeinschaftsprivatrechtliche Grundfragen, in: Baur, Jürgen F. etc. (Hrsg.): Europarecht, Energierecht, Wirtschaftsrecht: Festschrift für Bodo Börner, Köln, Berlin, Bonn, München 1992, zitiert: *Müller-Graff* in Festschrift für Börner

ders.
Privatrecht und Europäisches Gemeinschaftsrecht - Gemeinschaftsprivatrecht, in: Müller-Graff, Peter-Christian (Hrsg.): Gemeinsames Privatrecht in der Europäischen Gemeinschaft, 2. Aufl., Baden-Baden 1999, zitiert: *Müller-Graff* in Gemeinsames Privatrecht in der Europäischen Gemeinschaft

ders.
Privatrechtsangleichung durch EG-Recht, in: Horn, Norbert/Baur, Jürgen F./Stern, Klaus (Hrsg.): 40 Jahre Römische Verträge – von der Europäischen Wirtschaftsgemeinschaft zur Europäischen Union, Berlin, New York 1998, zitiert: *Müller-Graff* in 40 Jahre Römische Verträge

Münchener Kommentar zum Bürgerlichen Gesetzbuch
Band 1: Allgemeiner Teil (§§ 1 – 240), AGB-Gesetz, 3. Aufl., München 1993, zitiert: *Bearbeiter* in Münchener Kommentar (3. Aufl.)

Münchener Kommentar zum Bürgerlichen Gesetzbuch
Ergänzungsband zur 3. Aufl., 4. Lieferung, München, Januar 1999, zitiert: *Bearbeiter* in Münchener Kommentar (Ergänzungsband zur 3. Aufl.)

Nassall, Wendt
Die Anwendung der EU-Richtlinie über mißbräuchliche Klauseln in Verbraucherverträgen: zugleich ein Beitrag zur Auslegung gemeinschaftsrechtlicher Generalklauseln, JZ 1995, 689-694

Nebbia, Paolisa
The Implementation Of Directive 93/13 In Italy And In The United Kingdom: A Comparison, in: Schulte-Nölke, Hans/Schulze, Reiner (Hrsg.): Europäische Rechtsangleichung und nationale Privatrechte, 1. Aufl., Baden-Baden 1999, zitiert: *Nebbia* in Europäische Rechtsangleichung und nationale Privatrechte

Nenstiel, Volker
Die Rechtsetzung nach dem EWGV aufgrund der Instrumentarien des Art. 189 EWGV, JR 1993, 222-228

Niebling, Jürgen
Die EG-Richtlinie über mißbräuchliche Klauseln in Verbraucherverträgen und ihre Bedeutung für AGB-Regelungen in Deutschland, WIB 1994, 863-864

Oehlert, Sebastian
Harmonisierung durch EG-Richtlinien: Kompetenzen, Legitimation, Effektivität, JuS 1997, 317-322

Oppermann, Thomas
Europarecht, 2. Aufl., München 1999, zitiert: *Oppermann*, Europarecht

Paisant, Gilles
Les clauses abusives et la présentation des contrats dans la loi n° 95-96 du 1er février 1995, Recueil Dalloz Sirey 1995, chronique, 99-108

Palandt
Bürgerliches Gesetzbuch, 59. Aufl., München 2000, zitiert: *Bearbeiter* in Palandt

Palandt
Bürgerliches Gesetzbuch, 62. Aufl., München 2003, zitiert: *Bearbeiter* in Palandt, 62. Aufl.

Pardolesi, Roberto
Clausole abusive (nei contratti dei consumatori): una direttiva abusata?, Foro Italiano 1994, V, 137-152

Paschke, Marian/Iliopoulos, Constantin (Hrsg.)
Europäisches Privatrecht: Ein Studienbuch zum Privatrecht in der Europäischen Gemeinschaft, Hamburg 1998, zitiert: *Bearbeiter* in Europäisches Privatrecht

Patti, Salvatore
Der Schutz des Konsumenten vor mißbräuchlichen Klauseln im italienischen Recht, in: Jayme, Erik etc. (Hrsg.): Jahrbuch für italienisches Recht, Band 10: Verfassungsprivatrecht, Allgemeine Geschäftsbedingungen, Unternehmensbesteuerung, Heidelberg 1997, zitiert: *Patti* in Jahrbuch für italienisches Recht 10 (1997)

ders.
La direttiva sulle clausole abusive e i limiti del processo di armonizzazione del diritto privato in Europa. Alcune brevi considerazioni e una proposta, in: Bianca, Cesare Massimo/Alpa, Guido (Hrsg.): Le clausole abusive nei contratti stipulati con i consumatori: L'attuazione della direttiva comunitaria del 5 aprile 1993, Padova 1996, zitiert: *Patti* in Le clausole abusive nei contratti stipulati con i consumatori.

Pescatore, Pierre
Die „Einheitliche Europäische Akte": eine ernste Gefahr für den Gemeinsamen Markt, EuR 1986, 153-169

Pflug, Hans-Joachim
Kontrakt und Status im Recht der Allgemeinen Geschäftsbedingungen, München 1986, zitiert: *Pflug*, Kontrakt und Status im Recht der Allgemeinen Geschäftsbedingungen

Preussler, Pierre-Roger
Die allgemeinen Geschäftsbedingungen im italienischen Recht, mit besonderem Bezug auf die sogenannten „vessatorischen Klauseln", in: DACH, Europäische Anwaltsvereinigung e.V. (Hrsg.): Allgemeine Geschäftsbedingungen in der europäischen Rechtspraxis, Wien 1997, zitiert: *Preussler* in Allgemeine Geschäftsbedingungen in der europäischen Rechtspraxis

Rabe, Hans-Jürgen
Europäische Gesetzgebung – das unbekannte Wesen, NJW 1993, 1-5

ders.
50 Jahre NJW: Die Europäisierung der Rechtsordnung, NJW 1997, 2631-2635

Raiser, Ludwig
Das Recht der Allgemeinen Geschäftsbedingungen, Hamburg 1935, zitiert: *Raiser*, Recht der AGB

Reich, Norbert
Binnenmarkt als Rechtsbegriff, EuZW 1991, 203-210

ders.
EG-Richtlinien und internationales Privatrecht, in: Lagarde, Paul/Hoffmann, Bernd von (Hrsg.): Die Europäisierung des internationalen Privatrechts, Köln 1996, zitiert: *Reich* in Europäisierung des IPR

ders.
Europäisches Verbraucherschutzrecht: Binnenmarkt und Verbraucherinteresse, 2. Aufl., Baden-Baden 1993, zitiert: *Reich*, Europäisches Verbraucherschutzrecht

ders.
Privatrecht und Verbraucherschutz in der Europäischen Union, Bonn 1995, zitiert: *Reich*, Privatrecht und Verbraucherschutz

ders.
The implementation of Directive 93/13/EEC on unfair terms in consumer contracts in Germany, ERPL 1997, 165-172

ders.
Verbraucherpolitik und Verbraucherschutz im Vertrag von Amsterdam, VuR 1999, 3-10

Reinhart, Gert
Entspräche das Kaufrecht der Vereinten Nationen den Erwartungen Ernst Rabels?, in: Jayme, Erik etc. (Hrsg.): Festschrift für Hubert Niederländer zum siebzigsten Geburtstag am 10. Februar 1991, Heidelberg 1991, zitiert: *Reinhart* in Festschrift für Niederländer

Remien, Oliver
AGB-Gesetz und Richtlinie über mißbräuchliche Verbrauchervertragsklauseln in ihrem europäischen Umfeld, ZEuP 1994, 34-66

ders.
Denationalisierung des Privatrechts in der Europäischen Union? – Legislative und gerichtliche Wege, ZfRV 1995, 116-133

ders.
Mindestharmonisierung im Verbraucherschutzrecht – Stellungnahme, in: Everling, Ulrich/Roth, Wulf-Henning (Hrsg.): Mindestharmonisierung im europäischen Binnenmarkt, 1. Aufl., Baden-Baden 1997, zitiert: *Remien* in Mindestharmonisierung im Europäischen Binnenmarkt

ders.
Verbraucherrecht oder allgemeines Privatrecht für die Europäische Union?, in: Schulte-Nölke, Hans/Schulze, Reiner (Hrsg.): Europäische Rechtsangleichung und nationale Privatrechte, 1. Aufl., Baden-Baden 1999, zitiert: *Remien* in Europäische Rechtsangleichung und nationale Privatrechte

Rittner, Fritz
Das Gemeinschaftsprivatrecht und die europäische Integration, JZ 1995, 849-858

ders.
Ein Gesetzbuch für Europa?, in: Immenga, Ulrich/Möschel, Wernhard/Reuter, Dieter (Hrsg.): Festschrift für Ernst-Joachim Mestmäcker zum 70. Geburtstag, 1. Aufl., Baden-Baden 1996, zitiert: *Rittner* in Festschrift für Mestmäcker

Rizzo, Vito
Le „clausole abusive" nell'esperienza tedesca, francese, italiana e nella prospettiva comunitaria, Napoli 1994, zitiert: *Rizzo*, Le „clausole abusive" nell'esperienza tedesca, francese, italiana e nella prospettiva comunitaria

Rohe, Mathias
Binnenmarkt oder Interessenverband? Zum Verhältnis von Binnenmarktziel und Subsidiaritätsprinzip nach dem Maastricht-Vertrag, RabelsZ 61 (1997), 1-85

Roppo, Vincenzo
La recezione della disciplina europea delle clausole abusive („vessatorie") nei contratti fra professionisti e consumatori: artt. 1469-*bis* e segg. c.c., Diritto privato 1996, 99-143

Roth, Herbert
EG-Richtlinien und Bürgerliches Recht, JZ 1999, 529-538

Roth, Wulf-Henning
Angleichung des IPR durch sekundäres Gemeinschaftsrecht, IPRax 1994, 165-174

ders.
Die Freiheiten des EG-Vertrages und das nationale Privatrecht: zur Entwicklung internationaler Sachnormen für europäische Sachverhalte, ZEuP 1994, 5-33

Sage, François
Le droit français au regard de la directive 93/13 du conseil des communautés européennes du 5 avril 1993 concernant les clauses abusives dans les contrats conclus avec les consommateurs (J.O.C.E. 21 avril 1993 L. 95), Gazette du Palais 1994, doctrine, 1189-1195

Schaefer, Detlef
Die unmittelbare Wirkung des Verbots der nichttarifären Handelshemmnisse (Art. 30 EWGV) in den Rechtsbeziehungen zwischen Privaten: Probleme der horizontalen unmittelbaren Wirkung des Gemeinschaftsrechts, gezeigt am Beispiel des Art. 30 EWGV, Frankfurt am Main, Bern, New York, Paris 1987, zitiert: *Schaefer*, Die unmittelbare Wirkung des Verbots der nichttarifären Handelshemmnisse in den Rechtsbeziehungen zwischen Privaten

Schmidt-Salzer, Joachim
Das textliche Zusatz-Instrumentarium des AGB-Gesetzes gegenüber der EG-Richtlinie über mißbräuchliche Klauseln in Verbraucherverträgen, NJW 1995, 1641-1645

ders.
Die EG-Richtlinie Produkthaftung, BB 1986, 1103-1111

ders.
Recht der AGB und der mißbräuchlichen Klauseln: Grundfragen, JZ 1995, 223-231

Schön, Wolfgang
Mindestharmonisierung im europäischen Gesellschaftsrecht, ZHR 160 (1996), 221-249

Schulte-Nölke, Hans
Fünf Jahre AGB-Richtlinie 93/13/EWG – Weitere Rechtsetzungspläne der Kommission?, NJW 1999, 3176

Schulte-Nölke, Hans/Schulze, Reiner
Europäische Rechtsangleichung und nationale Privatrechte – Einführung, in: Schulte-Nölke, Hans/Schulze, Reiner (Hrsg.): Europäische Rechtsangleichung und nationale Privatrechte, 1. Aufl., Baden-Baden 1999, zitiert: *Schulte-Nölke/Schulze* in Europäische Rechtsangleichung und nationale Privatrechte

Schulze, Reiner
Allgemeine Rechtsgrundsätze und europäisches Privatrecht, ZEuP 1993, 442-474

Schurig, Klaus
Europäisches Zivilrecht: Vielfalt oder Einerlei?, in: Hübner, Ulrich etc. (Hrsg.): Festschrift für Bernhard Großfeld zum 65. Geburtstag, Heidelberg 1999, zitiert: *Schurig* in Festschrift für Großfeld

Schwartz, Ivo E.
Perspektiven der Angleichung des Privatrechts in der Europäischen Gemeinschaft, ZEuP 1994, 559-584

Schweitzer, Michael/Hummer, Waldemar
Europarecht, 5. Aufl., Neuwied, Kriftel, Berlin 1996, zitiert: *Schweitzer/Hummer*, Europarecht

Sepe, Gianluca
Implementing European Directives on unfair terms, distance contracts, consumer credit and timesharing: Italian Report in: Heusel, Wolfgang (Hrsg.): Neues europäisches Vertragsrecht und Verbraucherschutz: Regelungskonzepte der Europäischen Union und ihre Auswirkungen auf die nationalen Zivilrechtsordnungen, Köln 1999, zitiert: *Sepe* in Neues europäisches Vertragsrecht und Verbraucherschutz

Sieg, Karl
Die Bedeutung der EG-Richtlinie über mißbräuchliche Klauseln in Verbraucherverträgen für die AVB, VersR 1993, 1305-1310

Sievers, Josef
Verbraucherschutz gegen unlautere Vertragsbedingungen im französischen Recht: vom Code civil zum „Code de la consommation" – die Entstehung eines Sonderprivatrechts für Verbraucher, Frankfurt am Main, Berlin, Bern, New York, Paris, Wien 1993, zitiert: *Sievers*, Verbraucherschutz gegen unlautere Vertragsbedingungen im französischen Recht

Sinay-Cytermann, Anne
Protection ou surprotection du consommateur?, La Semaine Juridique 1994, édition générale, doctrine, Nr. 3804, S. 511-515

Slapper, Gary/Kelly, David
English Legal System, 2nd edition, London 1995, zitiert: *Slapper/Kelly*, English Legal System

Sobich, Christopher Philip
Die verfahrensrechtliche Kontrolle „unfairer" Algemeiner Geschäftsbedingungen in England: zur praktischen Wirksamkeit von AGB-Kontrollverfahren im Vergleich zum deutschen Recht, Frankfurt am Main, Berlin, Bern, New York, Paris, Wien 1997, zitiert: *Sobich*, Die verfahrensrechtliche Kontrolle „unfairer" AGB in England

ders.
Verfahrensrechtliche Kontrolle „unfairer" AGB in Großbritannien: The Unfair Terms in Consumer Contracts Regulations 1994, RIW 1998, 684-689

Sonnenberger, Hans Jürgen
Der Ruf unserer Zeit nach einer europäischen Ordnung des Zivilrechts, JZ 1998, 982-991

Sousa, Maria Constança Dias Urbano de
Das Timesharing an Ferienimmobilien in der EU: eine rechtsvergleichende Studie unter Berücksichtigung der Timesharing-Richtlinie (94/47/EG), 1. Aufl., Baden-Baden 1998, zitiert: *Sousa*, Timesharing in der EU

Staudenmayer, Dirk
Die EG-Richtlinie über den Verbrauchsgüterkauf, NJW 1999, 2393-2403

ders.
Die Richtlinien des Verbraucherprivatrechts – Bausteine für ein europäisches Privatrecht?, in: Schulte-Nölke, Hans/Schulze, Reiner (Hrsg.): Europäische Rechtsangleichung und nationale Privatrechte, 1. Aufl., Baden-Baden 1999, zitiert: *Staudenmayer* in Europäische Rechtsangleichung und nationale Privatrechte

Staudinger
J. von Staudingers Kommentar zum Bürgerlichen Gesetzbuch mit Einführungsgesetz und Nebengesetzen: Gesetz zur Regelung des Rechts der Allgemeinen Geschäftsbedingungen (AGBG), 13. Bearbeitung, Berlin 1998, zitiert: *Bearbeiter* in Staudinger

Staudinger, Ansgar
Artikel 6 Absatz 2 der Klauselrichtlinie und § 12 AGBG: Der internationale Geltungsbereich der deutschen Klauselkontrolle auf dem Prüfstand des Europäischen Gemeinschaftsrechts, 1. Aufl., Baden-Baden 1998, zitiert: *Staudinger*, Art. 6 Abs. 2 der Klauselrichtlinie und § 12 AGBG

Steindorff, Ernst
Anmerkung zum Urteil des EuGH vom 2. August 1993 – verbundene Rs. C 259, 331 und 332/91 (Allué II), JZ 1994, 95-98

ders.
EG-Richtlinien und Illusionen, in: Due, Ole etc. (Hrsg.): Festschrift für Ulrich Everling, 1. Aufl., Baden-Baden 1995, zitiert: *Steindorff* in Festschrift für Everling

ders.
Gesellschaftsrechtliche Richtlinien der EG und strengeres staatliches Recht, EuZW 1990, 251-254

Szönyi, Catherine
Das französische Werbe- und Verbraucherrecht: Bemerkungen zum Code de la consommation, GRUR Int. 1996, 83-98

Taschner, Hans Claudius
Mindestharmonisierung im Verbraucherschutzrecht, in: Everling, Ulrich/Roth, Wulf-Henning (Hrsg.): Mindestharmonisierung im Europäischen Binnenmarkt, 1. Aufl., Baden-Baden 1997, zitiert: *Taschner* in Mindestharmonisierung im Europäischen Binnenmarkt

ders.
Mittelbare Rechtsangleichung?, in: Mestmäcker, Ernst-Joachim etc. (Hrsg.): Eine Ordnungspolitik für Europa: Festschrift für Hans von der Groeben zu seinem 80. Geburtstag, 1. Aufl., Baden-Baden 1987, zitiert: *Taschner* in Festschrift für von der Groeben

ders.
Rechtsangleichung in der Bewährung?, in: Lüke, Gerhard etc. (Hrsg.): Rechtsvergleichung, Europarecht und Staatenintegration, Gedächtnisschrift für Léontin-Jean Constantinesco, Köln, Berlin, Bonn, München 1983, zitiert: *Taschner* in Gedächtnisschrift für Constantinesco

Taupitz, Jochen
Europäische Privatrechtsvereinheitlichung heute und morgen, Tübingen 1993, zitiert: *Taupitz*, Europäische Privatrechtsvereinheitlichung heute und morgen

Tavolaro, Domitilla
Contratti di massa, tutela del contraente debole e clausole „abusive": aspetti problematici relativi all'attuazione della direttiva 93/13/CEE, Documenti Giustizia 1996, 1325-1348

Tenreiro, Mário
The Community Directive on Unfair Terms and National Legal Systems: The Principle of Good Faith and Remedies for Unfair Terms, ERPL 1995, 273-284

Tenreiro, Mário/Karsten, Jens
Unfair Terms in Consumer Contracts: Uncertainties, contradictions and novelties of a Directive, in: Schulte-Nölke, Hans/Schulze, Reiner (Hrsg.): Europäische Rechtsangleichung und nationale Privatrechte, 1. Aufl., Baden-Baden 1999, zitiert: *Tenreiro/Karsten* in Europäische Rechtsangleichung und nationale Privatrechte

Tilmann, Winfried
Eine Privatrechtskodifikation für die Europäische Gemeinschaft?, in: Müller-Graff, Peter-Christian (Hrsg.): Gemeinsames Privatrecht in der Europäischen Gemeinschaft, 2. Aufl., Baden-Baden 1999, zitiert: *Tilmann* in Gemeinsames Privatrecht in der Europäischen Gemeinschaft

ders.
Entschließung des Europäischen Parlaments über die Angleichung des Privatrechts der Mitgliedstaaten vom 26.05.1989, ZEuP 1993, 613

Timmermans, Christiaan W.A.
Zur Entwicklung des europäischen Zivilrechts, ZEuP 1999, 1-5

Tizzano, Antonio
Note introduttive alla „legge La Pergola", Foro Italiano 1989, IV, 314-328

ders.
Verso nuove procedure per l'esecuzione degli obblighi comunitari: il „progetto La Pergola", Foro Italiano 1988, IV, 492-494

Tomuschat, Christian
Das Endziel der europäischen Integration: Maastricht ad infinitum?, DVBl. 1996, 1073-1082

Tonner, Klaus
Die Rolle des Verbraucherrechts bei der Entwicklung eines europäischen Zivilrechts, JZ 1996, 533-541

Treitel, G.H.
The Law of Contract, 9th edition, London 1995, zitiert: *Treitel*, Law of Contract

Trochu, Michel
Les clauses abusives dans les contrats conclus avec les consommateurs, Recueil Dalloz Sirey 1993, chronique, 315-320

Uff, Keith
The Incorporation of the Unfair Terms in Consumer Contracts Directive into English Law, in: Lonbay, Julian (Hrsg.): Enhancing the Legal Position of the European Consumer, London 1996, zitiert: *Uff* in Enhancing the Legal Position of the European Consumer

Ulmer, Peter
Das AGB-Gesetz nach der Umsetzung der EG-Richtlinie über mißbräuchliche Klauseln in Verbraucherverträgen, in: Das Recht der Allgemeinen Geschäftsbedingungen nach der Umsetzung der EG-Richtlinie über mißbräuchliche Klauseln in Verbraucherverträgen/Karlsruher Forum 1997, Karlsruhe 1998, zitiert: *Ulmer* in Karlsruher Forum 1997

ders.
Vom deutschen zum europäischen Privatrecht?, JZ 1992, 1-8

ders.
Zur Anpassung des AGB-Gesetzes an die EG-Richtlinie über mißbräuchliche Klauseln in Verbraucherverträgen, EuZW 1993, 337-347

Ulmer, Peter/Brandner, Hans Erich/Hensen, Horst-Diether
Kommentar zum AGB-Gesetz, 8. Aufl., Köln 1997, zitiert: *Bearbeiter* in Ulmer/Brandner/Hensen

Wagner, Claire/Althen, Rolf
Umsetzung der Richtlinie des Rates über mißbräuchliche Klauseln in Verbraucherverträgen im Vereinigten Königreich, RIW 1995, 546-548

Weatherill, Stephen
Prospects for the Development of European Private Law Through „Europeanisation" in the European Court – the Case of the Directive on Unfair Terms in Consumer Contracts, ERPL 1995, 307-328

ders.
The Implementation and Repercussions of Consumer Protection Directives in Domestic Law: Country Report: United Kingdom, in: Heusel, Wolfgang (Hrsg.): Neues europäisches Vertragsrecht und Verbraucherschutz: Regelungskonzepte der Europäischen Union und ihre Auswirkungen auf die nationalen Zivilrechtsordnungen, Köln 1999, zitiert: *Weatherill* in Neues europäisches Vertragsrecht und Verbraucherschutz

ders.
Wichtige Entwicklungen im Verbraucherschutzrecht im Vereinigten Königreich, VuR 1995, 393-398

Wesser, Sabine
Gleichbehandlung im Konflikt von nationalem und europäischem Recht, in: Scholz, Rupert (Hrsg.): Deutschland auf dem Weg in die Europäische Union: Wieviel Eurozentralismus – wieviel Subsidiarität?, Köln 1994, zitiert: *Wesser* in Deutschland auf dem Weg in die EU

Westphalen, Friedrich Graf von
Die Novelle zum AGBG, BB 1996, 2101-2106

Wiesner, Peter M.
Überblick über den Stand des Europäischen Unternehmensrechts, EuZW 1998, 619-635

Willett, Chris
From Reindeers to Confident Consumers: UK Consumer Bodies and the Unfair Terms Directive, in: Micklitz, Hans-W./Reich, Norbert (Hrsg.): Public Interest Litigation before European Courts, 1. Aufl., Baden-Baden 1996, zitiert: *Willett* in Public Interest Litigation before European Courts

ders.
The Directive on Unfair Terms in Consumer Contracts and its implementation in the United Kingdom, ERPL 1997, 223-236

Witz, Claude/Wolter, Gerhard
Das neue französische Verbrauchergesetzbuch, ZEuP 1995, 35-44

dies.
Frankreich: Die Umsetzung der EG-Richtlinie über mißbräuchliche Klauseln in Verbraucherverträgen, ZEuP 1995, 885-892

Wolf, Manfred
Harmonization of Protection against Unfair Contract Terms in Private European Law, in: Rabaello, Alfredo M. (Hrsg.): European Legal Traditions and Israel, Jerusalem 1994, zitiert: *Wolf* in European Legal Traditions and Israel

Wolf, Manfred/Horn, Norbert/Lindacher, Walter F.
Kommentar zum AGB-Gesetz, 4. Aufl., München 1999, zitiert: *Bearbeiter* in Wolf/Horn/Lindacher

Zacker, Christian
Binnenmarkt und Gemeinsamer Markt: Zwei Begriffe desselben Inhalts?, RIW 1989, 489-490

Zimmermann, Reinhard
Das römisch-kanonische ius commune als Grundlage europäischer Rechtseinheit, JZ 1992, 8-20

ders.
Die „Principles of European Contract Law", Teil I, ZEuP 1995, 731-734

ders.
Europäisches Privatrecht und Europa, ZEuP 1993, 439-441

ders.
Konturen eines Europäischen Vertragsrechts, JZ 1995, 477-491

Zweigert, Konrad/Kötz, Hein
Einführung in die Rechtsvergleichung auf dem Gebiete des Privatrechts, 3. Aufl., Tübingen 1996, zitiert: *Zweigert/Kötz*, Einführung in die Rechtsvergleichung

1. Kapitel: Einführung

§ 1 Ziel der Untersuchung

Der Erfolg einer EG-Richtlinie hängt entscheidend von ihrer Umsetzung durch die Mitgliedstaaten ab. Die Richtlinie selbst gibt den Mitgliedstaaten gemäß Art. 249 Abs. 3 EGV lediglich das zu erreichende Ziel vor, überlässt die Wahl der Form und der Mittel zur Erreichung dieses Ziels jedoch den Mitgliedstaaten. Zur Entfaltung ihrer vollen Wirksamkeit ist die Richtlinie also gemäß dem ihr eigenen Prinzip der gestuften Verbindlichkeit[1] auf eine Umsetzung in das nationale Recht der Mitgliedstaaten angewiesen. Die Regelungsintensität von Richtlinien variiert dabei stark[2]. Die Bandbreite reicht von sehr allgemein gehaltenen Richtlinien, die den Mitgliedstaaten große Freiheiten belassen, bis hin zu Richtlinien, die so detaillierte Zielvorgaben enthalten, dass sie de facto keine Umsetzungsspielräume mehr eröffnen[3]. Die meisten privatrechtlichen Richtlinien - gemeint sind solche Richtlinien, die auf die Harmonisierung vorwiegend privatrechtlicher Vorschriften abzielen - weisen eine relativ hohe Regelungsdichte auf, belassen den Mitgliedstaaten aber gleichwohl noch Umsetzungsspielräume. Im Hinblick auf den in jüngster Zeit viel diskutierten Prozess der Europäisierung des Privatrechts wirft diese Feststellung die Frage auf, wie die Mitgliedstaaten die ihnen eingeräumten Umsetzungsspielräume ausfüllen und wie sich diesbezügliche Unterschiede zwischen den einzelnen Mitgliedstaaten auf den Harmonisierungserfolg einer Richtlinie auswirken. Demgemäß besteht das Ziel der vorliegenden Untersuchung darin, die Umsetzung privatrechtlicher EG-Richtlinien durch die Mitgliedstaaten zu analysieren. Im Vordergrund soll hierbei die Frage stehen, welcher *Umsetzungstechniken* sich die Mitgliedstaaten bedienen. Diesbezüglich bieten sich ihnen regelmäßig verschiedene Alternativen[4]:

- Die Umsetzung kann durch die *Schaffung eines Spezialgesetzes* erfolgen oder durch die *Änderung einer bereits bestehenden Kodifikation*.

- Die Mitgliedstaaten können den Richtlinienwortlaut mehr oder weniger *unverändert übernehmen* oder den Richtlinieninhalt sorgfältig an die Charakteristika der nationalen Privatrechtsordnung (etwa im Hinblick auf Systematik und Terminologie) *anpassen*.

---

[1] Siehe unten § 3 II 1.
[2] Siehe bereits *Fuß*, DVBl. 1965, 378, 380.
[3] Hierbei handelt es sich meist um Richtlinien technischer Natur, vgl. *Fuß*, DVBl. 1965, 378, 380 (Fn. 37).
[4] Zur gemeinschaftsrechtlichen Zulässigkeit der einzelnen Umsetzungstechniken siehe unten § 3 II 3.

- Die Mitgliedstaaten können sich einer umfassenden *gesetzlichen* Regelung bedienen, sie können die Umsetzung von Teilen der Richtlinie jedoch auch der *Rechtsprechung* überlassen.

- Die Umsetzung kann direkt durch ein *formelles* Gesetz erfolgen, die Mitgliedstaaten können sich aber auch zunächst auf eine gesetzliche Ermächtigung zum Erlass eines durchführenden Rechtsakts beschränken (Umsetzung durch ein Gesetz im nur *materiellen* Sinne).

Ausgehend von einer Untersuchung der nationalen Umsetzungstechniken soll der Frage nachgegangen werden, welchen Einfluss nationale Umsetzungstechniken auf den Harmonisierungserfolg einer Richtlinie haben. Wird der Harmonisierungserfolg durch stark voneinander abweichende Umsetzungstechniken der einzelnen Mitgliedstaaten geschmälert? Begünstigen bestimmte Umsetzungstechniken das Auftreten von Umsetzungsdefiziten?
Weiterführend soll schließlich die Effektivität der Richtlinie als Rechtsangleichungsinstrument beurteilt werden, insbesondere im Vergleich zur unmittelbar geltenden Verordnung, die keiner Umsetzung mehr bedarf. Rechtfertigen die Schwächen der Richtlinie die Forderung nach einem verstärkten Einsatz der Einheitsrecht stiftenden Verordnung?

§ 2 Methodischer Ansatz und Gang der Untersuchung

I. Methodischer Ansatz

1. Gegenstand der Untersuchung: Die Klausel-Richtlinie 93/13/EWG

Die unterschiedlichen nationalen Umsetzungstechniken der Mitgliedstaaten und ihre Auswirkungen auf den Harmonisierungserfolg sollen beispielhaft anhand der Richtlinie 93/13/EWG über missbräuchliche Klauseln in Verbraucherverträgen[5] aufgezeigt werden. Die Klausel-Richtlinie erscheint als exemplarischer Untersuchungsgegenstand[6] aus mehreren Gründen besonders geeignet.
Zum einen stellt die Klausel-Richtlinie das bisher ehrgeizigste privatrechtsbezogene Harmonisierungsprogramm der EG dar[7]. Sie bedeutet einen starken Eingriff in die mitgliedstaatlichen Privatrechtsordnungen, da sie in sachlicher Hinsicht nicht auf bestimmte Vertragstypen beschränkt ist, sondern grundsätzlich für sämtliche Verträge, die zwischen einem Gewerbetreibenden auf der einen und einem Verbraucher auf der anderen Seite geschlossen werden, Geltung beansprucht[8]. Dieser weite sachliche Anwendungsbereich unterscheidet die Klausel-Richtlinie von den meisten anderen EG-Richtlinien auf dem Gebiet des Verbraucherschutzes im Vertragsrecht, die jeweils nur bestimmte, in der Rechtspraxis in der Regel eher unbedeutende Vertragsarten zum Gegenstand haben. Beispielsweise regelt die Timesharing-Richtlinie 94/47/EG[9] ausschließlich Timesharingverträge, die Pauschalreise-Richtlinie 90/314/EWG[10] ausschließlich Reiseverträge. Unter den bisher umgesetzten verbraucherschützenden EG-Richtlinien greift die Klausel-Richtlinie als einzige in einen Kernbereich des Privatrechts ein[11]. Kaum ein Vertrag zwischen Gewerbetreibenden und Verbrauchern wird von ihr unberührt bleiben[12].

---

[5] Richtlinie 93/13/EWG des Rates vom 5. April 1993 über missbräuchliche Klauseln in Verbraucherverträgen, ABlEG 1993 Nr. L 95/29. Im Internet zu finden unter http://www.europa.eu.int/eur-lex/de/lif/dat/1993/de_393L0013.html (deutsche Fassung), http://www.europa.eu.int/eur-lex/en/lif/dat/1993/en_393L0013.html (englische Fassung), http://www.europa.eu.int/eur-lex/fr/lif/dat/1993/fr_393L0013.html (französische Fassung) bzw. http://www.europa.eu.int/eur-lex/it/lif/dat/1993/it_393L0013.html (italienische Fassung).
[6] Vgl. *Joerges*, ZEuP 1995, 181, 182 („Rechtsakt von exemplarischer Bedeutung").
[7] *Tenreiro/Karsten* in Europäische Rechtsangleichung und nationale Privatrechte, S. 223.
[8] Siehe unten § 5 II 1.
[9] Richtlinie 94/47/EG des Europäischen Parlaments und des Rates vom 26. Oktober 1994 zum Schutz der Erwerber im Hinblick auf bestimmte Aspekte von Verträgen über den Erwerb von Teilzeitnutzungsrechten an Immobilien, ABlEG 1994 Nr. L 280/83.
[10] Richtlinie des Rates vom 13. Juni 1990 über Pauschalreisen (90/314/EWG), ABlEG 1990 Nr. L 158/59.
[11] Vgl. *Micklitz* in Recht und Gesetz im deutsch-französischen Dialog, S. 139; *Alpa* in Unification of International Commercial Law, S. 27; *Schlosser* in Staudinger, § 24 a AGBG

Für die Zwecke dieser Untersuchung bietet sich die Klausel-Richtlinie darüber hinaus wegen ihrer hohen Regelungsintensität an. Während sich die meisten Richtlinien zum Verbraucherschutz im Vertragsrecht darauf beschränken, eine minimale Grundlage an gemeinsamen Vorschriften auf dem jeweiligen Gebiet zu schaffen – so lässt etwa die Timesharing-Richtlinie wichtige Fragen des Timesharingvertrags offen und regelt lediglich bestimmte Aspekte des Vertragsschlusses sowie einige Einzelheiten des Rücktrittsrechts[13] –, enthält die Klausel-Richtlinie ein in sich weitgehend geschlossenes, im Prinzip voll funktionsfähiges Inhaltskontrollsystem, das einer Ergänzung durch die Mitgliedstaaten kaum noch bedarf. Die Klausel-Richtlinie enthält also Regelungen von substanziellem Gewicht und stellt die Mitgliedstaaten daher vor größere Herausforderungen als andere Richtlinien.

Eine Untersuchung der Umsetzung der Klausel-Richtlinie erscheint schließlich deshalb besonders aufschlussreich, weil der Schutz einer Vertragspartei vor missbräuchlichen Klauseln der Gegenseite bereits vor dem Erlass der Klausel-Richtlinie in sämtlichen Mitgliedstaaten der EG gesetzlich geregelt war[14]. Die Mitgliedstaaten hatten also bereits eigene Vorstellungen zur Regelung dieser Problematik, insbesondere zur Relativierung der Privatautonomie zu Gunsten der vermeintlich schwächeren Vertragspartei[15], entwickelt. Mehr als andere Richtlinien stellte die Klausel-Richtlinie die Mitgliedstaaten somit vor ein *Koordinierungsproblem*. Ihre Vorgaben mussten mit dem bereits vorhandenen nationalen Rechtsbestand abgestimmt werden. Eine Analyse der Umsetzung der Klausel-Richtlinie kann zeigen, ob und wie die Mitgliedstaaten diese Koordinierungsaufgabe gelöst haben. Zudem verspricht sie Aufschlüsse über das Maß, in dem die Mitgliedstaaten bereit sind, Eigenheiten der nationalen Privatrechtsordnung zu Gunsten gemeinschaftsrechtlicher Konzeptionen aufzugeben.

2. Ausgewählte Mitgliedstaaten

Untersucht werden die Umsetzungsakte Deutschlands, des Vereinigten Königreichs Großbritannien und Nordirland, Frankreichs sowie Italiens. Mehrere Gründe sprechen für eine Auswahl dieser vier Mitgliedstaaten.

Rn. 1; *Hondius*, ERPL 1995, 241, 242; *ders.*, ERPL 1997, 121, 129; *Weatherill*, ERPL 1995, 307, 314; *Antoniolli Deflorian* in Europäische Rechtsangleichung und nationale Privatrechte, S. 119, 136. *Grundmann*, Europäisches Schuldvertragsrecht, S. 250, prognostiziert der Klausel-Richtlinie, sie werde sich zum „Grundgesetz des materiellen Europäischen Schuldvertragsrechts" entwickeln.

[12] *Grundmann*, Europäisches Schuldvertragsrecht, S. 250 f.

[13] Siehe Erwägungsgrund 2 der Timesharing-Richtlinie.

[14] Siehe *Hondius*, ERPL 1995, 241 f.; *Patti* in Le clausole abusive nei contratti stipulati con i consumatori, S. 531, 533; siehe auch unten § 4 I 3.

[15] Zum Spannungsverhältnis zwischen Verbraucherschutz und Privatautonomie siehe *Horn* in 40 Jahre Römische Verträge, S. 151, 172.

Eine Untersuchung des deutschen sowie des französischen Umsetzungsakts bietet sich zunächst wegen der Leitbildfunktion, die der deutschen und der französischen Privatrechtsordnung innerhalb der EG zukommt, an. Die französische Privatrechtsordnung, die den modernen Kodifikationsgedanken hervorgebracht hat, stellt den wohl wichtigsten Vertreter des romanischen Rechtskreises dar[16]. Die deutsche Privatrechtsordnung wird in vielen europäischen Staaten wegen ihrer Klarheit und begrifflichen Präzision geschätzt und entfaltet insofern vielfach Vorbildcharakter[17].
Eine Einbeziehung des Vereinigten Königreichs erscheint wegen dessen Common-Law-Rechtsordnung angebracht. Möglicherweise reagiert eine Common-Law-Rechtsordnung anders auf gemeinschaftsrechtliche Vorgaben als kontinentaleuropäische Rechtsordnungen.
Für eine Einbeziehung Italiens spricht schließlich der Umstand, dass der italienische Einfluss bei der Ausarbeitung privatrechtlicher Harmonisierungsprogramme der EG in der Regel recht gering ist[18]. Das privatrechtsbezogene Sekundärrecht der Gemeinschaft stellt sich häufig als Kombination deutscher, französischer und britischer Konzeptionen dar[19]. Eine Analyse des italienischen Umsetzungsakts soll Aufschluss darüber geben, inwiefern Mitgliedstaaten, die nur in geringem Maße nationale Konzeptionen in die Harmonisierungsprogramme einbringen, auf größere Probleme bei der Einpassung gemeinschaftsrechtlicher Vorgaben in das nationale Recht stoßen.
Deutschland, das Vereinigte Königreich, Frankreich und Italien weisen den gemeinsamen praktischen Vorteil auf, über eine im Vergleich zu kleineren Mitgliedstaaten reichhaltige rechtswissenschaftliche Literatur zu verfügen, die die im Zuge einer Richtlinie erlassenen nationalen Umsetzungsakte vorzubereiten, zu kommentieren und zu begleiten in der Lage ist. Für die Zwecke einer exemplarischen Betrachtung erscheinen die vier ausgewählten Mitgliedstaaten somit besonders geeignet. Insbesondere verspricht eine Untersuchung der Umsetzungsakte dieser Mitgliedstaaten aussagekräftige Aufschlüsse über den tatsächlichen Harmonisierungserfolg der Klausel-Richtlinie.

II. Gang der Untersuchung

Die Untersuchung beginnt mit einleitenden Ausführungen zum in jüngster Zeit viel diskutierten Prozess der Europäisierung des Privatrechts. Im Anschluss daran werden Grundfragen der EG-Richtlinie erörtert, wobei das Hauptaugenmerk auf die Anforderungen an eine ordnungsgemäße Richtlinienumsetzung

[16] *Zweigert/Kötz*, Einführung in die Rechtsvergleichung, S. 74.
[17] *Alpa* in Unification of International Commercial Law, S. 27, 40.
[18] Vgl. *Bin*, Contratto e impresa/Europa 1996, 431, 432.
[19] *Alpa* in Unification of International Commercial Law, S. 27, 40; siehe auch *Giampieri* in Le clausole abusive nei contratti stipulati con i consumatori, S. 257, 271.

gerichtet ist. Diese Vorgehensweise erscheint erforderlich, um die Grundlagen für die spätere Beurteilung der nationalen Umsetzungsakte zu erarbeiten.

Im zweiten Kapitel, dem Hauptteil der Untersuchung, erfolgt dann die Analyse der Umsetzung der Klausel-Richtlinie in den vier ausgewählten Mitgliedstaaten. Die nationalen Umsetzungsakte werden dabei nicht im Sinne klassischer Länderberichte getrennt voneinander der Reihe nach abgehandelt. Der Aufbau orientiert sich vielmehr am Inhalt der Klausel-Richtlinie. Zu jedem Regelungspunkt (z.B. sachlicher Anwendungsbereich) werden zunächst die Vorgaben der Richtlinie und im Anschluss daran deren Umsetzung in den einzelnen Mitgliedstaaten dargestellt. Dieses Vorgehen soll einen genaueren Vergleich der einzelnen Aspekte der nationalen Umsetzungsakte ermöglichen. Das zweite Kapitel endet mit einem Fazit, in dem die Umsetzungstechniken der Mitgliedstaaten sowie ihr Einfluss auf den Harmonisierungserfolg der Klausel-Richtlinie abschließend analysiert werden.

In der Schlussbetrachtung wird schließlich auf der Grundlage der zuvor gewonnenen Ergebnisse der Frage nachgegangen, ob und inwiefern die Verordnung, die keiner Umsetzung durch die Mitgliedstaaten mehr bedarf, eine Alternative zur Privatrechtsharmonisierung durch Richtlinien darstellt. Die Untersuchung endet mit einer thesenartigen Zusammenfassung der Ergebnisse.

§ 3 Allgemeine Grundlagen

I. Europäisierung des Privatrechts

1. Begriff und Erscheinungsformen

Die Europäisierung des Privatrechts stellt einen vielschichtigen dynamischen Prozess dar, dessen Ziel in der Schaffung oder Weiterentwicklung *europäischen Privatrechts* besteht. Zur Erläuterung der Europäisierung des Privatrechts ist es daher erforderlich, auf die verschiedenen Erscheinungsformen des europäischen Privatrechts einzugehen. Innerhalb des europäischen Privatrechts lassen sich im Wesentlichen drei Ebenen erkennen, die unter dem Gesichtspunkt der Herkunft ihrer Verbindlichkeit[20] unterschieden werden können: *gemeineuropäisches Privatrecht* außerhalb völkerrechtlicher Verpflichtungen, *Konventionsprivatrecht* außerhalb gemeinschaftsrechtlicher Verpflichtungen sowie *Gemeinschaftsprivatrecht*[21].

a) Gemeineuropäisches Privatrecht

Unter dem Begriff des gemeineuropäischen Privatrechts sind die gemeinsamen Elemente in den europäischen Privatrechtsordnungen oder zumindest in einem Teil derselben zu verstehen, die nicht auf völkerrechtlichen Verpflichtungen beruhen[22]. Gemeineuropäisches Privatrecht in diesem Sinne ist nicht auf das institutionalisierte Europa der EG bzw. der EU beschränkt, vielmehr erstreckt es sich

---

[20] So *Müller-Graff* in Festschrift für Börner, S. 303, 309.

[21] Diese Dreiteilung entspricht dem vorherrschenden Diskussionsstand in der deutschen Literatur, vgl. *Müller-Graff* in Festschrift für Börner, S. 303, 309 ff.; *Schulze*, ZEuP 1993, 442, 444 f.; *Rittner*, JZ 1995, 849, 853. Abweichend *Gebauer*, Grundfragen der Europäisierung des Privatrechts, S. 61, der zwei weitere selbstständige Erscheinungsformen hinzufügen möchte: zum einen die *interne Harmonisierung durch nationale Rechtsanpassung*, zum anderen die *Rechtsprechung des EuGH*. Die Rechtsprechung des EuGH lässt sich m.E. im vorliegenden Zusammenhang nicht sinnvoll von der Ebene des Gemeinschaftsprivatrechts trennen und sollte daher dieser Ebene zugeordnet werden. Als interne Harmonisierung bezeichnet *Gebauer* (a.a.O. S. 201 ff.) die freiwillige Anpassung nationalen Rechts an Wertungen internationaler Übereinkommen oder des Gemeinschaftsrechts, ohne dass dazu eine völker- oder gemeinschaftsrechtliche Verpflichtung bestünde. Auch die interne Harmonisierung weist also eine spezifische Nähe zu den „anerkannten" Formen europäischen Privatrechts auf, so dass die Bildung einer eigenständigen Kategorie zumindest nicht zwingend erscheint. Dies räumt auch Gebauer (a.a.O. S. 8) ein: „Die Einteilung in fünf Erscheinungsformen ist sicher nicht zwingend und folgt aus keiner ‚Natur der Sache'."

[22] *Gebauer*, Grundfragen der Europäisierung des Privatrechts, S. 62; *Müller-Graff* in Festschrift für Börner, S. 303, 310.

grundsätzlich auf alle europäischen Staaten[23]. Es darf nicht im Sinne bis ins Detail übereinstimmender nationaler Einzelregeln zu einem bestimmten rechtlichen Problem verstanden werden. Gemeineuropäisches Privatrecht lässt sich vielmehr nur getreu dem der Rechtsvergleichung eigenen methodischen Grundprinzip der *Funktionalität* aufspüren[24]. Vergleicht man die nationalen europäischen Privatrechte unter diesem funktionalen Ansatz, so stößt man auf zahlreiche Gemeinsamkeiten[25]. Ein Beispiel bildet der Vertragsschluss, genauer die Bindung des Offerenten an sein Angebot. Zwar besteht keine gemeineuropäische Konzeption im Sinne übereinstimmender Vorschriften zu dieser Problematik, wohl aber lässt sich feststellen, dass die entgegengesetzten Interessen von Offerent und Akzeptant von verschiedenen europäischen Rechtsordnungen im Ergebnis in ähnlicher Weise zum Ausgleich gebracht werden[26].

Die als gemeineuropäisches Privatrecht bezeichneten Gemeinsamkeiten der nationalen europäischen Rechtsordnungen beruhen zum Großteil auf der historischen Grundlage des *ius commune*[27]. Das ius commune wurde bekanntlich durch Rezeption des römischen Rechts im Mittelalter gewonnen und an den Universitäten Italiens, Frankreichs und später auch Deutschlands gelehrt. Es räumte den lokalen Statuten und Gewohnheiten Vorrang ein, galt also nur subsidiär. Dennoch bildete dieses gemeine Recht ein einheitliches Fundament von Begriffen, Prinzipien und Denktraditionen und führte zur Bildung einer gemeinsamen euro-

---

[23] Vor einer Gleichsetzung von Europa und Europäischer Gemeinschaft warnt *Taupitz*, Europäische Privatrechtsvereinheitlichung heute und morgen, S. 34; siehe auch *Zimmermann*, ZEuP 1993, 439.

[24] Siehe dazu *Zweigert/Kötz*, Einführung in die Rechtsvergleichung, S. 33 ff. Das Grundprinzip der Funktionalität besagt, dass die Ausgangsfrage einer rechtsvergleichenden Untersuchung rein funktional zu stellen ist: Wie reagieren die zu vergleichenden Rechtsordnungen auf ein konkretes soziales oder wirtschaftliches Problem? Die Ausgangsfrage darf demgegenüber nicht auf der Basis bestimmter nationaler Systembegriffe formuliert werden. Ein instruktives Beispiel findet sich bei *Zweigert/Kötz*, Einführung in die Rechtsvergleichung, S. 33: „Man fragt nicht: Wie regelt das ausländische Recht die deutsche Vor- und Nacherbschaft? Sondern man sucht zu ermitteln, auf welche Weise das ausländische Recht dem Bedürfnis seiner Erblasser nach langfristiger Nachlassbindung Rechnung trägt."

[25] Eine Zusammenstellung der allgemeinen europäischen Regeln des Vertragsrechts enthalten die von der Commission on European Contract Law (nach dem dänischen Wissenschaftler Ole Lando auch Lando-Kommission genannt) herausgearbeiteten Principles of European Contract Law, in deutscher Übersetzung abgedruckt in ZEuP 1995, 864 ff.; siehe dazu *Lando* in Gemeinsames Privatrecht in der Europäischen Gemeinschaft, S. 567 ff., sowie *Zimmermann*, JZ 1995, 477 ff. Siehe zum Bestand des Gemeineuropäischen Privatrechts ferner *Kötz*, Europäisches Vertragsrecht, Band I, sowie *von Bar*, Gemeineuropäisches Deliktsrecht, Band I.

[26] Hierzu näher *Gebauer*, Grundfragen der Europäisierung des Privatrechts, S. 65 ff.; *Zweigert/Kötz*, Einführung in die Rechtsvergleichung, S. 350 ff. (§ 26).

[27] Dazu ausführlich *Coing*, Europäisches Privatrecht, Band I/II; siehe auch *Zimmermann*, JZ 1992, 8, 10 f.; *ders.*, ZEuP 1995, 731, 732; *Patti* in Le clausole abusive nei contratti stipulati con i consumatori, S. 531, 532 f.

päischen Rechtswissenschaft auf der Grundlage einer einheitlichen lateinischen Wissenschaftssprache[28]. Seine Bedeutung verlor das ius commune erst im 19. Jahrhundert mit der Entstehung der nationalstaatlichen Rechtsordnungen, vor allem mit der Schaffung der großen privatrechtlichen Kodifikationen. Damit begann zugleich eine Nationalisierung der Rechtswissenschaft, die bisherigen europäischen Gemeinsamkeiten traten in den Hintergrund[29].
Angesichts der tief greifenden Veränderungen, denen die europäischen Rechtsordnungen seit dieser Zeit ausgesetzt waren, dürfte heute der Weg zurück zur gemeinsamen historischen Basis des ius commune versperrt sein[30]. Die heute noch im Sinne des gemeineuropäischen Privatrechts bestehenden Gemeinsamkeiten in den verschiedenen europäischen Rechtsordnungen sind sehr allgemeiner Natur. Detaillierte Übereinstimmungen lassen sich kaum nachweisen. Das gemeineuropäische Privatrecht kann zwar gemeinsame europäische Grundprinzipien aufzeigen, versagt aber, wenn es um die exakte Lösung eines konkreten Rechtsproblems geht. Das Privatrecht kann seine Ordnungsaufgabe[31] aber nur sinnvoll erfüllen, wenn ihm ein ausdifferenziertes Regelungssystem an die Hand gegeben wird. Die Schwäche des gemeineuropäischen Privatrechts liegt demgemäß darin, dass es zur Lösung von Einzelfragen nicht nutzbar ist. Von Bedeutung ist das gemeineuropäische Privatrecht aber insofern, als es Kompatibilitäten zwischen den einzelnen europäischen Privatrechtsordnungen aufzeigen und Unterschiede in Einzelfragen erklären kann[32].

b) Konventionsprivatrecht

Neben dem gemeineuropäischen Privatrecht ist das Konventionsprivatrecht außerhalb gemeinschaftsrechtlicher Verpflichtungen als zweite Erscheinungsform europäischen Privatrechts zu nennen. Unter Konventionsprivatrecht in diesem Sinne sind diejenigen Privatrechtsregeln zu verstehen, die mehreren europäischen Staaten gemein sind und die auf völkerrechtliche Konventionen zurückgehen, nicht jedoch auf gemeinschaftsrechtliche Verpflichtungen. Dementsprechend ist derartiges Konventionsprivatrecht nicht auf die Mitgliedstaaten der EG beschränkt, sondern ist auch in den Rechtsordnungen anderer europäischer Staaten zu finden[33]. Internationale Übereinkommen, die sich auf privatrechtliche Materien beziehen, zielen meist auf die Schaffung von *Einheitsrecht*, bewirken

[28] *Georgiades* in Europäische Integration und nationale Rechtskulturen, S. 45, 46: „Jurist sein hieß im damaligen Europa, im ius commune ausgebildet zu sein."
[29] *Hauschka*, JZ 1990, 521, 522.
[30] So auch *Schurig* in Festschrift für Großfeld, S. 1089, 1105.
[31] Siehe dazu *Paschke* in Europäisches Privatrecht, S. 8.
[32] *Gebauer*, Grundfragen der Europäisierung des Privatrechts, S. 69.
[33] Insofern ist das Konventionsprivatrecht, wie auch das gemeineuropäische Privatrecht, „europäischer" als das Gemeinschaftsprivatrecht.

also eine Rechtsvereinheitlichung, nicht nur eine Rechtsangleichung. Die Gewährleistung einer einheitlichen Auslegung und Anwendung des so geschaffenen Konventionsprivatrechts durch ein einheitliches Gericht ist in den meisten Übereinkommen nicht vorgesehen[34]. Zudem besteht für die an internationalen Übereinkommen beteiligten Staaten kein wirklicher, durch Sanktionen untermauerter Umsetzungsdruck. Bestrebungen zur Europäisierung des Privatrechts mittels internationaler Übereinkommen weisen von daher die „besondere Gefahr des Versandens“ [35] auf.
Das wohl bedeutendste Beispiel für Konventionsprivatrecht stellt das *UN-Kaufrecht*[36] dar, das in den meisten Mitgliedstaaten der EG, aber auch in vielen anderen Ländern der Welt gilt und bereits als „Weltkaufrecht“[37] bezeichnet wird. Über seinen eigentlichen Anwendungsbereich - die Regelung des grenzüberschreitenden Warenkaufs - hinaus kommt dem UN-Kaufrecht oftmals eine Vorbildfunktion bei der Schaffung oder Änderung nationaler Privatrechte zu[38]. Speziell auf die Mitgliedstaaten der EG bezogenes Konventionsprivatrecht wird vielfach auf der Grundlage des Art. 293 EGV (vormals Art. 220 EGV) geschaffen. Diese Vorschrift enthält eine Absichtserklärung der Mitgliedstaaten, soweit erforderlich Verhandlungen zur vertraglichen Regelung bestimmter Sachbereiche aufzunehmen, die mit dem Aufbau des Gemeinsamen Marktes verknüpft sind und wegen ihrer Komplexität außerhalb des EGV einer Regelung zugeführt werden sollen[39]. Man kann hierbei von „völkerrechtlicher EG-Rechtsvereinheitlichung“[40] sprechen. Die wichtigsten Beispiele dieses EG-bezogenen Konventionsprivatrechts bilden das Europäische Gerichtsstands- und Vollstreckungsübereinkommen (EuGVÜ)[41] sowie das Europäische Vertragsrechtsübereinkommen (EVÜ)[42]. Anders als die meisten internationalen Übereinkommen weist das EuGVÜ die Besonderheit auf, dass zur Wahrung seiner einheitlichen Auslegung in den beteiligten Staaten eine zentrale Instanz berufen wurde, nämlich der

[34] *Müller-Graff* in Festschrift für Börner, S. 303, 313.
[35] *Taupitz*, Europäische Privatrechtsvereinheitlichung heute und morgen, S. 31.
[36] Wiener UN-Übereinkommen über Verträge über den internationalen Warenkauf vom 11. April 1980, BGBl. 1989 II, S. 588.
[37] So *Reinhart* in Festschrift für Niederländer, S. 353, 354.
[38] *Coester-Waltjen*, Jura 1998, 320 m.w.N.
[39] *Taupitz*, Europäische Privatrechtsvereinheitlichung heute und morgen, S. 33.
[40] So *Oppermann*, Europarecht, Rn. 1262. Gleichwohl handelt es sich um Konventionsprivatrecht außerhalb gemeinschaftsrechtlicher Verpflichtungen, worauf *Gebauer*, Grundfragen der Europäisierung des Privatrechts, S. 74, hinweist.
[41] Brüsseler EWG-Übereinkommen über die gerichtliche Zuständigkeit und die Vollstreckung gerichtlicher Entscheidungen in Zivil- und Handelssachen vom 27. September 1968, BGBl. 1972 II, S. 774.
[42] Römisches EWG-Übereinkommen über das auf vertragliche Schuldverhältnisse anzuwendende Recht vom 19. Juni 1980, BGBl. 1986 II, S. 810.

EuGH[43]. Das EVÜ betrifft die Materie des internationalen Privatrechts. Es enthält Einheitsregeln für das internationale Schuldvertragsrecht der EG-Mitgliedstaaten und bewirkt so eine Teilvereinheitlichung des Kollisionsrechts innerhalb der EG.

Der Beitrag des Konventionsprivatrechts zur Europäisierung des Privatrechts ist insgesamt als nur gering einzustufen[44]. Zum einen liegt dies daran, dass nur wenige internationale Übereinkommen Sachnormen enthalten. Das Schwergewicht liegt meist auf dem Kollisionsrecht. Vor allem aber beschränken sich die meisten internationalen Übereinkommen auf punktuelle Regelungen von Einzelfragen[45], so dass sich eine übergeordnete Systematik und Dogmatik nicht entwickeln kann.

c) Gemeinschaftsprivatrecht

Die dritte und gegenwärtig wichtigste Erscheinungsform europäischen Privatrechts stellt das Gemeinschaftsprivatrecht dar. Darunter versteht man die Summe der in allen oder für alle Mitgliedstaaten der EG kraft Gemeinschaftsrechts verbindlichen Privatrechtsregeln[46]. Konstituierend für das Vorliegen von Gemeinschaftsprivatrecht sind also zwei Elemente: Zum einen muss die betreffende Rechtsnorm dem Bereich des Privatrechts zuzuordnen sein, was nach den herkömmlichen Theorien zur Abgrenzung des Privatrechts und des öffentlichen Rechts zu beurteilen ist[47], zum anderen muss ihr Geltungsgrund im Recht der Europäischen Gemeinschaft liegen. Der Zugehörigkeit einer Norm zum Gemeinschaftsprivatrecht steht dabei nicht entgegen, dass ihre Verbindlichkeit nicht nur auf dem Gemeinschaftsrecht, sondern daneben auch auf nationalem Recht beruht[48]. Von Bedeutung ist diese Aussage vor allem für in Umsetzung einer EG-Richtlinie erlassenes Recht. Dessen Geltung beruht in erster Linie auf der Entscheidung des demokratisch legitimierten nationalen Gesetzgebers, insofern handelt es sich also zweifellos um nationales Recht. Der *indirekte* Geltungsgrund der eine Richtlinie umsetzenden nationalen Normen liegt jedoch im Gemeinschaftsrecht. Die Mitgliedstaaten sind aufgrund von Art. 10 (Pflicht zu

---

[43] Siehe das Luxemburger Protokoll betreffend die Auslegung des Übereinkommens vom 27. September 1968 über die gerichtliche Zuständigkeit und die Vollstreckung gerichtlicher Entscheidungen in Zivil- und Handelssachen durch den Gerichtshof vom 3. Juni 1971, BGBl. 1972 II, S. 846.

[44] *Coester-Waltjen*, Jura 1998, 320; *Müller-Graff* in Festschrift für Börner, S. 303, 313.

[45] *Müller-Graff* in Festschrift für Börner, S. 303, 312.

[46] So die gängige Definition, geprägt von *Müller-Graff*, NJW 1993, 13; ihm folgend z.B. *Paschke* in Europäisches Privatrecht, S. 2; *Gebauer*, Grundfragen der Europäisierung des Privatrechts, S. 77.

[47] Siehe zu diesen Abgrenzungstheorien *Maurer*, Allgemeines Verwaltungsrecht, § 3 Rn. 14 ff.

[48] So überzeugend *Gebauer*, Grundfragen der Europäisierung des Privatrechts, S. 60.

gemeinschaftstreuem Verhalten) i.V.m. Art. 249 Abs. 3 EGV zur Umsetzung einer Richtlinie verpflichtet, die Entscheidung des nationalen Gesetzgebers wird mit anderen Worten also vom Gemeinschaftsrecht mehr oder weniger dirigiert[49]. In Anbetracht dessen erscheint es folgerichtig, nicht nur eine privatrechtsrelevante EG-Richtlinie selbst, sondern auch das zur Umsetzung dieser Richtlinie erlassene nationale Recht zum Gemeinschaftsprivatrecht zu zählen[50]. Untermauert wird dieses Ergebnis durch die spezifische Nähe, die derartiges nationales Recht zum Gemeinschaftsrecht aufweist. So besteht bei Zweifelsfragen der Auslegung einer Richtlinie eine Pflicht bzw. Berechtigung der nationalen Gerichte zur *Vorlage an den EuGH* gemäß Art. 234 EGV[51], und wegen des *Gebots der richtlinienkonformen Auslegung*[52] schlägt die Entscheidung des EuGH unmittelbar auf das im Zuge der Richtlinie erlassene nationale Recht durch.

2. Grundfragen des Gemeinschaftsprivatrechts

Im vorigen Abschnitt wurden die verschiedenen Erscheinungsformen des europäischen Privatrechts in knapper Form vorgestellt. Im Folgenden wird der Bereich des Gemeinschaftsprivatrechts, zu dem auch privatrechtliche EG-Richtlinien zu zählen sind, näher betrachtet.

a) Erscheinungsformen

aa) Auswirkungen des primären Gemeinschaftsrechts

Das primäre Gemeinschaftsrecht wirkt in vielfacher Weise auf die nationalen Privatrechte der Mitgliedstaaten ein. Dies gilt zunächst für die *Grundfreiheiten* des EGV (Artt. 23, 28, 29, 39, 43, 49, 56 EGV) und ihr Verhältnis zur Vertragsfreiheit. Die Grundfreiheiten zielen darauf ab, alle ungerechtfertigten Beschränkungen des freien Verkehrs von Waren, Personen, Dienstleistungen und Kapital zu beseitigen. Auf diese Weise stärken sie Abschluss- und Inhaltsfreiheit etwa bei grenzüberschreitenden Kauf-, Arbeits-, Dienst-, Werk- und Kreditverträgen[53]. Besondere Bedeutung kommt in diesem Zusammenhang Art. 28 EGV (Verbot mengenmäßiger Einfuhrbeschränkungen sowie Maßnahmen gleicher

---

[49] Staatsrechtlich ist dies unbedenklich, denn die Mitgliedstaaten haben bei der Unterzeichnung des EGV bewusst einen Teil ihrer Hoheitsbefugnisse auf die EG übertragen.

[50] Vgl. *Gebauer*, Grundfragen der Europäisierung des Privatrechts, S. 60 („Nichts spricht dagegen zu akzeptieren, daß Privatrecht zugleich europäisch und etwas anderes sein kann."); a.A. *Paschke* in Europäisches Privatrecht, S. 2.

[51] Siehe dazu unten § 3 II 4 b.

[52] Siehe dazu unten § 3 II 4 a.

[53] *Müller-Graff* in Festschrift für Börner, S. 303, 314 ff.; *Coester-Waltjen*, Jura 1998, 320, 321.

Wirkung) und der dazu ergangenen Rechtsprechung des EuGH[54] zu[55]. So können etwa privatrechtliche Haftungsnormen den grenzüberschreitenden Warenverkehr unattraktiv machen und sich so freiheitsbeschränkend auswirken[56]. Ein Verstoß einer privatrechtlichen Vorschrift gegen Grundfreiheiten führt nicht zur völligen Unwirksamkeit der Norm. Da die Grundfreiheiten lediglich den grenzüberschreitenden Verkehr innerhalb der EG betreffen, bezieht sich die aus einem Verstoß gegen Grundfreiheiten resultierende Unwirksamkeit einer Norm nur auf diesen Bereich[57]. Demgegenüber bleibt eine solche Vorschrift in reinen Inlandssachverhalten sowie in Sachverhalten, die Beziehungen eines Mitgliedstaats zu einem Drittstaat zum Gegenstand haben, anwendbar[58].
Während die Grundfreiheiten eine Erweiterung der Vertragsfreiheit im grenzüberschreitenden Verkehr bewirken, enthält der EGV andererseits auch Vorschriften, durch welche die Vertragsfreiheit unmittelbar Einschränkungen erfährt. Zu nennen sind hier beispielsweise Artt. 49, 81, 82 und 141 EGV[59]. Die Erstreckung der Inhaltsverbote des Art. 28 EGV auf Verträge zwischen Privaten ist demgegenüber streitig[60]. Von großer Bedeutung für das Privatrecht ist darüber hinaus Art. 12 EGV, der in seinem Anwendungsbereich alle fremdenrechtlichen Bestimmungen des Privatrechts untersagt und bereits zu einer beträchtlichen Abnahme des Umfangs des Fremdenrechts in den EG-Mitgliedstaaten geführt hat[61].

---

[54] EuGH, Rs. 8/74, Slg. 1974, 837 (Dassonville); EuGH, Rs. 120/78, Slg. 1979, 649 (Cassis de Dijon); EuGH, verbundene Rs. C-267/91 und C-268/91, Slg. 1993, I-6097 (Keck und Mithouard). Zur Bedeutung dieser Urteile siehe *Hübner* in Festschrift für Großfeld, S. 471, 480 ff. Zur Bedeutung speziell des Cassis de Dijon-Urteils für die Privatrechtsharmonisierung auf Gemeinschaftsebene siehe *Schulte-Nölke/Schulze* in Europäische Rechtsangleichung und nationale Privatrechte, S. 11, 13.

[55] Siehe dazu *Gebauer*, Grundfragen der Europäisierung des Privatrechts, S. 79 ff.; ausführlich *Schaefer*, Die unmittelbare Wirkung des Verbots der nichttarifären Handelshemmnisse (Art. 30 EWGV) in den Rechtsbeziehungen zwischen Privaten.

[56] *W.-H. Roth*, ZEuP 1994, 5, 25 ff.

[57] *Arndt*, JuS 1994, 469, 471; *Basedow*, RabelsZ 59 (1995), 1, 12; *Wesser* in Deutschland auf dem Weg in die EU, S. 133, 134.

[58] Diese gemeinschaftsrechtliche Beschränkung des Anwendungsbereichs der Norm führt zur Problematik der Inländerdiskriminierung, siehe dazu *Wesser* in Deutschland auf dem Weg in die EU, S. 133 ff.; zur Frage der Vereinbarkeit mit Art. 3 GG siehe LG Passau, EuZW 1994, 187, 188; LG Düsseldorf, EuZW 1994, 188, 189. Die beschränkte Unwirksamkeit wirft darüber hinaus erhebliche kollisionsrechtliche Probleme auf, siehe dazu *Basedow*, RabelsZ 59 (1995), 1 ff.; *Jayme/Kohler*, IPRax 1993, 357, 370 f.; *Gebauer*, Grundfragen der Europäisierung des Privatrechts, S. 85 ff.

[59] *Müller-Graff* in Festschrift für Börner, S. 303, 314 f.; *Coester-Waltjen*, Jura 1998, 320, 321.

[60] *Müller-Graff* in von der Groeben/Thiesing/Ehlermann, Art. 30 EGV Rn. 301 ff. m.w.N.

[61] Siehe zum ursprünglichen Bestand des Fremdenrechts *Erdmann*, Europäisches Fremdenrecht.

Während die grundsätzliche Bedeutung des Primärrechts für das nationale Privatrecht bereits frühzeitig erkannt wurde[62], steht eine genaue Analyse der Dimension der primärrechtlichen Auswirkungen noch aus[63]. Fest steht jedoch, dass das Primärrecht das nationale Privatrecht nur *limitierend* in dem Sinne zu beeinflussen vermag, dass primärrechtswidrige Privatrechtsnormen im grenzüberschreitenden Verkehr innerhalb der EG unanwendbar sind[64]. Zur positiven Schaffung gemeinschaftsweit geltender Privatrechtsnormen kommt es hingegen nicht. Privatrechtsrelevantes Primärrecht kann deshalb nicht zum eigentlichen Bestand des Gemeinschaftsprivatrechts, das nur die *in allen* oder *für alle* Mitgliedstaaten verbindlichen Privatrechtsregeln umfasst, gezählt werden[65].

bb) Sekundäres Gemeinschaftsrecht

Der eigentliche Bestand des Gemeinschaftsprivatrechts wird durch das sekundäre Gemeinschaftsrecht, also durch das von den Organen der EG nach Maßgabe des EGV geschaffene Recht[66], geprägt. Als Instrumente zur Schaffung von Gemeinschaftsprivatrecht stehen dabei gemäß Art. 249 EGV grundsätzlich Verordnungen, Richtlinien, Entscheidungen, Empfehlungen sowie Stellungnahmen zur Verfügung.

(1) Verordnungen

Nach Art. 249 Abs. 2 EGV hat die Verordnung allgemeine Geltung, ist in allen ihren Teilen verbindlich und gilt unmittelbar in jedem Mitgliedstaat. *Allgemeine Geltung* bedeutet, dass die Verordnung eine unbestimmte Vielzahl von Sachverhalten in abstrakter und genereller Weise regelt und insofern Rechtssatzqualität aufweist[67]. Durch die angeordnete *Verbindlichkeit aller ihrer Teile* unterscheidet sich die Verordnung von der Richtlinie, die lediglich hinsichtlich des zu erreichenden Ziels verbindlich ist. Die Verordnung gilt ferner *unmittelbar* in allen Mitgliedstaaten. Dies bedeutet, dass die Verordnung zu ihrer Wirksamkeit anders als die Richtlinie keines nationalen Umsetzungsakts mehr bedarf. Als Folge der unmittelbaren Geltung der Verordnung und allgemein wegen des Vorrangs des Gemeinschaftsrechts[68] dürfen mitgliedstaatliche Rechtsnormen, die dem In-

---

[62] Siehe etwa *Beitzke*, ZfRV 5 (1964), 80, 89.
[63] *Coester-Waltjen*, Jura 1998, 320, 321; *Steindorff*, JZ 1994, 95.
[64] *Gebauer*, Grundfragen der Europäisierung des Privatrechts, S. 78 ff., spricht in diesem Zusammenhang von einer „negativen Rechtsangleichung".
[65] *Gebauer*, Grundfragen der Europäisierung des Privatrechts, S. 85.
[66] *Bracker* in Europäisches Privatrecht, S. 36.
[67] *Schmidt* in von der Groeben/Thiesing/Ehlermann, Art. 189 EGV Rn. 28.
[68] Siehe dazu *Oppermann*, Europarecht, Rn. 615 ff. m.w.N.

halt einer Verordnung zuwiderlaufen, nach dem Inkrafttreten der Verordnung nicht mehr zur Anwendung kommen[69].

Nach ihrer Konzeption zielt die Verordnung nicht lediglich auf eine Rechts*angleichung*, sondern auf eine Rechts*vereinheitlichung*, also auf die Schaffung von Einheitsrecht[70]. Daher wird der Einsatz der Verordnung in erster Linie dort als sinnvoll angesehen, wo nationale Rechtsunterschiede besondere Probleme aufwerfen, so dass eine vollständige Rechtsvereinheitlichung geboten erscheint[71]. Bezogen auf das Privatrecht ist dies beispielsweise im Bereich des Gesellschaftsrechts der Fall, in dem sich ein zunehmendes Bedürfnis nach der Bereitstellung supranationaler Gesellschaftsformen zeigt. Dementsprechend wurde im Jahre 1985 nach ungewöhnlich kurzen Beratungen die Verordnung über die Europäische wirtschaftliche Interessenvereinigung (kurz EWIV)[72] verabschiedet. Das Ziel dieser Verordnung besteht darin, in Anlehnung an ein französisches Vorbild[73] ein Modell loser Kooperation verschiedener Unternehmen zur Verfügung zu stellen. Die EWIV-Verordnung beschränkt sich dabei darauf, einen rechtlichen Rahmen für ein entsprechendes Modell zu schaffen, der in wichtigen Bereichen (z.B. Rechtspersönlichkeit, Rechnungslegung, Konkursrecht) der Ausfüllung durch das nationale Recht der Mitgliedstaaten bedarf[74].

Unmittelbar in allen Mitgliedstaaten geltendes Einheitsrecht soll darüber hinaus durch eine Verordnung über die Schaffung einer Europäischen Aktiengesellschaft (Societas Europaea, kurz S.E.) in Kraft gesetzt werden. Den ursprünglichen Verordnungsvorschlägen der Kommission lag die Konzeption einer in sich geschlossenen Regelung der S.E. zugrunde, anders als bei der EWIV sollte eine Bezugnahme auf das nationale Recht der Mitgliedstaaten nicht erfolgen[75]. Diese Konzeption wurde später weitgehend aufgegeben. Der Verordnungsvorschlag aus dem Jahre 1989[76] wird durch zahlreiche Optionen und Verweisungen auf das nationale Recht der Mitgliedstaaten geprägt. Das Ziel der Schaffung einer in der gesamten EG einheitlichen Europäischen Aktiengesellschaft kann auf dieser Grundlage nur eingeschränkt erreicht werden[77].

---

[69] *Schmidt* in von der Groeben/Thiesing/Ehlermann, Art. 189 EGV Rn. 30.

[70] *Taupitz*, Europäische Privatrechtsvereinheitlichung heute und morgen, S. 18 ff.

[71] *Blaurock* in Rechtsvereinheitlichung durch Gesetze, S. 90, 105.

[72] Verordnung (EWG) Nr. 2137/85 des Rates vom 25. Juli 1985 über die Schaffung einer Europäischen wirtschaftlichen Interessenvereinigung (EWIV), ABlEG 1985 Nr. L 199/1.

[73] Das „groupement d'interet économique".

[74] Siehe *Müller-Graff* in Gemeinsames Privatrecht in der Europäischen Gemeinschaft, S. 267, 282 f. Bei genauer Betrachtung liegt der EWIV sogar ein dreistufiger Normaufbau zugrunde, siehe *Hauschka*, AG 1990, 85, 88.

[75] *Blaurock* in Rechtsvereinheitlichung durch Gesetze, S. 90, 106.

[76] Vorschlag für eine Verordnung (EWG) des Rates über das Statut der Europäischen Aktiengesellschaft, ABlEG 1989 Nr. C 263/41.

[77] *Blaurock* in Rechtsvereinheitlichung durch Gesetze, S. 90, 107.

(2) Richtlinien

Das wichtigste Instrument zur Schaffung von Gemeinschaftsprivatrecht stellt die Richtlinie dar. Art. 249 Abs. 3 EGV bestimmt, dass die Richtlinie für jeden Mitgliedstaat, an den sie gerichtet wird, hinsichtlich des zu erreichenden Ziels verbindlich ist, den innerstaatlichen Stellen jedoch die Wahl der Form und der Mittel überlässt. Charakteristisch für die Wirkungsweise von Richtlinien ist also ein *zweistufiges Rechtsetzungsverfahren*: Die Richtlinie selbst enthält nur Zielvorgaben, die grundsätzlich keine unmittelbare Wirkung entfalten[78]. Die Mitgliedstaaten haben diese Zielvorgaben durch geeignete Maßnahmen in das nationale Recht umzusetzen. Bei der Wahl der Umsetzungsmaßnahmen sind die Mitgliedstaaten weitgehend[79] frei[80].
Wegen ihrer zentralen Bedeutung für die vorliegende Untersuchung wird die EG-Richtlinie an späterer Stelle ausführlicher dargestellt[81].

(3) Entscheidungen

Nach Art. 249 Abs. 4 EGV ist die Entscheidung in allen ihren Teilen für diejenigen verbindlich, die sie bezeichnet. Adressaten einer Entscheidung können neben den Mitgliedstaaten auch natürliche und juristische Personen sein. Im Gegensatz zur abstrakt-generellen Verordnung zeichnet sich die Entscheidung durch ihren konkret-individuellen Charakter aus. Sie ist – aus deutscher Sicht – dem Verwaltungsakt im Sinne des § 35 VwVfG vergleichbar[82]. Im Prozess der Europäisierung des Privatrechts spielt die Entscheidung keine Rolle[83].

(4) Empfehlungen und Stellungnahmen

Gleiches gilt für Empfehlungen und Stellungnahmen, die nach Art. 249 Abs. 5 EGV nicht verbindlich sind und die sich zur Schaffung von Gemeinschaftsprivatrecht auch nicht eignen. Rein unverbindliche Aufforderungen sind in aller Regel nicht ausreichend, Harmonisierungsprozesse, die eine Abkehr der Mitgliedstaaten von ihren nationalen Eigenheiten implizieren, in Gang zu bringen[84].

---

[78] Siehe aber unten § 3 II 5 a.
[79] Siehe aber unten § 3 II 3.
[80] *Oehlert*, JuS 1997, 317.
[81] Siehe unten § 3 II.
[82] *Bracker* in Europäisches Privatrecht, S. 38.
[83] *Blaurock* in Rechtsvereinheitlichung durch Gesetze, S. 90, 105.
[84] *Blaurock* in Rechtsvereinheitlichung durch Gesetze, S. 90, 105 (Fn. 83).

cc) Autonome Antizipierung gemeinschaftlich geplanter Rechtsregeln

Im Zusammenhang mit den Erscheinungsformen des Gemeinschaftsprivatrechts ist noch auf ein Phänomen hinzuweisen, das als *mittelbare Rechtsangleichung durch autonome Antizipierung gemeinschaftlich geplanter Rechtsregeln* bezeichnet werden kann[85]. In nicht wenigen Fällen greifen Mitgliedstaaten in der Planung befindliche gemeinschaftliche Rechtsangleichungsmaßnahmen auf und führen deren Inhalt autonom in ihre Rechtsordnung ein, ohne dazu - etwa durch den Erlass einer entsprechenden Richtlinie - rechtlich verpflichtet zu sein. Ein Beispiel hierfür bildet etwa der Erlass des deutschen Arzneimittelgesetzes[86], das in Kapitel 16, §§ 84 ff. die erste gesetzliche Regelung der Produkthaftung in Europa beinhaltet und das zu einem Zeitpunkt erlassen wurde, zu dem auf Gemeinschaftsebene die Arbeiten an einer Produkthaftungsrichtlinie begonnen hatten. Der Zusammenhang mit den diesbezüglichen Aktivitäten der Kommission war offensichtlich[87]. Ein weiteres, sehr anschauliches Beispiel stellt ein französisches Gesetz aus dem Jahre 1970[88] dar, das zur Regelung des Problems des so genannten Insider-Trading[89] erlassen wurde. Teile eines entsprechenden Verordnungsvorschlags der Kommission[90] wurden wörtlich übernommen[91].
Eine autonome Antizipierung gemeinschaftlich geplanter Rechtsregeln stellt oftmals den Versuch dar, durch die Schaffung vollendeter Tatsachen im nationalen Recht eine gemeinschaftsweite Regelung im eigenen Sinne zu beeinflussen. Auch die in allen Mitgliedstaaten mehr oder weniger stark ausgeprägte Angst vor einem Souveränitätsverlust angesichts der Aktivitäten der EG dürfte eine ausschlaggebende Rolle spielen[92].
Grundsätzlich ist die freiwillige Verwirklichung rechtspolitischer Vorstellungen der Gemeinschaftsorgane durch einen oder mehrere Mitgliedstaaten zwar durch-

---

[85] So die von *Taschner* in Gedächtnisschrift für Constantinesco, S. 765, 770 geprägte Terminologie: „Ist eine Richtlinie unvermeidbar, so ‚antizipiert man autonom', was kommen wird."
[86] Gesetz zur Neuordnung des Arzneimittelrechts vom 24. August 1976, BGBl. 1976 I, S. 2445.
[87] *Taschner* in Festschrift für von der Groeben, S. 407, 417.
[88] Loi n° 70-1208 du 23 décembre 1970 portant modification de la loi n° 66-537 du 24 juillet 1966 sur les sociétés commerciales et de l'ordonnance n° 67-833 du 28 septembre 1967 instituant une commission des opérations de bourse et relative à l'information des porteurs de valeurs mobilières et à la publicité de certaines opérations de bourse, Journal Officiel du 24 décembre 1970, 11891.
[89] Gemeint ist der Erwerb oder die Veräußerung von Aktien einer Gesellschaft durch Vorstands- oder Aufsichtsratsmitglieder, Abschlussprüfer oder Großaktionäre unter Ausnutzung der Kenntnis gesellschaftsinterner Ereignisse, die den Aktienkurs zu beinflussen geeignet sind.
[90] Es handelt sich um den bereits erwähnten Verordnungsvorschlag betreffend das Statut einer Europäischen Aktiengesellschaft, siehe oben § 3 I 2 a bb (1).
[91] *Taschner* in Festschrift für von der Groeben, S. 407, 410 f.
[92] *Blaurock* in Rechtsvereinheitlichung durch Gesetze, S. 90, 112.

aus zu begrüßen, die mittelbare Rechtsangleichung durch autonome Antizipierung birgt aber auch Probleme in sich[93]. So bleibt die autonome Antizipierung meist auf wenige oder gar nur auf einen Mitgliedstaat beschränkt, jeder Mitgliedstaat kann sie jederzeit rückgängig machen und es fehlt eine gemeinsame Rechtsprechungsinstanz, was eine gemeinsame Rechtsfortbildung faktisch ausschließt. Zudem steht die vorweggenommene Verwirklichung gemeinschaftsrechtlicher Rechtsangleichungsmaßnahmen den weiteren Arbeiten der zuständigen Gemeinschaftsorgane oft politisch im Wege.
Durch die autonome Antizipierung gemeinschaftlich geplanter Rechtsregeln entsteht kein Gemeinschaftsprivatrecht, es fehlt an der Verbindlichkeit der entsprechenden nationalen Vorschriften *kraft Gemeinschaftsrechts*[94]. Das Phänomen der autonomen Antizipierung wurde lediglich aufgrund des engen Zusammenhangs zum Gemeinschaftsprivatrecht und der Vollständigkeit halber erwähnt.

b) Rechtsetzungskompetenzen der EG im Privatrecht

aa) Allgemeines

(1) Prinzip der begrenzten Einzelermächtigung

Die Schaffung von Gemeinschaftsprivatrecht erfolgt, wie bereits erläutert, in erster Linie durch Verordnungen und Richtlinien. Für jeden dieser Rechtsetzungsakte benötigt die EG eine Kompetenzgrundlage. Die EG verfügt über keine umfassende und uneingeschränkte Rechtsetzungskompetenz, vielmehr gilt für ihr Handeln das *Prinzip der begrenzten Einzelermächtigung*, das in Artt. 5 Abs. 1, 7 Abs. 1 S. 2, 10, 249 Abs. 1 EGV sowie in Art. 5 EUV positivrechtlich niedergelegt ist. Es besagt, dass die EG nur dann zur Rechtsetzung befugt ist, wenn die Verträge eine ausdrückliche Ermächtigung zum Tätigwerden der Gemeinschaftsorgane enthalten[95]. Der EGV umschreibt dies dahin gehend, dass die Gemeinschaft lediglich „innerhalb der Grenzen der ihr in diesem Vertrag zugewiesenen Befugnisse" (Art. 5 Abs. 1 EGV) bzw. „nach Maßgabe dieses Vertrags" (Art. 249 Abs. 1 EGV) tätig wird. Die Gemeinschaft besitzt dementsprechend keine „Kompetenz-Kompetenz", entscheidet also nicht selbstständig über ihre Zuständigkeit[96].
Der EGV knüpft die Rechtsetzungskompetenzen der Gemeinschaft an *funktionale* bzw. *finale* Kriterien, etwa an die Verwirklichung der Grundfreiheiten (so

---

[93] Siehe *Taschner* in Festschrift für von der Groeben, S. 407, 423 f.
[94] Siehe oben § 3 I 1 c.
[95] *Schweitzer/Hummer*, Europarecht, Rn. 335.
[96] Nicht zuletzt hieran wird deutlich, dass die EU lediglich einen Staatenverbund, nicht aber einen sich auf ein europäisches Staatsvolk stützenden Staat darstellt, vgl. BVerfG, NJW 1993, 3047; *Möschel*, JZ 1992, 877, 882 f.; *Tomuschat*, DVBl. 1996, 1073, 1075 f.

z.B. Art. 44 Abs. 2 lit. g EGV), die Verwirklichung der Ziele des Gemeinsamen Marktes (Art. 308 EGV) oder an die Errichtung und das Funktionieren des Binnenmarktes (Art. 95 Abs. 1 S. 2 EGV). Die EG wird auf diese Weise in die Lage versetzt, die Privatrechtsentwicklung dem jeweiligen Stand der Integration flexibel anzupassen[97].

(2) „Implied-powers“-Lehre

Ergänzt wird das Prinzip der begrenzten Einzelermächtigung durch die so genannte „implied-powers“-Lehre, eine Ausprägung der integrationsfreundlichen, an der praktischen Wirksamkeit des Gemeinschaftsrechts („effet utile“) orientierten Rechtsprechung des EuGH, die grundsätzlich dazu neigt, die nach dem EGV bestehenden Einzelermächtigungen weit auszulegen[98]. Nach der „implied-powers“-Lehre des EuGH stehen der Gemeinschaft über den Wortlaut der Verträge hinaus alle Kompetenzen zu, die notwendig sind, um die ihr ausdrücklich eingeräumten Befugnisse wirksam und sinnvoll ausüben zu können[99]. Aus deutscher Sicht ähnelt die „implied-powers“-Lehre der Kompetenz kraft Sachzusammenhangs bzw. der Annexkompetenz im Gesetzgebungsverfahren des Bundes[100]. Die „implied-powers“-Lehre ist bislang im Kontext des Gemeinschaftsprivatrechts kaum in Erscheinung getreten. Ihr Hauptanwendungsfall liegt im Bereich der Außenkompetenzen der Gemeinschaft[101].

(3) Kompetenzausübungsschranken

Die bedeutendste Kompetenzausübungsschranke des EGV stellt das *Subsidiaritätsprinzip* dar, das durch den Vertrag von Maastricht - also durch den EUV - in Art. 5 Abs. 2 EGV auf gemeinschaftsrechtlicher Ebene[102] politikunabhängig[103] verankert wurde[104]. Nach Art. 5 Abs. 2 EGV wird die Gemeinschaft in Bereichen, die nicht in ihre ausschließliche Zuständigkeit fallen, nur tätig, sofern und soweit die Ziele der in Betracht gezogenen Maßnahmen auf Ebene der Mitgliedstaaten nicht ausreichend erreicht werden können und daher wegen ihres Um-

---

[97] *Deckert/Lilienthal*, EWS 1999, 121.
[98] Angesichts dessen mehren sich die Stimmen in der Literatur, die bezweifeln, dass vom Prinzip der begrenzten Einzelermächtigung in der Praxis noch viel übrig bleibt, vgl. *Reich*, EuZW 1991, 203, 208; *Bleckmann*, JZ 1990, 301, 305; *Heiss*, JZ 1997, 83, 84.
[99] EuGH, verbundene Rs. 281, 283 bis 285 und 287/85, Slg. 1987, 3203.
[100] *Bracker* in Europäisches Privatrecht, S. 39.
[101] EuGH, Rs. 22/70, Slg. 1971, 263, 264; *Schweitzer/Hummer*, Europarecht, Rn. 338.
[102] *Unionsrechtlich* ist das Subsidiaritätsprinzip in Art. 2 EUV verankert, siehe dazu *Schweitzer/Hummer*, Europarecht, Rn. 894.
[103] Zuvor galt das Subsidiaritätsprinzip ausdrücklich nur für die Bereiche des Umweltschutzes (Art. 130 r Abs. 4 EWGV) und des Arbeitsschutzes (Art. 118 a EWGV).
[104] Vgl. *Grundmann*, JZ 1996, 274, 276.

fangs oder ihrer Wirkungen besser auf Gemeinschaftsebene erreicht werden können. Vereinfacht ausgedrückt ist die höhere, allgemeine Ebene der EG nur dann zum Handeln befugt, wenn die niedrigere, spezielle Ebene der Mitgliedstaaten nicht tätig wird oder werden kann.
Nach dem ausdrücklichen Wortlaut des Art. 5 Abs. 2 EGV bezieht sich das Subsidiaritätsprinzip nur auf die Bereiche, die nicht in die ausschließliche Kompetenz der Gemeinschaft fallen. Die Abgrenzung der Bereiche ausschließlicher und nicht ausschließlicher (konkurrierender) Zuständigkeiten der EG bereitet in der Praxis erhebliche Schwierigkeiten, da der EGV diese Unterscheidung nicht enthält[105]. Theoretisch lässt sie sich leicht vornehmen[106]: Im Bereich der *ausschließlichen Gemeinschaftskompetenzen* hat eine vollständige Zuständigkeitsübertragung auf die EG stattgefunden. Nur soweit die Gemeinschaft von ihrer Kompetenz keinen Gebrauch macht, können die Mitgliedstaaten ausnahmsweise und nach Konsultation der Kommission gleichsam als „Sachwalter des gemeinsamen Interesses“[107] Maßnahmen ergreifen. Die Mitgliedstaaten nehmen in diesem Fall aushilfsweise eine fremde Kompetenz wahr. Im Bereich der *konkurrierenden Kompetenzen* steht die Rechtsetzungskompetenz grundsätzlich der Gemeinschaft zu. Solange und soweit sie hiervon keinen Gebrauch macht, bleiben aber die Mitgliedstaaten originär zuständig, nehmen also eine eigene Kompetenz wahr. Als dritte Kategorie existiert der Bereich *paralleler Kompetenzen*. Hier sind sowohl die Gemeinschaft als auch die Mitgliedstaaten gleichermaßen originär zur Rechtsetzung befugt. Bei widersprüchlichen Ergebnissen geht die gemeinschaftsrechtliche Regelung jedoch vor. Welchem der drei Bereiche eine Kompetenznorm des EGV angehört, ist jeweils durch Auslegung nach Wortlaut, Zweck und Systematik zu ermitteln. Eine pauschale Zuordnung nach Politikbereichen ist nicht möglich[108].
Die Begrenzung auf den Bereich der nicht ausschließlichen Zuständigkeiten der EG ist nur eines der mit dem Subsidiaritätsprinzip verbundenen Probleme. Hinzu kommt die mangelnde Justiziabilität dieses Strukturprinzips[109], das auf eine Reihe unbestimmter Rechtsbegriffe Bezug nimmt, die wohl nur in der Theorie durch die Rechtsprechung des EuGH ausgefüllt werden können. Die praktische Bedeutung des Subsidiaritätsprinzips dürfte auf die politische Ebene beschränkt sein[110].
Für den Prozess der Europäisierung des Privatrechts durch die Schaffung von Gemeinschaftsprivatrecht entfaltet das Subsidiaritätsprinzip eine hemmende

---

[105] *Deckert/Lilienthal*, EWS 1999, 121.
[106] Siehe *Schweitzer/Hummer*, Europarecht, Rn. 342 ff.
[107] *Schweitzer/Hummer*, Europarecht, Rn. 343.
[108] *Deckert/Lilienthal*, EWS 1999, 121 f.
[109] *Rohe*, RabelsZ 61 (1997), 1, 2 f. m.w.N.
[110] *Deckert/Lilienthal*, EWS 1999, 121 f.; zum Teil wird das Subsidiaritätsprinzip gar für juristisch wertlos gehalten, siehe *Möschel*, JZ 1992, 877, 882; *Rabe*, NJW 1993, 1, 2.

Wirkung. Rechtsangleichungsprogramme größeren Umfangs sind durch die Einführung des Subsidiaritätsprinzips politisch schwerer durchsetzbar geworden[111]. Flankiert wird das Subsidiaritätsprinzip von einer weiteren Kompetenzausübungsschranke, dem in Art. 5 Abs. 3 EGV niedergelegten *Grundsatz der Verhältnismäßigkeit*. Danach dürfen die Maßnahmen der Gemeinschaft nicht über das für die Erreichung der Ziele des EGV erforderliche Maß hinausgehen. Anders als das Subsidiaritätsprinzip gilt der Verhältnismäßigkeitsgrundsatz auch im Bereich der ausschließlichen Gemeinschaftskompetenzen und bildet dort - von weniger bedeutenden Kompetenzausübungsschranken abgesehen[112] - die einzige Einschränkung der Rechtsetzungstätigkeit der Gemeinschaft.

bb) Privatrechtsrelevante Rechtsetzungskompetenzen im Einzelnen

Im Folgenden wird ohne Anspruch auf Vollständigkeit[113] ein Überblick über die wichtigsten aus dem Blickwinkel des Gemeinschaftsprivatrechts relevanten Rechtsetzungskompetenzen des EGV gegeben. Dem EGV ist die aus dem nationalen Recht vertraute Unterscheidung zwischen öffentlichem Recht und Privatrecht fremd[114]. Folglich sieht der EGV auch keine allgemeine Rechtsetzungsbefugnis der EG auf dem Gebiet des Privatrechts vor[115]. Vielmehr sind die im EGV enthaltenen Rechtsetzungskompetenzen, die an funktionale Kriterien anknüpfen[116], jeweils daraufhin zu überprüfen, ob sie auch zur Setzung von Gemeinschaftsprivatrecht ermächtigen.

(1) Gesellschaftsrecht, Art. 44 Abs. 2 lit. g EGV

Nach Art. 44 Abs. 2 lit. g EGV sind der Rat und die Kommission befugt, mitgliedstaatliche Schutzbestimmungen zu koordinieren, denen Gesellschaften im Sinne des Art. 48 Abs. 2 EGV im Interesse der Gesellschafter sowie Dritter unterliegen. Der Anwendungsbereich dieser Rechtsetzungskompetenz ist unklar und umstritten[117]. Nach einer Ansicht ist eine Angleichung der nationalen

---

[111] Vgl. *Schwartz*, ZEuP 1994, 559, 576: „Darüber hinaus ist jedem Rechtsangleicher in Brüssel klar: größere, kühne, zukunftsweisende Initiativen sind nicht länger opportun. Die politischen Signale stehen auf rot oder gelb. Konsolidierung heißt das Gebot."

[112] Siehe dazu *Deckert/Lilienthal*, EWS 1999, 121, 122.

[113] Ein vollständiger Überblick über die privatrechtlichen Rechtsetzungskompetenzen der EG findet sich bei *Deckert/Lilienthal*, EWS 1999, 121 ff.

[114] *Hauschka*, JZ 1990, 521, 523; *Gebauer*, Grundfragen der Europäisierung des Privatrechts, S. 124.

[115] *Deckert/Lilienthal*, EWS 1999, 121, 123; *Bangemann*, ZEuP 1994, 377, 378. Hierauf wird an späterer Stelle zurückzukommen sein, siehe unten § 3 I 2 d.

[116] Siehe oben § 3 I 2 b aa (1).

[117] Zum Streitstand siehe *Schön*, ZHR 160 (1996), 221, 224 ff. m.w.N.; *Steindorff*, EuZW 1990, 251, 253 f.

Schutzbestimmungen nach Art. 44 Abs. 2 lit. g EGV nur zulässig, sofern damit Beschränkungen der Niederlassungsfreiheit aufgehoben werden, was mit der systematischen Stellung der Vorschrift im Kapitel über das Niederlassungsrecht begründet wird. Nach der Gegenansicht ist die Harmonisierung der Schutzbestimmungen des Gesellschaftsrechts auch für den Kapital- und Warenverkehr von Bedeutung, so dass Art. 44 Abs. 2 lit. g EGV zu einer über den Bereich des Niederlassungsrechts hinausgehenden Koordinierung ermächtigt. Eine vermittelnde Ansicht beschränkt den Anwendungsbereich des Art. 44 Abs. 2 lit. g EGV zwar nicht auf das Niederlassungsrecht, legt die Norm aber primär in diesem Sinne aus.

Art. 44 Abs. 2 lit. g EGV erlaubt lediglich eine Koordinierung bereits bestehender gesellschaftsrechtlicher Bestimmungen, nicht jedoch die Schaffung völlig neuer gesellschaftsrechtlicher Strukturen[118]. Aus diesem Grund konnte die bereits erwähnte Verordnung über die Europäische wirtschaftliche Interessenvereinigung[119] nicht auf Art. 44 Abs. 2 lit. g EGV gestützt werden, vielmehr wurde Art. 308 EGV als Kompetenzgrundlage herangezogen[120].

Art. 44 Abs. 2 lit. g EGV ist für die Harmonisierung des Gesellschaftsrechts innerhalb der EG von großer Bedeutung. Bis zum heutigen Tage wurden 15 Richtlinien bzw. Richtlinienvorschläge oder –vorentwürfe auf diese Ermächtigungsnorm gestützt[121].

(2) Verwirklichung des Gemeinsamen Marktes, Art. 94 EGV

Nach Art. 94 EGV erlässt der Rat einstimmig auf Vorschlag der Kommission und nach Anhörung des Europäischen Parlaments und des Wirtschafts- und Sozialausschusses Richtlinien zur Angleichung derjenigen Rechts- und Verwaltungsvorschriften der Mitgliedstaaten, die sich unmittelbar auf die Errichtung oder das Funktionieren des Gemeinsamen Marktes auswirken. Diese Kompetenznorm, unter der etwa die Haustürgeschäfte-Richtlinie 85/577/EWG[122] oder die Produkthaftungs-Richtlinie 85/374/EWG[123] erlassen wurden, dient der Ver-

---

[118] *Troberg* in von der Groeben/Thiesing/Ehlermann, Art. 54 EGV Rn. 26 f.

[119] Siehe oben § 3 I 2 a bb (1).

[120] *Deckert/Lilienthal*, EWS 1999, 121, 123 f.

[121] Ein Überblick findet sich bei *Deckert*, DStR 1997, 874 ff. sowie bei *Wiesner*, EuZW 1998, 619 ff.

[122] Richtlinie des Rates vom 20. Dezember 1985 betreffend den Verbraucherschutz im Falle von außerhalb von Geschäftsräumen geschlossenen Verträgen (85/577/EWG), ABlEG 1985 Nr. L 372/31.

[123] Richtlinie des Rates vom 25. Juli 1985 zur Angleichung der Rechts- und Verwaltungsvorschriften der Mitgliedstaaten über die Haftung für fehlerhafte Produkte (85/374/EWG), ABlEG 1985 Nr. L 210/29. Die diesbezügliche Rechtsetzungskompetenz der EG bezweifelnd *Hauschka*, JZ 1990, 521, 527 f.; *Schmidt-Salzer*, BB 1986, 1103, 1104; *Börner* in Festschrift für Kutscher, S. 43 ff.

wirklichung des *Gemeinsamen Marktes*. Diese Zielkonzeption wird im EGV nicht definiert, lässt sich aber nach der Rechtsprechung des EuGH verstehen als Beseitigung aller Hemmnisse im innergemeinschaftlichen Handel mit dem Ziel der Verschmelzung der nationalen Märkte zu einem einheitlichen Markt, dessen Bedingungen denjenigen eines wirklichen Binnenmarktes möglichst nahe kommen[124]. Anhaltspunkte zur Konkretisierung des Konzepts des Gemeinsamen Marktes liefert darüber hinaus die in Art. 3 Abs. 1 EGV enthaltene Aufzählung der Tätigkeiten der Gemeinschaft[125]. Von zentraler Bedeutung für die Verwirklichung des Gemeinsamen Marktes sind somit vor allem die vier Grundfreiheiten, eine gemeinschaftliche Verkehrs-, Landwirtschafts- und Außenhandelspolitik sowie ein System unverfälschten Wettbewerbs[126].
Art. 94 EGV ermächtigt lediglich zum Erlass rechtsangleichender Richtlinien, Einheitsrecht stiftende Verordnungen können nicht auf diese Norm gestützt werden. Zudem verlangt Art. 94 EGV einen einstimmigen Ratsbeschluss, was die Effektivität dieser Kompetenznorm stark beeinträchtigt. Das Erfordernis der Einstimmigkeit ermöglicht es jedem Mitgliedstaat, aus nationaler Sicht unerwünschte Harmonisierungsmaßnahmen zu blockieren, auch wenn diese integrationspolitisch sinnvoll und erforderlich sind. Die Herbeiführung eines einstimmigen Ratsbeschlusses stellt angesichts der gegenwärtigen Größe der EG mit ihren 15 Mitgliedstaaten ein sehr schwieriges Unterfangen dar, das in der Praxis wohl nur unter Hinnahme weit reichender Kompromisse gelingen kann[127]. Dies gilt in besonderem Maße, sofern der sensible Bereich des Privatrechts betroffen ist. Auf Art. 94 EGV gestützte Eingriffe in die nationalen Privatrechtsordnungen durch rechtsangleichende Richtlinien sind bzw. waren daher nur in eingeschränktem Umfang möglich[128].

(3) Verwirklichung des Binnenmarktes, Art. 95 EGV

Nach dem durch die Einheitliche Europäische Akte[129] eingefügten Art. 95 EGV erlässt der Rat, soweit im EGV nichts anderes bestimmt ist, abweichend von Art. 94 EGV zur Verwirklichung der Ziele des Art. 14 EGV gemäß dem Verfahren des Art. 251 EGV und nach Anhörung des Wirtschafts- und Sozialausschusses die Maßnahmen zur Angleichung der Rechts- und Verwaltungsvorschriften der Mitgliedstaaten, welche die Errichtung und das Funktionieren des Binnen-

---

124 EuGH, Rs. 270/80, Slg. 1982, 329, 349; EuGH, Rs. 15/81, Slg. 1982, 1409, 1431 f.
125 Vgl. *Bracker* in Europäisches Privatrecht, S. 43 f. mit dem Hinweis darauf, dass Art. 3 EGV selbst keine Kompetenznorm darstellt, sondern nur programmatischen Charakter hat.
126 *Schweitzer/Hummer*, Europarecht, Rn. 1068.
127 Vgl. *Taschner* in Festschrift für von der Groeben, S. 407, 409.
128 Vgl. *Bracker* in Europäisches Privatrecht, S. 46, der insofern von „Funktionsschwächen“ des Art. 94 EGV spricht.
129 ABlEG 1987 Nr. L 169/1.

marktes zum Gegenstand haben. Die Rechtsetzungskompetenz des Art. 95 EGV zielt also auf die Errichtung des *Binnenmarktes*. Dieser Begriff wird in Art. 14 Abs. 2 EGV definiert als Raum ohne Binnengrenzen, in dem der freie Verkehr von Waren, Personen, Dienstleistungen und Kapital gemäß den Bestimmungen des EGV gewährleistet ist. Die Abgrenzung des Binnenmarktes vom Gemeinsamen Markt, von der das Verhältnis des Art. 95 EGV zu Art. 94 EGV abhängt, wirft erhebliche Probleme auf. Als Ausgangspunkt ist festzuhalten, dass beide Begriffe nicht synonym verstanden werden können. In Art. 15 EGV ist sowohl vom Binnenmarkt als auch vom Gemeinsamen Markt die Rede, was zeigt, dass der EGV den Begriffen eine unterschiedliche Bedeutung beimisst[130].

Ein Teil der Literatur vertritt die Ansicht, der Begriff des Binnenmarktes sei enger als der des Gemeinsamen Marktes[131]. Folglich ist nach dieser Auffassung der Anwendungsbereich des Art. 95 EGV *enger* als der des Art. 94 EGV. Für dieses Verständnis spricht auf den ersten Blick die Legaldefinition des Art. 14 Abs. 2 EGV, die den freien Verkehr von Waren, Personen, Dienstleistungen und Kapital als konstituierend für den Binnenmarkt ansieht und so hinter den Anforderungen zurückbleibt, die nach der Rechtsprechung des EuGH das Wesen des Gemeinsamen Marktes ausmachen[132]. Gegen diese Ansicht lässt sich indes anführen, dass Art. 14 Abs. 2 EGV auch auf die sonstigen „Bestimmungen dieses Vertrags" Bezug nimmt, das Binnenmarktkonzept also nicht auf die Verwirklichung der Grundfreiheiten beschränkt[133].

Die vom EuGH geprägte Definition des Gemeinsamen Marktes legt umgekehrt die Schlussfolgerung nahe, der Binnenmarkt sei im Vergleich zum Gemeinsamen Markt das umfassendere Konzept. Der Gemeinsame Markt ist in den Worten des EuGH nämlich ein Markt, „dessen Bedingungen denjenigen eines echten Binnenmarktes *möglichst nahe kommen*" [134]. Diese Ansicht, derzufolge der Anwendungsbereich des Art. 95 EGV *weiter* ist als der des Art. 94 EGV, wird denn auch von dem wohl überwiegenden Teil der Literatur vertreten[135] und hat sich vor allem in der Praxis durchgesetzt[136].

Anders als Art. 94 EGV, der einen einstimmigen Ratsbeschluss verlangt, lässt Art. 95 EGV, der bezüglich des Rechtsetzungsverfahrens auf Art. 251 EGV verweist, eine qualifizierte Mehrheit genügen. Als Ausgleich für diese Abkehr vom Einstimmigkeitsprinzip sieht Art. 95 Abs. 4 EGV allerdings eine Derogati-

---

[130] *Schweitzer/Hummer*, Europarecht, Rn. 1067.

[131] So etwa *Gebauer*, Grundfragen der Europäisierung des Privatrechts, S. 126; *Pescatore*, EuR 1986, 153, 157; *Zacker*, RIW 1989, 489 f.

[132] Siehe dazu oben § 3 I 2 b bb (2).

[133] *Bracker* in Europäisches Privatrecht, S. 45.

[134] Siehe oben Fn. 124. Hervorhebung durch den Verfasser.

[135] So etwa *Dauses* EuZW 1990, 8 f.; *Deckert/Lilienthal*, EWS 1999, 121, 126 m.w.N. Wohl auch *Bracker* in Europäisches Privatrecht, S. 45.

[136] *Deckert/Lilienthal*, EWS 1999, 121, 126.

onsmöglichkeit zu Gunsten der Mitgliedstaaten vor[137]. Von Art. 94 EGV unterscheidet sich Art. 95 EGV weiterhin dadurch, dass er generell zu *Maßnahmen* ermächtigt. Auf Art. 95 EGV können neben Richtlinien also auch Verordnungen gestützt werden. Im Vergleich zu Art. 94 EGV ist Art. 95 EGV somit die wesentlich effektivere Rechtsetzungskompetenz. Aus diesem Grund hat Art. 94 EGV seit der Einfügung des Art. 95 EGV durch die Einheitliche Europäische Akte erheblich an Bedeutung verloren. Die Schaffung von Gemeinschaftsprivatrecht vollzieht sich heute überwiegend auf der Grundlage des Art. 95 EGV. Wichtige privatrechtsrelevante Richtlinien wurden auf diese Rechtsetzungskompetenz gestützt[138].

(4) Verbraucherschutz, Art. 153 EGV

Nach der ursprünglichen Konzeption des EWGV konnten verbraucherschützende Maßnahmen nur auf Artt. 100 bzw. 100 a EWGV (Artt. 94 bzw. 95 EGV in der Fassung des Vertrags von Amsterdam) gestützt werden. Im Bereich des Verbraucherschutzes war die Gemeinschaft also nur dann zur Rechtsangleichung befugt, wenn sich unterschiedliche mitgliedstaatliche Schutzstandards nachteilig auf den Gemeinsamen Markt bzw. auf den Binnenmarkt auswirkten[139]. Erst der Vertrag von Maastricht brachte eine eigenständige, von Belangen des Gemeinsamen Marktes und des Binnenmarktes unabhängige Verankerung des Verbraucherschutzes im Primärrecht[140]. In Art. 3 lit. s EGV (Art. 3 Abs. 1 lit. t EGV in der Fassung des Vertrags von Amsterdam) wurde der Gemeinschaft ausdrücklich die Aufgabe übertragen, einen Beitrag zur Verbesserung des Verbraucherschutzes zu leisten. Darüber hinaus wurde der Verbraucherschutz im Dritten Teil des EGV (Die Politiken der Gemeinschaft) unter Titel XI mit einer eigenständigen Rechtsetzungskompetenz, Art. 129 a EGV, verankert. Diese Vorschrift wurde durch den Vertrag von Amsterdam umgestaltet und trägt nun – als Folge der den gesamten EGV erfassenden Umnummerierung[141] – die Bezeichnung Art. 153 EGV.
Nach Art. 153 Abs. 3 lit. a EGV leistet die Gemeinschaft einen Beitrag zur Anhebung des Verbraucherschutzniveaus durch Maßnahmen, die sie im Rahmen der Verwirklichung des Binnenmarktes nach Art. 95 EGV erlässt. Art. 153 Abs. 3 lit. a EGV, der ausdrücklich auf Art. 95 EGV als Rechtsgrundlage Bezug nimmt, stellt keine Rechtsetzungskompetenz im eigentlichen Sinne dar, sondern

---

137 Siehe dazu *Bracker* in Europäisches Privatrecht, S. 46.
138 Etwa die Klausel-Richtlinie 93/13/EWG oder die Timesharing-Richtlinie 94/47/EG.
139 *Grub* in Lenz, EGV-Kommentar, Art. 153 Rn. 2; *Gebauer*, Grundfragen der Europäisierung des Privatrechts, S. 129 f. Verbraucherschutz war „nur in abhängiger Form" gewährleistet, vgl. *Heinemann*, ZIP 1991, 1193, 1202 m.w.N.
140 *Hommelhoff*, Verbraucherschutz, S. 2.
141 Vgl. *Lecheler*, JuS 1998, 392, 393.

hat eine lediglich hinweisende, deklaratorische Funktion[142]. Die Gemeinschaft soll binnenmarktfördernde Maßnahmen, die auf der Grundlage des Art. 95 EGV ergehen, zum Anlass nehmen, das in den Mitgliedstaaten bestehende Verbraucherschutzniveau anzuheben bzw. anzugleichen. Anders gewendet soll die Gemeinschaft den ihr durch Art. 3 Abs. 1 lit. t EGV erteilten Auftrag (Verbesserung des Verbraucherschutzes) berücksichtigen, wenn sie von der Rechtsetzungskompetenz des Art. 95 EGV Gebrauch macht. Dass Art. 153 Abs. 3 lit. a EGV keine eigenständige Befugnisnorm darstellt, zeigt auch das Fehlen von Verfahrensvorschriften[143].

Eine echte Rechtsetzungskompetenz findet sich demgegenüber in Art. 153 Abs. 3 lit. b EGV[144]. Danach leistet die Gemeinschaft einen Beitrag zur Verbesserung des Verbraucherschutzes durch Maßnahmen zur Unterstützung, Ergänzung und Überwachung der Politik der Mitgliedstaaten. Ergänzend bestimmt Art. 153 Abs. 4 EGV, dass die Maßnahmen nach Art. 153 Abs. 3 lit. b EGV gemäß dem Verfahren des Art. 251 EGV und nach Anhörung des Wirtschafts- und Sozialausschusses vom Rat beschlossen werden. Gestützt auf Art. 153 Abs. 3 lit. b EGV kann der Rat also mit qualifizierter Mehrheit Richtlinien und Verordnungen zur Harmonisierung bzw. Vereinheitlichung des Verbraucherschutzrechts in den Mitgliedstaaten der EG erlassen, muss dabei aber das Subsidiaritätsprinzip beachten[145]. Für den Prozess der Europäisierung des Privatrechts war die binnenmarktunabhängige Rechtsetzungskompetenz des Art. 153 Abs. 3 lit. b EGV bislang von geringer Bedeutung. Größere Harmonisierungsmaßnahmen wurden in der Regel auf Art. 95 EGV gestützt, auch solche, die den Bereich des Verbraucherschutzes betrafen[146].

(5) Abrundungsklausel, Art. 308 EGV

Eine Modifizierung des Prinzips der begrenzten Einzelermächtigung findet sich in Art. 308 EGV. Danach erlässt der Rat, wenn ein Tätigwerden der Gemeinschaft erforderlich erscheint, um im Rahmen des Gemeinsamen Marktes eines

---

[142] Das Verhältnis von Art. 153 Abs. 3 lit. a EGV zu Art. 95 EGV offen lassend *Grub* in Lenz, EGV-Kommentar, Art. 153 Rn. 29.

[143] Vgl. demgegenüber Art. 153 Abs. 3 lit. b EGV i.V.m. Art.153 Abs. 4 EGV, dazu sogleich unten.

[144] *Joustra* in Towards a European Civil Code, S. 133, 140; *Deckert/Lilienthal*, EWS 1999, 121, 131.

[145] Der Verbraucherschutz fällt nicht in die ausschließliche Kompetenz der Gemeinschaft, so dass das Subsidiaritätsprinzip in diesem Bereich grundsätzlich Geltung beansprucht, vgl. *Grub* in Lenz, EGV-Kommentar, Art. 153 Rn. 6; *Reich*, VuR 1999, 3, 5. Zur schwierigen Frage der Geltung des Subsidiaritätsprinzips in Bezug auf Art. 153 Abs. 3 lit. a EGV i.V.m. Art. 95 EGV siehe *Grub* in Lenz, EGV-Kommentar, Art. 153 Rn. 29; *Micklitz/Reich*, EuZW 1992, 593, 596 f.

[146] *Reich*, VuR 1999, 3.

ihrer Ziele zu verwirklichen, der EGV die dazu erforderlichen Befugnisse aber nicht vorsieht, einstimmig auf Vorschlag der Kommission und nach Anhörung des Europäischen Parlaments die geeigneten Vorschriften. Art. 308 EGV räumt der Gemeinschaft keine „Kompetenz-Kompetenz“ ein, auch wenn eine erste unbefangene Lektüre der Norm ein solches Verständnis nahe legt. Art. 308 EGV knüpft an die Ziele der Gemeinschaft an, die es im Rahmen des Gemeinsamen Marktes zu verwirklichen gilt. Diese Ziele lassen sich aus Art. 2 EGV, der eine erste Konkretisierung durch Art. 3 EGV erfährt, ableiten[147]. Art. 308 EGV kann also nur dazu herangezogen werden, ein Sachgebiet zu regeln, das Gegenstand einer Zielbestimmung des EGV ist, aber nicht mit einer gesonderten Rechtsetzungskompetenz ausgestattet wurde. Art. 308 EGV ermächtigt folglich nur zur Wahrnehmung von Kompetenzen, die im EGV bereits angelegt sind[148]. Die Kompetenz, völlig neue Kompetenzen zu schaffen, ist in Art. 308 EGV demgegenüber nicht enthalten[149].
Ein Vorgehen nach Art. 308 EGV setzt voraus, dass ein Tätigwerden der Gemeinschaft *erforderlich* erscheint. Dieses Erforderlichkeitskriterium begrenzt die sich aus Art. 308 EGV ergebenden Kompetenzen auf das unbedingt notwendige Maß. Andererseits steht den Gemeinschaftsorganen ein weiter Beurteilungs- bzw. Ermessensspielraum zu, denn nach Art. 308 EGV muss ein Tätigwerden der Gemeinschaft nicht erforderlich *sein*, sondern nur erforderlich *erscheinen*[150].
Art. 308 EGV stellt eine strikt subsidiäre Abrundungsklausel dar, so dass die speziellen Rechtsetzungskompetenzen des EGV in ihrem Anwendungsbereich vorgehen. Insbesondere seit der Einfügung des Art. 95 EGV durch die Einheitliche Europäische Akte und der damit verbundenen Kompetenz zum Erlass binnenmarktfördernder Verordnungen hat Art. 308 EGV an Bedeutung verloren[151]. Für die Schaffung von Gemeinschaftsprivatrecht war Art. 308 EGV bislang vor allem im Hinblick auf die bereits erwähnte EWIV-Verordnung[152], die auf diese Abrundungsklausel gestützt wurde, relevant[153].

---

[147] *Deckert/Lilienthal*, EWS 1999, 121, 132. Ob zu den von Art. 308 EGV erfassten Zielen darüber hinaus auch die allgemeinen politischen Fernziele gehören, also insbesondere die in der Präambel genannten, ist umstritten; vgl. hierzu *Grabitz* in Grabitz/Hilf, Kommentar zur EU, Art. 235 EGV Rn. 25 f. m.w.N.
[148] *Schweitzer/Hummer*, Europarecht, Rn. 340.
[149] Zur geringen Bedeutung dieser Frage für die Praxis vgl. *Schweitzer/Hummer*, Europarecht, Rn. 340, mit dem Hinweis darauf, dass Art. 308 EGV einen einstimmigen Ratsbeschluss erfordert, wodurch gewährleistet ist, dass auf Art. 308 EGV gestützte Maßnahmen von der Zustimmung aller Mitgliedstaaten getragen werden.
[150] Vgl. *Grabitz* in Grabitz/Hilf, Kommentar zur EU, Art. 235 EGV Rn. 64 m.w.N.
[151] *Deckert/Lilienthal*, EWS 1999, 121, 132.
[152] Siehe oben § 3 I 2 a bb (1).
[153] *Deckert/Lilienthal*, EWS 1999, 121, 123 f.

c) Die Bedeutung des Verbraucherschutzrechts

Der Bereich des Verbraucherschutzes ist seit Anfang der 70er Jahre Gegenstand zahlreicher Aktivitäten der EG[154]. Erhöht wurde sein Stellenwert – wie bereits dargelegt – durch den Vertrag von Maastricht, der den Verbraucherschutz ausdrücklich im Primärrecht verankert hat (Artt. 3 Abs. 1 lit. t, 153 EGV). Als Folge der Einrichtung einer eigenen Generaldirektion (XXIV) für Verbraucherschutz bei der Kommission ist eine weitere Intensivierung der Maßnahmen auf diesem Gebiet zu erwarten[155]. Die Bildung einer eigenständigen Kategorie des Verbraucherschutzrechts, deren Legitimation zum Teil bezweifelt wird[156], stützt sich auf den Gedanken des Schutzes des wirtschaftlich Schwächeren. Der Verbraucher soll in seiner rollenspezifischen Unterlegenheit als nicht gewerblich handelnder Marktteilnehmer geschützt werden, nicht im Sinne einer Übervorteilung des Verbrauchers gegenüber seinem Vertragspartner (dem Gewerbetreibenden), sondern im Sinne der Herbeiführung eines gerechten Interessenausgleichs[157].

Eine Strukturierung des Bereichs des Verbraucherschutzes ist in Art. 153 Abs. 1 EGV angelegt: Verbraucherschützende Maßnahmen lassen sich in solche zum *Schutz der Gesundheit und Sicherheit* der Verbraucher einerseits sowie in solche zum *Schutz der wirtschaftlichen Interessen* der Verbraucher andererseits einteilen. Die letztgenannte Kategorie war und ist für die Europäisierung des Privatrechts von besonderer Bedeutung. Begonnen hat die Privatrechtsangleichung in diesem Bereich mit der 1985 verabschiedeten Richtlinie über den Widerruf von Haustürgeschäften[158], gefolgt von der Verbraucherkredit-Richtlinie[159] aus dem Jahre 1986. Später traten die Pauschalreise-Richtlinie[160], die besonders bedeutende Richtlinie über missbräuchliche Klauseln in Verbraucherverträgen[161] und die Timesharing-Richtlinie[162] hinzu. Den vorläufigen Schlusspunkt bilden die Fernabsatz-Richtlinie[163] sowie die Richtlinie über den Verbrauchsgüterkauf[164].

---

[154] *Tonner*, JZ 1996, 533, 537.

[155] *Rabe*, NJW 1997, 2631, 2633.

[156] Siehe etwa *Hommelhoff*, Verbraucherschutz, S. 4 ff.; *H. Roth*, JZ 1999, 529 ff.

[157] Vgl. *Taschner* in Mindestharmonisierung im Europäischen Binnenmarkt, S. 159, 162. Zur Verträglichkeit des Verbraucherschutzgedankens mit der Privatautonomie siehe *Horn* in 40 Jahre Römische Verträge, S. 151, 172 f.

[158] Siehe oben Fn. 122.

[159] Richtlinie des Rates vom 22. Dezember 1986 zur Angleichung der Rechts- und Verwaltungsvorschriften der Mitgliedstaaten über den Verbraucherkredit (87/102/EWG), ABlEG 1987 Nr. L 42/48.

[160] Siehe oben Fn. 10.

[161] Siehe oben Fn. 5.

[162] Siehe oben Fn. 9.

[163] Richtlinie 97/7/EG des Europäischen Parlaments und des Rates vom 20. Mai 1997 über den Verbraucherschutz bei Vertragsabschlüssen im Fernabsatz, ABlEG 1997 Nr. L 144/19.

Aufgrund der Vielzahl der erlassenen Richtlinien ist der Bereich des Verbraucherschutzes im Vertragsrecht heute stark europäisch geprägt. Die einzelnen Richtlinien beschränken sich zwar jeweils auf bestimmte Ausschnitte des Verbraucherschutzes, lassen aber dennoch Zusammenhänge und gemeinsame Konzepte erkennen[165]. So liegt den oben genannten Richtlinien beispielsweise ein weitgehend einheitlicher Verbraucherbegriff zugrunde[166]. Darüber hinaus bilden sich immer erkennbarer richtlinienübergreifende Grundprinzipien des Verbraucherschutzrechts heraus, wie etwa das Transparenzgebot, die Stabilität des Preis-/Leistungsverhältnisses, die Effizienz der Rechtsdurchsetzung sowie die Möglichkeit der Lösung vom Vertrag[167]. Die zunehmende Verzahnung der verbraucherschützenden Richtlinien illustriert auch die Richtlinie über den Verbrauchsgüterkauf, die ein ursprüngliches Anliegen der Klausel-Richtlinie, das seinerzeit politisch nicht zu verwirklichen war, aufnimmt[168]. Im Bereich des Verbraucherschutzes im Vertragsrecht ist somit eine „Tendenz zur Konsolidierung" [169] zu beobachten, eine Entwicklung „vom Besonderen zum Allgemeinen"[170]. In dieser Entwicklung liegt eine Chance für die Europäisierung weiterer Bereiche des Privatrechts[171]. Rechtsgrundsätze, die ursprünglich für den Bereich des Verbraucherschutzes gedacht waren und sich dort zu richtlinienübergreifenden Konzepten entwickelt haben, können als Inspirationsquelle für die Europäisierung des allgemeinen, von Verbraucherschutzbelangen unberührten Privatrechts dienen.

---

[164] Richtlinie 1999/44/EG des Europäischen Parlaments und des Rates vom 25.5.1999 zu bestimmten Aspekten des Verbrauchsgüterkaufs und der Garantien für Verbrauchsgüter, ABlEG 1999 Nr. L 171/12. Im Gegensatz zu den vorgenannten Richtlinien stellt die Produkthaftungs-Richtlinie (siehe oben Fn. 123) keine Verbraucherschutz-Richtlinie im engeren Sinne dar, auch wenn sie in der Praxis vorwiegend Verbrauchern zugute kommen mag; vgl. dazu *Taschner* in Mindestharmonisierung im Europäischen Binnenmarkt, S. 159, 171; *Remien* in Mindestharmonisierung im Europäischen Binnenmarkt, S. 181, 183.

[165] Siehe *Staudenmayer* in Europäische Rechtsangleichung und nationale Privatrechte, S. 63, 66 ff.

[166] *Reich*, Privatrecht und Verbraucherschutz, S. 11 f.; *Klauer*, Europäisierung des Privatrechts, S. 113 f. Kritisch *H. Roth*, JZ 1999, 529, 531 f. („immerhin ein einheitlicher Kern einer Verbraucherdefinition") mit Hinweis auf den der Pauschalreise-Richtlinie zugrunde liegenden abweichenden Verbraucherbegriff. Auch der ursprüngliche Entwurf der Verbrauchsgüterkauf-Richtlinie (ABlEG 1996 Nr. C 307/8) sah eine Abweichung vom „traditionellen" Verbraucherbegriff vor. Im Interesse der Kohärenz mit dem übrigen EG-Verbraucherrecht bevorzugten jedoch sowohl Rat als auch Kommission die hergebrachte Verbraucherdefinition, vgl. *Staudenmayer*, NJW 1999, 2393; *ders.* in Europäische Rechtsangleichung und nationale Privatrechte, S. 63, 69.

[167] *Nassall*, JZ 1995, 689, 692 ff.; kritisch *H. Roth*, JZ 1999, 529, 531 („indiskutable Herausbildung angeblicher ‚Prinzipien' des europäischen Richtlinienrechts").

[168] *Tonner*, JZ 1996, 533, 539.

[169] So *Klauer*, Europäisierung des Privatrechts, S. 109.

[170] Vgl. *Tonner*, JZ 1996, 533, 540.

[171] Zurückhaltender *Horn* in 40 Jahre Römische Verträge, S. 151, 171 f.

So ist es beispielsweise denkbar, das Transparenzgebot über den Bereich des Verbraucherschutzes hinaus als allgemeines Prinzip eines europäischen Vertragsrechts zu verstehen. Darüber hinaus könnten die Wertentscheidungen des europäischen Verbraucherschutzrechts über die *Generalklauseln* des allgemeinen Privatrechts auf dieses einwirken und so eine mittelbare Europäisierung bewirken[172], nicht im Sinne einer Schaffung von Gemeinschaftsprivatrecht, aber vergleichbar mit dem bereits beschriebenen Phänomen des gemeineuropäischen Privatrechts[173].

d) Das Projekt eines Europäischen Zivilgesetzbuchs

Bei der Harmonisierung der nationalen Privatrechtsordnungen hat die Gemeinschaft auf einigen Gebieten, namentlich im Verbraucherschutz-[174] sowie im Gesellschaftsrecht[175], erhebliche Erfolge erzielt. Dies ändert jedoch nichts an der Feststellung, dass die EG noch weit entfernt ist von einer einheitlichen, systematischen Privatrechtsordnung. Gemessen am Gesamtbestand der mitgliedstaatlichen privatrechtlichen Normen ist die Bedeutung des Gemeinschaftsprivatrechts nach wie vor gering. Die Angleichungs- bzw. – seltener – Vereinheitlichungsbemühungen erstrecken sich meist nur auf bestimmte Sachgebiete, und auch diese werden nicht in ihrer ganzen Tiefe erfasst. So beschränkt sich die Timesharing-Richtlinie beispielsweise auf spezifisch verbraucherschützende Belange, enthält aber keine Regelung der rechtlichen Ausgestaltungsform des Timesharing. Es bleibt also nach wie vor allein den Mitgliedstaaten überlassen, ob sie das Timesharing schuldrechtlich, dinglich, gesellschaftsrechtlich oder auf dem angelsächsischen Rechtsinstitut des „trust" basierend ausgestalten[176]. Bildlich gesprochen beschränkt sich das Gemeinschaftsprivatrecht auf „wenige Inseln in dem nach wie vor divergierenden Meer der nationalen Privatrechte"[177]. Dieser Befund hat das Europäische Parlament bereits zweimal , in den Jahren 1989[178] und 1994[179], dazu veranlasst, die Schaffung eines einheitlichen Europäischen Zivilgesetzbuchs zu fordern. Die Vorteile einer derartigen Kodifikation liegen auf der Hand: Zunächst verspricht ein Europäisches Zivilgesetzbuch eine systematische Erschließung des gesamten Rechtsstoffs und damit verbunden

---

172 *Tonner*, JZ 1996, 533, 540.
173 Siehe oben § 3 I 1 a.
174 Siehe oben § 3 I 2 c.
175 Siehe oben § 3 I 2 b bb (1).
176 Siehe zu den Grundtypen des Timesharing *Sousa*, Timesharing in der EU, S. 56 ff.
177 *Ulmer*, JZ 1992, 1, 4.
178 Entschließung zu den Bemühungen um eine Angleichung des Privatrechts der Mitgliedstaaten, ABlEG 1989 Nr. C 158/400, abgedruckt in ZEuP 1993, 613 ff.
179 Entschließung zur Angleichung bestimmter Bereiche des Privatrechts der Mitgliedstaaten, ABlEG 1994 Nr. C 205/518, abgedruckt in ZEuP 1995, 669.

eine Konsolidierung der bisherigen Harmonisierungsmaßnahmen, die eine einheitliche Konzeption oftmals vermissen ließen[180]. Die aus dem Nebeneinander von Gemeinschaftsprivatrecht und nationalem Recht bisher erwachsenden Probleme wären mit einem Schlag beseitigt, den Erfordernissen und Zielsetzungen des Binnenmarktes wäre gedient. Darüber hinaus könnte ein modernes gemeinsames Privatrecht durch die Schaffung von mehr Transparenz innerhalb der EG indirekt zu einer Ausweitung der wirtschaftlichen Beziehungen zu Drittländern beitragen. Schließlich wäre ein Europäisches Zivilgesetzbuch auch ein politisches Signal für das weitere Zusammenwachsen Europas, ein nicht zu unterschätzender Integrationsfaktor[181].

Ob das Projekt eines Europäischen Zivilgesetzbuchs in absehbarer Zeit verwirklicht werden kann, ist mehr als fraglich[182]. Die Einführung des bereits angesprochenen Subsidiaritätsprinzips des Art. 5 Abs. 2 EGV[183] zeigt, dass die Bereitschaft der Mitgliedstaaten zu einer weiteren Europäisierung ihrer Rechtsordnungen tendenziell abnimmt[184]. Zudem haben Kommission und Rat die Entschließungen des Europäischen Parlaments betreffend die Schaffung eines Europäischen Zivilgesetzbuchs bislang nicht zum Anlass genommen, nennenswerte Aktivitäten zu entfalten[185]. Problematisch ist darüber hinaus, auf welche Kompetenzgrundlage ein Europäisches Zivilgesetzbuch gestützt werden soll. Art. 94 EGV ermächtigt nur zum Erlass rechtsangleichender Richtlinien und scheidet folglich aus. Art. 95 EGV lässt zwar auch rechtsvereinheitlichende Verordnungen zu, ist aber rein binnenmarktorientiert. Eine Kodifikation ließe sich also nur insoweit auf Art. 95 EGV stützen, als sie die Errichtung und das Funktionieren des Binnenmarktes zum Gegenstand hat. Welche Bereiche des Privatrechts eine derartige Binnenmarktrelevanz besitzen, ist letztlich eine Wertungsfrage, deren Beantwortung in der Praxis allein vom politischen Willen der Mitgliedstaaten abhängt[186]. Aus dem Blickwinkel der mit einer europäischen Kodifikation angestrebten Rechtsvereinheitlichung stellt zudem Art. 95 Abs. 4 EGV, der eine Derogationsmöglichkeit zu Gunsten der Mitgliedstaaten vorsieht, einen Störfaktor dar. Eine umfassende Privatrechtsvereinheitlichung, die diesen Namen verdient, lässt sich mit Art. 95 EGV aus diesen Gründen m.E. nicht erreichen. Art. 308

---

[180] Vgl. *Tilmann*, ZEuP 1993, 613.

[181] *Rittner* in Festschrift für Mestmäcker, S. 449, 450.

[182] Optimistischer *Tilmann* in Gemeinsames Privatrecht in der Europäischen Gemeinschaft, S. 579 ff.

[183] Siehe oben § 3 I 2 b aa (3).

[184] *Timmermans*, ZEuP 1999, 1, 4 f.

[185] *Sonnenberger*, JZ 1998, 982, 988. In der Rechtswissenschaft hat das Projekt eines Europäischen Zivilgesetzbuchs mehr Aufmerksamkeit gefunden, vgl. *Remien*, ZfRV 1995, 116, 119 f. m.w.N.

[186] Ein sehr weites Verständnis des Binnenmarktkonzepts vertritt *Basedow* in Festschrift für Mestmäcker, S. 347, 359.

EGV stellt eine strikt subsidiäre Abrundungsklausel dar[187], die wohl schon deshalb ein so gewichtiges Projekt wie die Schaffung eines Europäischen Zivilgesetzbuchs nicht zu tragen vermag. Somit lässt sich feststellen, dass der Gemeinschaft derzeit die Kompetenz zum Erlass einer umfassenden Privatrechtskodifikation fehlt[188]. Dieses Ergebnis verwundert auch nicht weiter, wurde zuvor doch schon bemerkt, dass der EGV keine allgemeine Rechtsetzungsbefugnis der EG auf dem Gebiet des Privatrechts enthält[189]. So wünschenswert und vorteilhaft ein Europäisches Zivilgesetzbuch auch sein mag, so undurchführbar ist es nach dem gegenwärtigen Stand des Primärrechts[190]. Die Schaffung von Gemeinschaftsprivatrecht wird sich also auch in absehbarer Zukunft in erster Linie durch den Erlass von Richtlinien vollziehen.

II. Grundfragen der EG-Richtlinie

Im Folgenden wird die EG-Richtlinie, die das wichtigste Instrument zur Europäisierung des Privatrechts darstellt[191] und deren Umsetzung in das nationale Recht der Mitgliedstaaten im Mittelpunkt der vorliegenden Untersuchung steht, näher betrachtet.

1. Gestufte Verbindlichkeit

Die Richtlinie ist ein typisches Instrument des Gemeinschaftsrechts, das keine Entsprechung in den nationalen Rechtsordnungen der Mitgliedstaaten findet[192]. Charakteristisch für die Richtlinie ist das ihr zugrunde liegende *Prinzip der gestuften Verbindlichkeit*[193], das in Art. 249 Abs. 3 EGV niedergelegt ist. Danach ist eine Richtlinie für jeden Mitgliedstaat, an den sie gerichtet ist, hinsichtlich des zu erreichenden *Ziels* verbindlich, überlässt jedoch den innerstaatlichen Stellen die Wahl der *Form* und der *Mittel*[194]. Richtlinien bedürfen also grundsätzlich eines nationalen Umsetzungsakts, um dem einzelnen Bürger gegenüber Rechtswirkungen zu entfalten[195].

---

[187] Siehe oben § 3 I 2 b bb (5).

[188] So auch *Rittner* in Festschrift für Mestmäcker, S. 449, 451.

[189] Siehe oben § 3 I 2 b bb.

[190] So auch *Hayder* in Gemeinsames Privatrecht in der Europäischen Gemeinschaft, S. 237, 239.

[191] *Franzen*, Privatrechtsangleichung durch die Europäische Gemeinschaft, S. 244.

[192] *Ipsen*, Europäisches Gemeinschaftsrecht, § 21 Rn. 21.

[193] Dieses Prinzip wird auch als zweistufiges Rechtsetzungsverfahren beschrieben, vgl. etwa *Franzen*, Privatrechtsangleichung durch die Europäische Gemeinschaft, S. 245; *Oehlert*, JuS 1997, 317; *Hilf*, EuR 1993, 1, 4.

[194] Worin der Unterschied zwischen der „Form" und den „Mitteln" liegen soll, lässt sich dem EGV nicht entnehmen, vgl. *Hilf*, EuR 1993, 1, 4.

[195] Siehe jedoch unten § 3 II 5 a.

Aus dieser gestuften Verbindlichkeit folgt zunächst das Ziel der EG-Richtlinie. Bezweckt wird nicht eine Rechts*vereinheitlichung*, sondern lediglich eine Rechts*angleichung*[196]. Mit anderen Worten wird in den Bereichen, die Gegenstand einer Richtlinie sind, nicht ein völliger Gleichlauf der Rechtsordnungen der Mitgliedstaaten angestrebt, sondern nur eine Harmonisierung im Sinne einer Annäherung des Regelungsgehalts der nationalen Vorschriften. Richtlinien können dabei sowohl eine Sachrechtsharmonisierung als auch eine Kollisionsrechtsharmonisierung vorsehen[197]. Der angestrebte Harmonisierungsgrad muss für jede Richtlinie gesondert ermittelt werden. In der Praxis gibt es sowohl sehr detaillierte Richtlinien als auch solche, die den Mitgliedstaaten erhebliche Umsetzungsspielräume belassen[198].
Diese Feststellung leitet über zu der Frage nach der zulässigen Regelungsintensität von Richtlinien: Wie detailliert darf die Zielvorgabe einer Richtlinie formuliert sein? Wie weit dürfen die Gemeinschaftsorgane bei der Abfassung der verbindlichen Ziele einer Richtlinie in die Einzelheiten gehen, wie viel muss einer Regelung durch die Mitgliedstaaten vorbehalten bleiben? Theoretisch lässt sich jede noch so detaillierte Regelung als Zielvorgabe, die die Mitgliedstaaten zu erreichen haben, deklarieren[199]. Der den Mitgliedstaaten verbleibende Umsetzungsspielraum schrumpft dann gegebenenfalls zum „Gebot perfekter Umsetzung“[200]. Von der durch Art. 249 Abs. 3 EGV garantierten Freiheit der Mitgliedstaaten hinsichtlich der Wahl der Form und der Mittel zur Umsetzung der Ziele bleibt in diesem Fall nicht mehr viel übrig.
Der Wortlaut des Art. 249 Abs. 3 EGV gibt für die Ermittlung der zulässigen Regelungsintensität einer Richtlinie nicht viel her. Dies gilt in besonderem Maße für die deutsche Fassung des Art. 249 Abs. 3 EGV, die eine etwas unglückliche Terminologie verwendet. Dort ist von „Zielen“ die Rede, was die Vermutung nahe legt, die allgemeinen Vertragsziele des EGV seien gemeint. Bei Zugrundelegung dieses Verständnisses müssten sich die Richtlinienziele in globalen Vertragskonzeptionen nach Art der Artt. 2 und 3 EGV erschöpfen. Eine verbraucherschützende Richtlinie müsste sich dann etwa darauf beschränken, den Mitgliedstaaten vorzugeben, einen „Beitrag zur Verbesserung des Verbraucherschutzes“ (vgl. Art. 3 Abs. 1 lit. t EGV) zu leisten. Präziser gefasste Zielvorgaben wären nicht zulässig. Ein Vergleich mit der englischen

[196] *Taupitz*, Europäische Privatrechtsvereinheitlichung heute und morgen, S. 18 ff.
[197] Zur Abgrenzung siehe *Taupitz*, Europäische Privatrechtsvereinheitlichung heute und morgen, S. 9 f. Zur Kollisionsrechtsharmonisierung durch Richtlinien vgl. *von Hoffmann*, ZfRV 1995, 45 ff.; *Reich* in Europäisierung des IPR, S. 109 ff.
[198] *Schmidt* in von der Groeben/Thiesing/Ehlermann, Art. 189 EGV Rn. 39.
[199] *Fuß*, DVBl. 1965, 378, 380.
[200] So *Ipsen*, Europäisches Gemeinschaftsrecht, § 21 Rn. 29.

(„result")[201], französischen („résultat")[202] und italienischen („risultato")[203] Fassung des Art. 249 Abs. 3 EGV zeigt jedoch, dass die „Ziele" des Art. 249 Abs. 3 EGV nicht mit den Vertragszielen gleichgesetzt werden können, sondern im Sinne von „Ergebnis" zu verstehen sind[204]. Aus dieser Erkenntnis lässt sich aber nicht mehr als eine Untergrenze der maximal zulässigen Regelungsintensität ableiten[205]: Richtlinienziele dürfen jedenfalls präziser gefasst sein als die allgemeinen Vertragsziele. Aber wie weit dürfen sie darüber hinausgehen? In dieser Hinsicht lässt Art. 249 Abs. 3 EGV mit seiner Bezugnahme auf Form und Mittel der Umsetzung der Zielvorgabe lediglich erkennen, dass den Mitgliedstaaten nach der Konzeption des EGV jedenfalls noch ein wie auch immer gearteter Bereich eigener Verantwortung verbleiben muss. Der den Mitgliedstaaten eingeräumte Umsetzungsspielraum muss mit anderen Worten „größer null" sein, anderenfalls liegt materiell keine Richtlinie vor, sondern eine Verordnung[206]. Wie der Umsetzungsspielraum im Einzelnen beschaffen sein muss, lässt sich Art. 249 Abs. 3 EGV hingegen nicht entnehmen. Die Vorschrift zeigt nur, dass den Mitgliedstaaten überhaupt ein Bereich eigener Verantwortung verbleiben muss, sagt aber nichts darüber aus, wie groß dieser Bereich zu sein hat.

Zusammenfassend lässt sich feststellen, dass Art. 249 Abs. 3 EGV zwei Anhaltspunkte für die zulässige Regelungsintensität von Richtlinien liefert: Richtlinienziele dürfen jedenfalls präziser gefasst sein als die allgemeinen Vertragskonzeptionen (Untergrenze), dürfen andererseits aber nicht so weit ins Detail gehen, dass der verbleibende Umsetzungsspielraum gegen null tendiert (Obergrenze). Art. 249 Abs. 3 EGV besagt nicht mehr, als dass die zulässige Regelungsintensität von Richtlinien irgendwo in diesem Korridor anzusiedeln ist. Zur Ermittlung genauerer Ergebnisse bedarf es anderer Kriterien.

Das *Subsidiaritätsprinzip* des Art. 5 Abs. 2 EGV[207] spricht auf den ersten Blick dafür, den Mitgliedstaaten ein möglichst großes Maß an Eigenverantwortung bei der Richtlinienumsetzung zu belassen, die Zielvorgaben einer Richtlinie also möglichst allgemein zu halten. Nach dem Subsidiaritätsprinzip darf die Gemeinschaft nur tätig werden, sofern und soweit die Ziele einer in Betracht gezogenen

---

[201] Die englische Fassung des EGV ist im Internet zu finden unter http://www.europa.eu.int/eur-lex/en/treaties/index.html.

[202] Die französische Fassung des EGV ist im Internet zu finden unter http://www.europa.eu.int/eur-lex/fr/treaties/index.html.

[203] Die italienische Fassung des EGV ist im Internet zu finden unter http://www.europa.eu.int/eur-lex/it/treaties/index.html.

[204] *Ipsen*, Europäisches Gemeinschaftsrecht, § 21 Rn. 28; *Hilf*, EuR 1993, 1, 4; *Schmidt* in von der Groeben/Thiesing/Ehlermann, Art. 189 EGV Rn. 37.

[205] Weitergehende Schlüsse zieht daraus *Ipsen*, Europäisches Gemeinschaftsrecht, § 21 Rn. 29: Die Richtlinie sei frei in ihrer Regelungsintensität.

[206] Für die dann unter Umständen die Kompetenz fehlt, vgl. *Schweitzer/Hummer*, Europarecht, Rn. 363.

[207] Siehe oben § 3 I 2 b aa (3).

Maßnahme auf der Ebene der Mitgliedstaaten nicht ausreichend erreicht werden können. Das Ziel einer Richtlinie besteht in der Rechtsangleichung: Bezweckt werden Eingriffe in die nationalen Rechtsordnungen, um eine Harmonisierung innerhalb der EG zu erreichen. Nach der Konzeption des Art. 249 Abs. 3 EGV wirken bei dieser Rechtsangleichung mittels Richtlinien Gemeinschaft und Mitgliedstaaten zusammen. Nach dem Subsidiaritätsprinzip muss sich die Gemeinschaft dabei auf die Vorgabe des *zur sinnvollen Rechtsangleichung notwendigen Mindestmaßes an verbindlichen Zielen* beschränken. Mit anderen Worten muss den Mitgliedstaaten ein möglichst großer Umsetzungsspielraum belassen werden, der allerdings nicht so groß sein darf, dass der Harmonisierungserfolg gefährdet wird. Mit dieser Erkenntnis ist allerdings noch nicht viel gewonnen. Offen bleibt nämlich, wie jenes zur sinnvollen Rechtsangleichung notwendige Mindestmaß an verbindlichen Zielvorgaben zu ermitteln ist. Bei der Beantwortung dieser Frage hilft das Subsidiaritätsprinzip nicht weiter. Das Subsidiaritätsprinzip kann lediglich eine erste Orientierung geben, es lassen sich daraus aber keine hinreichend konkreten Ergebnisse ableiten. Die Wertentscheidung des Subsidiaritätsprinzips besagt im vorliegenden Zusammenhang nur, dass Richtlinienvorgaben tendenziell allgemein zu halten sind.

Die Lösung des Problems liegt m.E. in einer Koppelung der zulässigen Regelungsintensität an die der Richtlinie jeweils zugrunde liegende Rechtsetzungskompetenz[208]. Aus der Rechtsetzungskompetenz ist abzuleiten, welches Maß an Rechtsharmonisierung legitim ist, wie detailliert die Zielvorgaben also sein dürfen. Die Rechtsetzungskompetenzen des EGV sind funktional ausgestaltet[209], sind also auf die Erreichung bestimmter Ziele gerichtet. Die Regelungsintensität einer Richtlinie hat sich an der Erreichung des jeweiligen Ziels zu orientieren: Nur das zur Zielerreichung notwendige Maß an Detailgenauigkeit ist zulässig, nicht mehr. Art. 94 EGV ermächtigt beispielsweise nur zum Erlass von Richtlinien zur Harmonisierung der Vorschriften, die sich unmittelbar auf die Errichtung oder das Funktionieren des Gemeinsamen Marktes auswirken[210]. Richtlinien auf der Grundlage des Art. 94 EGV dürfen folglich nur Zielvorgaben enthalten, die im Interesse des Gemeinsamen Marktes wirklich erforderlich sind. Richtlinien auf der Grundlage des Art. 95 EGV[211] dürfen nicht detailliertere Zielvorgaben enthalten, als zur Verwirklichung des Binnenmarktkonzepts erforderlich, auf Art. 44 Abs. 2 lit. g EGV[212] basierende Richtlinien dürfen nicht über das zur Verwirklichung der Niederlassungsfreiheit erforderliche Maß an Ziel-

---

[208] Ähnlich *Fuß*, DVBl. 1965, 378, 380, der sich für eine Koppelung der Regelungsintensität von Richtlinien an die Erfordernisse des Gemeinsamen Marktes ausspricht. Vgl. auch *Schmidt* in von der Groeben/Thiesing/Ehlermann, Art. 189 EGV Rn. 37.

[209] *Deckert/Lilienthal*, EWS 1999, 121.

[210] Siehe oben § 3 I 2 b bb (2).

[211] Siehe oben § 3 I 2 b bb (3).

[212] Siehe oben § 3 I 2 b bb (1).

vorgaben hinausgehen. Sofern es zur sinnvollen Zielerreichung erforderlich ist, können Richtlinien im Einzelfall auch sehr genaue Vorgaben enthalten[213]. Von besonderer Bedeutung ist dieser Gedanke für privatrechtsrelevante Richtlinien. Auf dem Gebiet des Privatrechts erfordert eine Rechtsangleichungsmaßnahme in der Regel präzise Zielvorgaben, denn das Privatrecht ist in besonderem Maße auf ein ausdifferenziertes, auch atypische Konstellationen erfassendes Regelungssystem angewiesen. Mit anderen Worten ist eine Privatrechtsharmonisierung nur Erfolg versprechend, wenn sie an zentralen Stellen ins Detail geht und sich nicht auf die Annäherung allgemeiner Grundstrukturen beschränkt. Die Abweichungen der Privatrechtsordnungen der Mitgliedstaaten beruhen vielfach auf divergierenden Detailregelungen, folglich bedarf es auch zur Überwindung dieser Abweichungen präziser Regelungen[214].

2. Vorzüge und Probleme

Das der EG-Richtlinie zugrunde liegende Prinzip der gestuften Verbindlichkeit ist auf den ersten Blick sehr vorteilhaft. Der nationale Gesetzgeber, dem die Richtlinienumsetzung obliegt, nimmt aktiv am Rechtsangleichungsprozess teil, wodurch der Richtlinieninhalt an Legitimation und Akzeptanz gewinnt[215]. Der den Mitgliedstaaten eingeräumte Umsetzungsspielraum bietet zugleich die Möglichkeit, den Richtlinieninhalt an die jeweiligen Besonderheiten der mitgliedstaatlichen Rechtsordnungen, etwa im Hinblick auf Terminologie und Systematik, anzupassen[216]. Die Richtlinie zielt auf eine *effektive Rechtsangleichung* bei gleichzeitiger *Schonung der mitgliedstaatlichen Besonderheiten* ab[217]. Hierin liegt der Hauptvorteil der Richtlinie im Vergleich zur Einheitsrecht stiftenden Verordnung, die auf nationale Besonderheiten keine Rücksicht nimmt[218]. Die mit der Richtlinie verbundenen Vorzüge werden freilich um so geringer, je detaillierter die verbindlichen Zielvorgaben der Richtlinie formuliert sind[219]. Eine organische Anpassung des Richtlinieninhalts an die nationale Rechtsordnung ist zudem kaum möglich, wenn die der Richtlinie zugrunde liegende Konzeption zu sehr von der des nationalen Rechts abweicht. Die Mitgliedstaaten befinden sich in diesem Fall in dem Dilemma, entweder Fremdkörper im nationa-

[213] Gegen die Zulässigkeit detaillierter privatrechtlicher EG-Richtlinien *Hauschka*, JZ 1990, 524 ff.
[214] Vgl. *Müller-Graff* in Festschrift für Börner, S. 303, 338 f.
[215] *Müller-Graff* in 40 Jahre Römische Verträge, S. 107, 140; *Hilf*, EuR 1993, 1, 20.
[216] *Beitzke*, ZfRV 5 (1964), 80, 82 f.; *Müller-Graff* in Towards a European Civil Code, S. 71, 77.
[217] *Beitzke*, ZfRV 5 (1964), 80, 82.
[218] *Müller-Graff* in Festschrift für Börner, S. 303, 340; *Hauschka*, JZ 1990, 521, 531.
[219] *Müller-Graff* in 40 Jahre Römische Verträge, S. 107, 140.

len Recht schaffen zu müssen oder die Umsetzungspflicht zu verletzen[220]. Ein Beispiel hierfür bildet der Gedanke eines Sonderprivatrechts für Verbraucher, der zahlreichen Richtlinien zugrunde liegt[221], dem traditionellen deutschen Privatrechtsverständnis aber fremd ist[222].
Aus dem Prinzip der gestuften Verbindlichkeit ergeben sich noch zahlreiche weitere richtlinienspezifische Probleme, die den Rechtsangleichungsprozess belasten. So wirken sich Umsetzungsspielräume zu Gunsten der Mitgliedstaaten naturgemäß tendenziell negativ auf den Harmonisierungserfolg aus, auch wenn man berücksichtigt, dass Richtlinien lediglich eine Rechtsangleichung, nicht aber eine Rechtsvereinheitlichung bezwecken[223].
Darüber hinaus besteht stets die Gefahr der verspäteten oder der inhaltlich fehlerhaften Richtlinienumsetzung, was eine Kontrolle durch die Kommission erforderlich macht. Angesichts der Vielzahl der jährlich erlassenen Richtlinien stößt die Kommission bei dieser Aufgabe jedoch an die Grenzen ihrer Leistungsfähigkeit. Die Kontrolle erschöpft sich meist in der schlichten Registrierung der durch die Mitgliedstaaten eingereichten Umsetzungsberichte[224].
Aber auch bei auf den ersten Blick ordnungsgemäßer Richtlinienumsetzung in allen Mitgliedstaaten ist der Harmonisierungserfolg der Richtlinie ungewiss. Die nationalen Umsetzungsakte stehen nicht isoliert, sondern sind in die nationalen Rechtsordnungen eingebettet[225]. Wechselwirkungen zwischen einem Umsetzungsakt und der übrigen nationalen Rechtsordnung im Sinne einer gegenseitigen Beeinflussung sind unvermeidlich. So liegt es nahe, dass Auslegung und Anwendung des Umsetzungsakts in der Praxis in erster Linie auf der Grundlage nationalen Rechtsdenkens erfolgen, zumal die in einem Umsetzungsakt verwendeten Begriffe regelmäßig nicht „unbesetzt" sind, sondern in der nationalen Rechtsordnung auch an anderer Stelle vorkommen und dementsprechend eine Vorprägung im Sinne einer ganz bestimmten Auslegung erfahren haben[226]. Die Tendenz zur rein national determinierten Auslegung wird umso stärker, je weniger die Rechtsanwender die gemeinschaftsrechtliche Herkunft der Norm kennen[227]. Durch derartige Einwirkungen des nationalen Rechts, die für mit der nationalen Rechtsordnung unvertraute Personen nur schwer zu erkennen sind, kann der Harmonisierungserfolg einer Richtlinie untergraben werden[228]. Es besteht

---

220 *Hauschka*, JZ 1990, 521, 526.
221 Siehe oben § 3 I 2 c.
222 *Müller-Graff* in 40 Jahre Römische Verträge, S. 107, 140.
223 Siehe oben § 3 II 1.
224 Vgl. *Hilf*, EuR 1993, 1, 16.
225 *Hilf*, EuR 1993, 1, 11 f.
226 Vgl. *Blaurock* in Rechtsvereinheitlichung durch Gesetze, S. 90, 95; *Ficker* in Festschrift für Dölle, S. 35, 38 ff.
227 Vgl. *Müller-Graff* in 40 Jahre Römische Verträge, S. 107, 128 ff.
228 Vgl. *Hilf*, EuR 1993, 1, 12.

die Gefahr, dass der Umsetzungsakt in der Praxis an gemeinschaftsrechtlichem Gehalt verliert, dass sein Inhalt national verfälscht wird. Um der Gefahr eines „Versandens" des Harmonisierungserfolgs durch das Eindringen nationalen Rechtsdenkens entgegenzutreten, ist eine richtlinienkonforme Auslegung der nationalen Umsetzungsakte erforderlich[229].

Schließlich erschweren auch Sprachprobleme die Rechtsangleichung mittels Richtlinien[230]. Richtlinien werden in sämtlichen Amtssprachen der Gemeinschaft veröffentlicht und sind in allen Fassungen gleichermaßen verbindlich[231]. Die verschiedenen Fassungen des Richtlinientexts sind jedoch nicht immer inhaltlich völlig identisch[232], was den Rechtsangleichungsprozess zusätzlich erschwert.

Das Prinzip der gestuften Verbindlichkeit ist darüber hinaus geeignet, sich negativ auf die Qualität der in Richtlinien enthaltenen Normen auszuwirken. Mit der Einbeziehung des nationalen Gesetzgebers, der für die verbindliche Fassung der unmittelbar anwendbaren Rechtsnormen verantwortlich zeichnet, geht eine Verantwortungsentlastung des Richtliniengebers einher, was zu einer Entprofessionalisierung der Normfassung auf Gemeinschaftsebene führen kann[233]. So wurde der Klausel-Richtlinie 93/13/EWG bei ihrem Erlass beispielsweise eine mangelnde Präzision im Hinblick auf Terminologie und zugrunde liegende Konzeptionen attestiert[234]. Klare, unmissverständliche Vorgaben der auf eine korrekte Umsetzung angewiesenen Richtlinie sind für eine sinnvolle Rechtsangleichung jedoch von elementarer Bedeutung.

Die Problematik des Einflusses nationaler Umsetzungstechniken auf den Harmonisierungserfolg einer Richtlinie hat bislang nur wenig Aufmerksamkeit er-

---

[229] Siehe dazu unten § 3 II 4 a.

[230] *Blaurock* in Rechtsvereinheitlichung durch Gesetze, S. 90, 95; *Patti* in Le clausole abusive nei contratti stipulati con i consumatori, S. 531, 532.

[231] EuGH, Rs. 283/81, Slg. 1982, 3415, 3430 (CILFIT); *Bright/Bright*, Law Quarterly Review 1995, 655, 663 f.; *Schweitzer/Hummer*, Europarecht, Rn. 140; *Hilf*, EuR 1993, 1, 15.

[232] Vgl. z.B. den Annex der Klausel-Richtlinie 93/13/EWG, Nr. 2 a, in der deutschen und französischen Fassung: „alsbald", „immédiatement". Siehe auch unten § 5 I 1 b a.E. betreffend den persönlichen Anwendungsbereich der Klausel-Richtlinie. Die von der deutschen („Gewerbetreibender"), französischen („professionnel") und italienischen („professionista") Fassung abweichende Formulierung der englischen Fassung („seller or supplier") hat einige Unsicherheiten hervorgerufen. Siehe auch *Hondius*, ERPL 1995, 241, 244 f.

[233] *Müller-Graff* in 40 Jahre Römische Verträge, S. 107, 140. Allgemein zur legislatorischen Qualität von Rechtsakten der Gemeinschaft *Schulte-Nölke/Schulze* in Europäische Rechtsangleichung und nationale Privatrechte, S. 11, 15 ff.; siehe auch *Hondius*, ERPL 1995, 241, 251.

[234] Vgl. *Alpa* in Unification of International Commercial Law, S. 27, 28. Die nicht sehr sorgfältige Abfassung der Klausel-Richtlinie zeigt sich bereits in Erwägungsgrund 1, der eine Harmonisierung des Schutzes vor missbräuchlichen Klauseln damit begründet, dass Maßnahmen zur schrittweisen Errichtung des Binnenmarktes „bis zum 31. Dezember 1992" getroffen werden müssen. Die Klausel-Richtlinie wurde erst am 5 April 1993 erlassen.

fahren. Die vorliegende Untersuchung soll einen Beitrag zur Klärung dieser Frage leisten.

3. Anforderungen an eine ordnungsgemäße Umsetzung

a) Allgemeine Anforderungen

Nach Art. 249 Abs. 3 EGV haben die Mitgliedstaaten bei der Umsetzung einer Richtlinie die Wahl der Form und der Mittel. Dies bedeutet jedoch nicht, dass die Mitgliedstaaten bei der Richtlinienumsetzung völlig frei sind. Aus dem Primärrecht ergeben sich vielmehr gewisse Mindestanforderungen an eine ordnungsgemäße Richtlinienumsetzung.

Nach der Rechtsprechung der EuGH müssen die Mitgliedstaaten bei der Umsetzung von Richtlinien im Hinblick auf Art. 10 EGV diejenigen innerstaatlichen Formen und Mittel wählen, die für die Gewährleistung der praktischen Wirksamkeit („effet utile") der Richtlinie am besten geeignet sind[235]. Daraus folgt, dass die Richtlinienziele in verbindliche innerstaatliche Vorschriften zu transformieren sind, die den Erfordernissen der *Rechtssicherheit* sowie der *Rechtsklarheit* genügen[236]. Der Einzelne muss vom Inhalt dieser Vorschriften Kenntnis erlangen können und ihm müssen Rechtsschutzmöglichkeiten eröffnet sein.

---

[235] EuGH, Rs. 48/75, Slg. 1976, 497, 517 (Royer). Eine unzureichende Gewährleistung der praktischen Wirksamkeit des Richtlinieninhalts konstatierte der EuGH etwa in EuGH, Rs. 14/83, Slg. 1984, 1891 (Colson) sowie in EuGH, Rs. 79/83, Slg. 1984, 1921 (Harz). Hintergrund dieser Entscheidungen war die Gleichstellungs-Richtlinie 76/207/EWG, deren Art. 3 bestimmt, dass beim Zugang zu einer Beschäftigung keine Diskriminierung aufgrund des Geschlechts erfolgen darf. Zur Umsetzung dieser Vorschrift ergänzte die Bundesrepublik Deutschland das BGB um einen § 611 a. § 611 a Abs. 1 S. 1 BGB statuiert ein Diskriminierungsverbot bei der Begründung von Arbeitsverhältnissen. § 611 a Abs. 2 BGB in seiner ursprünglichen Fassung ergänzte dieses Diskriminierungsverbot dahin gehend, dass der Arbeitgeber im Falle eines Verstoßes dem Arbeitnehmer gegenüber zum Ersatz des Vertrauensschadens verpflichtet ist. Im bloßen Ersatz des Vertrauensschadens (in dem der Entscheidung Harz - EuGH, Rs. 79/83, Slg. 1984, 1921 - zugrunde liegenden Fall bestand dieser in den Bewerbungskosten in Höhe von DM 2,31) erblickte der EuGH keine hinreichende Sanktion und sah die praktische Wirksamkeit der Richtlinie 76/207/EWG folglich nicht gewährleistet. Die Bundesrepublik Deutschland musste § 611 a Abs. 2 BGB den gemeinschaftsrechtlichen Vorgaben entsprechend ändern.

[236] EuGH, Rs. 102/79, Slg. 1980, 1473, 1486; EuGH, Rs. 96/81, Slg. 1982, 1791, 1803 ff.; EuGH, Rs. 168/85, Slg. 1986, 2945, 2961. Siehe dazu *Claßen*, Nichtumsetzung von Gemeinschaftsrichtlinien, S. 53 ff.

b) Umsetzung durch Verwaltungsvorschriften

Die Berufung auf eine der Richtlinie angeblich entsprechende Verwaltungspraxis hat der EuGH vor diesem Hintergrund bereits frühzeitig verworfen[237]. Ob der Erlass von Verwaltungsvorschriften zur Richtlinienumsetzung ausreicht, war hingegen lange Zeit umstritten. In einem von der Kommission gegen Deutschland angestrengten Vertragsverletzungsverfahren äußerte sich der EuGH zu dieser Problematik[238], auf die hier wegen mangelnder Relevanz für das Gebiet des Privatrechts nicht näher eingegangen werden soll[239]. Im Ergebnis lehnte der EuGH eine Richtlinienumsetzung durch den Erlass von Verwaltungsvorschriften ab, da diesen lediglich mittelbar rechtliche Außenwirkung zukommt[240]. Unter dem Gesichtspunkt der Rechtssicherheit war dies nach Ansicht des EuGH nicht ausreichend.

c) Grad der Anpassung an die nationale Rechtsordnung

In der Literatur hat die Frage, in welchem Maße sich die Mitgliedstaaten um eine Anpassung der Richtlinienvorgaben an die nationale Rechtsordnung bemühen müssen, bislang wenig Beachtung gefunden. Insbesondere ist ungeklärt, inwiefern sich ein Mitgliedstaat damit begnügen darf, den Richtlinientext unverändert in das nationale Recht zu übernehmen, quasi als Blockübernahme. Nach dem zuvor Gesagten ist diese Vorgehensweise nur zulässig, wenn sie der Richtlinie zur vollen praktischen Wirksamkeit verhilft. Grundvoraussetzung hierfür ist zunächst, dass bereits die Richtlinie selbst eine in sich geschlossene, sinnvolle Regelung der zugrunde liegenden Problematik enthält und nicht auf die Ausfüllung durch ergänzende Vorschriften des nationalen Rechts angewiesen ist[241]. Eine Vollregelung aller mit der zugrunde liegenden Materie verbundenen Aspekte lässt sich – allen Klagen über die zunehmende Regelungsdichte von Richtlinien zum Trotz – nur in den wenigsten Richtlinien nachweisen[242]. In aller Regel dürfte eine Übernahme des unveränderten Richtlinientextes bereits aus diesem Grund zur ordnungsgemäßen Umsetzung nicht ausreichen[243]. Eine

---

[237] Ständige Rechtsprechung, vgl. z.B. EuGH, Rs. 96/81, Slg. 1982, 1791, 1804 f.; EuGH, Rs. 168/85, Slg. 1986, 2945, 2961.

[238] EuGH, Rs. C-361/88, Slg. 1991, I-2567 (Kommission/Deutschland). Hintergrund war die Umsetzung der immissionsschutzrechtlichen Richtlinien 80/779/EWG und 82/884/EWG durch die so genannte TA Luft (GMBl. 1986, S. 95), eine normkonkretisierende Verwaltungsvorschrift.

[239] Weiterführend etwa *Everling*, RIW 1992, 379 ff; *Herdegen*, Europarecht, Rn. 180.

[240] Nämlich über den Grundsatz der Selbstbindung der Verwaltung in Verbindung mit dem Gleichheitssatz (Art. 3 Abs. 1 GG), vgl. *Maurer*, Allgemeines Verwaltungsrecht, § 24 Rn. 21.

[241] So aber beispielsweise die Haustürgeschäfte-Richtlinie 85/577/EWG, vgl. deren Art. 7.

[242] Etwa in den jährlichen Richtlinien über die Sommerzeit.

[243] Vgl. *Hilf*, EuR 1993, 1, 13.

Blockübernahme des unveränderten Richtlinienwortlauts begegnet jedoch noch weiteren schwer wiegenden Bedenken. So lässt sich aus dem Prinzip der Gewährleistung der vollen Wirksamkeit der Richtlinie die Verpflichtung der Mitgliedstaaten ableiten, den Richtlinieninhalt an die Eigenheiten der nationalen Rechtsordnung anzupassen, und zwar im Hinblick auf Terminologie, Systematik und Koordination mit den sonstigen Bestandteilen der nationalen Rechtsordnung. Die Mitgliedstaaten müssen die Richtlinie durch die Umsetzung zu einem *voll funktionsfähigen Bestandteil ihrer nationalen Rechtsordnung* machen. Daran fehlt es, wenn der Umsetzungsakt in einem unstimmigen Verhältnis zu den übrigen Bestandteilen der nationalen Rechtsordnung steht, etwa weil die verwendete Terminologie von dem im betreffenden Mitgliedstaat üblichen juristischen Sprachgebrauch stark abweicht[244]. Daraus folgt unter anderem, dass eine Richtlinie im Zweifel in bereits existierende Gesetze zu integrieren ist, um ein isoliertes Nebeneinander von originär nationalen und originär gemeinschaftsrechtlichen Vorschriften zu verhindern[245]. Die Schaffung von Spezialgesetzen zur Richtlinienumsetzung führt in der Regel zu einer Verkomplizierung der Rechtslage und birgt stets die Gefahr, dass das richtliniengestützte Recht in der Praxis vernachlässigt wird[246].

Die Anpassung der Richtlinie an die Charakteristika der nationalen Rechtsordnung darf andererseits freilich nicht zu einer Verfälschung des Richtlinieninhalts führen. Weicht der Inhalt einer Richtlinie in hohem Maße von Konzeptionen einer nationalen Rechtsordnung ab, so bleibt dem betreffenden Mitgliedstaat, will er die Richtlinie ordnungsgemäß umsetzen, keine andere Wahl, als einen Fremdkörper im nationalen Recht zu schaffen[247]. In einem solchen Fall ist eine effektive Rechtsangleichung bei gleichzeitiger Beibehaltung nationaler Besonderheiten nicht möglich. Die These von der der Richtlinie immanenten Scho-

---

[244] Ähnlich *Grundmann*, JZ 1996, 274, 285: „Bemühungen um Einfügungen ins nationale Recht, vor allem um Anpassung an den in Deutschland üblichen juristischen Sprachgebrauch, sind grundsätzlich gutzuheißen, weil dadurch auch die Effizienz der Rechtsanwendung gesteigert wird."

[245] Auch aus diesem Grund war die Entscheidung des deutschen Gesetzgebers, die Vorgaben der Klausel-Richtlinie 93/13/EWG in das bereits bestehende AGBG zu integrieren, m.E. richtig, siehe dazu unten § 6 I 1.

[246] Ein solches Schicksal ist etwa der Produkthaftungs-Richtlinie 85/374/EWG in Deutschland widerfahren. Das zur Umsetzung der Richtlinie erlassene Produkthaftungsgesetz kommt neben dem allgemeinen Deliktsrecht des BGB (in Verbindung mit den von der Rechtsprechung entwickelten Grundsätzen der Produzentenhaftung) kaum zur Geltung, vgl. *Medicus*, Bürgerliches Recht, Rn. 650: „Daher bedeutet das ProdHaftG (Produkthaftungsgesetz, Anmerkung des Verfassers) gegenüber dem schon mit § 823 I Erreichten keine wesentliche Haftungsverschärfung; wegen der genannten Schwächen des ProdHaftG wird das Schwergewicht auch weiter bei der Haftung aus § 823 I liegen, vgl. § 15 II ProdHaftG."

[247] Siehe bereits oben § 3 II 2.

nung des nationalen Rechtsstolzes[248] bedarf insofern der Relativierung: In Konfliktfällen zwischen Richtlinie und nationalen Eigenheiten setzt sich die Richtlinie wegen der in Art. 10 EGV verankerten Pflicht zu gemeinschaftstreuem Verhalten durch.
Als Grundregel bleibt festzuhalten, dass die Mitgliedstaaten bei der Richtlinienumsetzung darauf achten müssen, den Richtlinieninhalt in die nationale Rechtsordnung möglichst bruchlos einzufügen. Sie dürfen sich nicht mit einer unreflektierten Übernahme des Richtlinienwortlauts begnügen, sondern müssen darüber hinausgehende Aktivitäten entfalten, um der Richtlinie zur vollen Wirksamkeit im nationalen Rechtsystem zu verhelfen.

d) Umsetzung durch die Rechtsprechung

Der EuGH hat sich bislang noch nicht zu der Frage geäußert, ob und inwiefern ein Mitgliedstaat die Umsetzung einer Richtlinie der Rechtsprechung überlassen darf. In dem der Dillenkofer-Entscheidung[249] zugrunde liegenden Rechtsstreit hatte Generalanwalt *Lenz* die von der Bundesrepublik Deutschland ins Feld geführte Rechtsprechung des BGH als zur Richtlinienumsetzung unzureichend gerügt[250]. Der EuGH konnte die Frage seinerzeit offen lassen, weil die vorgebrachte Rechtsprechung schon inhaltlich nicht mit dem in Frage stehenden Richtlinieninhalt übereinstimmte. Angesichts der in vielen Richtlinien anzutreffenden Schlussklausel „Die Mitgliedstaaten erlassen die erforderlichen *Rechts- und Verwaltungsvorschriften...*“[251] muss die gemeinschaftsrechtliche Zulässigkeit einer Richtlinienumsetzung durch die Rechtsprechung bezweifelt werden. Maßstab für die Beurteilung der Problematik müssen jedoch die vom EuGH postulierten allgemeinen Voraussetzungen einer ordnungsgemäßen Richtlinienumsetzung sein. Danach ist zu fordern, dass der Umsetzungsakt der Richtlinie zur vollen praktischen Wirksamkeit verhilft sowie den Geboten der Rechtssicherheit und Rechtsklarheit gerecht wird[252]. Eine „Umsetzungsrechtsprechung“ erfüllt diese Bedingungen m.E. nur unter zwei Voraussetzungen: Zum einen muss es sich um eine gesicherte *höchstrichterliche Rechtsprechung* handeln, denn nur diese gewährleistet das erforderliche Maß an Rechtssicherheit. Zum

---

[248] Vgl. etwa *Beitzke*, ZfRV 5 (1964), 80, 82; *Franzen*, Privatrechtsangleichung durch die Europäische Gemeinschaft, S. 245.
[249] EuGH, verbundene Rs. C-178/94, C-179/94, C-188/94, C-189/94 und C-190/94, Slg. 1996, I-4845 (Dillenkofer).
[250] Es ging um die Frage, ob die Bundesrepublik Deutschland angesichts der so genannten „Vorkasse-Urteile“ des BGH vom 20. März 1986 (BGH, NJW 1986, 1613) sowie vom 12. März 1987 (BGHZ 100, 157) auf eine normative Umsetzung des Art. 7 der Pauschalreise-Richtlinie 90/314/EWG verzichten durfte.
[251] Hervorhebung durch den Verfasser.
[252] Siehe oben § 3 II 3.

anderen darf sich diese „Umsetzungsrechtsprechung" nur auf *Randbereiche* einer Richtlinie beziehen. Die zentralen Kernpunkte einer Richtlinie bedürfen demgegenüber aus Gründen der Rechtssicherheit zwingend einer gesetzlichen Umsetzung[253]. Mit dieser Einschränkung soll dem Umstand Rechnung getragen werden, dass ein oberstes Gericht grundsätzlich jederzeit von seiner bisherigen Rechtsprechung abweichen kann, auch wenn es dies gemeinschaftsrechtlich wegen des Postulats der richtlinienkonformen Auslegung[254] nicht darf. Die Rechtsprechung nationaler Gerichte kann somit nur ausnahmsweise funktional an die Stelle kodifizierter Vorschriften treten. Eine Richtlinienumsetzung durch die Rechtsprechung völlig zu untersagen, ginge demgegenüber aus Praktikabilitätserwägungen zu weit[255]. Es grenzte an eine Gängelei der Mitgliedstaaten, diese auch dann zum Erlass gesetzlicher Vorschriften zu zwingen, wenn die in Frage stehende Richtlinienvorschrift seit langem der gesicherten höchstrichterlichen nationalen Rechtsprechung entspricht und überdies im Gesamtkontext der Richtlinie nur von untergeordneter Bedeutung ist.

e) Umsetzung durch die Exekutive

In vielen Fällen bedienen sich die Mitgliedstaaten zur Umsetzung einer Richtlinie nicht eines formellen Parlamentsgesetzes, sondern beschränken sich zunächst auf eine gesetzliche Ermächtigung zum Erlass eines durchführenden Rechtsakts. Die eigentliche Richtlinienumsetzung erfolgt dann durch die Exekutive im Wege eines Gesetzes im nur materiellen Sinne. Eine derartige Delegation der Richtlinienumsetzung auf die Exekutive entspricht beispielsweise der Praxis in Italien und im Vereinigten Königreich[256]. Unter den Gesichtspunkten der Gewährleistung der vollen Wirksamkeit der betroffenen Richtlinie sowie der Rechtssicherheit und Rechtsklarheit begegnet eine derartige „indirekte" Umsetzung keinen Bedenken. Sie wurde vom EuGH bislang auch nicht gerügt.

4. Sicherung des Harmonisierungserfolgs

Wurde eine Richtlinie den zuvor dargestellten Anforderungen entsprechend ordnungsgemäß in allen Mitgliedstaaten umgesetzt, so bedeutet dies die Erreichung eines Rechtsangleichungserfolgs. Dieser ist jedoch in zeitlicher Hinsicht zunächst auf einen ganz bestimmten Zeitpunkt, nämlich auf den der Umsetzung,

---

[253] Wobei auch ein Gesetz im nur materiellen Sinne ausreicht, vgl. sogleich unten.

[254] Siehe unten § 3 II 4 a.

[255] A.A. *Heß*, Die Umsetzung von EG-Richtlinien im Privatrecht, S. 34 ff.

[256] Siehe zu Italien *Guizzi* in National Legislation in the European Framework, S. 244, 245; ausführlich *Gebauer*, Grundfragen der Europäisierung des Privatrechts, S. 241 ff. Zur Lage im Vereinigten Königreich siehe *Bates* in National Legislation in the European Framework, S. 84, 85 f.

beschränkt. Aufgrund der Einbettung der nationalen Umsetzungsakte in die jeweiligen mitgliedstaatlichen Rechtsordnungen sieht sich das angeglichene Recht vom ersten Augenblick an der Gefahr der Renationalisierung ausgesetzt[257]. Unterschiedliche juristische Denktraditionen und Auslegungsmethoden in den einzelnen Mitgliedstaaten können dazu führen, dass sich die nationalen Umsetzungsakte in Auslegung und Anwendung mehr und mehr voneinander und von der zugrunde liegenden Richtlinie entfernen. Aus diesem Grund kann sich die Gemeinschaft nicht mit der Feststellung der ordnungsgemäßen Richtlinienumsetzung begnügen. Um einen dauerhaften Rechtsangleichungserfolg zu gewährleisten, bedarf es vielmehr darüber hinausgehender Sicherungsmechanismen.

a) Richtlinienkonforme Auslegung

Das zentrale Instrument zur Sicherung des Harmonisierungserfolgs stellt die vom EuGH entwickelte richtlinienkonforme Auslegung dar. Richtlinienkonforme Auslegung bedeutet, dass das angeglichene nationale Recht so weit wie möglich im Lichte des Wortlauts und des Zwecks der zugrunde liegenden Richtlinie auszulegen ist, um das Ziel derselben zu erreichen und der mitgliedstaatlichen Verpflichtung aus Artt. 10 und 249 Abs. 3 EGV nachzukommen[258]. Im deutschen Recht tritt die richtlinienkonforme Auslegung als zusätzlicher Auslegungscanon neben die vier herkömmlichen Auslegungsmethoden (grammatikalische, systematische, historische und teleologische Auslegung)[259]. Nach vorherrschender Ansicht[260] ist die richtlinienkonforme Auslegung dabei als das entscheidende Auslegungskriterium zu betrachten, hinter dem die übrigen Auslegungstopoi zurückzustehen haben. Führen die verschiedenen Auslegungsmethoden zu unterschiedlichen Ergebnissen, so geht das mit Hilfe der richtlinienkonformen Auslegung gefundene Ergebnis nach herrschender Meinung also vor. Die vom EuGH postulierte Forderung nach richtlinienkonformer Auslegung wirft die Frage auf, ab welchem Zeitpunkt die Mitgliedstaaten zur richtlinienkonformen Interpretation des angeglichenen Rechts verpflichtet sind. Zwei Zeitpunkte kommen als maßgebend in Betracht: Zum einen der des Erlasses der betreffenden Richtlinie, zum anderen der des Ablaufs der jeweiligen Umsetzungsfrist. Klar ist dabei zunächst, dass das nationale Recht im Anwendungsbereich

---

[257] Siehe oben § 3 II 2.

[258] EuGH, Rs. 14/83, Slg. 1984, 1891, 1909 (Colson); EuGH, Rs. 79/83, Slg. 1984, 1921, 1942 (Harz); EuGH, Rs. 125/88, Slg. 1989, 3533, 3546 (Nijman); EuGH, Rs. C-106/89, Slg. 1990, I-4135, 4159 (Marleasing).

[259] Vgl. *Lutter*, JZ 1992, 593, 604 (Fn. 133); a.A. *Hommelhoff*, AcP 192 (1992), 71, 96 ff., nach dem die richtlinienkonforme Auslegung in alle übrigen Auslegungsmethoden einfließt.

[260] Vgl. *Lutter*, JZ 1992, 593, 604 f. m.w.N.; a.A. *Di Fabio*, NJW 1990, 947, 948 ff. Ein näheres Eingehen auf diese Problematik, die mit der Frage des Rangverhältnisses von Gemeinschaftsrecht und nationalem Recht verknüpft ist, ist an dieser Stelle nicht möglich.

einer Richtlinie jedenfalls nach Ablauf der Umsetzungsfrist richtlinienkonform ausgelegt werden muss. Die aus Art. 10 i.V.m. Art. 249 Abs. 3 EGV resultierende Verpflichtung der Mitgliedstaaten, der Richtlinie zur vollen Wirksamkeit zu verhelfen, zwingt zu diesem Ergebnis[261]. Unklar ist aber, ob bereits vor Ablauf der Umsetzungsfrist eine Pflicht zur richtlinienkonformen Auslegung besteht. Dem „effet utile" des Gemeinschaftsrechts wäre mit einer derart vorverlagerten Pflicht zweifellos gedient[262]. Gegen eine Verpflichtung zur richtlinienkonformen Auslegung ab Erlass der Richtlinie spricht jedoch, dass der EuGH die Pflicht zur richtlinienkonformen Auslegung neben Art. 10 EGV auch auf Art. 249 Abs. 3 EGV stützt[263]. Letzterer Norm liegt aber der Gedanke zugrunde, dass die Modalitäten der Richtlinienumsetzung im Verantwortungsbereich der Mitgliedstaaten liegen, und zwar bis zum Ablauf der Umsetzungsfrist auch in zeitlicher Hinsicht. Den Mitgliedstaaten steht es mit anderen Worten frei, die ihnen gewährte Umsetzungsfrist voll auszuschöpfen. Mit diesem Gedanken wäre es unvereinbar, die Pflicht zur richtlinienkonformen Auslegung bereits zum Zeitpunkt des Erlasses der Richtlinie beginnen zu lassen. Die Pflicht zur richtlinienkonformen Auslegung beginnt also grundsätzlich erst mit dem Ablauf der Umsetzungsfrist[264]. Etwas anderes gilt nur, wenn ein Mitgliedstaat eine Richtlinie vor Ablauf der ihm gesetzten Frist in nationales Recht umgesetzt hat. In diesem Fall beginnt die Pflicht zur richtlinienkonformen Auslegung im Zeitpunkt der Umsetzung, da der betreffende Mitgliedstaat zu erkennen gegeben hat, dass er seine gemeinschaftsrechtliche Verpflichtung mit allen Konsequenzen früher als eigentlich erforderlich erfüllen wollte[265].

In seiner Marleasing-Entscheidung[266] hat der EuGH klargestellt, dass die Verpflichtung zur richtlinienkonformen Auslegung das gesamte nationale Recht im Anwendungsbereich der betreffenden Richtlinie[267] erfasst, unabhängig davon, ob es sich um vor oder nach der Richtlinie erlassene Vorschriften handelt. Dieses Ergebnis lässt sich wiederum auf die aus Artt. 10, 249 Abs. 3 EGV folgende Pflicht der Mitgliedstaaten, der Richtlinie zur vollen Wirksamkeit zu verhelfen, stützen und ist folglich konsequent.

---

[261] Vgl. *Lutter*, JZ 1992, 593, 605.

[262] Vgl. *Menzel* in Europäisches Privatrecht, S. 72.

[263] Ausführlich zur dogmatischen Grundlage des Gebots richtlinienkonformer Auslegung *Franzen*, Privatrechtsangleichung durch die Europäische Gemeinschaft, S. 292 ff.

[264] Davon zu unterscheiden ist die Frage, ob ein Gericht eines Mitgliedstaats nationales Recht bereits vor Ablauf der Umsetzungsfrist richtlinienkonform auslegen *darf*. Vgl. dazu *Lutter*, JZ 1992, 593, 605.

[265] Vgl. *Lutter*, JZ 1992, 593, 605; EuGH, Rs. C-38/89, Slg. 1990, I-83, 91 ff. (Guy Blanguernon).

[266] Siehe oben Fn. 258.

[267] Zur Reichweite des Gebots der richtlinienkonformen Auslegung und des Vorabentscheidungsverfahrens nach Art. 234 EGV im Hinblick auf über die Richtlinienvorgaben hinausgehendes nationales Recht siehe *Habersack/Mayer*, JZ 1999, 913 ff.

b) Vorabentscheidungsverfahren, Art. 234 EGV

Nach dem zuvor Gesagten sind die Mitgliedstaaten zur richtlinienkonformen Auslegung ihres nationalen Rechts verpflichtet. Richtlinienkonforme Auslegung setzt aber zunächst einmal eine Auslegung der Richtlinie selbst voraus[268]. Die Verpflichtung zur richtlinienkonformen Auslegung nützte im Hinblick auf die Sicherung des Harmonisierungserfolgs wenig, wenn die zuständigen innerstaatlichen Stellen es in Zweifelsfällen selbst in der Hand hätten, über die „richtige" Auslegung der betreffenden Richtlinie zu entscheiden. Letztlich kann der Harmonisierungserfolg einer Richtlinie nur durch eine übergeordnete zentrale Auslegungsinstanz gesichert werden, deren Entscheidungen verbindlich sind[269]. Im System des EGV nimmt der EuGH die Funktion einer derartigen zentralen Auslegungsinstanz wahr. Nach Art. 234 Abs. 1 lit. b Alt. 2 EGV entscheidet der EuGH im Wege der Vorabentscheidung über die Auslegung der Handlungen der Gemeinschaftsorgane und folglich auch über die Auslegung von Richtlinien. Das Vorabentscheidungsverfahren nach Art. 234 EGV, das im Folgenden beschränkt auf seine Relevanz für die Auslegung von Richtlinien in seinen Grundzügen dargestellt werden soll, wird auch als institutionalisierter Dialog zwischen den Gerichten der Mitgliedstaaten und dem EuGH bezeichnet[270].

Vorlageberechtigt bzw. –verpflichtet sind nach Art. 234 Abs. 2, 3 EGV nur *Gerichte* der Mitgliedstaaten. Der Begriff des Gerichts ist unter Rückgriff auf das Gemeinschaftsrecht zu interpretieren und stimmt folglich nicht notwendigerweise mit dem des nationalen Rechts der Mitgliedstaaten überein[271]. Der EuGH hat im Zusammenhang mit Vorlagen von Schiedsgerichten im Laufe der Zeit verschiedene Kriterien entwickelt, anhand derer das Vorliegen eines Gerichts zu messen ist[272]. Unter einem Gericht im Sinne von Art. 234 EGV ist danach ein zur Entscheidung in Rechtsstreitigkeiten berufener Spruchkörper zu verstehen, der *sachlich unabhängig* in einem rechtsstaatlich geordneten streitigen Verfahren entscheidet, dessen Entscheidungen *bindende Kraft* zukommt und der nicht die Billigkeit, sondern das *Recht als Entscheidungsmaßstab* zugrunde legt[273]. Darüber hinaus fordert der EuGH eine Einbindung der Spruchstelle in das inner-

---

[268] *Lutter*, JZ 1992, 593, 598.

[269] Vgl. *Gebauer*, Grundfragen der Europäisierung des Privatrechts, S. 176; *Kohler* in Internationales Zivilverfahrensrecht für Gesamteuropa, S. 11 f.; *Iliopoulos* in Europäisches Privatrecht, S. 89 f.

[270] *Iliopoulos* in Europäisches Privatrecht, S. 90; *Götz*, NJW 1992, 1849, 1854.

[271] EuGH, Rs. 61/65, Slg. 1966, 583, 601 f.

[272] *Schweitzer/Hummer*, Europarecht, Rn. 534 m.w.N.

[273] EuGH, Rs. 61/65, Slg. 1966, 583, 601 f.; EuGH, Rs. 246/80, Slg. 1981, 2311, 2326 ff.; EuGH, Rs. 102/81, Slg. 1982, 1095, 1109 ff.

staatliche Rechtsschutzsystem[274], wozu unter anderem eine staatlich geregelte Zuständigkeit des Spruchkörpers gehört[275].

Art. 234 EGV enthält mehrere zulässige Antragsgegenstände. Von Interesse ist hier lediglich Art. 234 Abs. 1 lit. b Alt. 2 EGV, wonach ein mitgliedstaatliches Gericht den EuGH mit der Frage befassen darf, wie eine bestimmte Handlung eines Gemeinschaftsorgans auszulegen ist. Dem EuGH obliegt also unter anderem die letztverbindliche Auslegung von Richtlinien[276]. Unter einer Auslegung in diesem Sinne ist dabei allein die generalisierende Deutung einer Norm des Gemeinschaftsrechts zu verstehen. Demgegenüber kann der EuGH nicht mit der *Anwendung* von Gemeinschaftsrecht auf einen konkreten Fall befasst werden[277]. Die Subsumtion des Sachverhalts unter die vom EuGH ausgelegten Vorschriften des Gemeinschaftsrechts ist allein Sache des nationalen Gerichts. Der nationale Richter darf dem EuGH beispielsweise nicht die Frage vorlegen, ob ein nationales Gesetz dem Inhalt einer Richtlinie entspricht. Der EuGH kann an sich unzulässige konkrete Vorlagefragen jedoch in zulässige abstrakte Fragen umformulieren. Voraussetzung ist allerdings, dass sich aus dem vorgelegten Material ohne Schwierigkeiten und eindeutig eine zulässige Vorlagefrage herausarbeiten lässt[278].

Die Vorlage an den EuGH ist gemäß Art. 234 Abs. 2 EGV nur zulässig, wenn das vorlegende Gericht eine Entscheidung des EuGH über die betreffende Frage zum Erlass seines Urteils für erforderlich hält. Die vorgelegte Frage muss mit anderen Worten entscheidungserheblich sein. Die Beurteilung der Entscheidungserheblichkeit, die eine nicht in die Kompetenz des EuGH fallende Auslegung und Anwendung des nationalen Rechts voraussetzt, ist dabei grundsätzlich allein Sache des vorlegenden Gerichts[279]. Der EuGH darf eine ihm vorgelegte Frage nicht wegen mangelnder Entscheidungserheblichkeit zurückweisen. Etwas anderes gilt nur, wenn eine Entscheidungserheblichkeit der vorgelegten Frage offensichtlich und eindeutig nicht besteht[280] oder wenn die zugrunde liegende Rechtsstreitigkeit offensichtlich fingiert wurde, um eine Entscheidung des EuGH herbeizuführen[281].

Zu unterscheiden sind zwei Vorlagesituationen. Nach Art. 234 Abs. 2 EGV sind zunächst alle mitgliedstaatlichen Gerichte *vorlageberechtigt*, sofern die betref-

---

[274] Hieran fehlt es etwa bei Schiedsgerichten, vgl. *Schweitzer/Hummer*, Europarecht, Rn. 535.

[275] EuGH, Rs. 102/81, Slg. 1982, 1095, 1110.

[276] *Borchardt* in Lenz, EGV-Kommentar, Art. 234 Rn. 7.

[277] Vgl. *Schweitzer/Hummer*, Europarecht, Rn. 539 f.

[278] EuGH, Rs. 6/64, Slg. 1964, 1251, 1268; EuGH, Rs. 12/71, Slg. 1971, 743, 750 f.; EuGH, Rs. 83/78, Slg. 1978, 2347, 2368.

[279] EuGH, Rs. 5/77, Slg. 1977, 1555, 1573 f.

[280] EuGH, Rs. 126/80, Slg. 1981, 1563, 1576 f.; EuGH, Rs. C-286/88, Slg. 1990, I-191, 195.

[281] EuGH, Rs. 104/79, Slg. 1980, 745, 757 ff.; EuGH, Rs. 244/80, Slg. 1981, 3045, 3062 f.; EuGH, Rs. C-231/89, Slg. 1990, I-4003, 4018.

fende Frage entscheidungserheblich ist. Gemäß Art. 234 Abs. 3 EGV sind demgegenüber alle mitgliedstaatlichen Gerichte, deren Entscheidungen nicht mehr mit Rechtsmitteln des nationalen Rechts angefochten werden können, zur Vorlage an den EuGH *verpflichtet*. Der Zweck dieser Vorlagepflicht besteht darin, dem EuGH ein Entscheidungsmonopol hinsichtlich der letztverbindlichen Auslegung des Gemeinschaftsrechts zu verschaffen. Ob ein letztinstanzliches Gericht im Sinne von Art. 234 Abs. 3 EGV vorliegt, ist anhand einer konkreten Betrachtungsweise zu prüfen. Entscheidend ist allein, ob gegen die konkrete Entscheidung des Gerichts noch ein Rechtsmittel zur Verfügung steht[282]. Auch unterinstanzliche Gerichte können folglich unter Art. 234 Abs. 3 EGV fallen, sofern bei ihnen im konkreten Fall der Rechtszug endet. Art. 234 Abs. 3 EGV erfasst also nicht nur Gerichte, die nach der nationalen Gerichtsverfassung generell an der Spitze der Gerichtshierarchie stehen[283]. Unter einem Rechtsmittel im Sinne von Art. 234 Abs. 3 EGV sind nur ordentliche Rechtsmittel wie beispielsweise Berufung und Revision zu verstehen. Außerordentliche Rechtsbehelfe, wie etwa die Verfassungsbeschwerde im deutschen Recht, werden demgegenüber nicht erfasst[284].
In Verbindung mit der Verpflichtung der nationalen Gerichte zur richtlinienkonformen Auslegung trägt das Vorabentscheidungsverfahren des Art. 234 EGV, insbesondere die Vorlagepflicht letztinstanzlicher Gerichte nach Art. 234 Abs. 3 EGV, wesentlich zum „Überleben" des im Zuge von Richtlinien harmonisierten Rechts in den mitgliedstaatlichen Rechtsordnungen bei[285]. Die als Hauptwesensmerkmal der Richtlinie festgemachte Zweistufigkeit der Rechtsetzung (zunächst auf Gemeinschaftsebene, dann auf der Ebene der Mitgliedstaaten)[286] findet nach erfolgter Umsetzung im Hinblick auf die Sicherung des Harmonisierungserfolgs ihre Entsprechung im Zusammenspiel von richtlinienkonformer Auslegung und Vorlage an den EuGH nach Art. 234 EGV: Die Mitgliedstaaten haben ihr nationales Recht richtlinienkonform auszulegen. Darüber, wie die Richtlinie auszulegen ist, entscheidet aber ein Gemeinschaftsorgan, nämlich der EuGH. Die vom EuGH determinierte Richtlinienauslegung schlägt also auf das nationale Recht im Anwendungsbereich der betreffenden Richtlinie durch[287].

---

[282] *Schweitzer/Hummer*, Europarecht, Rn. 530.
[283] A.A. *Bleckmann*, Europarecht, Rn. 921.
[284] Vgl. *Schweitzer/Hummer*, Europarecht, Rn. 531.
[285] Vgl. *Gebauer*, Grundfragen der Europäisierung des Privatrechts, S. 179; *Iliopoulos* in Europäisches Privatrecht, S. 89 f.
[286] Siehe oben § 3 II 1.
[287] Vgl. *Götz*, NJW 1992, 1849, 1854.

5. Folgen mangelhafter Umsetzung

Zuvor wurde dargestellt, wie der Harmonisierungserfolg, der nach ordnungsgemäßer Richtlinienumsetzung eingetreten ist, gesichert werden kann. Nur den wenigsten Richtlinien ist jedoch eine ordnungsgemäße Umsetzung in sämtlichen Mitgliedstaaten vergönnt. In vielen Fällen werden Richtlinien verspätet, das heißt nach Ablauf der Umsetzungsfrist, umgesetzt, und das, obwohl die Mitgliedstaaten selbst im Rat über die Länge der Umsetzungsfrist entschieden haben[288]. Häufig sind aber auch die Fälle, in denen eine Richtlinie zwar fristgerecht, aber inhaltlich fehlerhaft umgesetzt wird. Die verspätete oder inhaltlich fehlerhafte Richtlinienumsetzung berechtigt die Kommission, gemäß Art. 226 EGV ein Vertragsverletzungsverfahren gegen den betreffenden Mitgliedstaat beim EuGH einzuleiten. Bestätigt der EuGH die von der Kommission gerügte mangelhafte Richtlinienumsetzung und trifft der Mitgliedstaat nicht die nach dem Urteil erforderlichen Maßnahmen, so kann der EuGH nach Art. 228 Abs. 2 EGV die Zahlung eines Pauschalbetrags oder eines Zwangsgelds verhängen[289]. Über diese Möglichkeit hinaus hat der EuGH jedoch noch weitere Mechanismen zur Sanktionierung einer mangelhaften Richtlinienumsetzung entwickelt[290].

a) Unmittelbare Wirkung

Nach dem Wortlaut des Art. 249 Abs. 3 EGV ist nur der jeweilige Mitgliedstaat, nicht jedoch der Bürger, Adressat einer Richtlinie. Nach der Konzeption des EGV besitzen Richtlinien somit grundsätzlich keine unmittelbare Geltung. Diese tritt vielmehr erst mit der Umsetzung durch die jeweiligen mitgliedstaatlichen Stellen ein[291]. Trotz dieser vermeintlich klaren Aussage des EGV hat der EuGH nicht ordnungsgemäß umgesetzten Richtlinien unter bestimmten Voraussetzungen schon früh eine unmittelbare Wirkung zugesprochen[292]. Nach Auffassung des EuGH kann sich der Einzelne – sei es eine natürliche oder eine juristische Person[293] – nach ergebnislosem Ablauf der Umsetzungsfrist unmittelbar auf eine Richtlinie berufen, sofern deren Bestimmungen *unbedingt* und *hinreichend genau* sind und den Einzelnen *begünstigen*[294]. Unter den genannten Voraussetzun-

---

[288] Vgl. *Hilf*, EuR 1993, 1, 8.
[289] Zu Einzelheiten des Vertragsverletzungsverfahrens siehe *Fischer*, WiB 1997, 673, 678 f.
[290] Vgl. *Oehlert*, JuS 1997, 317, 318.
[291] Siehe oben § 3 II 1.
[292] Ausführlich dazu *Gstaltmeyr*, Bewehrung von EG-Richtlinien, S. 24 ff.
[293] Vgl. *Oehlert*, JuS 1997, 317, 318.
[294] Ständige Rechtsprechung seit EuGH, Rs. 41/74, Slg. 1974, 1337, 1348 (Van Duyn); vgl. z.B. EuGH, Rs. 8/81, Slg. 1982, 53, 70 f. (Becker); EuGH, Rs. 222/84, Slg. 1986, 1651, 1690 f. (Johnston). Ausführlich zu den einzelnen Voraussetzungen der unmittelbaren Wirkung *Claßen*, Nichtumsetzung von Gemeinschaftsrichtlinien, S. 67 ff.

gen kann sich der Einzelne also gegenüber allen Trägern öffentlicher Gewalt[295] auch dann auf eine Richtlinie berufen, wenn der betreffende Mitgliedstaat diese überhaupt nicht oder inhaltlich fehlerhaft umgesetzt hat. Dabei legt der EuGH einen funktionellen, weiten Staatsbegriff zugrunde. Danach ist der Staat im Ganzen, das heißt mit seiner gesamten unmittelbaren und mittelbaren Organisation einschließlich so genannter Trabanten, an die mangelhaft umgesetzte Richtlinie gebunden[296]. Die Formulierung des EuGH, der Einzelne könne sich unter den genannten Voraussetzungen auf die Richtlinie berufen, darf nicht dahin gehend missverstanden werden, dass die Richtlinie nur „auf Einrede" zu beachten ist. Es besteht vielmehr eine Anwendungspflicht, die innerstaatlichen Stellen sind zur Beachtung der Richtlinie also von Amts wegen verpflichtet[297].
Seine Rechtsprechung zur unmittelbaren Wirkung von Richtlinien begründet der EuGH zum einen mit der Überlegung, dass ein Mitgliedstaat aus der Verletzung gemeinschaftsrechtlicher Pflichten keinen Nutzen ziehen darf (Gedanke des venire contra factum proprium bzw. Sanktionsgedanke)[298]. Ein Mitgliedstaat soll sich beispielsweise Verpflichtungen, die ihm eine Richtlinie im Verhältnis zu seinen Bürgern auferlegt, nicht durch eine mangelhafte Umsetzung entziehen können[299]. Zum anderen verfolgt der EuGH mit der Anerkennung einer unmittelbaren Wirkung von Richtlinien das Anliegen, den Normen des Gemeinschaftsrechts zu einer optimalen Wirkung zu verhelfen („effet utile"). Die praktische Wirksamkeit des Gemeinschaftsrechts wäre beeinträchtigt, wenn der Eintritt der Rechtswirkungen einer Richtlinie allein von der ordnungsgemäßen Umsetzung durch die Mitgliedstaaten abhinge[300]. Darüber hinaus lässt sich die unmittelbare Wirkung von Richtlinien auf einen Rechtsschutzgedanken zu Gunsten der Marktbürger stützen[301].
Bestimmungen einer Richtlinie können nur zu Gunsten, nicht jedoch zu Lasten des Einzelnen unmittelbare Wirkung entfalten[302]. Diese Einschränkung ergibt sich daraus, dass Richtlinien nur an die Mitgliedstaaten gerichtet sind, nicht jedoch an sonstige Personen. Belastende Wirkungen einer Richtlinie dürfen den Einzelnen folglich nur über den Umweg des nationalen Umsetzungsakts erreichen[303].

[295] Also nicht nur gegenüber der Judikative, sondern auch gegenüber der Exekutive, vgl. EuGH, Rs. 103/88, Slg. 1989, 1839, 1870 f. (Fratelli Costanzo).
[296] *Götz*, NJW 1992, 1849, 1856; *Fischer*, WiB 1997, 673, 675.
[297] *Jarass*, NJW 1991, 2665, 2668 f.; *Fischer*, WiB 1997, 673, 675.
[298] EuGH, Rs. 152/84, Slg. 1986, 723, 748 f. (Marshall).
[299] Vgl. *Fischer*, WiB 1997, 673, 674.
[300] Vgl. EuGH, Rs. 106/77, Slg. 1978, 629, 643 ff. (Simmenthal); EuGH, Rs. C-213/89, Slg. 1990, I-2433, 2473 f. (Factortame).
[301] *Nenstiel*, JR 1993, 222, 225.
[302] EuGH, Rs. 152/84, Slg. 1986, 723, 749 (Marshall); EuGH, Rs. 14/86, Slg. 1987, 2545, 2570 (Pretore di Salò); EuGH, Rs. 80/86, Slg. 1987, 3969, 3985 (Kolpinghuis Nijmegen).
[303] Vgl. *Oehlert*, JuS 1997, 317, 318; *Fischer*, WiB 1997, 673, 674 f.

Der EuGH erkennt eine unmittelbare Wirkung von Richtlinien nur im Verhältnis zwischen Staat und Bürger an (so genannte vertikale Direktwirkung). Eine horizontale Direktwirkung, das heißt eine Direktwirkung im Verhältnis zwischen Privatpersonen, lehnt der EuGH ab[304]. Dies erscheint insofern konsequent, als die oben dargelegten Gründe, die eine unmittelbare Wirkung der Richtlinie erlauben, nicht oder zumindest nur eingeschränkt zum Tragen kommen, wenn an einem Rechtsstreit ausschließlich Private beteiligt sind[305]: Der hinter der unmittelbaren Wirkung stehende Sanktionsgedanke läuft in diesem Fall völlig leer, der Rechtsschutzgedanke erscheint unpassend, denn der Begünstigung des einen Bürgers korrespondiert die Belastung eines anderen. Allenfalls der Gedanke des „effet utile" des Gemeinschaftsrechts spricht für die Anerkennung einer horizontalen Direktwirkung von Richtlinien[306]. Das entscheidende Argument gegen die Anerkennung einer horizontalen Direktwirkung von Richtlinien ist jedoch, dass die Unterschiede der Richtlinie zur Verordnung nicht völlig verwässert werden dürfen[307]. Eine Ausdehnung der unmittelbaren Wirkung auf die Rechtsbeziehungen zwischen Privaten hieße in den Worten des EuGH, „der Gemeinschaft die Befugnis zuzuerkennen, mit unmittelbarer Wirkung zu Lasten der Bürger Verpflichtungen anzuordnen, obwohl sie dies nur dort darf, wo ihr die Befugnis zum Erlass von Verordnungen zugewiesen ist"[308].
Der EuGH hat auf zwei Möglichkeiten hingewiesen, die Konsequenzen der Ablehnung einer horizontalen Direktwirkung abzumildern. Zum einen kann gegebenenfalls eine richtlinienkonforme Auslegung des nationalen Rechts dazu beitragen, der fehlerhaft umgesetzten Richtlinie entsprechende Ergebnisse zu erzielen[309]. Zum anderen hat der Einzelne, der durch die mangelhafte Richtlinienumsetzung einen Schaden erleidet, nach der Rechtsprechung des EuGH unter gewissen Voraussetzungen einen Schadensersatzanspruch gegen den säumigen Mitgliedstaat.

---

[304] Grundlegend EuGH, Rs. 152/84, Slg. 1986, 723, 749 (Marshall). Vgl. auch EuGH, Rs. C-91/92, Slg. 1994, I- 3325, 3355 f. (Faccini Dori); Gegenstand dieser Entscheidung war eine horizontale Direktwirkung der Haustürgeschäfte-Richtlinie 85/577/EWG, dazu ausführlich *Gebauer*, Grundfragen der Europäisierung des Privatrechts, S. 159 ff. In der Literatur wird eine horizontale Direktwirkung von Richtlinien zum Teil befürwortet, vgl. z.B. *Fischer*, WiB 1997, 673, 677; *Müller-Graff*, NJW 1993, 13, 20 f.; *Steindorff* in Festschrift für Everling, S. 1455, 1460 ff.

[305] Vgl. *Oehlert*, JuS 1997, 317, 318.

[306] Vgl. *Müller-Graff*, NJW 1993, 13, 20.

[307] Vgl. *Heinrichs*, NJW 1995, 153, 154.

[308] EuGH, Rs. C-91/92, Slg. 1994, I-3325, 3356 (Faccini Dori).

[309] *Fischer*, WiB 1997, 673, 676.

b) Staatshaftungsansprüche

Sofern einer mangelhaft umgesetzten Richtlinie keine unmittelbare Wirkung zugesprochen werden kann und auch eine richtlinienkonforme Auslegung des nationalen Rechts nicht weiterhilft, hat der Einzelne, der durch das Umsetzungsdefizit einen Schaden erleidet, nach den Grundsätzen der bahnbrechenden Francovich-Entscheidung des EuGH[310] einen Schadensersatzanspruch gegen den säumigen Mitgliedstaat. Voraussetzung ist, dass die betreffende Richtlinie auf die Verleihung von Rechten an Einzelne abzielt, dass der Inhalt dieser Rechte auf der Grundlage der Richtlinie bestimmt werden kann und dass ein Kausalzusammenhang zwischen dem Verstoß gegen die Umsetzungspflicht und dem eingetretenen Schaden besteht. In einer späteren Entscheidung hat der EuGH die genannten Voraussetzungen dahin gehend erweitert, dass dem in Anspruch genommenen Mitgliedstaat ein hinreichend qualifizierter Verstoß gegen das Gemeinschaftsrecht zur Last fallen muss[311]. Die mangelhafte Richtlinienumsetzung und die damit einhergehende Verletzung der Umsetzungspflicht aus Artt. 249 Abs. 3, 10 EGV stellt allerdings stets einen derartigen hinreichend qualifizierten Verstoß dar[312].
Der Schadensersatzanspruch bei mangelhafter Richtlinienumsetzung wurzelt im Gemeinschaftsrecht, genauer gesagt in Art. 10 EGV[313]. Verfahrensmäßig ist er jedoch mangels einer gemeinschaftsrechtlichen Regelung nach den jeweiligen mitgliedstaatlichen Bestimmungen durchzusetzen, in der Bundesrepublik Deutschland also etwa nach § 839 BGB i.V.m. Art. 34 GG[314].

6. Fazit

Auf den ersten Blick erscheint die Richtlinie mit dem ihr zugrunde liegenden Prinzip der gestuften Verbindlichkeit als geeignetes, den modernen Vorstellungen von Subsidiarität entsprechendes[315] Instrument zur Europäisierung des Privatrechts. Die meisten richtlinienspezifischen Probleme[316] können durch Institute wie richtlinienkonforme Auslegung und Vorabentscheidungsverfahren nach

[310] EuGH, verbundene Rs. C-6/90 und C-9/90, Slg. 1991, I-5357 (Francovich).
[311] EuGH, verbundene Rs. C-46/93 und C-48/93, Slg. 1996, I-1029, 1149 (Brasserie du pêcheur).
[312] EuGH, verbundene Rs. C-178/94, C-179/94, C-188/94, C-189/94 und C-190/94, Slg. 1996, I-4845, 4878 ff. (Dillenkofer).
[313] *Nenstiel*, JR 1993, 222, 226. Ausführlich zur Herleitung des Entschädigungsanspruchs *Claßen*, Nichtumsetzung von Gemeinschaftsrichtlinien, S. 99 ff.
[314] *Schweitzer/Hummer*, Europarecht, Rn. 372; *Oehlert*, JuS 1997, 317, 319; *Fischer*, WiB 1997, 673, 678; *Nenstiel*, JR 1993, 222, 227.
[315] Vgl. *Hilf*, EuR 1993, 1, 2.
[316] Siehe oben § 3 II 2.

Art. 234 EGV[317] sowie durch die begrenzte Anerkennung einer unmittelbaren Wirkung in Verbindung mit der Gewährung von Staatshaftungsansprüchen[318] zumindest abgemildert werden. Unmittelbare Wirkung und Staatshaftungsansprüche stellen jedoch nur „Behelfskonstruktionen" dar, die dauerhaft nicht an die Stelle einer ordnungsgemäßen Richtlinienumsetzung treten können. Für den Harmonisierungserfolg einer Richtlinie ist also, wie bereits eingangs gesagt[319], letztlich die Art und Weise ihrer Umsetzung in nationales Recht entscheidend.

---

[317] Siehe oben § 3 II 4.
[318] Siehe oben § 3 II 5.
[319] Siehe oben § 1.

2. Kapitel: Die Umsetzung der Richtlinie 93/13/EWG über missbräuchliche Klauseln in Verbraucherverträgen in Deutschland, dem Vereinigtem Königreich, Frankreich und Italien

§ 4 Einleitung

I. Entstehungsgeschichte

Die Richtlinie 93/13/EWG beruht auf einer langen und wenig geradlinigen Entstehungsgeschichte[320]. Ausgangspunkt für eine Harmonisierung des Schutzes des Verbrauchers vor missbräuchlichen Klauseln auf Gemeinschaftsebene war das erste Verbraucherschutzprogramm der damaligen Europäischen Wirtschaftsgemeinschaft aus dem Jahre 1975[321], welches in einem zweiten Verbraucherschutzprogramm aus dem Jahre 1981[322] seine Fortführung fand. Bereits zuvor hatte die Kommission ein rechtsvergleichendes Gutachten über den Schutz der Verbraucher vor unlauteren Allgemeinen Geschäftsbedingungen in den einzelnen Mitgliedstaaten in Auftrag gegeben, das durch *von Hippel* erstellt wurde[323]. Auf dieser Grundlage erarbeitete die Kommission bereits im Jahre 1976 einen ersten Vorentwurf einer Richtlinie über missbräuchliche Klauseln in Verbraucherverträgen[324], der jedoch nicht weiterverfolgt wurde und heute weitgehend Makulatur ist[325]. Erst der im Juni 1987 vorgelegte Vorentwurf einer Richtlinie[326] und der daraus von der Kommission entwickelte „Vorschlag für eine Richtlinie des Rates über missbräuchliche Klauseln in Verbraucherverträgen“ vom 24. Juli 1990[327] wurden Gegenstand ernsthafter Beratungen innerhalb

---

[320] *Heinrichs*, NJW 1993, 1817; *Giampieri* in Le clausole abusive nei contratti stipulati con i consumatori, S. 256; ausführliche Darstellungen finden sich bei *Kapnopoulou*, Recht der mißbräuchlichen Klauseln in der EU, S. 52 ff. sowie bei *Kretschmar*, Richtlinie 93/13/EWG und AGBG, S. 53 ff. Ein tabellarischer Überblick findet sich bei *Tenreiro/Karsten* in Europäische Rechtsangleichung und nationale Privatrechte, S. 223, 267. Siehe auch *Tenreiro*, ERPL 1995, 273 ff.; *Trochu*, Recueil Dalloz Sirey 1993, chronique, 315 ff.

[321] Erstes Programm der Europäischen Wirtschaftsgemeinschaft für eine Politik zum Schutz und zur Unterrichtung der Verbraucher, ABlEG 1975 Nr. C 92/1.

[322] Zweites Programm der Europäischen Wirtschaftsgemeinschaft für eine Politik zum Schutz und zur Unterrichtung der Verbraucher, ABlEG 1981 Nr. C 133/1.

[323] *Von Hippel*, RabelsZ 41 (1977), 237 ff. Im Jahre 1987 folgte ein weiteres von der Kommission in Auftrag gegebens Gutachten zur selben Thematik, diesmal erstellt durch *Hondius*, Unfair Terms in Consumer Contracts.

[324] Dok. ENV/384/76; dazu *von Hippel*, RabelsZ 45 (1981), 353, 367 f.

[325] *Heinrichs*, NJW 1993, 1817.

[326] Dok. XI/124/87.

[327] ABlEG 1990 Nr. C 243/2.

der EG. Beiden Dokumenten lag die Konzeption zugrunde, die Missbrauchskontrolle nicht auf Allgemeine Geschäftsbedingungen im Sinne etwa des deutschen AGBG zu beschränken, sondern ihr auch so genannte Individualvereinbarungen, also zwischen den Vertragsparteien im Einzelnen ausgehandelte Klauseln, zu unterwerfen[328]. Darüber hinaus sollten auch das Preis-/Leistungsverhältnis sowie der Hauptgegenstand des Vertrags kontrollfähig sein. Schließlich verließen beide Dokumente den Bereich der bloßen Missbrauchskontrolle, indem sie auch gewährleistungsrechtliche Aspekte beinhalteten[329]. Der weite Regelungsumfang des Richtlinienvorschlags aus dem Jahre 1990 sah sich heftiger Kritik, vor allem von deutscher Seite[330], ausgesetzt. Befürchtet wurden schwer wiegende Eingriffe in das in allen Mitgliedstaaten verankerte privatrechtliche Grundprinzip der Privatautonomie. Nach Stellungnahmen des Wirtschafts- und Sozialausschusses[331] sowie des Europäischen Parlaments[332] folgte eine Überarbeitung des Richtlinienvorschlags. Am 5. März 1992 legte die Kommission einen geänderten Richtlinienentwurf vor[333], der jedoch nur wenige einschneidende Änderungen aufwies. Die bedeutendste Neuerung betraf die im Anhang der Richtlinie enthaltene Klauselliste. Nach dem Richtlinienvorschlag aus dem Jahre 1990 sollten die im Anhang enthaltenen Klauseln in den einzelnen Mitgliedstaaten zwingend als missbräuchlich einzustufen sein, es handelte sich insofern um eine „schwarze Verbotsliste“[334]. Demgegenüber empfahl die Kommission nun, den im Anhang aufgeführten Klauseln lediglich den Charakter von Beispielen für möglicherweise missbräuchliche Klauseln beizumessen. Die Kommission sprach sich mit anderen Worten dafür aus, die Klauselliste des Richtlinienanhangs als nicht abschließende „graue Hinweisliste“[335] auszugestalten. Im Gegensatz dazu konnte die Problematik der Inhaltskontrolle von Individualvereinbarungen nicht in zufrieden stellender Weise gelöst werden. Bei

---

[328] Siehe dazu *Tenreiro/Karsten* in Europäische Rechtsangleichung und nationale Privatrechte, S. 223, 227 ff.

[329] Diese wurden später durch die Gebrauchsgüterkauf-Richtlinie wieder aufgenommen, siehe oben § 3 I 2 c sowie *Tenreiro/Karsten* in Europäische Rechtsangleichung und nationale Privatrechte, S. 223, 259.

[330] Siehe z.B. *Bunte* in Festschrift für Locher, S. 325 ff.; *Brandner/Ulmer*, BB 1991, 701 ff.; *Hommelhoff*, AcP 192 (1992), 71, 82 ff.; *Locher*, BauR 1992, 293, 294; *Sieg*, VersR 1993, 1305. Differenzierend *Wolf* in Wolf/Horn/Lindacher, Einl. Rn. 79 mit dem Hinweis darauf, dass die Prinzipien der Marktwirtschaft mit Vertragsfreiheit und freier Preisbildung auch unter dem damaligen EWG-Vertrag garantiert waren. Besonders harsch *Canaris* in Festschrift für Lerche, S. 873, 887 ff.

[331] ABlEG 1991 Nr. C 159/34.

[332] ABlEG 1991 Nr. C 326/108.

[333] Geänderter Vorschlag für eine Richtlinie des Rates über mißbräuchliche Klauseln in Verbraucherverträgen, ABlEG 1992 Nr. C 73/7, siehe dazu *Lawson*, Business Law Review 1992, 195 ff.

[334] *Reich*, Europäisches Verbraucherschutzrecht, S. 264.

[335] *Reich*, Europäisches Verbraucherschutzrecht, S. 264.

der Beurteilung der Missbräuchlichkeit einer Vertragsbedingung sollte nun zwar hinsichtlich der maßgebenden Kriterien zwischen Standardklauseln und Individualvereinbarungen zu differenzieren sein, an der grundsätzlichen Erstreckung der Inhaltskontrolle auf im Einzelnen ausgehandelte Klauseln änderte dies jedoch nichts. Eine Abkehr von dieser Konzeption brachte erst der „Gemeinsame Standpunkt des Rates" vom 22. September 1992[336]. Individualvereinbarungen wurden nun gänzlich von der Inhaltskontrolle ausgenommen[337], ebenso die Hauptleistungen des Vertrags sowie das Preis-/Leistungsverhältnis. Auf diese Weise kam es zu einer erheblichen Annäherung der Richtlinie an die dem deutschen AGBG zugrunde liegende Konzeption[338]. Wie bereits in den vorausgegangenen Entwürfen war ein abstraktes Kontrollverfahren im Stil der Verbandsklage vorgesehen. Den Mitgliedstaaten wurde darüber hinaus gestattet, im Anwendungsbereich der Richtlinie strengere Bestimmungen zur Erreichung eines höheren Verbraucherschutzniveaus zu erlassen, sofern diese mit dem EGV vereinbar sind. Die im „Gemeinsamen Standpunkt" enthaltenen konzeptionellen Änderungen führten in weiten Bereichen zu einem Verstummen der vormaligen Kritik am Richtlinienvorschlag[339]. Auf der Grundlage der nun bestehenden Konsensfähigkeit des Projekts konnte am 5. April 1993 die *Richtlinie 93/13/EWG des Rates über missbräuchliche Klauseln in Verbraucherverträgen*[340] verabschiedet werden. Den Mitgliedstaaten wurde zur Umsetzung der Richtlinie eine Frist bis zum 31. Dezember 1994 gewährt[341].

II. Rechtsetzungskompetenz

In ihrem Einleitungssatz nennt die Richtlinie 93/13/EWG recht lapidar den Vertrag zur Gründung der Europäischen Wirtschaftsgemeinschaft, insbesondere dessen Art. 100 a, also den jetzigen Art. 95 EGV in der Fassung des Vertrags von Amsterdam[342], als Kompetenzgrundlage. Auf Art. 95 EGV gestützte rechts-

---

[336] ABlEG 1992 Nr. C 283/1, abgedruckt in ZIP 1992, 1591 ff.

[337] Dies geschah durch die Streichung des bisherigen Art. 4 des Richtlinienentwurfs, der für Individualvereinbarungen einen gesonderten Missbräuchlichkeitsmaßstab formuliert hatte. Der bisherige Art. 3 des Richtlinienentwurfs, der ausschließlich Standardklauseln zum Gegenstand hatte, wurde hingegen unverändert aufrechterhalten. Dies erklärt den etwas ungewöhnlichen Wortlaut des jetzigen Art. 3 Abs. 1 RL, der zugleich den sachlichen Anwendungsbereich und den Missbräuchlichkeitsmaßstab der Richtlinie definiert. Ursprünglich hatte dieser Art. 3 nicht die Funktion, den sachlichen Anwendungsbereich der Richtlinie einzuschränken. Er hat sie erst durch die Streichung des vormaligen Art. 4 erhalten. Siehe dazu *Tenreiro/Karsten* in Europäische Rechtsangleichung und nationale Privatrechte, S. 228 f.

[338] *Kretschmar*, Richtlinie 93/13/EWG und AGBG, S. 60.

[339] *Damm*, JZ 1994, 161, 162 m.w.N.

[340] Siehe oben Fn. 5.

[341] Art. 10 Abs. 1 RL.

[342] Zu Art. 95 EGV siehe oben § 3 I 2 b bb (3).

angleichende Maßnahmen dürfen nach Art. 95 Abs. 1 i.V.m. Art. 14 Abs. 1 EGV aber nur *funktional* betrieben werden, nämlich nur, soweit sie für das Funktionieren des Gemeinsamen Marktes erforderlich sind[343]. Bezogen auf die Richtlinie 93/13/EWG wirft diese Feststellung die Frage auf, ob eine gemeinschaftsweite Harmonisierung der Inhaltskontrolle von in Verbraucherverträgen enthaltenen Klauseln in diesem Sinne erforderlich war. Bei der Auslegung des in Art. 14 Abs. 1 EGV enthaltenen Begriffs der Erforderlichkeit ist dabei zu beachten, dass sowohl die englische Fassung mit der Formulierung „measures with the aim of"[344] als auch die französische („mesures destinées à")[345] sowie die italienische Fassung („misure destinate all'")[346] darauf hindeuten, dass der deutsche Begriff „erforderlich" nicht im strengen Sinne einer „marktfinalen Notwendigkeit"[347] verstanden werden darf, sondern eher im schwächeren Sinne eines „zielgerichteten Handelns" aufzufassen ist[348].
Die Klausel-Richtlinie nennt in ihren Erwägungsgründen zahlreiche Gesichtspunkte, die eine im letzteren Sinne verstandene Erforderlichkeit der Richtlinie für das Funktionieren des Binnenmarktes nahe legen. Die Argumentation der Richtlinie erfolgt dabei zum einen aus der Perspektive des Verbrauchers, zum anderen aus der Perspektive der Gewerbetreibenden[349].
Im Hinblick auf den Verbraucher wird in Erwägungsgrund 5 ausgeführt, dass dieser im Allgemeinen über keine Kenntnis von den in anderen Mitgliedstaaten geltenden Rechtsvorschriften über den Warenkauf oder die Erbringung von Dienstleistungen verfügt. Diese Unkenntnis könne Verbraucher davon abhalten, Waren und Dienstleistungen direkt in anderen Mitgliedstaaten zu ordern. Während die Beobachtung, dass Verbraucher in der Regel nicht mit den Rechtsvorschriften anderer Mitgliedstaaten vertraut sind, zweifellos zutreffend ist, erscheint die daraus in Erwägungsgrund 5 gezogene Schlussfolgerung fraglich. Die Ausgestaltung der vertraglichen Nebenbedingungen wird vom Verbraucher nämlich erfahrungsgemäß in vielen Fällen nicht oder zumindest nur unvoll-

---

343 Zur Funktionalität der Rechtsangleichung im Rahmen des EGV siehe *Blaurock* in Rechtsvereinheitlichung durch Gesetze, S. 90, 91; *Hommelhoff*, AcP 192 (1992), 71, 72 f. Zur Frage, ob der auf Gemeinschaftsebene betriebenen Rechtsangleichung über den funktionalen Aspekt hinaus auch ein Selbstzweck zukommt, siehe *Taschner* in Mindestharmonisierung im Europäischen Binnenmarkt, S. 159, 173 f. sowie den a.a.O. S. 189 f. wiedergegebenen Diskussionsbericht.
344 Siehe oben Fn. 201.
345 Siehe oben Fn. 202.
346 Siehe oben Fn. 203.
347 So aber *Garbers* in Europäisches Privatrecht, S. 144 unter Berufung auf *Müller-Graff* in Festschrift für Börner, S. 303, 323.
348 *Wolf* in Wolf/Horn/Lindacher, Art. 1 RL Rn. 5.
349 Allgemein zur „januskopfigen Begründbarkeit" verbraucherschützender Richtlinien *Müller-Graff* in 40 Jahre Römische Verträge, S. 107, 118 f.

kommen zur Kenntnis genommen[350]. Oftmals dürfte die genaue Ausgestaltung der Vertragsklauseln dem Verbraucher mehr oder weniger gleichgültig sein, weil er darauf vertraut, in seinem Fall werde schon „alles gut gehen“[351]. Ob eine gemeinschaftsweit harmonisierte Kontrolle missbräuchlicher Klauseln in Verbraucherverträgen geeignet ist, die Bereitschaft des Verbrauchers zu grenzüberschreitenden Transaktionen zu erhöhen, muss vor diesem Hintergrund bezweifelt werden[352]. Erwägungsgrund 5 ist daher alleine nicht geeignet, eine Erforderlichkeit der Richtlinie 93/13/EWG zur Verwirklichung des Binnenmarktes zu begründen.

Eine binnenmarktbezogene Erforderlichkeit der Klausel-Richtlinie besteht jedoch hinsichtlich der Gewerbetreibenden[353]. Erwägungsgrund 2 führt aus, dass unterschiedliche mitgliedstaatliche Rechtsvorschriften über Klauseln in Verbraucherverträgen zu uneinheitlichen Märkten und folglich zu Wettbewerbsverzerrungen bei Verkäufern und Dienstleistungserbringern führen können. Im gleichen Sinne führt Erwägungsgrund 7 aus, dass eine harmonisierte Kontrolle von Klauseln in Verbraucherverträgen die Tätigkeit der Gewerbetreibenden erleichtert. Die Klausel-Richtlinie soll Gewerbetreibende in die Lage versetzen, in allen Mitgliedstaaten inhaltlich weitgehend identische Allgemeine Geschäftsbedingungen zu verwenden, die bisherige Notwendigkeit einer Anpassung der Klauseln an die jeweiligen nationalen Besonderheiten soll entfallen oder zumindest erheblich gemindert werden[354]. Folglich zielt die Richtlinie 93/13/EWG auf eine Senkung von Transaktionskosten[355] und somit auf eine Förderung des Binnenmarktes. Die Richtlinie 93/13/EWG ist also im Sinne von Art. 95 Abs. 1 i.V.m. Art. 14 Abs. 1 EGV zur Verwirklichung des Binnenmarktes erforderlich. Sie findet somit in Art. 95 EGV eine ausreichende Kompetenzgrundlage.

---

[350] *Bunte* in Festschrift für Locher, S. 325, 326 ff.

[351] So schon *von Hippel*, RabelsZ 41(1977), 237, 238.

[352] Weniger zweifelnd *Tenreiro/Karsten* in Europäische Rechtsangleichung und nationale Privatrechte, S. 223, 229.

[353] Siehe *Wolf* in European Legal Traditions and Israel, S. 377, 379.

[354] Art. 8 RL, der den Mitgliedstaaten gestattet, mit dem EGV vereinbare strengere Bestimmungen zu erlassen, läuft dem freilich entgegen, siehe dazu *Long* in Community Law in Practice, S. 145, 148 f., 157.

[355] Die Klausel-Richtlinie beruht zum einen auf der so genannten „transaction costs theory“, zum anderen auf der so genannten „abuse theory“, siehe *Tenreiro/Karsten* in Europäische Rechtsangleichung und nationale Privatrechte, S. 223, 229.

III. Ausgangslage: Der Schutz des Verbrauchers vor missbräuchlichen Klauseln vor Umsetzung der Richtlinie 93/13/EWG

1. Deutschland

Die der Klausel-Richtlinie zugrunde liegende rechtliche Problematik wurde in Deutschland stets unter dem Aspekt der *Allgemeinen Geschäftsbedingungen* diskutiert. Bereits lange bevor die Arbeiten an der Klausel-Richtlinie begannen, hat das Recht der AGB in Deutschland ein hohes Maß an Aufmerksamkeit erfahren. Deutsche Literatur und Rechtsprechung zu diesem Thema haben die Entwicklung in zahlreichen anderen Ländern maßgebend beeinflusst[356].
Das am 1. Januar 1900 in Kraft getretene deutsche Bürgerliche Gesetzbuch greift die AGB-Problematik nicht direkt auf, obwohl AGB bereits in der 2. Hälfte des 19. Jahrhunderts zunehmend Verbreitung gefunden hatten[357]. Der Grund hierfür ist in der liberalen Grundausrichtung des BGB zu sehen, das von der Modellvorstellung des in seinen Einzelheiten frei ausgehandelten Vertrags ausgeht[358] und dementsprechend Eingriffen in die Vertragsfreiheit grundsätzlich ablehnend gegenübersteht. Der Schutz vor unbilligen AGB lag daher lange Zeit allein bei der Rechtsprechung. Auch diese hat die AGB-Kontrolle jedoch nur langsam und zögernd entwickelt, da ihr die Vertragsfreiheit, verstanden als Freiheit von staatlichem Eingriff und staatlicher Bevormundung, als hohes Schutzgut erschien[359]. Das Reichsgericht versuchte zunächst mit Hilfe der restriktiven Auslegung, allzu weitgehende Nachteile für den Vertragspartner des AGB-Verwenders abzuwenden[360]. Insbesondere Haftungsfreizeichnungs- und Gewährleistungsklauseln wurden eng und im Zweifel zum Nachteil des Verwenders ausgelegt (so genannte Auslegung contra proferentem). Zu einer offenen Inhaltskontrolle (im Gegensatz zur so genannten verdeckten oder getarnten Inhaltskontrolle durch Auslegung bzw. Überprüfung der Einbeziehung in den Vertrag) ging das Reichsgericht nur in Fällen über, in denen der Verwender seine AGB unter Ausnutzung einer Monopolstellung in den Vertrag eingeführt hatte. Gestützt wurde diese Inhaltskontrolle auf § 138 Abs. 1 BGB, das heißt AGB waren am Maßstab der Sittenwidrigkeit zu messen[361]. Dieser Maßstab war jedoch nicht geeignet, der Vertragsgerechtigkeit in ausreichendem Maße zur Geltung zu verhelfen, nicht zuletzt, weil § 138 Abs.1 BGB neben einem objektiven Verstoß

---

[356] *Von Hippel*, RabelsZ 41 (1977), 237, 253.
[357] *Locher*, Recht der AGB, S. 1 f.; *Ulmer* in Ulmer/Brandner/Hensen, Einl. Rn. 7.
[358] *Schlosser* in Staudinger, Einl. zum AGBG Rn. 2.
[359] *Wolf* in Wolf/Horn/Lindacher, Einl. Rn. 5.
[360] RGZ 86, 162, 164 f.; RGZ 91, 324, 326 ff.; RGZ 94, 26, 29; RGZ 102, 114, 118.
[361] RGZ 62, 264, 266; RGZ 99, 107, 108 f.; RGZ 103, 82, 83 f.

gegen die guten Sitten in subjektiver Hinsicht verlangt, dass der Handelnde die Umstände, aus denen sich die Sittenwidrigkeit ergibt, kennt[362].
Wichtige Impulse für die weitere Entwicklung des Rechts der AGB gingen von der 1935 erschienenen Monographie *Ludwig Raisers* aus, die als bahnbrechend bezeichnet wurde[363]. *Raiser* hatte insbesondere darauf aufmerksam gemacht, dass die Vertragsfreiheit nicht nur dort missbraucht werden kann, wo AGB aufgrund wirtschaftlicher Macht durchgesetzt werden, sondern auch dort, wo der Verwender „auf die Gleichgültigkeit und rechtliche Unerfahrenheit seiner Kunden spekuliert" und damit das „intellektuelle Übergewicht dessen, der die Rechtstechnik virtuos beherrscht", zur Geltung bringt[364]. Auf der Grundlage dieser Erkenntnis ging der BGH seit Mitte der 50er Jahre[365] in großem Umfang – unabhängig von einer Monopolstellung des Verwenders – zur offenen Inhaltskontrolle Allgemeiner Geschäftsbedingungen über. Anhand von Fallgruppen entwickelte der BGH Kriterien zur Beurteilung der Angemessenheit von AGB-Klauseln, wobei zumeist die Generalklausel des § 242 BGB, zum Teil auch § 315 BGB als Rechtsgrundlage herangezogen wurde[366].
In den 70er Jahren setzte sich die Einsicht durch, dass eine so wichtige und immer verzweigtere Rechtsprechung einer tragfähigeren gesetzlichen Grundlage bedürfe, wobei auch der aufkommende Gedanke des Verbraucherschutzes eine wichtige Rolle spielte[367]. Die konkrete Gesetzgebungsarbeit begann im Dezember 1972 mit der Einsetzung einer Arbeitsgruppe durch den Bundesminister der Justiz, die in den Jahren 1974 und 1975 Vorschläge zur gesetzlichen Regelung des Rechts der AGB vorlegte[368]. Auf dieser Grundlage sowie gestützt auf die Ergebnisse des 50. Deutschen Juristentags vom September 1974, der sich mit der Frage „Welche gesetzgeberischen Maßnahmen empfehlen sich zum Schutz des Endverbrauchers gegenüber Allgemeinen Geschäftsbedingungen und Formularverträgen?" beschäftigte[369], verabschiedete der Bundestag am 10. November 1976 das *Gesetz zur Regelung des Rechts der Allgemeinen Geschäftsbedingungen*[370], das am 1. April 1977 in Kraft trat. Es handelte sich um die damals

---

[362] *Kretschmar*, Richtlinie 93/13/EWG und AGBG, S. 41 m.w.N.
[363] *Von Hippel*, RabelsZ 41 (1977), 237, 253; *Ulmer* in Ulmer/Brandner/Hensen, Einl. Rn. 8; *Zweigert/Kötz*, Einführung in die Rechtsvergleichung, S. 328 („wegweisend").
[364] *Raiser*, Recht der AGB, S. 284.
[365] BGHZ 22, 90, 97 ff. (1956).
[366] Es handelte sich also um „Richterrecht reinsten Wassers", wie *Zweigert/Kötz*, Einführung in die Rechtsvergleichung, S. 330, zu Recht feststellen.
[367] *Eberstein*, Zweckmäßige Ausgestaltung von AGB, S. 20 f.; *Locher*, Recht der AGB, S. 3.
[368] Siehe dazu *Dietlein*, NJW 1974, 969, 1065; *Hohmann*, JZ 1975, 590 ff.
[369] Zu den einzelnen Phasen der Gesetzgebungsarbeit siehe *Ulmer* in Ulmer/Brandner/Hensen, Einl. Rn. 12 ff.; *Schlosser* in Staudinger, Einl. zum AGBG Rn. 6 ff.
[370] BGBl. 1976 I, S. 3317.

„wohl detaillierteste Regelung des Problemkreises nicht nur innerhalb der Europäischen Gemeinschaft, sondern auf Weltebene“[371].

2. Vereinigtes Königreich

Die Problematik missbräuchlicher Vertragsklauseln war auch im Vereinigten Königreich lange vor dem Erlass der Richtlinie 93/13/EWG erkannt worden[372]. Ähnlich wie in Deutschland entwickelte zunächst die Rechtsprechung Ansätze zu einer Kontrolle vorformulierter Vertragsbedingungen. Bereits im 19. Jahrhundert versuchten englische Gerichte, unbilligen vorformulierten Klauseln durch erhöhte Anforderungen an die Einbeziehung in den Vertrag die Wirkung zu nehmen[373]. Im Common Law gilt die Grundregel, dass Klauseln, die in einem unterschriebenen Dokument enthalten sind, ohne weiteres Vertragsbestandteil werden[374]. Für Klauseln, die nicht in einem unterschriebenen Dokument enthalten sind, entwickelte die Rechtsprechung nun die Regel, dass eine Einbeziehung in den Vertrag nur erfolgt, wenn der Verwender das den Umständen nach Angemessene unternimmt, um dem anderen Vertragsteil Kenntnis von der Existenz der Klausel zu verschaffen[375]. Erforderlich ist eine „reasonable notice“, die etwa dann fehlt, wenn Standardvertragsklauseln auf der Rückseite einer Fahrkarte abgedruckt sind, ohne dass sich auf der Vorderseite ein entsprechender Hinweis findet[376]. Flankiert wurden diese Einbeziehungsvoraussetzungen, die mit minimalem Aufwand zu erfüllen waren und sich daher als wenig effektiv erwiesen, von Auslegungsregeln, die die Wirkung missbräuchlicher Standardvertragsklauseln weiter abschwächen sollten. Von Bedeutung ist insbesondere der von der Rechtsprechung postulierte Grundsatz der Auslegung contra proferentem, wonach eine vorformulierte Klausel im Zweifel zum Nachteil des Verwenders auszulegen ist[377]. Neben diese Formen einer verdeckten Inhaltskontrolle traten bald Ansätze einer offenen Inhaltskontrolle. So stellte die Rechtsprechung den Grundsatz auf, dass sich niemand von der Haftung für einen „fundamental breach“, also für einen Vertragsbruch, der die Grundlagen des Vertrags in Frage stellt, freizeichnen kann. Entsprechende Haftungsfreizeichnungsklauseln waren nach der so genannten „doctrine of fundamental breach“ unwirksam[378].

---

[371] *Von Hippel*, RabelsZ 41 (1977), 237, 256.

[372] Siehe *Willett*, ERPL 1997, 223 ff.

[373] *Zweigert/Kötz*, Einführung in die Rechtsvergleichung, S. 333.

[374] *Willett*, ERPL 1997, 223, 224; *von Hippel*, RabelsZ 41 (1977), 237, 274.

[375] *Willett*, ERPL 1997, 223, 224; *von Hippel*, RabelsZ 41 (1977), 237, 274.

[376] *Von Hippel*, RabelsZ 41 (1977), 237, 274 f.

[377] *Uff* in Enhancing the Legal Position of the European Consumer, S. 163, 165; *Willett*, ERPL 1997, 223, 225.

[378] *Uff* in Enhancing the Legal Position of the European Consumer, S. 163, 165; *von Hippel*, RabelsZ 41 (1977), 237, 275. Im Jahre 1980 hat das House of Lords die Lehre vom

Die richterrechtliche Kontrolle vorformulierter Vertragsbedingungen erwies sich zunehmend als lückenhaft und unzureichend, insbesondere war eine spezielle Ausrichtung auf Verbraucherverträge nicht zu erkennen[379]. In dieser Situation entschloss sich der Gesetzgeber zum Handeln und erließ im Jahre 1977 den *Unfair Contract Terms Act* (UCTA). Den UCTA verbinden mit der Klausel-Richtlinie einerseits gewisse Ähnlichkeiten, andererseits bestehen aber auch große Unterschiede zwischen beiden Regelungswerken. Anders als sein Name vermuten lässt, erfasst der UCTA nicht „unfair contract terms" im Allgemeinen, vielmehr ist sein sachlicher Anwendungsbereich auf bestimmte Haftungsausschluss- und Haftungsbegrenzungsklauseln[380] sowie auf Entschädigungsklauseln („indemnity clauses")[381] beschränkt[382]. Dabei differenziert der UCTA nicht danach, ob es sich um vorformulierte oder um im Einzelnen zwischen den Parteien ausgehandelte Klauseln handelt[383].

Im Hinblick auf den persönlichen Anwendungsbereich liegt dem UCTA kein klares Konzept zugrunde[384]. Einige Vorschriften gelten nur für Verbraucherverträge, also für Verträge, in denen eine Vertragspartei als Verbraucher handelt[385], während andere Vorschriften keine derartige Beschränkung enthalten[386], so dass sie auch dann anwendbar sind, wenn ausschließlich Gewerbetreibende oder ausschließlich Verbraucher am Vertrag beteiligt sind. Schließlich finden sich Vorschriften, die die grundsätzlich nur für Verbraucherverträge geltenden Normen auch auf rein gewerbliche Verträge für anwendbar erklären, dann aber weniger strenge Voraussetzungen an die Wirksamkeit der betreffenden Klauseln stellen[387].

Der Verbraucherbegriff des UCTA wird in Section 12 (1) definiert. Danach handelt eine Person als Verbraucher, wenn sie den Vertrag nicht in der Ausübung eines Gewerbes oder Berufs[388] abschließt und auch nicht vorgibt, dies zu tun. Der Verbraucherbegriff des UCTA unterscheidet sich von dem der Klausel-Richtlinie[389] insbesondere dadurch, dass nach dem UCTA nicht nur natürliche,

---

„fundamental breach of contract" aufgegeben, siehe *Zweigert/Kötz*, Einführung in die Rechtsvergleichung, S. 334.

[379] *Uff* in Enhancing the Legal Position of the European Consumer, S. 163, 165.

[380] Sections 2, 3, 5, 6, 7 UCTA.

[381] Section 4 UCTA.

[382] *Lawson*, Business Law Review 1992, 195.

[383] *Wagner/Althen*, RIW 1995, 546, 548.

[384] Vgl. *Collins*, Oxford Journal of Legal Studies 14 (1994), 229, 239 f.

[385] Sections 3, 4, 6 (2), 7 UCTA; ähnlich Section 5 UCTA, die nur für Waren gilt, die gewöhnlich zum privaten Ge- oder Verbrauch bestimmt sind.

[386] Sections 2, 6 (1) UCTA.

[387] Sections 6 (3), 7 (3) UCTA.

[388] Vgl. die Begriffsbestimmung in Section 14 UCTA: „'Business' includes a profession (...)."

[389] Zum Verbraucherbegriff der Klausel-Richtlinie siehe unten § 5 I 1 a.

sondern grundsätzlich auch juristische Personen als Verbraucher handeln können[390].

Der UCTA kennt zwei Arten der Inhaltskontrolle[391]. Bestimmte Klauseln werden für schlechthin unwirksam erklärt[392], während die Wirksamkeit anderer Klauseln davon abhängt, ob sie einem „reasonableness test“ standhalten[393]. Eine wenig aussagekräftige Definition des Begriffs der „reasonableness“ findet sich in Section 11 (1) UCTA[394]. Geeignetere Kriterien zur Konkretisierung dieses unbestimmten Rechtsbegriffs finden sich in einem Anhang zum UCTA[395]. Dieser Anhang enthält „guidelines“ zur Beurteilung der „reasonableness“ und ordnet an, dass insbesondere die Stärke der Verhandlungspositionen der Vertragsparteien zu berücksichtigern ist, ferner, ob auf den Kunden in irgendeiner Weise eingewirkt wurde, seine Zustimmung zu einer bestimmten Klausel zu geben und ob dieser Existenz und Ausmaß der betreffenden Klausel kannte oder bei sorgfaltsgerechtem Verhalten gekannt hätte. Darüber hinaus soll berücksichtigt werden, ob dem Vertrag eine Sonderbestellung des Kunden zugrunde liegt. Aus dem Anhang, der eine große Ähnlichkeit mit Erwägungsgrund 16 der Klausel-Richtlinie[396] aufweist, geht hervor, dass der UCTA bei der Inhaltskontrolle zumindest auch einen konkret-individuellen Kontrollmaßstab verwendet[397]. Da die meisten der vom UCTA erfassten Klauseln automatisch nichtig sind, hat der „reasonableness test“ in der Rechtspraxis nur eine untergeordnete Rolle gespielt und konnte folglich durch die Gerichte, sofern sie sich überhaupt mit dem UCTA zu befassen hatten, nur in eingeschränktem Umfang fortentwickelt und präzisiert werden[398].

Im Kampf gegen unbillige vorformulierte Vertragsbedingungen hat sich der UCTA als wenig effektiv erwiesen, was in erster Linie auf seinen engen sachlichen Anwendungsbereich zurückzuführen sein dürfte[399].

---

[390] *Collins*, Oxford Journal of Legal Studies 14 (1994), 229, 240; *Bone/Rutherford/Wilson*, Unfair Terms in Consumer Contracts Regulations, S. 15.

[391] *Willett*, ERPL 1997, 223, 226 f.; *Beale* in Good Faith and Fault in Contract Law, S. 231, 234.

[392] Vgl. Sections 2 (1), 5, 6 (1) und (2), 7 (2) und (3A) UCTA.

[393] Vgl. Sections 2 (2), 3, 4, 6 (3), 7 (3) und (4) UCTA.

[394] „In relation to a contract term, the requirement of reasonableness (...) is that the term shall have been a fair and reasonable one to be included having regard to the circumstances which were, or ought reasonably to have been, known to or in the contemplation of the parties when the contract was made.“

[395] Schedule 2: „Guidelines“ for application of reasonableness test.

[396] Siehe unten § 5 III 2 a sowie *Dean*, Modern Law Review 1993, 581, 584; *Beale* in Good Faith and Fault in Contract Law, S. 231, 245.

[397] Vgl. *Beale* in Good Faith and Fault in Contract Law, S. 231, 235.

[398] *Dean*, Modern Law Review 1993, 581, 589; *Beale* in Good Faith and Fault in Contract Law, S. 231, 235. Zu den Auslegungsergebnissen der Rechtsprechung siehe *Collins*, Oxford Journal of Legal Studies 14 (1994), 229, 245 f.

[399] *Dean*, Modern Law Review 1993, 581, 589 f.

3. Frankreich

Der Schutz des Verbrauchers vor missbräuchlichen Klauseln wurde in Frankreich erstmals durch das *Gesetz Nr. 78-23* vom 10. Januar 1978[400] umfassend kodifiziert. Die französische Rechtsprechung hatte zuvor nur zögernd und in eingeschränktem Umfang Regeln zur Kontrolle unbilliger vorformulierter Vertragsbedingungen entwickelt, insbesondere lehnte sie eine offene Inhaltskontrolle ab[401].

Inhaltlich ging das Gesetz Nr. 78-23 über die Problematik der missbräuchlichen Klauseln in Verbraucherverträgen weit hinaus. Neben Bestimmungen zum Schutz der Gesundheit und Sicherheit der Verbraucher fanden sich Vorschriften über betrügerische Verkaufsmethoden, die Auszeichnung von Waren und irreführende Werbung. Den missbräuchlichen Klauseln in Verbraucherverträgen war lediglich das 4. Kapitel mit den Artt. 35 bis 38 gewidmet[402]. Nach Art. 35 Abs. 1 des Gesetzes Nr. 78-23 konnten bestimmte, im Einzelnen aufgeführte Arten von Vertragsklauseln durch Dekrete des *Conseil d'Etat* nach einer entsprechenden Empfehlung der *Commission des clauses abusives* verboten, beschränkt bzw. geregelt werden, sofern sie einem Verbraucher bzw. einem Nicht-Gewerbetreibenden durch einen Missbrauch der wirtschaftlichen Machtstellung eines Gewerbetreibenden auferlegt worden waren und dem Gewerbetreibenden einen übermäßigen Vorteil verschafften[403].

Aus Art. 35 des Gesetzes Nr. 78-23 folgte, dass eine unbillige Klausel in einem Individualprozess nur dann für unwirksam erklärt werden konnte, wenn zuvor ein Dekret des Conseil d'Etat ergangen war, durch welches Klauseln der betreffenden Art verboten worden waren. Der Richter hatte mit anderen Worten nach

---

[400] Loi n° 78-23 du 10 janvier 1978 sur la protection et l'information des consommateurs de produits et services, Journal Officiel du 11 janvier 1978, 301, nach der damaligen Ministerin für den Verbraucherschutz „loi Scrivener" genannt. Daneben existiert noch ein weiteres „loi Scrivener" vom 10. Januar 1978, das Gesetz Nr. 78-22 über den Verbraucherkredit.

[401] Vgl. *von Hippel*, RabelsZ 41 (1977), 237, 258; *Sievers*, Verbraucherschutz gegen unlautere Vertragsbedingungen im französischen Recht, S. 17 ff. Zur Entwicklung des Verbraucherschutzrechts in Frankreich siehe *Delebecque* in Recht und Gesetz im deutsch-französischen Dialog, S. 117 f.; *Benabent*, ERPL 1995, 211 f.

[402] Chapitre IV: De la protection des consommateurs contre les clauses abusives.

[403] Art 35 Abs. 1 des Gesetzes Nr. 78-23 lautet: „Dans les contrats conclus entre professionnels et non-professionnels ou consommateurs, peuvent être interdites, limitées ou réglementées, par des décrets en Conseil d'Etat pris après avis de la commission instituée par l'article 36, en distinguant éventuellement selon la nature des biens et des services concernés, les clauses relatives au caractère déterminé ou déterminable du prix ainsi qu'à son versement, à la consistance de la chose ou à sa livraison, à la charge des risques, à l'étendue des responsabilités et garanties, aux conditions d'exécution, de résiliation, résolution ou reconduction des conventions, lorsque de telles clauses apparaissent imposées aux non-professionnels ou consommateurs par un abus de la puissance économique de l'autre partie et confèrent à cette dernière un avantage excessif."

der Konzeption des Gesetzes Nr. 78-23 keine autonome Kontrollbefugnis, er durfte also nicht selbstständig prüfen, ob eine Klausel die Missbräuchlichkeitskriterien des Art. 35 erfüllte. Die Bekämpfung missbräuchlicher Klauseln war vielmehr in erster Linie dem Conseil d'Etat sowie der Commission des clauses abusives zugewiesen, also der Exekutive[404].

Das vom Gesetz Nr. 78-23 etablierte System der Verwaltungskontrolle erwies sich in der Folgezeit als wenig effektiv. Trotz einer Vielzahl von Empfehlungen der Commission des clauses abusives[405] blieb der Conseil d'Etat weitgehend untätig und erließ nur ein einziges Dekret[406], in dem zwei Arten von Klauseln untersagt wurden[407]. Angesichts dieses Missstands setzte sich die Rechtsprechung mehr und mehr über den eindeutigen Wortlaut des Gesetzes Nr. 78-23 hinweg und nahm eine autonome Kontrollbefugnis in Anspruch[408]. Diese Entwicklung gipfelte in einem Urteil der *Cour de cassation* vom 14. Mai 1991[409], in dem das oberste französische Zivilgericht eine Klausel, die nach den Kriterien des Art. 35 des Gesetzes Nr. 78-23 missbräuchlich war, für nichtig erklärte, obwohl ein entsprechendes Dekret fehlte. In diesem Urteil brachte die Cour de cassation erstmals explizit zum Ausdruck, dass sie vom Bestehen einer autonomen richterlichen Kontrollbefugnis ausgehe.

Eine Gelegenheit zur Reform dieser unbefriedigenden Rechtslage, die durch ein offenes Auseinanderklaffen von gesetzlicher Regelung und Rechtsprechung geprägt war, bot sich im Jahre 1993 anlässlich der Schaffung des *Code de la consommation* durch das Gesetz Nr. 93-949[410]. Der allgemeinen Konzeption des Code de la consommation entsprechend, die bereits bestehenden Verbraucherschutzgesetze ohne inhaltliche Änderungen zu einer einheitlichen Kodifikation

---

[404] *Mazeaud*, Droit et Patrimoine, juin 1995, études/doctrine, 42; *Sievers*, Verbraucherschutz gegen unlautere Vertragsbedingungen im französischen Recht, S. 75. Ausführlich zur Commission des clauses abusives *Brock*, Schutz der Verbraucher vor mißbräuchlichen Klauseln im französischen Privatrecht, S. 129 ff.

[405] Ein Überblick über die Empfehlungen der Commission des clauses abusives findet sich bei *Klima*, RIW 1992, 98, 100 f. sowie bei *Sievers*, Verbraucherschutz gegen unlautere Vertragsbedingungen im französischen Recht, S. 151 ff.

[406] Décret n° 78-464 du 24 mars 1978 portant application du chapitre IV de la loi n° 78-23 du 10 janvier 1978 sur la protection et l'information des consommateurs de produits et de services, Journal Officiel du 1er avril 1978, 1412.

[407] Vgl. *Mazeaud*, Droit et Patrimoine, juin 1995, études/doctrine, 42; *Sinay-Cytermann*, La Semaine Juridique 1994, édition générale, doctrine, Nr. 3804, S. 511, 512; *Sage*, Gazette du Palais 1994, doctrine, 1189.

[408] *Benabent*, ERPL 1995, 211, 214; *Berger-Walliser*, RIW 1996, 459, 460; *Klima*, RIW 1992, 98, 101 f.

[409] Cour de cassation, civ. 1re, 14 mai 1991, Recueil Dalloz Sirey 1991, jurisprudence, 449.

[410] Loi n° 93-949 du 26 juillet 1993 relative au code de la consommation (partie législative), Journal Officiel du 27 juillet 1993, 10538.

zusammenzufassen[411], blieb diese Gelegenheit jedoch ungenutzt. Die den missbräuchlichen Klauseln in Verbraucherverträgen gewidmeten Vorschriften des Gesetzes Nr. 78-23 wurden inhaltlich unverändert unter der Bezeichnung Artt. L. 132-1 bis 134-1 in den Code de la consommation überführt[412]. Ein weiterer Grund für die Entscheidung, von einer Reform des Rechts der missbräuchlichen Klauseln zumindest vorerst abzusehen, war der Erlass der Klausel-Richtlinie am 5. April 1993. Die gesetzliche Verankerung der autonomen richterlichen Kontrollbefugnis sollte zusammen mit der Umsetzung der Klausel-Richtlinie, von der man sich weitere Impulse für das Recht der missbräuchlichen Klauseln erhoffte, erfolgen[413].

4. Italien

Unter den Mitgliedstaaten der EU verfügt Italien über die älteste gesetzliche Regelung der Problematik missbräuchlicher Vertragsklauseln[414]. Der Codice civile enthält seit seinem Inkrafttreten im Jahre 1942 Vorschriften, die sich mit Allgemeinen Geschäftsbedingungen („condizioni generali di contratto") befassen und die noch heute gültig sind.
Nach Art. 1341 Abs. 1 Codice civile[415] sind die durch eine Vertragspartei im Voraus abgefassten Allgemeinen Geschäftsbedingungen wirksam, wenn die andere Vertragspartei diese im Zeitpunkt des Vertragsschlusses kannte oder bei Anwendung der gewöhnlichen Sorgfalt gekannt hätte. Ergänzend enthält Art. 1341 Abs. 2 Codice civile[416] eine Liste besonders nachteiliger Vertragsbedingungen, in der italienischen Literatur und Rechtsprechung als „clausole vessato-

---

[411] Näher dazu *Szönyi*, GRUR Int. 1996, 83 ff.; *Witz/Wolter*, ZEuP 1995, 35 ff.; *Berger-Walliser*, RIW 1996, 459, 460 f.; *Dumollard* in Europäische Rechtsangleichung und nationale Privatrechte, S. 173, 177 ff.
[412] *Berger-Walliser*, RIW 1996, 459, 460; *Szönyi*, GRUR Int. 1996, 83, 93.
[413] *Szönyi*, GRUR Int. 1996, 83, 93.
[414] *Sepe* in Neues europäisches Vertragsrecht und Verbraucherschutz, S. 137, 138; *Preussler* in Allgemeine Geschäftsbedingungen in der europäischen Rechtspraxis, S. 183; *Micklitz/d'Usseaux*, ZEuP 1998, 104, 106.
[415] Art. 1341 Abs. 1 Codice civile lautet: „Le condizioni generali di contratto predisposte da uno dei contraenti sono efficaci nei confronti dell'altro, se al momento della conclusione del contratto questi le ha conosciute o avrebbe dovuto conoscerle usando l'ordinaria diligenza."
[416] Art. 1341 Abs. 2 Codice civile lautet: „In ogni caso non hanno effetto, se non sono specificamente approvate per iscritto, le condizioni che stabiliscono, a favore di colui che le ha predisposte, limitazioni di responsabilità, facoltà di recedere dal contratto o di sospenderne l'esecuzione, ovvero sanciscono a carico dell'altro contraente decadenze, limitazioni alla facoltà di opporre eccezioni, restrizioni alla libertà contrattuale nei rapporti coi terzi, tacita proroga o rinnovazione del contratto, clausole compromissorie o deroghe alla competenza dell'autorità giudiziaria."

rie“ bezeichnet[417], die nur wirksam sind, wenn sie vom Vertragspartner des Verwenders einzeln schriftlich angenommen worden sind. Es handelt sich um Klauseln, die zu Gunsten des Verwenders Haftungsbeschränkungen oder die Befugnis zum Rücktritt oder zur Aussetzung der Erfüllung festlegen sowie um solche Klauseln, die zum Nachteil des Vertragspartners des Verwenders Verwirkungen, Beschränkungen der Befugnis zur Erhebung von Einwendungen, Beschränkungen der Vertragsfreiheit in den Beziehungen zu Dritten, die stillschweigende Verlängerung oder Erneuerung des Vertrags, Schiedsvereinbarungen oder Abänderungen der Zuständigkeit der Gerichte vorsehen.
Für den Fall eines Vertragsschlusses durch die Unterzeichnung von Formblättern oder Vordrucken, die zur einheitlichen Regelung bestimmter Vertragsverhältnisse im Voraus abgefasst wurden, bestimmt Art. 1342 Codice civile, dass Klauseln, die dem Formblatt oder dem Vordruck hinzugefügt worden sind, Vorrang vor den Klauseln des Formblatts oder des Vordrucks haben, auch wenn diese Letzteren nicht ausgestrichen worden sind.
Schließlich ordnet Art. 1370 Codice civile[418] an, dass Klauseln in Allgemeinen Geschäftsbedingungen im Sinne des Art. 1341 Codice civile oder in Formblättern oder Vordrucken im Sinne des Art. 1342 Codice civile in Zweifelsfällen zu Gunsten des Vertragspartners des Verwenders auszulegen sind.
Die Regelungen der Artt. 1341, 1342 und 1370 Codice civile galten im Zeitpunkt ihres Erlasses als fortschrittlich, fanden sie doch in den Zivilgesetzbüchern anderer europäischer Staaten keine Entsprechung[419]. Ihre Schwäche bestand und besteht jedoch darin, dass sie die Möglichkeit einer offenen Inhaltskontrolle nicht vorsehen[420]. Artt. 1341 und 1342 beschränken sich auf die Festlegung bestimmter Einbeziehungsvoraussetzungen, Art. 1370 enthält lediglich eine Auslegungsregel.
Der Grund für das Fehlen einer offenen Inhaltskontrolle Allgemeiner Geschäftsbedingungen liegt in der besonderen Betonung der Privatautonomie im Codice civile. Das in der Tradition der Aufklärung stehende italienische Zivilgesetzbuch bemüht sich in besonderem Maße um Neutralität gegenüber den Normadressaten, strebt also in erster Linie eine formale Gleichheit vor dem Gesetz an[421]. Bezogen auf das Recht der Allgemeinen Geschäftsbedingungen bedeutet dies, dass

[417] Übersetzbar etwa als „schikanöse“, „lästige“ oder „belastende“ Klauseln, vgl. *Preussler* in Allgemeine Geschäftsbedingungen in der europäischen Rechtspraxis, S. 183, 184.
[418] Art. 1370 Codice civile lautet: „Le clausole inserite nelle condizioni generali di contratto o in moduli o formulari predisposti da uno dei contraenti s'interpretano, nel dubbio, a favore dell'altro.“
[419] *Zweigert/Kötz*, Einführung in die Rechtsvergleichung, S. 332.
[420] *Micklitz/d'Usseaux*, ZEuP 1998, 104, 106 f.; *Zweigert/Kötz*, Einführung in die Rechtsvergleichung, S. 332.
[421] *Nebbia* in Europäische Rechtsangleichung und nationale Privatrechte, S. 309, 310; *Patti* in Jahrbuch für italienisches Recht 10 (1997), S. 77, 78 f.; *Furgiuele* in Le clausole abusive nei contratti stipulati con i consumatori, S. 471, 478.

Auslegungs- und Einbeziehungsvorschriften als zulässig und geboten erachtet werden, eine offene bzw. direkte Inhaltskontrolle jedoch als zu starker Eingriff in die Vertragsfreiheit empfunden wird. Konsequenterweise weigerte sich die italienische Rechtsprechung, den bald nach Inkrafttreten des Codice civile in der Literatur erhobenen Forderungen nach einer auf das Prinzip von Treu und Glauben[422] gestützten offenen Inhaltskontrolle nachzugeben[423]. Das in den Normen über Treu und Glauben enthaltene Potenzial wurde in Italien also – anders als in Deutschland[424] – nicht ausgeschöpft, wohl auch deshalb, weil das Vorhandensein von Vorschriften über Allgemeine Geschäftsbedingungen im Codice civile die Gerichte dazu veranlasste, dieses Schutzsystem als abschließend anzusehen[425]. Die Artt. 1341, 1342 und 1370 Codice civile, die im Jahre 1942 als innovative Regelung der Problematik missbräuchlicher Vertragsklauseln gedacht waren, behinderten die weitere Entwicklung des Rechts der Allgemeinen Geschäftsbedingungen in Italien also zunehmend, so dass Italien auf diesem Gebiet hinter den übrigen Mitgliedstaaten der EU immer weiter zurückfiel[426]. Während der aufkommende Gedanke des Verbraucherschutzes in den 70er Jahren in vielen europäischen Staaten zur gesetzlichen Regelung des Rechts der missbräuchlichen Klauseln führte[427], mussten sich die italienischen Verbraucher nach wie vor mit dem unzureichenden Schutzsystem aus dem Jahre 1942 begnügen. Dementsprechend herrschte im Zeitpunkt des Erlasses der Klausel-Richtlinie die Auffassung vor, diese werde ihre spürbarsten Auswirkungen im italienischen Recht haben[428].

IV. Form der Umsetzung

1. Deutschland

In Deutschland erfolgte die Umsetzung der Richtlinie 93/13/EWG durch das *Gesetz zur Änderung des AGB-Gesetzes und der Insolvenzordnung* vom 19. Juli 1996[429]. Die den Mitgliedstaaten zur Umsetzung der Klausel-Richtlinie ge-

---

[422] Das Prinzip von Treu und Glauben ist in Artt. 1337, 1358, 1366, 1375 und 1460 Abs. 2 Codice civile verankert.
[423] *Cian* in Jahrbuch für italienisches Recht 10 (1997), S. 55, 56; *Patti* in Jahrbuch für italienisches Recht 10 (1997), S. 77, 80; *Nebbia* in Europäische Rechtsangleichung und nationale Privatrechte, S. 309, 313.
[424] Siehe oben § 4 III 1.
[425] *Patti* in Jahrbuch für italienisches Recht 10 (1997), S. 77, 80.
[426] *Rizzo*, Le „clausole abusive“ nell'esperienza tedesca, francese, italiana e nella prospettiva comunitaria, S. 491; *Patti* in Jahrbuch für italienisches Recht 10 (1997), S. 77, 80; *Sepe* in Neues europäisches Vertragsrecht und Verbraucherschutz, S. 137, 138 f.
[427] Siehe zu Deutschland, dem Vereinigten Königreich und Frankreich oben § 4 III 1, 2 und 3.
[428] *De Nova*, ERPL 1995, 221, 223.
[429] BGBl. 1996 I, S. 1013.

währte Frist[430] wurde in Deutschland also erheblich überschritten. Der Gesetzgeber wählte den Weg der Novellierung des damals knapp 20 Jahre alten AGBG. Zuvor war in der deutschen Rechtswissenschaft ein heftiger Streit über die sachgerechte Form der Umsetzung der Klausel-Richtlinie entbrannt. Namentlich *Hommelhoff/Wiedenmann*[431] vertraten die Ansicht, zur ordnungsgemäßen Umsetzung sei ein neu geschaffenes „Gesetz über missbräuchliche Klauseln in Verbraucherverträgen" erforderlich. Daneben forderten sie die Aufrechterhaltung des AGBG, allerdings unter Beschränkung seines persönlichen Anwendungsbereichs auf Kaufleute und sonstige Gewerbetreibende. Begründet wurde dieses Konzept zweier Parallelgesetze in erster Linie mit der unterschiedlichen Schutzkonzeption des AGBG einerseits und der Klausel-Richtlinie andererseits[432]. Der Schutzzweck des AGBG besteht in der Verhinderung der missbräuchlichen Ausnutzung der vom Klauselverwender allein in Anspruch genommenen Vertragsgestaltungsfreiheit[433]. Dabei schützt das AGBG nicht nur den Verbraucher, sondern mit den sich aus §§ 23, 24 AGBG ergebenden Einschränkungen alle natürlichen und juristischen Personen, denen gegenüber AGB verwendet werden[434]. Klauselverwender kann also auch ein Verbraucher, Verwendungsgegner auch ein Gewerbetreibender sein. Im Gegensatz dazu ist die Richtlinie 93/13/EWG in erster Linie als Instrument des Verbraucherschutzes konzipiert[435]. Sie will den Verbraucher in seiner rollenspezifischen Unterlegenheit schützen[436]. Diese Schutzkonzeption findet ihren Ausdruck in Art. 1 Abs. 1 RL, wonach lediglich Klauseln in Verträgen zwischen Gewerbetreibenden und Verbrauchern der Inhaltskontrolle unterworfen sind. Die konzeptionellen Unterschiede zwischen AGBG und Klausel-Richtlinie schlagen sich auch im sachlichen Anwendungsbereich beider Regelungswerke nieder. Während die Geltung des AGBG auf AGB, die sich durch eine Vorformulierung für eine Vielzahl von

---

[430] Vgl. Art. 10 Abs. 1 RL (31. Dezember 1994).
[431] *Hommelhoff/Wiedenmann*, ZIP 1993, 562, 571 f.
[432] Zur unterschiedlichen Schutzkonzeption von AGBG und Klausel-Richtlinie siehe *Horn* in 40 Jahre Römische Verträge, S. 151, 153; *Birk* in Le clausole abusive nei contratti stipulati con i consumatori, S. 27, 29 f.; *Basedow* in Münchener Kommentar (Ergänzungsband zur 3. Aufl.), § 24 a AGBG Rn. 5.
[433] *Kretschmar*, Richtlinie 93/13/EWG und AGBG, S. 51; *Birk* in Le clausole abusive nei contratti stipulati con i consumatori, S. 27, 29.
[434] *Heinrichs*, NJW 1993, 1817, 1818.
[435] *Hommelhoff/Wiedenmann*, ZIP 1993, 562, 564; *Ulmer*, EuZW 1993, 337, 338. Daneben verfolgt die Klausel-Richtlinie das Ziel, den redlichen Gewerbetreibenden davor zu schützen, mit Gewerbetreibenden, die sich missbräuchlicher Vertragsklauseln bedienen, konkurrieren zu müssen, siehe *Tenreiro/Karsten* in Europäische Rechtsangleichung und nationale Privatrechte, S. 223, 229 („Business confidence sidelines consumer confidence as the principal objective of the Directive.").
[436] *Heinrichs*, NJW 1993, 1817, 1818; *Hommelhoff/Wiedenmann*, ZIP 1993, 562, 565.

Verträgen auszeichnen[437], beschränkt ist, unterliegen der Klausel-Richtlinie grundsätzlich[438] alle nicht im Einzelnen ausgehandelten Vertragsklauseln, sofern diese in einem Verbrauchervertrag enthalten sind. Die Richtlinie 93/13/EWG erfasst also auch Klauseln, die nur zur einmaligen Verwendung vorformuliert wurden (so genannte Individualklauseln[439]). Diese Divergenz bedingt wiederum unterschiedliche Maßstäbe bei der Inhaltskontrolle. Entsprechend der Geltung des AGBG nur für *Allgemeine* Geschäftsbedingungen liegt der Generalklausel des § 9 Abs. 1 AGBG ein generalisierend-überindividueller Kontrollmaßstab zugrunde, der dazu zwingt, von den konkreten Umständen des Einzelfalls zu abstrahieren[440]. Im Gegensatz dazu stellt die Klausel-Richtlinie in erster Linie auf einen konkret-individuellen Kontrollmaßstab ab[441]. Dies kommt in Art. 4 Abs. 1 RL zum Ausdruck, der anordnet, dass die Missbräuchlichkeit einer Vertragsklausel unter Berücksichtigung aller den (konkreten) Vertragsabschluss begleitenden Umstände sowie aller anderen (konkreten) Klauseln desselben Vertrags zu beurteilen ist. Eine zusätzliche Bestätigung findet dieser Gedanke in Erwägungsgrund 16, wonach bei der Beurteilung von Treu und Glauben insbesondere das zwischen den Vertragsparteien bestehende Kräfteverhältnis zu berücksichtigen ist.
Hommelhoff/Wiedenmann zogen aus den konzeptionellen Unterschieden von AGBG und Klausel-Richtlinie den Schluss, dass eine Anpassung des AGBG an die Vorgaben der Richtlinie nur schwerlich möglich sei. Dementsprechend schlugen sie zum Zweck der Umsetzung der Klausel-Richtlinie den Erlass eines eigenständigen Parallelgesetzes zum AGBG als vorzugswürdig vor[442].
Diese Ansicht konnte sich in der rechtswissenschaftlichen Diskussion jedoch nicht durchsetzen. Überwiegend hielt man eine Novellierung des AGBG für den allein sachgerechten Weg der Richtlinienumsetzung[443]. Die im Ansatz unterschiedlichen Schutzkonzeptionen von AGBG und Richtlinie 93/13/EWG wurden zwar nicht bestritten, aber letztlich als nicht so gravierend eingestuft, dass sie den Erlass eines eigenständigen Gesetzes über missbräuchliche Klauseln in Verbraucherverträgen bedingt hätten. So wurde vorgebracht, der Verbraucherschutz sei seit jeher wesentlicher und integrierender Bestandteil des AGBG, der Schutzzweck der Klausel-Richtlinie sei also vom weiteren Schutzzweck des

[437] Siehe § 1 Abs. 1 AGBG.
[438] Zu den Ausnahmen siehe unten § 5 II 1.
[439] Nicht zu verwechseln mit den oben § 4 I angesprochenen Individualvereinbarungen, also mit im Einzelnen ausgehandelten Vertragsbedingungen.
[440] *Hommelhoff/Wiedenmann*, ZIP 1993, 562, 568; *Micklitz*, ZEuP 1993, 522, 528; im Übrigen ständige Rechtsprechung des BGH, siehe BGHZ 98, 303, 308; BGH, NJW 1982, 765.
[441] *Hommelhoff/Wiedenmann*, ZIP 1993, 562, 568; *Micklitz*, ZEuP 1993, 522, 528.
[442] *Hommelhoff/Wiedenmann*, ZIP 1993, 562, 571.
[443] So vor allem *Heinrichs*, NJW 1993, 1817, 1818; *Ulmer*, EuZW 1993, 337, 341; *Frey*, ZIP 1993, 572 ff.; *Remien*, ZEuP 1994, 34, 65 f.

AGBG mitumfasst[444]. Zwar müsse der Kontrollmaßstab des AGBG angesichts der Vorgaben der Klausel-Richtlinie korrigiert werden, jedoch ließe sich dies durch geringfügige Änderungen des AGBG erreichen[445]. Schließlich wurde vorgebracht, es entspreche „guter Gesetzgebungstradition", im Falle der Erforderlichkeit einer Gesetzesänderung den „Weg des geringsten Eingriffs" zu wählen[446]. Bei einem Nebeneinander von AGBG und einem Gesetz über missbräuchliche Klauseln in Verbraucherverträgen müssten beide Gesetze einen weitgehend identischen Inhalt aufweisen, was gesetzgebungstechnisch wenig glücklich sei. Die vorgeschlagene Trennung hätte weiterhin zur Folge, dass die in fast 20-jähriger Praxis des AGBG herausgearbeiteten Rechtsgrundsätze des Verbraucherschutzes aus ihrem Entwicklungszusammenhang gelöst würden und ihre bisherige Grundlage verlören[447]. Der Gesetzgeber schloss sich schließlich der in der Rechtswissenschaft vorherrschenden Ansicht an und entschied sich für eine Novellierung des AGBG. Ob diese Entscheidung eine ordnungsgemäße Umsetzung der Richtlinie 93/13/EWG in das deutsche Recht bewirkt hat, wird an späterer Stelle zu beurteilen sein[448].

Durch das Gesetz zur Modernisierung des Schuldrechts vom 26.11.2001[449] wurde das AGBG – wie auch das Verbraucherkreditgesetz, das Haustürwiderrufsgesetz, das Fernabsatzgesetz und das Teilzeitwohnrechtegesetz – in das BGB eingegliedert. Der neu gestaltete Abschnitt 2 des zweiten Buches des BGB, der die §§ 305-310 umfasst, trägt die Überschrift „Gestaltung rechtsgeschäftlicher Schuldverhältnisse durch Allgemeine Geschäftsbedingungen". Hauptanliegen des Gesetzgebers war es, das BGB durch die Integration der Nebengesetze wieder zum zentralen zivilrechtlichen Gesetzbuch erstarken zu lassen[450]. Demgegenüber war die Eingliederung des AGBG in das BGB keinesfalls Ausdruck von Kritik an der zuvor gewählten Form der Umsetzung der Richtlinie 93/13/EWG in Deutschland. Obwohl die Integration des AGBG in das BGB somit nicht mehr im eigentlichen Sinne der Richtlinienumsetzung diente, soll die aktuelle Rechtslage im Folgenden jeweils kurz skizziert werden. Das Hauptaugenmerk soll dabei auf etwaige Unterschiede zur früheren Rechtslage gerichtet werden. Auch soll ermittelt werden, ob der Gesetzgeber die sich anlässlich der Eingliederung des AGBG in das BGB bietende Gelegenheit zur Beseitigung etwaiger Umsetzungsfehler genutzt hat.

---

[444] *Ulmer*, EuZW 1993, 337, 341, bezeichnet den Schutzzweck der Richtlinie 93/13/EWG als ein „minus", nicht als ein „aliud" im Verhältnis zum Schutzzweck des AGBG.
[445] *Heinrichs*, NJW 1993, 1817, 1818.
[446] *Heinrichs*, NJW 1993, 1817, 1818.
[447] *Heinrichs*, NJW 1993, 1817, 1818.
[448] Siehe unten § 6 I.
[449] BGBl. 2001 I, S. 3138.
[450] *Artz*, JuS 2002, 528.

2. Vereinigtes Königreich

Die Umsetzung der Richtlinie 93/13/EWG erfolgte im Vereinigten Königreich zunächst durch *The Unfair Terms in Consumer Contracts Regulations 1994* (UTCR 1994)[451]. Diese Regulations traten am 1. Juli 1995, also mit 6-monatiger Verspätung[452], in Kraft. Nach den Kategorien der englischen Rechtsquellenlehre stellen die UTCR 1994 so genannte „secondary legislation" in der Form eines „statutory instrument" dar. Unter „secondary legislation" sind Gesetze im nur materiellen Sinne zu verstehen, also Gesetze, die von der Exekutive erlassen werden, nachdem eine entsprechende Delegation der Gesetzgebungskompetenz durch das Parlament erfolgt ist[453]. Eine Untergruppe der „secondary legislation" bilden die „statutory instruments". Diese zeichnen sich dadurch aus, dass sie durch einen Minister der Regierung erlassen werden und einen abstrakt-generellen Regelungsgehalt aufweisen[454]. Die UTCR 1994 wurden durch den *Secretary of State* auf der Grundlage von Section 2 (2) des European Communities Act 1972 erlassen.

Zur Umsetzung der Richtlinie 93/13/EWG wählte man im Vereinigten Königreich den Weg der Schaffung eines Spezialgesetzes, das neben den bereits existierenden UCTA trat. Eine Alternative hätte darin bestanden, den UCTA an die Vorgaben der Klausel-Richtlinie anzupassen, was in der Literatur zum Teil auch gefordert wurde[455]. Angesichts der tief greifenden Unterschiede zwischen UCTA und Richtlinie 93/13/EWG hätte eine derartige Anpassung jedoch langwierige Vorarbeiten erfordert. Darüber hinaus hätte eine Änderung des UCTA nur durch ein formelles Parlamentsgesetz erfolgen können, ein aufwendiges Gesetzgebungsverfahren hätte also durchlaufen werden müssen. Vor diesem Hintergrund kamen die zuständigen innerstaatlichen Stellen zu dem Schluss, eine fristgerechte Umsetzung der Klausel-Richtlinie sei nur durch den Erlass von „secondary legislation" möglich[456]. Der Hauptgrund für die Entscheidung, die Klausel-Richtlinie durch den Erlass eines neuen Spezialgesetzes in der Form eines „statutory instrument" umzusetzen, war also letztlich Zeitmangel[457].

Inhaltlich begnügte sich das mit der Umsetzung der Klausel-Richtlinie betraute *Department of Trade and Industry* mit einer weitgehend unveränderten Über-

[451] Statutory Instrument 1994 No. 3159.

[452] Vgl. Art. 10 Abs. 1 RL.

[453] *Slapper/Kelly*, English Legal System, S. 77.

[454] *Slapper/Kelly*, English Legal System, S. 78.

[455] *Dean*, Modern Law Review 1993, 581, 590.

[456] *Kötz* in Festskrift til Lando, S. 203, 204.

[457] *Beatson*, ZEuP 1998, 957, 960; *Kötz* in Festskrift til Lando, S. 203, 204; *Weatherill*, VuR 1995, 393, 398.

nahme des Richtlinienwortlauts[458]. Eine Anpassung der Terminologie der Richtlinie an die im Vereinigten Königreich übliche juristische Fachsprache – etwa an die Terminologie des UCTA - ist unterblieben. Die Auswirkungen dieser Umsetzungstechnik werden an späterer Stelle zu beurteilen sein[459].

Der Erlass der UTCR 1994 hat zur Folge, dass die Kontrolle von in Verbraucherverträgen enthaltenen vorformulierten Klauseln im Vereinigten Königreich nunmehr auf drei Ebenen vorzunehmen ist[460]. Zunächst sind derartige Klauseln an den allgemeinen Regeln des Common Law zu messen[461]. Sind sie danach gültig, so hat eine Prüfung anhand des UCTA zu erfolgen. Führt auch diese Prüfung zur Wirksamkeit der Klauseln, so schließt sich eine letzte Kontrolle anhand der UTCR 1994 an.

Zum 1. Oktober 1999 wurden die UTCR 1994, die in Bezug auf die Einrichtung eines abstrakten Kontrollverfahrens als zur Umsetzung der Klausel-Richtlinie unzureichend erkannt worden waren[462], aufgehoben und durch *The Unfair Terms in Consumer Contracts Regulations 1999* (UTCR 1999)[463] ersetzt. Die UTCR 1994 behalten ihre Gültigkeit für Verträge, die zwischen dem 1. Juli 1995 und dem 30. September 1999 geschlossen worden sind[464]. Sie sind somit nicht völlig gegenstandslos geworden, sondern werden die Rechtspraxis noch eine Weile beschäftigen. Die UTCR 1999 beanspruchen für ab dem 1. Oktober 1999 geschlossene Verträge Geltung.

Die UTCR 1999 lehnen sich noch stärker an den Wortlaut der englischen Fassung der Klausel-Richtlinie an als die UTCR 1994. Darüber hinaus haben die UTCR 1999 nichts am Fortbestand des UCTA geändert. Die sich anlässlich des Erlasses der UTCR 1999 bietende Gelegenheit zur Vereinigung des UCTA mit den Vorgaben der Klausel-Richtlinie blieb also ungenutzt.

3. Frankreich

In Frankreich erfolgte die Umsetzung der Richtlinie 93/13/EWG mit nur 1-monatiger Verspätung[465] durch das *Gesetz Nr. 95-96* vom 1. Februar 1995[466]. Die-

---

[458] So genannte Technik des „copy out", siehe *Bright/Bright*, Law Quarterly Review 1995, 655 (Fn. 4).

[459] Siehe unten § 6 II 1.

[460] *Uff* in Enhancing the Legal Position of the European Consumer, S. 163, 165 f.

[461] Siehe oben § 4 III 2.

[462] Näher dazu unten § 5 VII 3 a.

[463] Statutory Instrument 1999 No. 2083, im Internt zu finden unter http://www.hmso.gov.uk/stat.htm.

[464] *Whittaker* in Chitty on Contracts, § 15-004.

[465] Vgl. Art. 10 Abs. 1 RL.

[466] Loi n° 95-96 du 1er février 1995 concernant les clauses abusives et la présentation des contrats et régissant diverses activités d'ordre économique et commercial, Journal Officiel du 2 février 1995, 1755.

ses formelle Parlamentsgesetz enthält nicht nur Bestimmungen zur Umsetzung der Klausel-Richtlinie, sondern nimmt sich darüber hinaus diverser weiterer, vorwiegend verbraucherschutzbezogener Regelungsgegenstände an, weshalb es in der Literatur als „mélange législatif" bezeichnet wurde[467]. Der erste Titel des Gesetzes Nr. 95-96[468] ändert die Artt. L. 132-1 ff. des Code de la consommation, also diejenigen Vorschriften des französischen Verbraucherschutzgesetzbuchs, die aus dem Gesetz Nr. 78-23 übernommen wurden und den Schutz der Verbraucher vor missbräuchlichen Klauseln zum Gegenstand haben[469].
Anders als in Deutschland und im Vereinigten Königreich gab es in Frankreich keine kontroversen Diskussionen über die angemessene Form der Umsetzung der Klausel-Richtlinie. Allen Beteiligten war klar, dass eine Einfügung der Vorgaben der Klausel-Richtlinie in den Code de la consommation – der ja gerade zu dem Zweck geschaffen wurde, die diversen Verbraucherschutzgesetze in einer einheitlichen Kodifikation zusammenzufassen[470] – die allein sachgerechte Lösung darstellte. Die Schaffung eines Spezialgesetzes neben dem Code de la consommation oder die Einfügung des Richtlinieninhalts in den Code civil wurden folglich, soweit ersichtlich, von niemandem erwogen.
Kritische Stimmen gab es allenfalls insofern, als einige Autoren die Ansicht vertraten, der französische Gesetzgeber müsse zur Umsetzung der Klausel-Richtlinie überhaupt nicht tätig werden[471]. Der Code de la consommation wies ihrer Meinung nach ein höheres Verbraucherschutzniveau auf als die Klausel-Richtlinie. Im Hinblick auf Art. 8 RL, der den Mitgliedstaaten den Erlass bzw. die Beibehaltung strengerer Bestimmungen zur Erreichung eines höheren Verbraucherschutzniveaus gestattet, sahen sie demgemäß keinen Handlungsbedarf.

4. Italien

In Italien setzte bald nach dem Erlass der Richtlinie 93/13/EWG eine langwierige Diskussion über die sachgerechte Form der Umsetzung ein[472]. Gegenstand der Debatte war zum einen, ob die Klausel-Richtlinie durch die Schaffung eines neben dem Codice civile stehenden Spezialgesetzes oder durch eine Novellierung des Codice civile umgesetzt werden sollte. Zum anderen stellte sich für den

---

[467] Vgl. *Alpa* in Unification of International Commercial Law, S. 27, 36.
[468] Titre 1er: Clauses abusives et présentation des contrats.
[469] Siehe oben § 4 III 3.
[470] Siehe oben § 4 III 3.
[471] So *Benabent*, ERPL 1995, 211, 215 ff. („On vérifie donc ainsi l'opinion dominante qu'il n'y a pas de nécessité juridique de prendre une loi pour introduire en droit français des règles qui s'y trouvent déjà."); *Delebecque* in Recht und Gesetz im deutsch-französischen Dialog, S. 117, 119.
[472] *Sepe* in Neues europäisches Vertragsrecht und Verbraucherschutz, S. 137, 139; *Patti* in Jahrbuch für italienisches Recht 10 (1997), S. 77; *Roppo*, Diritto privato 1996, 99, 100.

Fall der Entscheidung des italienischen Gesetzgebers zu Gunsten einer Novellierung des Codice civile die Frage, an welcher Stelle das italienische Zivilgesetzbuch geändert werden sollte.
Eine Antwort auf die erste dieser Fragen zeichnete sich relativ schnell ab. Nur wenige Autoren sprachen sich für den Erlass eines Spezialgesetzes aus[473]. Diese begründeten ihre Ansicht in erster Linie mit dem beschränkten persönlichen Anwendungsbereich der Klausel-Richtlinie[474]. Im Falle der Einfügung des Richtlinieninhalts in den Codice civile müsse innerhalb des italienischen Zivilgesetzbuchs ein nur für Verbraucherverträge geltendes Sonderprivatrecht geschaffen werden. Dies widerspreche dem Streben des Codice civile nach einem einheitlichen, von den subjektiven Eigenschaften der Vertragschließenden unabhängigen Vertragsrecht. In der Tat hatte der italienische Gesetzgeber beim Erlass des Codice civile im Jahre 1942 den bisherigen Codice di commercio, also das Handelsgesetzbuch, außer Kraft gesetzt und auf diese Weise ein Vertragsrecht von allgemeiner Geltung geschaffen[475]. Vor diesem Hintergrund befürchteten die Befürworter eines Spezialgesetzes im Falle einer Einfügung des Richtlinieninhalts in den Codice civile erhebliche Probleme systematischer und methodischer Art[476]. Zudem verwiesen sie darauf, dass ältere verbraucherschützende EG-Richtlinien, etwa die Hautürgeschäfte-Richtlinie 85/577/EWG und die Pauschalreise-Richtlinie 90/314/EWG, in Italien ebenfalls durch den Erlass von Spezialgesetzen umgesetzt worden waren[477].
Die in der italienischen Literatur vorherrschende Ansicht, die sich letztlich auch durchsetzen konnte, ging jedoch dahin, die Klausel-Richtlinie durch eine Novellierung des Codice civile umzusetzen[478]. Die Vertreter dieser Ansicht beriefen sich zum einen darauf, dass ein neben dem Codice civile stehendes Spezialgesetz das Problem der Koordinierung des Richtlinieninhalts mit dem Codice civile nicht lösen, sondern lediglich verlagern würde. Zum anderen verwiesen sie auf den umfassenden sachlichen Anwendungsbereich der Klausel-Richtlinie, der nicht auf bestimmte Vertragstypen (etwa auf Kauf- oder Werkverträge) beschränkt ist, sondern grundsätzlich alle zwischen Verbrauchern und Gewerbetreibenden geschlossenen Verträge umfasst[479]. Dieser weite sachliche Anwen-

[473] *Bigliazzi Geri* in Le clausole abusive nei contratti stipulati con i consumatori, S. 317, 318 ff.; *Barbiera* in Le clausole abusive nei contratti stipulati con i consumatori, S. 313 ff.; *Di Majo* in Le clausole abusive nei contratti stipulati con i consumatori, S. 335 ff.
[474] Siehe unten § 5 I 1.
[475] *Cian* in Jahrbuch für italienisches Recht 10 (1997), S. 55, 68.
[476] Vgl. *Bigliazzi Geri* in Le clausole abusive nei contratti stipulati con i consumatori, S. 317, 318.
[477] Vgl. *Lener*, Foro Italiano 1996, V, 145, 154; *De Negri*, Diritto del commercio internazionale 1998, 173, 182.
[478] Vgl. *Sepe* in Neues europäisches Vertragsrecht und Verbraucherschutz, S. 137, 139; *Tavolaro*, Documenti Giustizia 1996, 1325, 1332 m.w.N.
[479] Siehe unten § 5 II 1.

dungsbereich verleihe der Klausel-Richtlinie einen allgemeinen Charakter, der die Einfügung des Richtlinieninhalts in den Codice civile rechtfertige[480].
Als sich die Entscheidung des italienischen Gesetzgebers zu Gunsten einer Novellierung des Codice civile abzeichnete, konzentrierte sich die Diskussion um die sachgerechte Form der Umsetzung der Klausel-Richtlinie auf die Frage, an welcher Stelle der Codice civile geändert werden sollte. Ein erster Vorschlag einer von der italienischen Regierung eingesetzten Expertenkommission ging dahin, zur Umsetzung der Klausel-Richtlinie sieben neue Artikel nach Art. 1342 in den Codice civile einzufügen[481]. Die Umsetzungsvorschriften sollten also unmittelbar hinter die Bestimmungen über Allgemeine Geschäftsbedingungen[482] treten, was mit der inhaltlichen Nähe der Klausel-Richtlinie zu der von Artt. 1341, 1342 Codice civile geregelten Problematik begründet wurde. Die Schwäche dieses Vorschlags, der recht bald verworfen wurde, lag in der mangelnden Beachtung der Systematik des Codice civile. Der Abschnitt des Codice civile, in den die Umsetzungsvorschriften eingefügt werden sollten, befasst sich mit der Einigung der Parteien über den Vertragsschluss[483]. Demgegenüber regelt die Klausel-Richtlinie den Vertragsschluss gerade nicht, sondern befasst sich mit der Inhaltskontrolle eines wirksam zustande gekommenen Vertrags.
In systematischer Hinsicht noch unbefriedigender war ein vom damaligen Ministerpräsidenten und vom damaligen Minister für die Koordinierung der Politiken der Gemeinschaft präsentierter Gesetzentwurf, der die Einfügung der Umsetzungsvorschriften in den die berufliche bzw. gewerbliche Tätigkeit regelnden ersten Titel[484] des fünften Buchs[485] des Codice civile vorsah[486]. Diesem Gesetzentwurf, der in der Literatur auf heftige Kritik stieß[487], lag die irrige Annahme zugrunde, die Klausel-Richtlinie enthalte in erster Linie Verhaltensregeln für den gewerblichen Bereich[488].

---

480 *Tavolaro*, Documenti Giustizia 1996, 1325, 1332.

481 Vgl. *Roppo*, Diritto privato 1996, 99, 100 f.; *De Negri*, Diritto del commercio internazionale 1998, 173, 183; *Sepe* in Neues europäisches Vertragsrecht und Verbraucherschutz, S. 137, 139 f.

482 Siehe zu Artt. 1341, 1342 Codice civile oben § 4 I 3 d.

483 Es handelt sich um den ersten Abschnitt (Sezione I: Dell'accordo delle parti) des zweiten Kapitels (Capo II: Dei requisiti del contratto) des zweiten Titels (Titolo II: Dei contratti in generale) des vierten Buchs (Libro quarto: Delle obbligazioni) des Codice civile.

484 Titolo I: Della disciplina delle attività professionali.

485 Libro quinto: Del lavoro.

486 Vgl. *De Negri*, Diritto del commercio internazionale 1998, 173, 183 f.; *Cesàro* in Diritto privato comunitario, volume I, S. 163, 166 f.; *Roppo*, Diritto privato 1996, 99, 101; *Sepe* in Neues europäisches Vertragsrecht und Verbraucherschutz, S. 137, 139; *Lener*, Foro Italiano 1996, V, 145, 155.

487 Vgl. *Sepe* in Neues europäisches Vertragsrecht und Verbraucherschutz, S. 137, 139.

488 *De Negri*, Diritto del commercio internazionale 1998, 173, 183 f.; *Alpa* in Liber amicorum Norbert Reich, S. 555, 557.

Im weiteren Verlauf der Gesetzgebungsarbeiten wurde schließlich vorgeschlagen, die der Umsetzung der Richtlinie dienenden Vorschriften an das Ende der Bestimmungen des Codice civile über das allgemeine Vertragsrecht zu setzen[489], was mit dem umfassenden, nicht auf bestimmte Vertragstypen begrenzten sachlichen Anwendungsbereich der Klausel-Richtlinie begründet wurde[490].
Dieser Vorschlag wurde schließlich durch das *Gesetz Nr. 52 vom 6. Februar 1996*[491] verwirklicht. Es handelt sich um die so genannte „Legge comunitaria 1994", also um das Gesetz, das erlassen wurde, um die gemeinschaftsrechtlichen Verpflichtungen der Republik Italien für das Jahr 1994 zu erfüllen. Die „Legge comunitaria" wurde im Jahre 1989 durch die so genannte „Legge La Pergola"[492] institutionalisiert. Mit dem Ziel, durch einen einzigen Akt des Parlaments pro Jahr die Anpassung der nationalen Rechtsordnung an das Gemeinschaftsrecht zu gewährleisten und so der „Brüsseler Normenflut" Herr zu werden, sieht die „Legge La Pergola" den jährlichen Erlass einer „Legge comunitaria" vor[493]. Auch die „Legge La Pergola" konnte jedoch nicht verhindern, dass die Klausel-Richtlinie in Italien mit mehr als einjähriger Verspätung umgesetzt wurde[494].
Art. 25[495] der „Legge comunitaria 1994" fügt einen neuen Capo XIV-bis[496], bestehend aus den Artt. 1469-*bis* bis 1469-*sexies*, in den zweiten Titel des vierten Buchs des Codice civile ein. Dadurch wurde der Verbrauchervertrag erstmals als eigenständige Vertragsart im italienischen Zivilgesetzbuch verankert[497]. Der neu eingefügte Capo hätte, da es sich um den letzten Capo des betreffenden Titels handelt, auch „Capo XV" genannt werden können, was sicherlich organischer gewirkt hätte. Dass dies unterblieben ist, geht wohl auf eine Unachtsamkeit des

---

[489] Vgl. *Sepe* in Neues europäisches Vertragsrecht und Verbraucherschutz, S. 137, 140; *Cesàro* in Diritto privato comunitario, volume I, S. 163, 167; *Roppo*, Diritto privato 1996, 99, 102; *Lener*, Foro Italiano 1996, V, 145, 155.
[490] *Sepe* in Neues europäisches Vertragsrecht und Verbraucherschutz, S. 137, 140.
[491] Legge 6 febbraio 1996, n. 52: Disposizioni per l'adempimento di obblighi derivanti dall'appartenenza dell'Italia alle Comunità europee – legge comunitaria 1994, Supplemento ordinario alla Gazzetta Ufficiale del 10 febbraio 1996, n. 34.
[492] Legge 9 marzo 1989, n. 86: Norme generali sulla partecipazione dell'Italia al processo normativo comunitario e sulle procedure di esecuzione degli obblighi comunitari, Gazzetta Ufficiale del 10 marzo 1989, n. 58, benannt nach dem damaligen Minister für die Koordinierung der Politiken der Gemeinschaft, *Antonio La Pergola*.
[493] Ausführlich dazu *Tizzano*, Foro Italiano 1988, IV, 492 ff.; *ders.*, Foro Italiano 1989, IV, 314 ff.; *Bartole*, Foro Italiano 1988, IV, 494 ff.; *Gebauer*, Grundfragen der Europäisierung des Privatrechts, S. 241 ff.
[494] Vgl. Art. 10 Abs. 1 RL.
[495] Art. 25: Attuazione della direttiva 93/13/CEE del Consiglio concernente le clausole abusive nei contratti stipulati con i consumatori.
[496] Capo XIV-*bis*: Dei contratti del consumatore.
[497] *Alpa*, NGCC 1996, parte seconda, 46; *ders.* ERPL 1997, 181; *D'Ippolito* in Le clausole abusive nei contratti stipulati con i consumatori, S. 339, 340.

Gesetzgebers zurück[498] und ist somit ein erstes Anzeichen für mangelnde Sorgfalt bei der Umsetzung der Klausel-Richtlinie in das italienische Recht.

[498] Vgl. *Roppo*, Diritto privato 1996, 99, 102.

§ 5 Nationale Umsetzungsgesetzgebung im Einzelnen

I. Persönlicher Anwendungsbereich

1. Vorgaben der Richtlinie

Der persönliche Anwendungsbereich der Klausel-Richtlinie ist gemäß Art. 1 Abs. 1 RL auf Verbraucherverträge beschränkt, das heißt auf Verträge zwischen Gewerbetreibenden und Verbrauchern. Nicht erfasst werden Verträge zwischen Gewerbetreibenden untereinander sowie zwischen Verbrauchern untereinander[499]. Der für die Eröffnung des persönlichen Anwendungsbereichs zentrale Begriff des Verbrauchers wird in Art. 2 lit. b, der Begriff des Gewerbetreibenden in Art. 2 lit. c RL definiert.

a) Verbraucher

Nach Art. 2 lit. b RL ist unter einem Verbraucher eine natürliche Person zu verstehen, die zu einem Zweck handelt, der nicht ihrer gewerblichen oder beruflichen Tätigkeit zugerechnet werden kann. Diese Legaldefinition, die dem Verbraucherbegriff zahlreicher anderer EG-Richtlinien entspricht[500], knüpft nicht an bestimmte Eigenschaften einer Person, sondern an ein bestimmtes Handeln im Marktgeschehen an, legt also gewissermaßen das soziologische Verständnis der Rolle zugrunde[501]. Verbraucher kann folglich jede natürliche Person sein, unabhängig von ihren individuellen Eigenschaften. Entscheidend ist allein das Handeln zu bestimmten Zwecken[502]. Daher kann auch ein Kaufmann als Verbraucher einzuordnen sein, sofern er zu Zwecken handelt, die nicht seiner gewerblichen oder beruflichen Tätigkeit zuzurechnen sind.
Art. 2 lit. b RL stellt ausdrücklich klar, dass nur natürliche Personen Verbraucher sein können[503]. Juristische Personen kommen auch dann nicht als Verbraucher in Betracht, wenn sie nicht zu gewerblichen oder beruflichen Zwecken handeln, wie etwa der nichtwirtschaftliche eingetragene Verein im Sinne von § 21 BGB[504]. Personengemeinschaften, die nicht als juristische Personen einzustufen sind, sind als Zusammenschluss natürlicher Personen auch in dieser Rechtsform als natürliche Personen zu behandeln, so dass sie grundsätzlich Verbraucher im Sinne der Klausel-Richtlinie sein können[505].

---

499 *Eckert*, WM 1993, 1070, 1071.
500 Siehe oben § 3 I 2 c.
501 *Hommelhoff/Wiedenmann*, ZIP 1993, 562, 565.
502 *Wolf* in Wolf/Horn/Lindacher, Art. 2 RL Rn. 5.
503 Kritisch zur Beschränkung auf natürliche Personen *Remien*, ZEuP 1994, 34, 42.
504 *Wolf* in Wolf/Horn/Lindacher, Art. 2 RL Rn. 5.
505 *Kretschmar*, Richtlinie 93/13/EWG und AGBG, S. 120 f.

Die Verbraucherdefinition der Klausel-Richtlinie verlangt ein Handeln zu einem Zweck, der keiner gewerblichen oder beruflichen Tätigkeit zugerechnet werden kann. Die Zweckrichtung des Verbraucherhandelns muss sich dabei nicht zwingend aus dem Vertrag selbst ergeben, ausreichend ist vielmehr, dass sie aus den Begleitumständen gefolgert werden kann. Hierbei ist auf die Erkennbarkeit für einen verständigen Betrachter abzustellen, nicht allein auf die Erkennbarkeit für den konkreten Vertragspartner[506]. Unter einer beruflichen[507] Tätigkeit im Sinne von Art. 2 lit. b RL ist nur eine *selbstständige* berufliche Tätigkeit zu verstehen. Das Handeln zu einem Zweck, der einer unselbstständigen beruflichen Tätigkeit zugeordnet werden kann, schließt die Verbrauchereigenschaft folglich nicht aus[508]. Die Klausel-Richtlinie greift also beispielsweise auch beim Kauf von Arbeitskleidung oder bei der Bestellung eines Fernkurses zur beruflichen Fortbildung.

b) Gewerbetreibender

Der Gewerbetreibende wird in Art. 2 lit. c RL definiert als natürliche oder juristische Person, die bei unter die Richtlinie fallenden Verträgen im Rahmen ihrer gewerblichen oder beruflichen Tätigkeit handelt, auch wenn diese Tätigkeit dem öffentlich-rechtlichen Bereich zuzurechnen ist. Die Klausel-Richtlinie verwendet den Begriff des Gewerbetreibenden als Oberbegriff, unter den über die gewerbliche Tätigkeit im eigentlichen Sinne hinaus auch die berufliche Tätigkeit fällt[509].

Anders als beim Verbraucherbegriff kommen als Gewerbetreibende nicht nur natürliche, sondern auch juristische Personen in Betracht. Auch juristische Personen des öffentlichen Rechts können Gewerbetreibende sein, nicht nur wenn sie sich – wie etwa beim Kauf von Büromaterial – privatrechtlich betätigen, sondern auch bei öffentlich-rechtlichem Handeln. Auch in diesem letzteren Fall muss es sich jedoch um eine erwerbswirtschaftliche Tätigkeit handeln, die der gewerblichen oder beruflichen Tätigkeit im privaten Bereich vergleichbar ist[510].

Was unter einem Handeln im Rahmen der gewerblichen oder beruflichen Tätigkeit zu verstehen ist, muss, da es sich um gemeinschaftsrechtliche Begriffe han-

---

[506] *Wolf* in Wolf/Horn/Lindacher, Art. 2 RL Rn. 6.

[507] Zur gewerblichen Tätigkeit siehe unten § 5 I 1 b.

[508] *Horn* in Wolf/Horn/Lindacher, § 24 a AGBG Rn. 19; *ders.* in 40 Jahre Römische Verträge, S. 151, 155 unter Berufung auf den herkömmlichen Verbraucherbegriff des Gemeinschaftsrechts; a.A. *Wolf* in Wolf/Horn/Lindacher, Art. 2 RL Rn. 15: Eine unselbstständige berufliche Tätigkeit begründe die Rolle des Gewerbetreibenden, nicht die des Verbrauchers.

[509] Vgl. *Garbers* in Europäisches Privatrecht, S. 134 f.

[510] *Wolf* in Wolf/Horn/Lindacher, Art. 2 RL Rn. 12.

delt, im Wege der autonomen Auslegung ermittelt werden[511]. Auch unter Berücksichtigung dieses Umstands sind in der Literatur bisher jedoch keine vom deutschen Verständnis abweichenden Ergebnisse erzielt worden[512]. Dementsprechend ist unter einer gewerblichen Tätigkeit eine auf Dauer ausgeübte und auf Gewinnerzielung gerichtete selbstständige Tätigkeit zu verstehen[513]. Ein Handeln „im Rahmen" der gewerblichen Tätigkeit ist bei allen Verträgen anzunehmen, die der Ausübung und Durchführung der gewerblichen Tätigkeit dienen, sofern diese Verträge nach Aufnahme der gewerblichen Tätigkeit abgeschlossen werden[514]. Der Grundgedanke des § 344 HGB, dass die von einem Gewerbetreibenden vorgenommenen Geschäfte im Zweifel seinem Gewerbebetrieb zuzuordnen sind, kann sinngemäß auch im Kontext der Klausel-Richtlinie zur Anwendung kommen, da es sich um einen allgemeinen Rechtsgedanken handelt[515]. Unter einer beruflichen Tätigkeit im Sinne von Art. 2 lit. b RL ist wie bei Art. 2 lit. a RL nur eine *selbstständige* berufliche Tätigkeit zu verstehen, so dass derjenige, der einen Vertrag zu einem Zweck abschließt, der einer unselbstständigen beruflichen Tätigkeit zuzurechnen ist, als Verbraucher und nicht als Gewerbetreibender einzustufen ist[516]. Die genaue Abgrenzung von gewerblicher und beruflicher Tätigkeit[517] ist nicht von ausschlaggebender Bedeutung, da in beiden Fällen die Eigenschaft des Gewerbetreibenden im Sinne von Art. 2 lit. c RL begründet ist.

Während der in der deutschen Fassung der Klausel-Richtlinie verwendete Begriff des Gewerbetreibenden keine größeren Auslegungsprobleme bereitet, hat der der englischen Fassung zugrunde liegende Begriff „seller or supplier" einige Unsicherheiten hinsichtlich des persönlichen Anwendungsbereichs der Richtlinie hervorgerufen[518]. Der Begriff „seller" legt die Vermutung nahe, neben dem Dienstleistungserbringer erfasse die Klausel-Richtlinie lediglich den *Verkäufer* von Waren, nicht aber Gewerbetreibende, die in anderer Weise[519] mit Verbrau-

---

[511] *Remien*, ZEuP 1994, 34, 38; *Tenreiro/Karsten* in Europäische Rechtsangleichung und nationale Privatrechte, S. 223, 230.

[512] Vgl. etwa *Kretschmar*, Richtlinie 93/13/EWG und AGBG, S. 118 ff.; *Wolf* in Wolf/Horn/Lindacher, Art. 2 RL Rn. 13; *Garbers* in Europäisches Privatrecht, S. 134 f.

[513] *Garbers* in Europäisches Privatrecht, S. 134 f.

[514] Siehe oben § 5 I 1 a.

[515] *Garbers* in Europäisches Privatrecht, S. 135; *Heinrichs*, NJW 1996, 2190, 2191.

[516] *Horn* in Wolf/Horn/Lindacher, § 24 a AGBG Rn. 19; *ders.* in 40 Jahre Römische Verträge, S. 151, 155; a.A. *Wolf* in Wolf/Horn/Lindacher, Art. 2 RL Rn. 15.

[517] Siehe dazu *Wolf* in Wolf/Horn/Lindacher, Art. 2 RL Rn. 15.

[518] Siehe *Tenreiro/Karsten* in Europäische Rechtsangleichung und nationale Privatrechte, S. 223, 230 f.

[519] Denkbar ist etwa der Verkauf eines Pkw durch eine Privatperson an einen Gebrauchtwagenhändler. Der Gewerbetreibende tritt in diesem Fall als Käufer auf, siehe *Tenreiro/Karsten* in Europäische Rechtsangleichung und nationale Privatrechte, S. 223, 230 f., dort auch ein weiteres Beispiel.

chern Verträge abschließen. Eine zusätzliche Stütze findet diese Vermutung in den Erwägungsgründen, die – auch in der deutschen Fassung – an mehreren Stellen den Verkäufer von Waren an Stelle des Gewerbetreibenden erwähnen[520]. Neben der deutschen Fassung der Klausel-Richtlinie, deren Art. 2 lit. c keinen Raum für eine derart einschränkende Interpretation des Anwendungsbereichs lässt, zeigen auch die französische („professionnel") sowie die italienische („professionista") Fassung der Richtlinie, dass grundsätzliche sämtliche Gewerbetreibende unter die Richtlinie fallen, nicht nur Dienstleistungserbringer und Verkäufer[521]. Wenn in den Erwägungsgründen vom Verkäufer von Waren und vom Dienstleistungserbringer die Rede ist, so geschieht dies nur beispielhaft, ohne dass damit eine Einschränkung des Anwendungsbereichs der Richtlinie bezweckt wird. Besonders deutlich wird dies in Erwägungsgrund 10, der davon spricht, dass die Vorschriften der Klausel-Richtlinie „für alle Verträge zwischen Gewerbetreibenden und Verbrauchern" gelten sollten.

2. Umsetzung in Deutschland

a) Ausgangslage: Persönlicher Anwendungsbereich des AGBG a.F.

Nach seiner ursprünglichen Konzeption wird der persönliche Anwendungsbereich des AGBG nicht vom persönlichen Status der Vertragspartner oder von deren Stellung im Markt bestimmt[522]. Das AGBG ist vielmehr immer dann anwendbar, wenn AGB im Sinne von § 1 Abs. 1 AGBG vorliegen, unabhängig von der Rolle des Verwenders oder des Verwendungsgegners. Der Schutz des AGBG kommt grundsätzlich jedermann zugute[523]. Ungeachtet dieses Ausgangspunkts enthält jedoch auch das AGBG Vorschriften über den persönlichen Anwendungsbereich[524]. So bestimmt § 24 S. 1 Nr. 1 AGBG a.F.[525], dass §§ 2, 10, 11 und 12 AGBG keine Anwendung auf AGB finden, die gegenüber einem Kaufmann verwendet werden, wenn der Vertrag zum Betrieb seines Handelsgewerbes gehört. Mit anderen Worten sind die Einbeziehungsvorschriften des § 2, die Klauselkataloge der §§ 10 und 11 sowie die Kollisionsnorm des § 12 AGBG

---

[520] Siehe Erwägungsgründe 2, 7 und 9. Zusätzlich spricht Erwägungsgrund 6 davon, dass der Bürger „in seiner Rolle als Verbraucher beim Kauf von Waren" zu schützen ist, ähnlich Erwägungsgrund 5.

[521] So auch *Tenreiro/Karsten* in Europäische Rechtsangleichung und nationale Privatrechte, S. 223, 230 f., die dieses Ergebnis auch auf die englische Fassung der Klausel-Richtlinie stützen wollen.

[522] *Eckert*, WM 1993, 1070, 1071.

[523] *Bunte*, DB 1996, 1389, 1390.

[524] *Eckert*, WM 1993, 1070, 1071.

[525] § 24 S. 1 Nr. 1 AGBG wurde zwischenzeitlich durch Art. 2 des Handelsrechtsreformgesetzes vom 22. Juni 1998 (BGBl. 1998 I, S. 1474) neu gefasst. Statt von einem Kaufmann ist nun von einem Unternehmer die Rede.

nicht anwendbar, wenn AGB gegenüber einem Kaufmann verwendet werden. Auch in einem solchen Fall bleibt es jedoch bei der Anwendbarkeit aller übrigen Vorschriften des AGBG, insbesondere ist weiterhin eine Inhaltskontrolle anhand der Generalklausel des § 9 AGBG möglich, bei der die Klauselkataloge der §§ 10 und 11 AGBG eine Indizwirkung im Hinblick auf eine unangemessene Benachteiligung des Verwendungsgegners entfalten können[526].

b) Modifikationen durch das AGBG-Änderungsgesetz

Durch das der Umsetzung der Richtlinie 93/13/EWG dienende Gesetz zur Änderung des AGBG und der Insolvenzordnung wurde ein neuer § 24 a in das AGBG eingefügt. Diese Vorschrift[527] führt den Begriff des Verbrauchervertrags in das AGBG ein und definiert diesen als einen Vertrag zwischen einer Person, die in Ausübung ihrer gewerblichen oder beruflichen Tätigkeit handelt (Unternehmer) auf der einen Seite und einer natürlichen Person, die den Vertrag zu einem Zweck abschließt, der weder einer gewerblichen noch einer selbstständigen beruflichen Tätigkeit zugerechnet werden kann (Verbraucher) auf der anderen Seite. Die in § 24 a AGBG enthaltene Legaldefinition des Verbrauchers entspricht Art. 2 lit. b RL und stimmt folglich mit dem Verbraucherbegriff überein, den das Gemeinschaftsrecht in verschiedenen Richtlinien entwickelt hat[528]. Demgegenüber ersetzt § 24 a AGBG den in Art. 2 lit. c RL enthaltenen unscharfen[529] Begriff des Gewerbetreibenden durch den Begriff des Unternehmers. Der deutsche Gesetzgeber hat die sich anlässlich der Umsetzung der Klausel-Richtlinie bietende Gelegenheit genutzt, deren Terminologie an die Terminologie der deutschen Rechtssprache[530] anzupassen, ohne inhaltlich von der Richtlinie abzuweichen. Die Bedeutung der Verwendung des Begriffs des Unternehmers statt des Begriffs des Gewerbetreibenden erschöpft sich in einer Klarstellung und Präzisierung, die die praktische Anwendung des § 24 a AGBG erleichtern soll.

---

526 BGHZ 90, 273, 278; *Horn* in Wolf/Horn/Lindacher, § 24 AGBG Rn. 13; vgl. auch § 24 S. 2 AGBG.

527 Mittlerweile geändert durch das Handelsrechtsreformgesetz vom 22. Juni 1998 (siehe oben Fn. 525). Die Legaldefinition des Unternehmers befindet sich nun in § 24 S. 1 Nr. 1 AGBG und wurde geringfügig modifiziert. Während der Unternehmer in der ursprünglichen Fassung des § 24 a AGBG als Person definiert wurde, die in Ausübung ihrer gewerblichen oder beruflichen Tätigkeit handelt, stellt § 24 S. 1 Nr. 1 AGBG nunmehr klar, dass nur die Ausübung einer gewerblichen oder *selbstständigen* beruflichen Tätigkeit die Stellung als Unternehmer begründet. Diese Einschränkung ergab sich bereits aus § 24 a AGBG a.F. („Unternehmer") und entspricht Art. 2 lit. b RL, siehe oben § 5 I 1 b.

528 *Horn* in 40 Jahre Römische Verträge, S. 151, 154. Zum weitgehend einheitlichen Verbraucherbegriff des Gemeinschaftsrechts siehe oben § 3 I 2 c.

529 *Ulmer* in Karlsruher Forum 1997, S. 9, 10.

530 Auch das Handelsrechtsreformgesetz vom 22. Juni 1998 (siehe oben Fn. 525) spricht von einem Unternehmer.

Inhaltlich stimmt § 24 a AGBG hinsichtlich des persönlichen Anwendungsbereichs mit der Klausel-Richtlinie überein, so dass in dieser Hinsicht eine ordnungsgemäße Richtlinienumsetzung zu konstatieren ist.
Für die neu geschaffene Kategorie des Verbrauchervertrags statuiert § 24 a AGBG Sonderregeln, die den persönlichen Anwendungsbereich des AGBG grundsätzlich unberührt lassen. Nach wie vor ist das AGBG unabhängig vom Vorliegen eines Verbrauchervertrags anwendbar. Liegt jedoch ein Verbrauchervertrag vor, so gelten einige Sonderregeln, auf die an späterer Stelle zurückzukommen sein wird[531]. Festzuhalten bleibt, dass der persönliche Anwendungsbereich des AGBG auch nach der Gesetzesnovelle über den persönlichen Anwendungsbereich des AGBG hinausgeht. Zur Rechtfertigung des im Vergleich zur Klausel-Richtlinie weiteren persönlichen Anwendungsbereichs bedarf es keines Rückgriffs auf den auf den ersten Blick nahe liegenden Art. 8 RL[532], der den Mitgliedstaaten gestattet, auf dem durch die Richtlinie geregelten Gebiet mit dem EGV vereinbare strengere Bestimmungen zur Erreichung eines höheren Verbraucherschutzniveaus zu erlassen. Art. 8 RL betrifft nur das „durch die Richtlinie geregelte Gebiet", gilt also nur für den Bereich der Verbraucherverträge. Diese Einschränkung ist sachgerecht, denn über den Bereich der Verbraucherverträge hinaus lässt die Richtlinie 93/13/EWG die Gesetzgebungskompetenz der Mitgliedstaaten unberührt. Die Mitgliedstaaten sind folglich nicht gehindert, den Schutz gegen missbräuchliche Klauseln auf andere Personen als Verbraucher auszudehnen, ohne dass es dazu eines Rückgriffs auf Art. 8 RL bedürfte[533].

c) Bewertung

Wie bereits festgestellt wurde, weist das AGBG, dessen Schutzmechanismen grundsätzlich gegenüber jedermann eingreifen[534], einen im Vergleich zur Klausel-Richtlinie, der ein rein verbraucherorientierter Ansatz zugrunde liegt, „überschießenden"[535] persönlichen Anwendungsbereich auf. Während Gewerbetreibende vom Schutz der Richtlinie gänzlich ausgenommen sind, sind beim AGBG lediglich einige Teilausnahmen zu beachten, falls AGB gegenüber einem Unternehmer verwendet werden. Unter dem Blickwinkel des persönlichen Anwendungsbereichs ist es somit zwar denkbar, dass das AGBG eingreift, ohne dass

---

[531] Siehe unten § 5 II 2.
[532] *Ulmer*, EuZW 1993, 337, 338; *Eckert*, WM 1993, 1070, 1071; *Schlosser* in Staudinger, § 24 a AGBG Rn. 3; im Ergebnis wohl auch *Kretschmar*, Richtlinie 93/13/EWG und AGBG, S. 125; a.A. *Birk* in Le clausole abusive nei contratti stipulati con i consumatori, S. 27, 31.
[533] *Tenreiro/Karsten* in Europäische Rechtsangleichung und nationale Privatrechte, S. 223, 231 f.
[534] *Eckert*, WM 1993, 1070, 1071.
[535] *Ulmer*, EuZW 1993, 337, 338.

zugleich auch die Richtlinie 93/13/EWG einschlägig ist, der umgekehrte Fall ist jedoch ausgeschlossen. Liegt ein Verbrauchervertrag im Sinne von Art. 1 Abs. 1 i.V.m. Art. 2 lit. b, c RL vor, so ist stets auch der persönliche Anwendungsbereich des AGBG, welches ja gegenüber jedermann eingreift, eröffnet.
Im Hinblick auf den persönlichen Anwendungsbereich wurde das AGBG den Anforderungen der Klausel-Richtlinie also bereits vor Inkrafttreten des AGBG-Änderungsgesetzes gerecht. Die Einführung der Kategorie des Verbrauchervertrags in das AGBG diente weniger dazu, den persönlichen Anwendungsbereich des AGBG an den der Klausel-Richtlinie anzupassen, als vielmehr dazu, den Boden für weitere Änderungen im AGBG zu bereiten, die angesichts der Klausel-Richtlinie erforderlich geworden waren. Was den persönlichen Anwendungsbereich des neu eingefügten § 24 a AGBG[536] anbelangt, so ist eine Übereinstimmung mit der Konzeption der Klausel-Richtlinie festzustellen[537].

d) Rechtslage nach Inkrafttreten des Schuldrechtsmodernisierungsgesetzes

Seit Inkrafttreten des Schuldrechtsmodernisierungsgesetezs findet sich der Inhalt des früheren § 24 a AGBG unverändert in § 310 Abs. 3 BGB.

3. Umsetzung im Vereinigten Königreich

a) UTCR 1994

Der persönliche Anwendungsbereich der zur Umsetzung der Klausel-Richtlinie erlassenen UTCR 1994 ergibt sich aus Section 3 (1) i.V.m. Section 2 (1) UTCR 1994. Section 3 (1) bestimmt, dass die UTCR 1994 nur auf Verträge anwendbar sind, die zwischen einem „seller or supplier" auf der einen und einem „consumer" auf der anderen Seite geschlossen werden. Die UTCR 1994 beanspruchen also wie die Klausel-Richtlinie nur für so genannte Verbraucherverträge Geltung. In Section 2 (1) UTCR 1994 finden sich Legaldefinitionen der in Section 3 (1) UTCR 1994 verwendeten Begriffe.
Section 2 (1) UTCR 1994 definiert einen Verbraucher als eine natürliche Person, die beim Vertragsschluss zu einem Zweck handelt, der nicht ihrem „business" zugerechnet werden kann[538]. Was unter einem „business" zu verstehen ist, wird ebenfalls in Section 2 (1) UTCR 1994 definiert. Dieser Begriff geht danach über das Gewerbe im eigentlichen Sinne hinaus und schließt auch ein Handelsgewerbe sowie einen Beruf ein[539]. Entscheidend für das Handeln als Verbraucher

[536] Im Gegensatz zum persönlichen Anwendungsbereich des AGBG im Allgemeinen.
[537] Siehe oben § 5 I 2 b.
[538] „In these Regulations ‚consumer' means a natural person who, in making a contract to which these Regulations apply, is acting for purposes which are outside his business."
[539] „In these Regulations 'business' includes a trade or profession (...)."

ist also, dass der Vertrag außerhalb der gewerblichen oder beruflichen Sphäre geschlossen wird. Der Verbraucherbegriff der UTCR 1994 stimmt fast wörtlich mit dem der englischen Fassung der Klausel-Richtlinie überein, inhaltliche Abweichungen sind nicht festzustellen.
Auf der anderen Seite des Verbrauchervertrags muss nach Section 3 (1) UTCR 1994 ein „seller" oder ein „supplier" stehen. Die Verwendung dieser Begriffe legt zunächst die Vermutung nahe, die UTCR 1994 erfassten im Gegensatz zur Klausel-Richtlinie neben dem Dienstleistungserbringer nur den Verkäufer von Waren, nicht aber sonstige Gewerbetreibende[540]. Die in Section 2 (1) UTCR 1994 enthaltene weite Definition des Begriffs „supplier"[541] zeigt jedoch, dass dem persönlichen Anwendungsbereich der UTCR 1994 neben dem Verkäufer von Waren grundsätzlich alle Gewerbetreibenden unterfallen, die beim Vertragsschluss zu einem gewerblichen bzw. beruflichen Zweck handeln. „Seller" bzw. „supplier" im Sinne der UTCR 1994 können darüber hinaus neben natürlichen auch juristische Personen sein, und zwar auch solche des öffentlichen Rechts[542]. Auch in Bezug auf den potenziellen Vertragspartner des Verbrauchers befinden sich die UTCR 1994 somit in Einklang mit der Klausel-Richtlinie. Der persönliche Anwendungsbereich der UTCR 1994 wird den Vorgaben der Klausel-Richtlinie also in vollem Umfang gerecht.

b) UTCR 1999

Ebenso wie die UTCR 1994 beanspruchen die UTCR 1999 nur für solche Verträge Geltung, die zwischen einem „seller" oder einem „supplier" auf der einen und einem „consumer" auf der anderen Seite geschlossen werden[543]. Die in Section 3 (1) enthaltenen Definitionen dieser Begriffe[544] stimmen mit den entsprechenden Definitionen der UTCR 1994 trotz kleiner sprachlicher Unterschiede inhaltlich voll überein. Auffallend ist, dass die in den UTCR 1999 ver-

---

540 Die englische Fassung der Klausel-Richtlinie legt die gleiche Vermutung nahe, siehe oben § 5 I 1 b.
541 „In these Regulations ‚supplier' means a person who supplies goods or services and who, in making a contract to which these Regulations apply, is acting for purposes relating to his business."
542 Dies geht aus der in Section 2 (1) UTCR 1994 enthaltenen Definition des Begriffs „business" hervor: „In these Regulations ‚business' includes a trade or profession and the activities of any government department or local or public authority."
543 Section 4 (1) UTCR 1999 lautet: „These Regulations apply in relation to unfair terms in contracts concluded between a seller or a supplier and a consumer."
544 „In these Regulations- ‚consumer' means any natural person who, in contracts covered by these Regulations, is acting for purposes which are outside his trade, business or profession; ‚seller or supplier' means any natural or legal person who, in contracts covered by these Regulations, is acting for purposes relating to his trade, business or profession, whether publicly owned or privately owned."

wendeten Definitionen der Begriffe „consumer“, „seller“ und „supplier“ wörtlich aus der englischen Fassung der Klausel-Richtlinie übernommen wurden. Die UTCR 1999 lassen somit eine noch stärkere Anlehnung an die Klausel-Richtlinie erkennen als die UTCR 1994.

4. Umsetzung in Frankreich

a) Ausgangslage: Persönlicher Anwendungsbereich nach Art. L. 132-1 Abs. 1 CCons. a.F.

Der persönliche Anwendungsbereich derjenigen Vorschriften des Code de la consommation, die das Recht der missbräuchlichen Klauseln zum Gegenstand haben, ergibt sich aus Art. L. 132-1 Abs. 1 CCons. Die ursprüngliche Fassung dieser Norm legt den persönlichen Anwendungsbereich der betreffenden Vorschriften dergestalt fest, dass nur Verträge erfasst werden, die zwischen einem „professionnel“ auf der einen und einem „non-professionnel ou consommateur“ auf der anderen Seite geschlossen werden[545]. Die Begriffe „professionnel“, „non-professionnel“ und „consommateur“ finden im Code de la consommation an vielen Stellen Verwendung, so dass ihnen eine zentrale Bedeutung im französischen Verbraucherschutzrecht zukommt. Trotz dieser Tatsache werden sie im Code de la consommation nicht definiert[546].

Die Auslegung der Begriffe „professionnel“ und „consommateur“ ist relativ unproblematisch. In der französischen Literatur herrscht Einigkeit darüber, dass unter einem „professionnel“ eine natürliche oder juristische Person zu verstehen ist, die in der Ausübung einer gewerblichen oder selbstständigen beruflichen Tätigkeit Verträge abschließt, unabhängig davon, ob diese Tätigkeit dem Bereich des Privatrechts oder dem des öffentlichen Rechts zuzuordnen ist[547]. Diese Begriffsbestimmung stimmt mit der Definition des Gewerbetreibenden in Art. 2 lit. c RL inhaltlich überein[548].

Unter einem „consommateur“ wird in der französischen Literatur eine natürliche oder juristische Person verstanden, die beim Vertragsschluss zu einem Zweck handelt, der nicht ihrer gewerblichen oder beruflichen Tätigkeit zugerechnet

[545] Zum mit Art. 35 Abs. 1 des Gesetzes Nr. 78-23 gleichlautenden Wortlaut des Art. L. 132-1 Abs.1 CCons. siehe oben Fn. 403.

[546] *Brock*, Schutz der Verbraucher vor mißbräuchlichen Klauseln im französischen Privatrecht, S. 7; *Sievers*, Verbraucherschutz gegen unlautere Vertragsbedingungen im französischen Recht, S. 81.

[547] *Ghestin/Marchessaux-van Melle*, La Semaine Juridique 1995, édition générale, doctrine, Nr. 3854, S. 275, 276 f.; *Davo*, REDC 1995, 215, 216; *Brock*, Schutz der Verbraucher vor mißbräuchlichen Klauseln im französischen Privatrecht, S. 7 f.; *Sievers*, Verbraucherschutz gegen unlautere Vertragsbedingungen im französischen Recht, S. 77 f.

[548] *Ghestin/Marchessaux-van Melle*, La Semaine Juridique 1995, édition générale, doctrine, Nr. 3854, S. 275, 277.

werden kann[549]. Dieser Verbraucherbegriff ist insofern weiter als der der Klausel-Richtlinie, als er auch juristische Personen einbezieht, während Art. 2 lit. b RL nur natürliche Personen als Verbraucher ansieht[550]. Diese Abweichung von der Klausel-Richtlinie ist aber unbedenklich, da es den Mitgliedstaaten freisteht, über den persönlichen Anwendungsbereich der Klausel-Richtlinie hinaus weitere Personengruppen vor missbräuchlichen Vertragsklauseln zu schützen. Eines Rückgriffs auf Art. 8 RL bedarf es dazu nicht[551].

Im Gegensatz zu den Begriffen „professionnel" und „consommateur", die keine Auslegungsprobleme bereiten, ist die Bedeutung des Begriffs „non-professionnel" in hohem Maße unklar. Art. L. 132-1 Abs. 1 CCons. a.F. spricht davon, dass der Vertragspartner des „professionnel" ein „non-professionnel ou consommateur" sein muss. Diese Formulierung wirft die Frage nach dem Verhältnis auf, in dem die Begriffe „non-professionnel" und „consommateur" zueinander stehen. Zwei Möglichkeiten sind denkbar[552].

Zum einen könnte Art. L. 132-1 Abs. 1 CCons. a.F. dahin gehend interpretiert werden, dass die beiden Begriffe deckungsgleich sind[553]. Die Funktion des Begriffs „non-professionnel" bestünde dann allein darin, den Begriff des „consommateur" näher zu erläutern. Die Entstehungsgeschichte der Norm legt ein derartiges Verständnis nahe[554]. Während der parlamentarischen Beratungen des Gesetzes Nr. 78-23, dessen Art. 35 im Jahre 1993 als Art. L. 132-1 in den Code de la consommation überführt wurde[555], war zunächst erwogen worden, den persönlichen Anwendungsbereich auf Verträge zwischen Verbrauchern und Gewerbetreibenden zu beschränken, die Verwendung des Begriffs „non-professionnel" war nicht vorgesehen. Im Laufe des weiteren Gesetzgebungsverfahrens trat die Nationalversammlung dafür ein, den Begriff „consommateur" durch die Formulierung „non-professionnel" zu ersetzen. Durch diese Änderung sollte der Rechtspraxis die Anwendung der Norm erleichtert werden, inhaltliche Änderungen waren hingegen nicht bezweckt. In der Folge konnten sich Senat und Nationalversammlung über den zu verwendenden Begriff nicht einigen, so dass eine Kompromisslösung gefunden werden musste. Diese bestand darin,

---

549 *Davo*, REDC 1995, 215, 216; *Sievers*, Verbraucherschutz gegen unlautere Vertragsbedingungen im französischen Recht, S. 82.

550 Siehe oben § 5 I 1 a.

551 Siehe oben § 5 I 2 b zur vergleichbaren Situation in Deutschland.

552 Vgl. *Delebecque* in Recht und Gesetz im deutsch-französischen Dialog, S. 117, 124; *Meilhac* in Europäische Rechtsangleichung und nationale Privatrechte, S. 291, 298 ff.

553 So ein Teil der Literatur, Nachweise bei *Brock*, Schutz der Verbraucher vor mißbräuchlichen Klauseln im französischen Privatrecht, S. 14 f.

554 Siehe *Brock*, Schutz der Verbraucher vor mißbräuchlichen Klauseln im französischen Privatrecht, S. 12; *Sievers*, Verbraucherschutz gegen unlautere Vertragsbedingungen im französischen Recht, S. 83 f.; *Davo*, REDC 1995, 215, 216; *Meilhac* in Europäische Rechtsangleichung und nationale Privatrechte, S. 291, 298.

555 Siehe oben § 4 III 3.

beide Begriffe miteinander zu kombinieren. Es herrschte Einigkeit darüber, dass mit der so gefundenen Formulierung „non-professionnels ou consommateurs“ eine einheitliche Personengruppe gemeint war. Die Verwendung zweier Begriffe sollte der Rechtspraxis lediglich die Anwendung des neuen Gesetzes erleichtern, nicht aber dessen persönlichen Anwendungsbereich erweitern. Eine an der Entstehungsgeschichte orientierte Auslegung des Art. L. 132-1 Abs. 1 CCons. a.F. führt somit zu dem Ergebnis, dass dem Begriff „non-professionnel“ kein eigenständiger Bedeutungsgehalt zukommt. Die Artt. L. 132-1 ff. CCons. a.F. sind nach dieser engen Auslegung ein reines Instrument des Verbraucherschutzes[556].
Zum anderen ist jedoch eine weite Auslegung des persönlichen Anwendungsbereichs des Art. L. 132-1 Abs.1 CCons. a.F. möglich[557]. Der Begriff des „non-professionnel“ könnte so verstanden werden, dass er über über den Begriff des Verbrauchers hinausgeht und auch solche Gewerbetreibende umfasst, die zwar im Rahmen ihrer gewerblichen Tätigkeit handeln, jedoch außerhalb des für sie charakteristischen Betätigungsfelds[558]. Ein derartiges weites Verständnis lässt sich auf den Gedanken stützen, dass sich auch Gewerbetreibende in einer Situation der Unterlegenheit befinden können, die die Anwendung der Schutzvorschriften der Artt. L. 132-1 ff. CCons. a.F. rechtfertigt. Eine solche Situation der Unterlegenheit besteht insbesondere dann, wenn Gewerbetreibende auf einem fachfremden Gebiet Verträge abschließen, da ihnen ihre speziellen beruflichen bzw. gewerblichen Kenntnisse und Fähigkeiten in diesem Fall nur eingeschränkt zugute kommen.
Die Rechtsprechung der Cour de cassation zur Auslegung des Begriffs „non-professionnel“ war in der Vergangenheit sehr wechselhaft und unsicher[559]. So hat sich die erste Zivilkammer der Cour de cassation in einem Urteil vom 15. April 1986[560] zunächst geweigert, einen Versicherungsvertreter, der eine Werbeagentur mit der Werbung für sein Büro beauftragt hatte, in den Schutz der damaligen Artt. 35 ff. des Gesetzes Nr. 78-23 einzubeziehen. Das Gericht begründete seine Entscheidung damit, der Versicherungsvertreter habe beim Vertragsschluss in seiner Eigenschaft als Gewerbetreibender gehandelt.

---

[556] Vgl. *Sievers*, Verbraucherschutz gegen unlautere Vertragsbedingungen im französischen Recht, S. 83 ff.

[557] Vgl. *Delebecque* in Recht und Gesetz im deutsch-französischen Dialog, S. 117, 124.

[558] So ein Teil der Literatur, Nachweise bei *Brock*, Schutz der Verbraucher vor mißbräuchlichen Klauseln im französischen Privatrecht, S. 14.

[559] Ausführlich dazu *Brock*, Schutz der Verbraucher vor mißbräuchlichen Klauseln im französischen Privatrecht, S. 15 ff.; siehe auch *Mazeaud*, Droit et Patrimoine, juin 1995, études/doctrine, 42, 50 f.; *Meilhac* in Europäische Rechtsangleichung und nationale Privatrechte, S. 291, 297 ff.

[560] Cour de cassation, civ. 1re, 15 avril 1986, Recueil Dalloz Sirey 1986, sommaires commentés, 393.

In einem Urteil vom 28. April 1987[561] hat die erste Zivilkammer der Cour de cassation den Begriff des „non-professionnel“ dann weiter ausgelegt[562]. Ein Immobilienmakler hatte einen Vertrag über die Installation einer Alarmanlage in seinen Büroräumen abgeschlossen. Dieser Vertrag enthielt eine Klausel, die nach den Kriterien des damaligen Art. 35 Abs. 1 des Gesetzes Nr. 78-23 missbräuchlich war. Die Cour de cassation bejahte hier die Anwendbarkeit des Gesetzes Nr. 78-23 mit der Begründung, dass der den Gegenstand des Rechtsstreits bildende Vertrag außerhalb des eigentlichen beruflichen Betätigungsfelds des Immobilienmaklers gelegen habe. In Bezug auf die komplizierte Technik der Alarmanlage sei der Immobilienmakler ebenso unerfahren gewesen wie der Durchschnittsverbraucher, die Anwendung des Gesetzes Nr. 78-23 sei daher sachgerecht.

Das letzte bedeutende Urteil der Cour de cassation, das den persönlichen Anwendungsbereich des Art. L. 132-1 Abs. 1 CCons. vor dessen Novellierung anlässlich der Umsetzung der Klausel-Richtlinie zum Gegenstand hatte, erging am 24. Januar 1995[563]. Den Gegenstand des Rechtsstreits bildete eine Haftungsausschlussklausel in einem Stromlieferungsvertrag, der zwischen einer Druckerei und einem Stromversorgungsunternehmen geschlossen worden war. Die Cour de cassation lehnte eine Anwendung des Art. L. 132-1 CCons. a.F. mit der Begründung ab, der Vertrag habe in einem „rapport direct“, also in einer direkten Beziehung, zum gewerblichen Betrieb der Druckerei gestanden. Die Cour de cassation stellte im Hinblick auf die Eröffnung des persönlichen Anwendungsbereichs der Vorschriften über missbräuchliche Klauseln nun also nicht mehr darauf ab, ob der Gewerbetreibende außerhalb seines eigentlichen Betätigungsfelds gehandelt hat, sondern sah das Kriterium der direkten Beziehung zur gewerblichen bzw. beruflichen Tätigkeit als entscheidend an. Mit anderen Worten praktizierte die Cour de cassation nunmehr wieder eine restriktive Auslegung des Begriffs „non-professionnel“[564].

Diese kurze Darstellung der Rechtsprechung der Cour de cassation zeigt, dass die Situation vor der Umsetzung der Klausel-Richtlinie von einer erheblichen Rechtsunsicherheit in Bezug auf die Bedeutung des Begriffs „non-professionnel“ geprägt war. Unabhängig davon kann aber festgestellt werden, dass der persönliche Anwendungsbereich der Artt. L. 132-1 ff. CCons. a.F. jedenfalls nicht enger war als der der Klausel-Richtlinie. Unklar war lediglich, in

---

561 Cour de cassation, civ. 1re, 28 avril 1987, Recueil Dalloz Sirey 1987, sommaires commentés, 455.

562 Vgl. *Mazeaud*, Droit et Patrimoine, juin 1995, études/doctrine, S. 42, 50.

563 Cour de cassation, civ. 1re, 24 janvier 1995, Recueil Dalloz Sirey 1995, jurisprudence, 327 f.

564 *Meilhac* in Europäische Rechtsangleichung und nationale Privatrechte, S. 291, 299 f.; *Brock*, Schutz der Verbraucher vor mißbräuchlichen Klauseln im französischen Privatrecht, S. 23 ff.

welchem Ausmaß der persönliche Anwendungsbereich der betreffenden Vorschriften über die Vorgaben der Klausel-Richtlinie hinausging.

b) Modifikationen durch das Gesetz Nr. 95-96

Art. L. 132-1 Abs. 1 CCons. wurde durch das der Umsetzung der Klausel-Richtlinie dienende Gesetz Nr. 95-96 erheblich modifiziert[565]. Eine Änderung des persönlichen Anwendungsbereichs der Vorschriften über missbräuchliche Klauseln war mit dieser Änderung jedoch nicht bezweckt[566]. Nach wie vor gelten die Artt. L. 132-1 ff. CCons. nur für Verträge, die zwischen einem „professionnel" auf der einen und einem „non-professionnel" oder „consommateur" auf der anderen Seite geschlossen werden, darüber hinaus fehlt weiterhin eine Legaldefinition dieser Begriffe. Eine Anpassung an die Vorgaben der Klausel-Richtlinie durch die Streichung des Begriffs „non-professionnel" hätte eine Absenkung des Schutzniveaus der Artt. L. 132-1 ff. CCons. bewirkt, da die bisher in mehr oder weniger engen Grenzen praktizierte Einbeziehung von Gewerbetreibenden in den Schutzbereich dieser Vorschriften dann nicht mehr möglich gewesen wäre[567].
Die neue Fassung des Art. L. 132-1 Abs. 1 CCons. hat jedoch insofern zu einer Änderung des persönlichen Anwendungsbereichs der Artt. L. 132-1 ff. CCons. beigetragen, als sich nunmehr Anhaltspunkte dafür finden, dass der Gesetzgeber davon ausgeht, dass die Begriffe „non-professionnel" und „consommateur" nicht inhaltsgleich sind, sondern verschiedene Personenkreise bezeichnen. Während die alte Fassung des Art. L. 132-1 Abs. 1 CCons. davon spricht, dass Klauseln missbräuchlich sind, sofern sie „apparaissent imposées aux non-professionnels ou consommateurs (...)"[568], bestimmt die jetzige Fassung der Norm, dass Klauseln missbräuchlich sein können, wenn sie „ont pour objet ou pour effet de créer, au detriment *du* non-professionnel ou *du* consommateur, un désequilibre significatif (...)"[569]. Die doppelte Verwendung des Wortes „du" in Art. L. 132-1 Abs. 1 CCons. n.F. spricht dafür, dass die Begriffe „non-professionnel" und „consommateur" eigenständige, voneinander unabhängige Personengruppen bezeichnen. Der Wortlaut des Art. L. 132-1 Abs. 1 CCons.

---

565 Art. L. 132-1 Abs. 1 CCons. lautet nun: „Dans les contrats conclus entre professionnels et non-professionnels ou consommateurs, sont abusives les clauses qui ont pour objet ou pour effet de créer, au détriment du non-professionnel ou du consommateur, un déséquilibre significatif entre les droits et obligations des parties au contrat."

566 Vgl. *Paisant*, Recueil Dalloz Sirey 1995, chronique, 99, 101; *Mazeaud*, Droit et Patrimoine, juin 1995, études/doctrine, 42, 51; *Berger-Walliser*, RIW 1996, 459, 462; *Witz/Wolter*, ZEuP 1995, 885, 886.

567 *Brock*, Schutz der Verbraucher vor mißbräuchlichen Klauseln im französischen Privatrecht, S. 40.

568 Siehe oben Fn. 403 zum gleichlautenden Art. 35 Abs. 1 des Gesetzes Nr. 78-23.

569 Siehe oben Fn. 565. Hervorhebung durch den Verfasser.

kann nunmehr also als Argument für eine weite Auslegung[570] des Begriffs „non-professionnel" herangezogen werden[571].

c) Bewertung

Auch nach der Novellierung durch das Gesetz Nr. 95-96 geht der persönliche Anwendungsbereich der Artt. L. 132-1 ff. CCons. über den der Klausel-Richtlinie hinaus. Zum einen fallen unter der Verbraucherbegriff der Artt. L. 132-1 ff. CCons. auch juristische Personen, während die Klausel-Richtlinie nur natürliche Personen schützt[572]. Zum anderen schützen die Artt. L. 132-1 ff. CCons. in gewissen Grenzen, die mangels einer präzisen gesetzlichen Regelung im Einzelnen von der Rechtsprechung festgelegt werden müssen, auch Gewerbetreibende vor missbräuchlichen Klauseln[573]. Der im Vergleich zur Klausel-Richtlinie weitere persönliche Anwendungsbereich der französischen Vorschriften stellt keinen Umsetzungsmangel dar, da es den Mitgliedstaaten freisteht, den Schutz gegen missbräuchliche Vertragsklauseln auf andere Personengruppen als Verbraucher auszudehnen[574]. Eines Rückgriffs auf Art. 8 RL bedarf es dazu nicht[575].
Im Ergebnis ist eine ordnungsgemäße Umsetzung der den persönlichen Anwendungsbereich betreffenden Vorgaben der Klausel-Richtlinie festzustellen. Auffallend ist aber das Bemühen des französischen Gesetzgebers, so weit wie möglich an der bisherigen Rechtslage festzuhalten[576]. Dieses Bemühen ist verständlich, da eine strikte Anpassung an den persönlichen Anwendungsbereich der Klausel-Richtlinie eine Absenkung des Schutzniveaus der Artt. L. 132-1 ff. CCons. bewirkt hätte.

5. Umsetzung in Italien

Der persönliche Anwendungsbereich des zur Umsetzung der Klausel-Richtlinie in den zweiten Titel des vierten Buchs des Codice civile neu eingefügten Capo XIV-*bis* ergibt sich aus Art. 1469-*bis* Abs. 1 Codice civile. Entscheidend ist danach das Vorliegen eines Vertrags, der zwischen einem „consumatore" auf der

---

[570] Zur engen und weiten Auslegung des Begriffs „non-professionnel" siehe oben § 5 I 4 a.
[571] *Paisant*, Recueil Dalloz Sirey 1995, chronique, 99, 101; *Brock*, Schutz der Verbraucher vor mißbräuchlichen Klauseln im französischen Privatrecht, S. 40.
[572] Siehe oben § 5 I 4 a.
[573] Siehe oben § 5 I 4 a.
[574] *Tenreiro/Karsten* in Europäische Rechtsangleichung und nationale Privatrechte, S. 223, 231 f.
[575] Siehe oben § 5 I 4 a.
[576] Siehe dazu *Meilhac* in Europäische Rechtsangleichung und nationale Privatrechte, S. 291, 292.

einen und einem „professionista“ auf der anderen Seite geschlossen wurde[577]. Die Begriffe „consumatore“ und „professionista“, die aus der italienischen Fassung der Klausel-Richtlinie übernommen wurden, werden in Art. 1469-*bis* Abs. 2 Codice civile[578] definiert. Danach ist ein „consumatore“ bzw. Verbraucher eine natürliche Person, die zu Zwecken handelt, die nicht ihrer gewerblichen oder beruflichen[579] Tätigkeit zuzurechnen sind. Der „professionista“ bzw. Gewerbetreibende wird definiert als natürliche oder juristische Person, die beim Vertragsschluss im Rahmen ihrer gewerblichen oder beruflichen Tätigkeit handelt, unabhängig davon, ob diese Tätigkeit dem Bereich des Privatrechts oder dem des öffentlichen Rechts zuzuordnen ist. Vor der Einfügung des Art. 1469-*bis* hatte der Begriff des „professionista“ im italienischen Zivilgesetzbuch keine Verwendung gefunden. Vor diesem Hintergrund wird in der italienischen Literatur darauf hingewiesen, dass der „professionista“ nicht mit dem „imprenditore“ i.S.v. Art. 2082 Codice civile verwechselt werden darf und auch nicht in den Bereich der von Artt. 2229 ff. Codice civile geregelten „professioni intellettuali“, also der geistigen Berufe, einzuordnen ist[580].
Inhaltlich entsprechen die Legaldefinitionen des Art. 1469-*bis* Abs. 2 Codice civile denen des Art. 2 lit. b bzw. lit. c RL, so dass in Bezug auf den sachlichen Anwendungsbereich eine ordnungsgemäße Umsetzung der Klausel-Richtlinie festzustellen ist.

II. Sachlicher Anwendungsbereich

1. Vorgaben der Richtlinie

a) Nicht im Einzelnen ausgehandelte Vertragsklauseln

Der sachliche Anwendungsbereich der Klausel-Richtlinie ergibt sich aus einem Zusammenspiel mehrerer Vorschriften. Ausgangspunkt ist Art. 1 Abs. 1 i.V.m.

---

[577] Art. 1469-*bis* Abs. 1 Codice civile lautet: „Nel contratto concluso tra il consumatore ed il professionista, che ha per oggetto la cessione di beni o la prestazione di servizi, si considerano vessatorie le clausole che, malgrado la buona fede, determinano a carico del consumatore un significativo squilibrio dei diritti e degli obblighi derivanti dal contratto.“

[578] Art. 1469-*bis* Abs. 2 Codice civile lautet: „In relazione al contratto di cui al primo comma, il consumatore è la persona fisica che agisce per scopi estranei all'attività imprenditoriale o professionale eventualmente svolta. Il professionista è la persona fisica o giuridica, pubblica o privata, che, nel quadro della sua attività imprenditoriale o professionale, utilizza il contratto di cui al primo comma.“

[579] In der Literatur wird Art. 1469-*bis* Abs. 2 Codice civile so ausgelegt, dass nur die selbstständige berufliche Tätigkeit erfasst wird, vgl. *Patti* in Jahrbuch für italienisches Recht 10 (1997), S. 77, 83; zweifelnd *Cian* in Jahrbuch für italienisches Recht 10 (1997), S. 55, 60.

[580] *De Negri*, Diritto del commercio internazionale 1998, 173, 186 f.; *Arena*, Giurisprudenza di Merito 1998, 156, 158; *Tavolaro*, Documenti Giustizia 1996, 1325, 1334.

Artt. 2 lit. a, 3 Abs. 1 RL. Danach umfasst der sachliche Anwendungsbereich der Richtlinie grundsätzlich alle Klauseln in Verbraucherverträgen, die nicht im Einzelnen ausgehandelt sind. Wann eine Klausel als nicht im Einzelnen ausgehandelt gilt, ist in Art. 3 Abs. 2 RL niedergelegt. Dieser bestimmt, dass eine Vertragsklausel immer dann als nicht im Einzelnen ausgehandelt zu betrachten ist, wenn sie im Voraus abgefasst wurde und der Verbraucher deshalb, insbesondere im Rahmen eines vorformulierten Standardvertrags, keinen Einfluss auf ihren Inhalt nehmen konnte. Da sich die Klausel-Richtlinie grundsätzlich auf alle nicht im Einzelnen ausgehandelten Vertragsklauseln erstreckt, unterliegen ihr auch so genannte Individualklauseln, also Klauseln, die nur zur einmaligen Verwendung bestimmt sind[581]. Für dieses Ergebnis sprechen neben dem Wortlaut des Art. 3 Abs. 1 RL auch Art. 3 Abs. 2 RL, der Standardvertragsklauseln nur beispielhaft erwähnt („insbesondere"), sowie ein Gegenschluss zu Art. 7 Abs. 2 RL. Letztere Vorschrift verlangt ein abstraktes Kontrollverfahren nur für solche Vertragsklauseln, die im Hinblick auf eine allgemeine Verwendung abgefasst wurden. Diese Beschränkung wäre sinnlos, wenn dem sachlichen Anwendungsbereich des AGBG ohnehin nur Standardvertragsklauseln unterfielen. Für eine Einbeziehung von Individualklauseln spricht schließlich auch der Schutzzweck der Klausel-Richtlinie, den aufgrund seiner Marktrolle regelmäßig unterlegenen Verbraucher vor einem Missbrauch der Vertragsgestaltungsfreiheit zu schützen[582]. Zwar stellen Standardvertragsklauseln die in der Praxis häufigste Erscheinungsform missbräuchlicher Klauseln dar, dies schließt aber nicht aus, dass auch nur zur einmaligen Verwendung bestimmte vorformulierte Klauseln missbräuchlich sein können[583]. Für die Eröffnung des sachlichen Anwendungsbereichs der Richtlinie 93/13/EWG ist also zunächst allein entscheidend, dass die jeweilige Vertragsklausel nicht im Einzelnen ausgehandelt wurde. Eine Mehrfachverwendungsabsicht wird demgegenüber nicht gefordert.
Ergänzend stellt Art. 3 Abs. 2 S. 2 RL klar, dass jede Vertragsklausel gesondert darauf zu überprüfen ist, ob sie im Einzelnen ausgehandelt wurde. Art. 3 Abs. 2 S. 2 RL beschränkt diese Aussage zwar auf Standardverträge, hierbei handelt es sich aber wohl um ein Redaktionsversehen. Die beschränkte Wirkung des Aushandelns auf den jeweiligen Vertragsbestandteil gilt auch für nur zur einmaligen Verwendung bestimmte Klauseln[584]. Im Zusammenhang mit dem sachlichen Anwendungsbereich statuiert Art. 3 Abs. 2 S. 3 RL eine Beweislastregelung. Danach trägt der Gewerbetreibende die Beweislast, falls er behauptet, dass eine Standardvertragsklausel im Einzelnen ausgehandelt wurde.

---

[581] Siehe oben § 4 IV 1, ferner *Heinrichs*, NJW 1993, 1817, 1818; *Hommelhoff/Wiedenmann*, ZIP 1993, 562, 566; *Frey*, ZIP 1993, 572, 575; *Ulmer*, EuZW 1993, 337, 342 f.; *Eckert*, WM 1993, 1070, 1072 f.
[582] Siehe oben § 4 IV 1.
[583] *Wolf* in Wolf/Horn/Lindacher, Art. 3 RL Rn. 18.
[584] *Wolf* in Wolf/Horn/Lindacher, Art. 3 RL Rn. 29.

b) Art. 1 Abs. 2 RL

Der sachliche Anwendungsbereich der Klausel-Richtlinie erfährt in Art. 1 Abs. 2 RL eine erste Einschränkung[585]. Danach unterliegen Vertragsklauseln, die auf bindenden Rechtsvorschriften oder auf Bestimmungen oder Grundsätzen internationaler Übereinkommen, bei denen die Mitgliedstaaten oder die Gemeinschaft Vertragsparteien sind, beruhen, nicht der Richtlinie[586]. Der Anstoß zur Schaffung von Art. 1 Abs. 2 RL ging von älterem mitgliedstaatlichen Recht aus, insbesondere von § 8 AGBG, was jedoch nichts an der Notwendigkeit einer autonomen Auslegung dieser Richtlinienbestimmung ändert[587].

aa) Bindende Rechtsvorschriften

Entsprechend ihrem Schutzzweck, den Verbraucher in seiner rollenspezifischen Unterlegenheit zu schützen[588], intendiert die Klausel-Richtlinie nur eine Kontrolle vertraglicher Vereinbarungen, nicht aber eine Kontrolle von Rechtsnormen. Sie geht von dem Grundgedanken aus, dass Rechtsvorschriften der Mitgliedstaaten, die direkt oder indirekt den Inhalt von Verbraucherverträgen festlegen, keine missbräuchlichen Elemente beinhalten[589]. Um auch eine indirekte Kontrolle von Rechtsvorschriften zu vermeiden, nimmt Art. 1 Abs. 2 RL alle Vertragsklauseln vom sachlichen Anwendungsbereich der Richtlinie aus, die auf bindenden Rechtsvorschriften beruhen, das heißt inhaltlich mit Rechtsvorschriften übereinstimmen[590]. Die Formulierung „bindende" Rechtsvorschriften legt die Vermutung nahe, nur das zwingende Recht sei von der Missbrauchskontrolle der Klausel-Richtlinie ausgenommen, nicht jedoch das dispositive Recht[591]. Erwägungsgrund 13 stellt jedoch ausdrücklich klar, dass unter dem

---

585 Ausführlich *Grundmann*, Europäisches Schuldvertragsrecht, S. 256 ff.

586 In der Literatur findet sich gelegentlich die Befürchtung, der Harmonisierungserfolg der Klausel-Richtlinie könne durch Art. 1 Abs. 2 RL ernstlich beeinträchtigt werden, vgl. *De Nova*, ERPL 1995, 221 ff.; *Roppo*, Diritto privato 1996, 99, 122.

587 *Tenreiro/Karsten* in Europäische Rechtsangleichung und nationale Privatrechte S. 223, 233.

588 Siehe oben § 4 IV 1.

589 Siehe Erwägungsgrund 13. Die Möglichkeit einer Kontrolle als missbräuchlich einzustufender Rechtsvorschriften auf der Grundlage der Klausel-Richtlinie im Hinblick auf deren Erwägungsgrund 14 diskutieren *Tenreiro/Karsten* in Europäische Rechtsangleichung und nationale Privatrechte, S. 223, 233.

590 Die Kommission hat einen Bericht über die Anwendung der Klausel-Richtlinie auf Leistungen öffentlich-rechtlicher Versorgungsbetriebe, deren Vertragswerke zum Teil auf Rechtsvorschriften beruhen, erstellen lassen („Application de la directive 93/13 aux prestations de service public"), im Internet zu finden unter http://europa.eu.int/comm/dg24/policy/developments/unfa_cont_term/index_en.html. Siehe zu dieser Problematik auch *Tenreiro/Karsten* in Europäische Rechtsangleichung und nationale Privatrechte, S. 223, 234 f.

591 *Eckert*, WM 1993, 1070, 1072. *Remien*, ZEuP 1994, 34, 45.

„bindenden" Recht im Sinne von Art. 1 Abs. 2 RL auch das dispositive Recht zu verstehen ist[592]. Dies folgt auch aus dem Gedanken, dass im Rahmen eines Vertrags auch dispositive gesetzliche Vorschriften bindend sind, falls die Vertragsparteien keine davon abweichenden Vereinbarungen getroffen haben[593].
Unter den Begriff der Rechtsvorschriften fallen bei der gebotenen autonomen Auslegung nicht nur Gesetze im formellen Sinne, sondern vielmehr alle Rechtsnormen im materiellen Sinne, also alle auf staatlicher Hoheitsgewalt beruhenden abstrakt-generellen Regelungen einschließlich ungeschriebener Rechtsgrundsätze und des Richterrechts[594]. Dieses Verständnis gebietet insbesondere die im Vergleich zu den kontinentalen Rechtsordnungen überragende Rolle des Richterrechts im Vereinigten Königreich.

bb) Internationale Übereinkommen

Neben Rechtsvorschriften nimmt Art. 1 Abs. 2 RL auch Vertragsklauseln, die auf Bestimmungen oder Grundsätzen internationaler Übereinkommen beruhen, vom Anwendungsbereich der Klausel-Richtlinie aus, sofern die Mitgliedstaaten oder die Gemeinschaft Vertragsparteien des betreffenden Übereinkommens sind. Unter Übereinkommen in diesem Sinne sind völkerrechtlich verbindliche Verträge zu verstehen. Diese müssen auch innerstaatlich verbindlich sein, denn nur in diesem Fall können sie den Inhalt eines Vertrags bestimmen[595]. Bei innerstaatlicher Verbindlichkeit eines internationalen Übereinkommens hat dieses dieselbe Wirkung wie eine Rechtsvorschrift rein nationalen Ursprungs. Die Aufzählung internationaler Übereinkommen neben den bindenden Rechtsvorschriften ist daher im Grunde überflüssig und hat eine lediglich klarstellende Funktion[596]. Vertragsparteien der internationalen Übereinkommen müssen die Mitgliedstaaten oder die Gemeinschaft sein. Nicht erforderlich ist hingegen, dass ausschließlich Mitgliedstaaten bzw. Mitgliedstaaten sowie die Gemeinschaft an den betreffenden Übereinkommen beteiligt sind. Vielmehr werden auch Übereinkommen mit der Beteiligung so genannter Drittstaaten erfasst[597].

c) Erwägungsgrund 10

Eine weitere Ausnahme vom sachlichen Anwendungsbereich der Richtlinie 93/13/EWG kommt in Erwägungsgrund 10 zum Ausdruck. Danach sollen die

[592] *Tenreiro/Karsten* in Europäische Rechtsangleichung und nationale Privatrechte, S. 223, 233; *Garbers* in Europäisches Privatrecht, S. 136; *Eckert*, WM 1993, 1070, 1072.
[593] *Wolf* in Wolf/Horn/Lindacher, Art. 1 RL Rn. 34.
[594] *Wolf* in Wolf/Horn/Lindacher, Art. 1 RL Rn. 34.
[595] Vgl. *Kretschmar*, Richtlinie 93/13/EWG und AGBG, S. 200.
[596] *Wolf* in Wolf/Horn/Lindacher, Art. 1 RL Rn. 36.
[597] *Wolf* in Wolf/Horn/Lindacher, Art. 1 RL Rn. 38.

Vorschriften der Klausel-Richtlinie für alle Verträge zwischen Gewerbetreibenden und Verbrauchern gelten, mit der Folge, dass insbesondere Arbeitsverträge sowie Verträge auf dem Gebiet des Erb-, Familien- und Gesellschaftsrechts von der Richtlinie ausgenommen sind. Erwägungsgrund 10 macht deutlich, dass die dort ausgesprochene Beschränkung des sachlichen Anwendungsbereichs eine Folge des Umstands ist, dass die Richtlinie nur für Verbraucherverträge gilt[598]. Verträge auf dem Gebiet des Arbeits-, Erb-, Familien- und Gesellschaftsrechts stellen nämlich unter keinen denkbaren Umständen Verbraucherverträge dar[599]. Im Kontext der Klausel-Richtlinie ist Erwägungsgrund 10 im Grunde überflüssig, da sich die dort ausgesprochene Beschränkung des Anwendungsbereichs direkt daraus ergibt, dass die Richtlinie nur Verbraucherverträge erfasst. Dass Erwägungsgrund 10 dennoch Eingang in die Klausel-Richtlinie gefunden hat, geht auf deutschen Einfluss bei den Vorarbeiten zur Richtlinie zurück[600].

d) Art. 4 Abs. 2 RL

Die letzte Ausnahme vom sachlichen Anwendungsbereich der Klausel-Richtlinie enthält Art. 4 Abs. 2 RL, der von der Missbrauchskontrolle zum einen den Hauptgegenstand des Vertrags, zum anderen die Angemessenheit zwischen den Preis bzw. dem Entgelt und den Gütern bzw. Dienstleistungen, die die Gegenleistung darstellen, ausnimmt.

Den *Hauptgegenstand* des Vertrags bestimmen die Klauseln, die die zu leistenden Güter und Dienste in Bezug auf Art, Qualität und Umfang sowie die Art der Gegenleistung (Geld oder anderes) festsetzen[601]. Zum Hauptgegenstand des Vertrags zählt ferner der Vertragszweck, der den Inhalt der Hauptleistungspflicht und die Art des jeweiligen Vertrags näher bestimmt[602]. Auch wenn die Richtlinie dies nicht ausdrücklich anordnet, sind von der Inhaltskontrolle über den Hauptgegenstand des Vertrags hinaus auch die sonstigen essentialia negotii, ohne deren Festlegung der Vertrag mangels Bestimmtheit nicht durchgeführt werden könnte, befreit[603]. Grund hierfür ist die Erwägung, Eingriffe in die Privatautonomie nur im geringstmöglichen Umfang vorzunehmen.

---

598 *Tenreiro/Karsten* in Europäische Rechtsangleichung und nationale Privatrechte, S. 223, 232.

599 *Eckert*, WM 1993, 1070, 1073.

600 Siehe dazu *Tenreiro/Karsten* in Europäische Rechtsangleichung und nationale Privatrechte, S. 223, 232.

601 *Garbers* in Europäisches Privatrecht, S. 136. Die genaue Abgrenzung des Hauptgegenstands des Vertrags ist insbesondere bei Versicherungsverträgen oftmals schwierig. Siehe dazu Erwägungsgrund 19 sowie *Grundmann*, Europäisches Schuldvertragsrecht, S. 268 ff.

602 *Wolf* in Wolf/Horn/Lindacher, Art. 4 RL Rn. 16.

603 *Wolf* in Wolf/Horn/Lindacher, Art. 4 RL Rn. 17.

Das *Preis-/Leistungsverhältnis (Äquivalenzverhältnis)* betrifft die Preishöhe im Vergleich zu Art und Umfang der zu leistenden Güter und Dienste[604]. Von den Klauseln, die das Preis-/Leistungsverhältnis festlegen und daher kontrollfrei sind, sind die so genannten Preisnebenabreden abzugrenzen, die der Missbrauchskontrolle der Richtlinie unterfallen[605].
Erwägungsgrund 19 stellt klar, dass der Hauptgegenstand des Vertrags sowie das Preis-/Leistungsverhältnis bei der Beurteilung der Missbräuchlichkeit anderer Vertragsklauseln berücksichtigt werden können. Auf diese Weise ermöglicht die Klausel-Richtlinie zumindest eine indirekte Kontrolle des Äquivalenzverhältnisses[606].
Art. 4 Abs. 2 RL nimmt den Hauptgegenstand des Vertrags und das Preis-/Leistungsverhältnis nur unter der Voraussetzung von der Inhaltskontrolle aus, dass die betreffenden Klauseln klar und verständlich abgefasst sind. Diese Bestimmung darf nicht missverstanden werden[607]. Der Hauptgegenstand des Vertrags und das Preis-/Leistungsverhältnis selbst unterliegen niemals der Inhaltskontrolle. Die Klauseln, die den Hauptgegenstand des Vertrags und das Preis-/Leistungsverhältnis festlegen, können jedoch als missbräuchlich einzustufen sein, weil sie unklar bzw. unverständlich sind. Die Erwähnung des Transparenzgebots in Art. 4 Abs. 2 RL dient lediglich der Klarstellung, dass die Kontrollfreiheit des Hauptgegenstands des Vertrags und des Äquivalenzverhältnisses nicht von der Beachtung des Transparenzgebots befreit[608]. Das Gebot der Klarheit und Verständlichkeit in Art. 4 Abs. 2 RL stellt somit einen Unterfall des allgemeinen, in Art. 5 S. 1 RL verankerten Transparenzgebots dar und hat im Grunde keine selbstständige Bedeutung[609].

2. Umsetzung in Deutschland

a) Ausgangslage Sachlicher Anwendungsbereich des AGBG a.F.

Der sachliche Anwendungsbereich der ursprünglichen Fassung des AGBG wird maßgeblich von § 1 AGBG bestimmt. Diese Vorschrift definiert Allgemeine Geschäftsbedingungen in ihrem Absatz 1 als alle für eine Vielzahl von Verträgen vorformulierten Vertragsbedingungen, die eine Vertragspartei (Verwender) der anderen Vertragspartei bei Abschluss des Vertrags stellt. Diese Begriffsbestimmung weicht in zwei Punkten von der Konzeption der Klausel-Richtlinie ab,

---

604 *Kapnopoulou*, Recht der mißbräuchlichen Klauseln in der EU, S. 104.
605 *Garbers* in Europäisches Privatrecht, S. 136.
606 *Tenreiro/Karsten* in Europäische Rechtsangleichung und nationale Privatrechte, S. 223, 240.
607 Vgl. *Roppo*, Diritto privato 1996, 99, 120 f., der diesem Missverständnis erliegt.
608 *Wolf* in Wolf/Horn/Lindacher, Art. 4 RL Rn. 21.
609 Näher *Kapnopoulou*, Recht der mißbräuchlichen Klauseln in der EU, S. 139 ff.

zum einen hinsichtlich des Merkmals der beabsichtigten *Vielzahl* der Verwendungen, zum anderen hinsichtlich des Erfordernisses des *Stellens* der Vertragsbedingungen durch den Verwender.

Im Merkmal der beabsichtigten Vielzahl der Verwendungen kommt die Grundkonzeption des AGBG zum Ausdruck, das nur für *Allgemeine* Geschäftsbedingungen Geltung beansprucht[610]. In der Klausel-Richtlinie findet dieses Merkmal keine Entsprechung, vielmehr erfasst sie auch so genannte Individualklauseln, also Klauseln, die nur zur einmaligen Verwendung bestimmt sind[611].

Das Merkmal des Stellens dient dazu, diejenige Vertragspartei zu bezeichnen, die die Einbeziehung vorformulierter Vertragsbedingungen in den Vertrag verlangt, indem sie der anderen Vertragspartei ein konkretes Einbeziehungsangebot unterbreitet[612]. Über das Merkmal des Stellens erfolgt also eine Zurechnung der Vertragsbedingungen an eine Vertragspartei. Problematisch ist diese Zurechnung insbesondere in den Fällen der so genannten *Drittklauseln*. Gemeint sind Fälle, in denen die Klauseln auf Vorschlag eines neutralen Dritten Vertragsbestandteil werden und insofern gerade keiner Vertragspartei zugerechnet werden können[613]. Hauptbeispiel sind Klauseln, die von einem Notar als unparteiischem Dritten ohne einseitige Veranlassung durch eine Partei in den Vertrag eingeführt werden[614]. Da es in solchen Fällen am Merkmal des Stellens der notariell entworfenen Klauseln durch eine der Vertragsparteien fehlt, liegen keine AGB im Sinne von § 1 Abs. 1 AGBG vor, so dass der Anwendungsbereich des AGBG nicht eröffnet ist[615]. Dieses Ergebnis erscheint auch insofern sachgerecht, als der Notar aufgrund seiner Prüfungs- und Belehrungspflichten nach § 17 BeurkG als Garant eines im Wesentlichen ausgewogenen Vertragsinhalts angesehen werden kann[616]. Allerdings unterwirft der VII. Zivilsenat des BGH formelhafte Gewährleistungsausschlüsse in notariell beurkundeten Verträgen über neu errichtete Häuser und Eigentumswohnungen bereits seit längerer Zeit einer Inhaltskontrolle, freilich nicht gestützt auf das AGBG, sondern auf § 242 BGB[617].

Das Merkmal des Stellens der Vertragsbedingungen findet im Text der Klausel-Richtlinie keine Entsprechung[618] und lässt sich entgegen vereinzelter anders lautender Stimmen in der deutschen Literatur auch nicht aus Art. 7 Abs. 1 RL

---

610 Vgl. *Ulmer* in Ulmer/Brandner/Hensen, Einl. Rn. 1.

611 Siehe oben § 4 IV 1.

612 *Ulmer* in Ulmer/Brandner/Hensen, § 1 AGBG Rn. 27.

613 *Westphalen*, BB 1996, 2101, 2102; *Heinrichs*, NJW 1996, 2190, 2192.

614 *Klesta Dosi*, NGCC 1994, parte seconda, 426, 432.

615 BGH, NJW 1991, 843; BGH, NJW 1992, 2817.

616 *Horn* in 40 Jahre Römische Verträge, S. 151, 157.

617 BGHZ 74, 204, 209; BGHZ 101, 350, 352; BGHZ 108, 164, 168; BGH, NJW 1984, 2094. Zur Kritik an dieser Rechtsprechung siehe *Brambring*, DNotZ 1990, 99 ff.; *Habersack*, AcP 189 (1989), 403 ff.

618 *Schlosser* in Staudinger, § 24 a AGBG Rn. 4; *Basedow* in Münchener Kommentar (Ergänzungsband zur 3. Aufl.), § 24 a AGBG Rn. 39.

oder aus Erwägungsgrund 9 herleiten[619]. Die Entscheidung der Richtlinie, grundsätzlich alle in Verbraucherverträgen enthaltenen Klauseln einer Inhaltskontrolle zu unterwerfen, darf nicht durch Bestrebungen ausgehöhlt werden, aus dem nationalen Recht der Mitgliedstaaten Beschränkungen des Anwendungsbereichs in die Richtlinie hineinzuinterpretieren[620]. Folglich unterfallen so genannte Drittklauseln dem sachlichen Anwendungsbereich der Klausel-Richtlinie, nicht aber dem des AGBG a.F., so dass in dieser Hinsicht ein Anpassungsbedarf des AGBG a.F. festzustellen ist.

Eine Einschränkung des sachlichen Anwendungsbereichs des AGBG nimmt § 1 Abs. 2 AGBG dahin gehend vor, dass AGB nicht vorliegen, soweit die Vertragsbedingungen zwischen den Vertragsparteien im Einzelnen ausgehandelt sind. § 1 Abs. 2 AGBG entspricht den Vorgaben der Klausel-Richtlinie, deren Anwendungsbereich im Einzelnen ausgehandelte Klauseln ebenfalls nicht erfasst[621]. Darüber hinaus ist sowohl nach § 1 Abs. 2 AGBG als auch nach Art. 3 Abs. 2 S. 2 RL jede Vertragsklausel gesondert darauf zu überprüfen, ob sie im Einzelnen ausgehandelt wurde[622]. Die im Zusammenhang mit dem sachlichen Anwendungsbereich postulierte Beweislastregelung des Art. 3 Abs. 2 S. 3 RL, wonach der Gewerbetreibende zu beweisen hat, dass eine Standardvertragsklausel im Einzelnen ausgehandelt wurde, ist auch im Rahmen des AGBG anerkannt und ergibt sich hier aus der starken Indizwirkung, die von zur mehrmaligen Verwendung bestimmten AGB ausgeht[623].

Einschränkungen erfährt der persönliche Anwendungsbereich des AGBG darüber hinaus durch § 23 AGBG. Nach § 23 Abs. 1 AGBG findet das AGBG keine Anwendung bei Verträgen auf dem Gebiet des Arbeits-, Erb-, Familien- und Gesellschaftsrechts. Auch diese Einschränkung deckt sich mit der Klausel-Richtlinie[624], die aufgrund ihrer Ausrichtung auf Verbraucherverträge die in § 23

---

[619] So aber insbesondere *Ulmer*, EuZW 1993, 337, 342; *ders.* in Karlsruher Forum 1997, S. 9, 25 ff.: Auch die Richtlinie 93/13/EWG gehe von der Notwendigkeit aus, die vorformulierten Klauseln einem der Vertragspartner zuzurechnen. Dafür sprächen das Abstellen auf die Verwendung der missbräuchlichen Klauseln durch einen Gewerbetreibenden in Art. 7 Abs. 1 RL sowie Erwägungsgrund 9, wonach der Verbraucher vor einem Machtmissbrauch des Gewerbetreibenden, insbesondere vor vom Verkäufer einseitig festgelegten Standardverträgen zu schützen ist. Folglich könne das Merkmal des Stellens in der AGB-Definition des § 1 Abs. 1 AGBG ohne Bedenken beibehalten werden. Ebenso *Eckert*, WM 1993, 1070, 1073: Die Klausel-Richtlinie gehe ohne eine einseitige Festlegung der Vertragsklauseln durch eine Vertragspartei nicht von einem Schutzbedürfnis aus, so dass im deutschen Recht am Erfordernis des Stellens unverändert festgehalten werden könne.

[620] So überzeugend *Heinrichs*, NJW 1993, 1817, 1818 f.; *ders.*, NJW 1995, 153, 157 f.; *Damm*, JZ 1994, 161, 166; *Kappus*, NJW 1994, 1847, 1848; *Niebling*, WiB 1994, 863.

[621] Siehe oben § 5 II 1 a.

[622] Siehe oben § 5 II 1 a a.E.

[623] *Wolf* in Wolf/Horn/Lindacher, § 1 AGBG Rn. 63.

[624] *Ulmer*, EuZW 1993, 337, 343; *Bunte*, DB 1996, 1389, 1391; *Eckert*, WM 1993, 1070, 1073.

Abs. 1 AGBG aufgeführten Vertragstypen vom sachlichen Anwendungsbereich ausnimmt[625]. Problematisch erscheinen demgegenüber auf den ersten Blick die in § 23 Abs. 2 und 3 AGBG enthaltenen Beschränkungen des Anwendungsbereichs. Diese Einzelausnahmen finden keine Entsprechung im Text der Klausel-Richtlinie. Zu beachten ist jedoch, dass die Absätze 2 und 3 des § 23 AGBG lediglich die Nichtanwendung von § 2 AGBG einerseits[626] sowie von §§ 10 und 11 AGBG andererseits[627] anordnen, das AGBG im Übrigen aber unangetastet lassen. Soweit die Einzelausnahmen des § 23 Abs. 2, 3 AGBG nun von § 2 AGBG befreien, ist dies im Hinblick auf die Richtlinie unproblematisch, da diese keine dem § 2 AGBG entsprechende Einbeziehungsvorschrift enthält[628]. Soweit die Anwendbarkeit der §§ 10 und 11 AGBG ausgeschlossen wird, bleiben die Vorgaben der Klausel-Richtlinie noch immer durch die Anwendbarkeit der Generalklausel des § 9 AGBG gewahrt[629]. § 23 AGBG ist daher in seiner Gesamtheit mit der Richtlinie 93/13/EWG vereinbar, ein Anpassungsbedarf ist zu verneinen[630].

Weitere Einschränkungen des sachlichen Anwendungsbereichs des AGBG ergeben sich aus § 8 AGBG, wonach der Inhaltskontrolle nach §§ 9 bis 11 AGBG nur solche Bestimmungen in AGB unterfallen, durch die von Rechtsvorschriften abweichende oder diese ergänzende Regelungen vereinbart werden. Auf diese Weise bringt § 8 AGBG zum Ausdruck, dass das AGBG nicht dazu dienen soll, gesetzliche Interessenbewertungen zu überprüfen. Die Geltung des § 8 AGBG ist auf innerstaatliche Rechtsvorschriften beschränkt, wozu jedoch nicht nur solche rein nationalen Ursprungs zu zählen sind, sondern auch Bestimmungen, die auf internationalen Übereinkommen beruhen[631]. In dieser Auslegung entspricht § 8 AGBG dem Regelungsgehalt von Art. 1 Abs. 2 RL[632].

Aus dem Wortlaut des § 8 AGBG ergibt sich, dass AGB nur kontrollfähig sind, soweit ihr Regelungsgehalt auch Gegenstand von Rechtsvorschriften ist. Bloße Leistungsbeschreibungen und Preisvereinbarungen, deren Inhalt sich in rein tatsächlichen und wirtschaftlichen Daten erschöpft, sind jedoch nicht Gegenstand von Rechtsvorschriften[633]. Daraus folgt, dass Leistungsbeschreibungen und Preisvereinbarungen gemäß § 8 AGBG von einer Inhaltskontrolle nach dem

---

[625] Siehe oben § 5 II 1 c.
[626] So § 23 Abs. 2 Nr. 1 bis 1 b sowie Abs. 3 AGBG.
[627] So § 23 Abs. 2 Nr. 2 bis 6 AGBG.
[628] *Kretschmar*, Richtlinie 93/13/EWG und AGBG, S. 134. Siehe auch *Schmidt-Salzer*, NJW 1995, 1641 f.
[629] *Kretschmar*, Richtlinie 93/13/EWG und AGBG, S.135.
[630] *Ulmer*, EuZW 1993, 337, 343 f.
[631] *Wolf* in Wolf/Horn/Lindacher, § 8 AGBG Rn. 5.
[632] *Bunte*, DB 1996, 1389, 1391.
[633] *Wolf* in Wolf/Horn/Lindacher, § 8 AGBG Rn. 1.

AGBG ausgenommen sind. Gleiches bestimmt Art. 4 Abs. 2 RL[634], so dass auch im Hinblick auf diese Richtlinienvorschrift kein Anpassungsbedarf des AGBG gegeben ist[635].

Zusammenfassend ist zu § 8 AGBG festzustellen, dass er in seiner durchweg praktizierten Auslegung dem Regelungsgehalt der Artt. 1 Abs. 2, 4 Abs. 2 RL entspricht[636].

b) Modifikationen durch das AGBG-Änderungsgesetz

Die Gegenüberstellung des sachlichen Anwendungsbereichs von AGBG a.F. einerseits und Richtlinie 93/13/EWG andererseits ergibt somit folgenden Befund:

Bei den Ausschlusstatbeständen (Artt. 1 Abs. 2, 4 Abs. 2, Erwägungsgrund 10 RL bzw. § 1 Abs. 2, §§ 8, 23 AGBG) ist ein Gleichlauf festzustellen, so dass in dieser Hinsicht kein Anpassungsbedarf des AGBG an die Vorgaben der Klausel-Richtlinie besteht[637].

Dieser Gleichlauf erstreckt sich aber nicht auf den eigentlichen Gegenstand der Inhaltskontrolle: Das AGBG erfasst nach § 1 Abs. 1 AGBG nur Allgemeine Geschäftsbedingungen, die sich dadurch auszeichnen, dass sie für eine *Vielzahl* von Verwendungen vorformuliert sind und von einer Vertragspartei der anderen *gestellt* werden. Demgegenüber gilt die Klausel-Richtlinie grundsätzlich für *alle* nicht im Einzelnen ausgehandelten Vertragsklauseln. Nach der Konzeption der Richtlinie ist es unerheblich, ob eine Vertragsklausel zur mehrmaligen oder lediglich zur einmaligen Verwendung vorformuliert wurde, ferner ist ein Stellen der Klausel durch eine der Vertragsparteien nicht erforderlich, so dass auch so genannte Drittklauseln dem sachlichen Anwendungsbereich der Klausel-Richtlinie unterliegen[638].

Die konzeptionellen Unterschiede zwischen AGBG und Klausel-Richtlinie lassen sich vereinfacht wie folgt auf den Punkt bringen: Das AGBG schränkt seinen Anwendungsbereich in erster Linie in *sachlicher* Hinsicht ein, während der persönliche Anwendungsbereich weitgehend unbegrenzt ist[639]. Demgegenüber liegen die Einschränkungen der Klausel-Richtlinie primär auf der Ebene des *persönlichen* Anwendungsbereichs (erfasst werden ausschließlich Verbraucherverträge), während der sachliche Anwendungsbereich sehr weit ist. Beim AGBG

---

[634] Art. 4 Abs. 2 RL bringt den Ausschluss der vertraglichen Hauptleistung und des Preis-/Leistungsverhältnisses freilich deutlicher zum Ausdruck als § 8 AGBG, siehe *Eckert*, WM 1993, 1070, 1076.

[635] *Wolf* in Wolf/Horn/Lindacher, § 8 AGBG Rn. 1; *Bunte*, DB 1996, 1389, 1391.

[636] Siehe etwa *Ulmer*, EuZW 1993, 337; *Heinrichs*, NJW 1993, 1817, 1818.

[637] Siehe im Einzelnen oben § 5 II 2 a.

[638] Siehe oben § 5 II 2 a.

[639] Siehe oben § 5 I 2 a.

ist das Vorliegen Allgemeiner Geschäftsbedingungen entscheidend, bei der Klausel-Richtlinie das Vorliegen eines Verbrauchervertrags.
Um den sachlichen Anwendungsbereich des AGBG trotz dieser konzeptionellen Unterschiede an die Vorgaben der Richtlinie 93/13/EWG anzupassen, fügt das AGBG-Änderungsgesetz einen neuen § 24 a in das AGBG ein. Dieser gilt nur für Verbraucherverträge[640] und bestimmt in Nr. 1, dass AGB als *vom Unternehmer gestellt* gelten, es sei denn, sie wurden durch den Verbraucher in den Vertrag eingeführt. Hierbei handelt es sich um eine unwiderlegliche gesetzliche Fiktion[641], die zur Folge hat, dass nun auch so genannte Drittklauseln, die von einem neutralen Dritten in den Vertrag eingeführt wurden, der Kontrolle des AGBG unterliegen[642]. Von besonderer Bedeutung ist dies für die bereits angesprochene Kontrolle notariell entworfener Verbraucherverträge[643], die nunmehr über eine tragfähige gesetzliche Grundlage verfügt[644].
Nach § 24 a Nr. 2 AGBG sind die §§ 5, 6 sowie 8 bis 12 AGBG auf vorformulierte Vertragsbedingungen auch dann anzuwenden, wenn diese nur zur *einmaligen Verwendung* bestimmt sind und soweit der Verbraucher aufgrund der Vorformulierung keinen Einfluss auf ihren Inhalt nehmen konnte. Dies bedeutet die Einbeziehung so genannter Individualklauseln[645], das heißt solcher Klauseln, die nur zur einmaligen Verwendung bestimmt sind, in den Anwendungsbereich des AGBG[646].
Die mit § 24 a Nr. 2 AGBG verbundene Erweiterung des sachlichen Anwendungsbereichs ist allerdings in zweifacher Hinsicht beschränkt. Zum einen gilt sie nur für Klauseln, die in einem Verbrauchervertrag enthalten sind, zum anderen ist sie auf diejenigen Vorschriften des AGBG begrenzt, die für Individualklauseln von Bedeutung sind, nämlich auf §§ 5, 6 sowie 8 bis 12 AGBG[647]. Im Gegensatz dazu wird namentlich § 3 AGBG in der Aufzählung des § 24 a Nr. 2 AGBG nicht erwähnt[648]. Unter dem Gesichtspunkt, dass auch Individualklauseln überraschend sein können[649], erscheint die Nichterwähnung des § 3 AGBG in § 24 a Nr. 2 AGBG zunächst bedenklich. Zu beachten ist jedoch, dass die

640 Siehe oben § 5 I 2 b.
641 *Horn* in 40 Jahre Römische Verträge, S. 151, 156; *Bunte*, DB 1996, 1389, 1391; *Ulmer* in Karlsruher Forum 1997, S. 9, 19.
642 *Bunte*, DB 1996, 1389, 1391; *Reich*, ERPL 1997, 165, 169.
643 Siehe oben § 5 II 2 a.
644 *Heinrichs*, NJW 1996, 2190, 2192.
645 Siehe bereits oben § 4 IV 1.
646 *Heinrichs*, NJW 1996, 2190, 2192; *Horn* in 40 Jahre Römische Verträge, S. 151, 157 f.; *Bunte*, DB 1996, 1389, 1392; *Reich*, ERPL 1997, 165, 169.
647 *Bunte*, DB 1996, 1389, 1392.
648 Im Gesetzgebungsverfahren war zunächst erwogen worden, auch § 3 AGBG in § 24 a Nr. 2 AGBG aufzuführen, vgl. den Entwurf eines Gesetzes zur Änderung des AGB-Gesetzes, BT-Drucksache 13/2713.
649 *Heinrichs*, NJW 1996, 2190, 2193.

Klausel-Richtlinie keine dem Regelungsgehalt des § 3 AGBG direkt entsprechende Vorschrift enthält. Ansatzpunkte für einen Schutz vor überraschenden Klauseln lassen sich allenfalls aus Artt. 4 (Berücksichtigung der Umstände des Vertragsschlusses), 5 (Transparenzgebot) sowie aus Art. 3 Abs. 1 RL (Gebot von Treu und Glauben) herleiten. Sollte eine Individualklausel überraschend im Sinne von § 3 AGBG sein, so lässt sich ein gemessen an der Klausel-Richtlinie hinreichender Schutz des Verbrauchers über § 9 Abs. 1 i.V.m. § 24 a Nr. 3 AGBG[650] erreichen. Das Fehlen des § 3 AGBG in der Aufzählung des § 24 a Nr. 2 AGBG ist also im Ergebnis vor dem Hintergrund der Klausel-Richtlinie nicht zu beanstanden[651].

§ 24 a Nr. 2 AGBG macht die Anwendbarkeit der genannten Vorschriften des AGBG auf Individualklauseln von der Voraussetzung abhängig, dass der Verbraucher aufgrund der Vorformulierung der Klauseln auf ihren Inhalt keinen Einfluss nehmen konnte. Entscheidend ist allein die *Möglichkeit* einer Einflussnahme des Verbrauchers, nicht hingegen, ob tatsächlich eine Einflussnahme erfolgt ist[652]. Auch in dieser Hinsicht befindet sich § 24 a Nr. 2 AGBG in Einklang mit der Klausel-Richtlinie, die in Art. 3 Abs. 2 ebenfalls die Möglichkeit der Einflussnahme als entscheidend ansieht[653].

c) Bewertung

Die im Hinblick auf die Klausel-Richtlinie problematischen Punkte des sachlichen Anwendungsbereichs des AGBG wurden durch das AGBG-Änderungsgesetz richtlinienkonform modifiziert. Das AGBG erfasst nunmehr auch Individualklauseln und verlangt nicht mehr, dass die Klauseln von einer Vertragspartei der anderen gestellt sind[654]. Diese Änderungen beziehen sich jedoch nur auf die neu in das AGBG eingefügte Kategorie der Verbraucherverträge. Außerhalb dieses Bereichs bleibt es bei der alten Rechtslage, das heißt ein Stellen der Vertragsbedingungen durch eine Vertragspartei ist für die Anwendbarkeit des AGBG ebenso unerlässlich wie eine Vorformulierung der Klauseln für eine Vielzahl von Verträgen.

Die Änderungen des sachlichen Anwendungsbereichs des AGBG wurden auf das zwingend erforderliche Maß beschränkt, so dass man insofern von einer

---

650 Dazu später unter § 5 III 1 b.

651 In diesem Sinne *Westphalen*, BB 1996, 2101, 2104 („wenngleich mit Bedenken"). Anders *Horn* in 40 Jahre Römische Verträge, S. 151, 160, der bei überraschenden Individualklauseln eine richtlinienkonforme Auslegung des § 24 a Nr. 2 AGBG vorschlägt und auf diese Weise eine Einbeziehung in den Vertrag verhindern will. A.A. *Heinrichs*, NJW 1996, 2190, 2193 („Das überzeugt unter Wertungsgesichtspunkten nicht.").

652 *Horn* in 40 Jahre Römische Verträge, S. 151, 159.

653 Vgl. *Eckert*, WM 1993, 1070, 1073.

654 Siehe oben § 5 II 2 b.

„Minimallösung" sprechen kann[655]. Charakteristisch für diese Herangehensweise ist das Fehlen des § 3 AGBG in der Aufzählung des § 24 a Nr. 2 AGBG. Vor dem Hintergrund der Klausel-Richtlinie ist dies zwar nicht zu beanstanden[656], eine Einbeziehung des § 3 AGBG wäre jedoch durchaus sinnvoll gewesen, da auch Individualklauseln überraschend im Sinne von § 3 AGBG sein können. Der Rechtsanwender hat nun hinsichtlich der Folgen, die sich aus der Verwendung einer überraschenden Klausel ergeben, zu differenzieren. Ist die überraschende Klausel in AGB enthalten, so wird sie nach § 3 AGBG nicht Vertragsbestandteil. Handelt es sich demgegenüber um eine Individualklausel, so wird diese zwar zunächst Vertragsbestandteil, ist aber gemäß § 9 Abs. 1 i.V.m. § 24 a Nr. 3 AGBG unwirksam. Der minimalistische Ansatz des Gesetzgebers hat also zumindest in diesem Punkt eine Verkomplizierung der Rechtslage zur Folge gehabt.
Darüber hinaus scheint das AGBG-Änderungsgesetz auf den ersten Blick einen „Systembruch" innerhalb des AGBG bewirkt zu haben. Zeichnete sich die Grundkonzeption des AGBG ursprünglich durch die Ausrichtung auf AGB im Sinne von § 1 AGBG aus, so werden nun auch Individualklauseln erfasst, sofern sie in einem Verbrauchervertrag enthalten sind. Innerhalb des AGBG scheinen nun also zwei Schutzansätze nebeneinander zu stehen. Dies zeigt sich insbesondere darin, dass die Überschrift des AGBG (Gesetz zur Regelung des Rechts der Allgemeinen Geschäftsbedingungen) nun zu kurz greift[657]. Anlässlich der Umsetzung der Klausel-Richtlinie durch das AGBG-Änderungsgesetz wäre es konsequent gewesen, das AGBG in „Gesetz über Allgemeine Geschäftsbedingungen und Vertragsbedingungen in Verbraucherverträgen" umzubenennen[658].
Die konzeptionellen Unterschiede des AGBG und der Klausel-Richtlinie dürfen jedoch nicht überbewertet werden. Zwar ist das AGBG kein Verbraucherschutzgesetz im technischen Sinne, es lässt sich aber nicht leugnen, dass es seit jeher in erster Linie Verbrauchern zugute kommt[659]. Deutlich wird dies insbesondere an § 24 S. 1 Nr. 1 AGBG, der bestimmte Schutzvorschriften des AGBG für unanwendbar erklärt, falls AGB gegenüber einem Unternehmer verwendet werden. Hieran zeigt sich die primäre Ausrichtung des AGBG auf den Verbraucherschutz[660]. Das Schutzkonzept der Klausel-Richtlinie wird vom weiteren Schutz-

[655] Vgl. *Reich*, ERPL 1997, 165, 172; *Bunte*, DB 1996, 1389, 1393.
[656] Siehe oben § 5 II 2 b.
[657] *Damm*, JZ 1994, 161, 178; *Eckert*, WM 1993, 1070, 1078; *Ulmer* in Karlsruher Forum 1997, S. 9, 10 f.
[658] So der Vorschlag von *Heinrichs*, NJW 1993, 1817, 1821; *ders.*, NJW 1997, 1407.
[659] *Kötz* in Münchener Kommentar (3. Aufl.), § 1 AGBG Rn. 2; *Damm*, JZ 1994, 161, 167. In der Entstehungsphase des AGBG war sogar erwogen worden, ein spezifisch verbraucherschützendes Konzept zugrunde zu legen, vgl. *Damm*, JZ 1994, 161, 167 m.w.N.
[660] *Pflug*, Kontrakt und Status im Recht der Allgemeinen Geschäftsbedingungen, S. 28.

konzept des AGBG also mitumfasst[661]. Ein grundlegender „Systembruch“ ist durch die Einfügung des § 24 a AGBG daher keinesfalls eingetreten. Die eingetretene Ungenauigkeit der Gesetzesüberschrift stellt angesichts dessen kein sehr schwer wiegendes Manko dar[662].

d) Rechtslage nach Inkrafttreten des Schuldrechtsmodernisierungsgesetzes

Der sachliche Anwendungsbereich des durch das Schuldrechtsmodernisierungsgesetz neu gestalteten Abschnitts 2 des zweiten Buches des BGB deckt sich weitgehend mit dem des früheren AGBG. Die Legaldefinition Allgemeiner Geschäftsbedingungen findet sich in § 305 Abs. 1 BGB. § 305 Abs. 1 S. 3 BGB bestimmt in Einklang mit der bisherigen Rechtslage, dass Allgemeine Geschäftsbedingungen nicht vorliegen, soweit die Vertragsbedingungen zwischen den Vertragsparteien im Einzelnen ausgehandelt sind.
In enger Anlehnung an den früheren § 23 AGBG bestimmt § 310 Abs. 4 BGB, dass der Abschnitt über Allgemeine Geschäftsbedingungen keine Anwendung findet bei Verträgen auf dem Gebiet des Erb-, Familien- und Gesellschaftsrechts sowie auf Tarifverträge, Betriebs- und Dienstvereinbarungen. Darüber hinaus bestimmt § 310 Abs. 4 S. 2 BGB, dass die im Arbeitsrecht geltenden Besonderheiten bei der Anwendung auf Arbeitsverträge angemessen zu berücksichtigen sind. Im Gegensatz zur früheren Rechtslage sind die Vorschriften über Allgemeine Geschäftsbedingungen nunmehr also grundsätzlich auch auf dem Gebiet des Individualarbeitsrechts anwendbar. Vor dem Hintergrund der Klausel-Richtlinie ist diese Ausdehnung des sachlichen Anwendungsbereichs nicht zu beanstanden, da die Klausel-Richtlinie nur für Verbraucherverträge Geltung beansprucht und Verträge auf dem Gebiet des Arbeitsrechts – wie bereits erläutert[663] – unter keinen Umständen Verbraucherverträge darstellen können. Eine weitere moderate Ausdehnung des sachlichen Anwendungsbereichs der neuen Regelungen über Allgemeine Geschäftsbedingungen erfolgte im Hinblick auf die seinerzeit in § 23 Abs. 2, 3 AGBG enthaltenen Beschränkungen[664]. Auch hier ist ein Verstoß gegen die Vorgaben der Klausel-Richtlinie nicht erkennbar.
Die früher in § 8 AGBG enthaltene Regelung findet sich nunmehr in § 307 Abs. 3 S. 1 AGBG. Wie bereits erläutert[665] findet sich der Inhalt des früheren § 24 a AGBG unverändert in § 310 Abs. 3 BGB.

---

[661] *Ulmer*, EuZW 1993, 337, 341; *Heinrichs*, NJW 1993, 1817, 1818; a.A. *Hommelhoff/Wiedenmann*, ZIP 1993, 562, 571.
[662] *Heinrichs*, NJW 1996, 2190, 2197; *Ulmer* in Karlsruher Forum 1997, S. 9, 10 f.
[663] Siehe oben § 5 II 1 c.
[664] Näher hierzu *Artz*, JuS 2002, 528, 529.
[665] Siehe oben § 5 I 2 d.

Somit ist festzustellen, dass die Eingliederung des AGBG in das BGB vor dem Hintergrund der Richtlinie 93/13/EWG in Bezug auf die Umgrenzung des sachlichen Anwendungsbereichs zu keinen relevanten Änderungen geführt hat.

3. Umsetzung im Vereinigten Königreich

a) UTCR 1994

Der Ausgangspunkt für die Bestimmung des sachlichen Anwendungsbereichs der der Umsetzung der Klausel-Richtlinie dienenden UTCR 1994 findet sich in Section 3 (1). Danach sind die UTCR 1994 grundsätzlich auf alle Klauseln in Verbraucherverträgen anwendbar, die nicht im Einzelnen ausgehandelt wurden. Ergänzend bestimmt Section 3 (3) UTCR 1994, dass eine Klausel als nicht im Einzelnen ausgehandelt zu betrachten ist, wenn sie im Voraus abgefasst wurde[666] und der Verbraucher nicht in der Lage war, den Inhalt der Klausel zu beeinflussen. Dem sachlichen Anwendungsbereich der UTCR 1994 unterliegen zunächst also alle vorformulierten Klauseln in Verbraucherverträgen. Eine Mehrfachverwendungsabsicht wird an keiner Stelle der UTCR 1994 gefordert, so dass auch so genannte Individualklauseln, also Klauseln, die nur zur einmaligen Verwendung bestimmt sind, in den Anwendungsbereich der UTCR 1994 fallen[667]. In Übereinstimmung mit Art. 3 Abs. 2 S. 2 RL bestimmt Section 3 (4) UTCR 1994, dass jede Klausel gesondert darauf zu überprüfen ist, ob sie im Einzelnen ausgehandelt wurde. Die in Section 3 (5) UTCR 1994 enthaltene Beweislastregelung entspricht Art. 3 Abs. 2 S. 3 RL.
Eine erste Einschränkung des sachlichen Anwendungsbereichs der UTCR 1994 findet sich in Section 3 (2). In enger Anlehnung an den Wortlaut der englischen Fassung von Art. 4 Abs. 2 RL bestimmt Section 3 (2) UTCR 1994, dass der Hauptgegenstand des Vertrags sowie das Preis-/Leistungsverhältnis von der Inhaltskontrolle ausgenommen sind, sofern die betreffenden Klauseln klar und verständlich abgefasst sind.

---

[666] In der Literatur wird Wert auf die Feststellung gelegt, dass sich die Vorformulierung auf den Zeitpunkt der Aufnahme der Vertragsverhandlungen bezieht, nicht auf den Zeitpunkt des Vertragsschlusses, vgl. *Brownsword/Howells*, Journal of Business Law 1995, 243, 246: „Since, strictly speaking, all terms must be drafted in advance of a contract being concluded, one assumes that the reference is to terms drafted in advance of a particular consumer presenting himself for the negotiation of a particular contract." So auch *Treitel*, Law of Contract, S. 248; *Bone/Rutherford/Wilson*, Unfair Terms in Consumer Contracts Regulations, S. 19.

[667] *Brownsword/Howells*, Journal of Business Law 1995, 243, 245 ff., hegen daran zwar angesichts der Tatsache, dass in Section 3 (4) UTCR 1994 von einem „standard contract“ die Rede ist, Zweifel, lehnen eine Beschränkung des sachlichen Anwendungsbereichs der UTCR 1994 auf Standardvertragsklauseln im Ergebnis aber ab.

Der erste Anhang zu den UTCR 1994, auf den Section 3 (1) verweist, enthält eine Aufzählung bestimmter Vertragsarten und Klauseln, die vom sachlichen Anwendungsbereich ausgenommen sind[668]. Danach gelten die UTCR 1994 nicht für Verträge auf dem Gebiet des Arbeits-, Erb-, Familien- und Gesellschaftsrechts. Diese Einschränkungen ergeben sich im Grunde bereits aus der Beschränkung der UTCR 1994 auf Verbraucherverträge, so dass der Anhang insofern rein deklaratorisch ist. In der Klausel-Richtlinie, die die betreffenden Vertragsarten aufgrund der Ausrichtung auf Verbraucherverträge ebenfalls nicht erfasst[669], findet sich eine derartige Einschränkung in Erwägungsgrund 10, nicht jedoch in den eigentlichen Vorschriften. Dass die genannten Bereichsausnahmen den Weg aus den Erwägungsgründen der Klausel-Richtlinie in den verbindlichen Anhang der UTCR 1994 gefunden haben, obwohl dies nicht erforderlich gewesen wäre, zeigt das bei der Abfassung der UTCR 1994 im Vordergrund stehende fast ängstlich wirkende Bemühen, Umsetzungsdefizite durch eine möglichst enge Orientierung an der Richtlinie zu vermeiden[670].
Der erste Anhang zu den UTCR 1994 schließt darüber hinaus in Einklang mit Art. 1 Abs. 2 RL solche Klauseln von der Inhaltskontrolle aus, die den Inhalt verbindlicher Rechtsvorschriften des Vereinigten Königreichs wiedergeben oder die auf Bestimmungen oder Grundsätzen internationaler Übereinkommen, an denen die Gemeinschaft oder die Mitgliedstaaten als Vertragsparteien beteiligt sind, beruhen.
Ein Umsetzungsdefizit besteht jedoch möglicherweise im Hinblick auf Verträge, die Rechte an Grundstücken zum Gegenstand haben. Die Klausel-Richtlinie, die nach Art. 1 Abs. 1 grundsätzlich alle Verträge zwischen Gewerbetreibenden und Verbrauchern in ihren Anwendungsbereich einbezieht, erfasst zweifellos auch Grundstücksverträge[671]. Ob sich auch die UTCR 1994 auf Grundstücksverträge erstrecken, erscheint demgegenüber fraglich. Als Ausgangspunkt ist festzuhalten, dass die UTCR 1994 grundsätzlich für alle Verträge zwischen einem Verbraucher auf der einen und einem „seller" oder „supplier" auf der anderen Seite gelten[672]. Insofern stimmen die UTCR 1994 mit der Klausel-Richtlinie überein. Im Gegensatz zur Richtlinie[673] werden die Begriffe „seller" sowie „supplier" in den UTCR 1994 jedoch jeweils unter Bezugnahme auf „goods" bzw. „goods or

[668] Schedule 1: Contracts and particular terms excluded from the scope of these regulations.
[669] Siehe oben § 5 II 1 c.
[670] Siehe zu dem Bestreben, Umsetzungsdefizite durch ein so genanntes „copy out" der Richtlinie zu vermeiden, *Duffy*, Journal of Business Law 1993, 67, 78 f.
[671] *Wolf* in Wolf/Horn/Lindacher, Art. 1 RL Rn. 29; *Bright/Bright*, Law Quarterly Review 1995, 655, 664.
[672] Siehe oben § 5 I 3 a.
[673] Die englische Fassung des Art. 2 lit. c RL lautet: „For the purposes of this Directive ‚seller or supplier' means any natural or legal person who, in contracts covered by this directive, is acting for purposes relating to his trade, business or profession, whether publicly owned or privately owned."

services" definiert[674]. Problematisch ist nun, dass Grundstücke weder unter den Begriff „goods" noch unter den der „services" subsumiert werden können, zumindest, sofern man das im Vereinigten Königreich übliche Verständnis dieser Begriffe zugrunde legt[675]. Dass Grundstücke nicht in die Kategorie der „services" fallen, ist ohne weiteres ersichtlich[676], eine Einordnung in die Kategorie der „goods" scheitert daran, dass im Common Law unter „goods" wohl nur bewegliche Sachen zu verstehen sind[677]. Daraus folgert ein Teil der Literatur, dass sich der sachliche Anwendungsbereich der UTCR 1994 nicht auf Grundstücksverträge erstreckt[678].

Als der Umsetzung einer EG-Richtlinie dienende Vorschriften unterliegen die UTCR 1994 jedoch dem Gebot richtlinienkonformer Auslegung[679]. Da auch in der Klausel-Richtlinie an verschiedenen Stellen von „goods" („Waren" bzw. „Güter" in der deutschen Fassung, „biens" in der französischen, „beni" in der italienischen) die Rede ist[680], ist letztlich entscheidend, welche Bedeutung die Klausel-Richtlinie diesem Begriff beimisst. Im Hinblick auf Erwägungsgrund 10, der darlegt, dass die Klausel-Richtlinie für *alle* Verträge zwischen Gewerbetreibenden und Verbrauchern gelten sollte[681], sowie auf den Schutzzweck der Klausel-Richtlinie, den Verbraucher in seiner rollenspezifischen Unterlegenheit möglichst umfassend vor missbräuchlichen vorformulierten Klauseln zu schützen, führt eine autonome Auslegung zu dem Schluss, dass der Richtlinie 93/13/EWG ein weites Verständnis des Begriffs „goods" zugrunde liegt, das neben beweglichen Sachen auch unbewegliche umfasst. Gestützt wird diese Erkenntnis durch den in der französischen Fassung der Richtlinie verwendeten Begriff „biens". Gemäß Art. 516 des französischen Code civil sind unter „biens" bewegliche und unbewegliche Sachen zu verstehen. Es spricht einiges dafür, dass bei der Abfassung der Richtlinie von diesem Verständnis ausgegangen

---

[674] Section 2 (1) UCTA: „In these Regulations ‚seller' means a person who sells goods (...); ‚supplier' means a person who supplies goods or services (...)."

[675] Vgl. *Bright/Bright*, Law Quarterly Review 1995, 655, 661 f.; *Treitel*, Law of Contract, S. 255 f.

[676] Vgl. aber *Bright/Bright*, Law Quarterly Review 1995, 655, 662: „Mortgages, leases and many licences do, however, appear to contain an element of service provision."

[677] *Bright/Bright*, Law Quarterly Review 1995, 655, 661 f. („Under English domestic law, the word ‚goods' is likely to be restricted to movable products.") Siehe auch Section 61 (1) Sale of Goods Act 1979. Dort werden „goods" als „all personal chattels other than things in action and money" definiert.

[678] *Treitel*, Law of Contract, S. 255.

[679] Siehe oben § 3 II 4 a.

[680] So in Art. 4 Abs. 1 und 2 sowie in den Erwägungsgründen 2, 5, 6, 7, 9, 16, 18. Die Klausel-Richtlinie verwendet diese Begriffe aber nie in direktem Zusammenhang mit der Bestimmung des sachlichen Anwendungsbereichs.

[681] Hervorhebung durch den Verfasser.

wurde und die Begriffe „goods" bzw. „Waren" lediglich unzutreffende Übersetzungen des französischen Worts „biens" darstellen[682].
Das Gebot richtlinienkonformer Auslegung zwingt dazu, den Begriff „goods" in den UTCR 1994 in der gleichen Weise auszulegen wie in der Richtlinie 93/13/EWG. Daraus folgt, dass auch die UTCR 1994 Grundstücksverträge erfassen[683], ein Umsetzungsdefizit besteht insofern also nicht.
Im Ergebnis ist somit festzuhalten, dass die den sachlichen Anwendungsbereich betreffenden Vorgaben der Klausel-Richtlinie durch die UTCR 1994 ordnungsgemäß umgesetzt wurden.

b) UTCR 1999

In wörtlicher Übereinstimmung mit der englischen Fassung von Art. 3 Abs. 1 RL bestimmt Section 5 (1) UTCR 1999, dass sich der sachliche Anwendungsbereich der UTCR 1999 nur auf Klauseln, die nicht im Einzelnen ausgehandelt wurden, erstreckt[684]. Die Voraussetzungen, unter denen eine Klausel als nicht im Einzelnen ausgehandelt anzusehen ist, sind in Section 5 (2) UTCR 1999 niedergelegt. Entscheidend ist danach, dass die betreffende Klausel im Voraus abgefasst wurde und der Verbraucher deshalb keinen Einfluss auf ihren Inhalt nehmen konnte. Nach Section 5 (3) UTCR 1999 ist jede Klausel gesondert darauf zu überprüfen, ob sie im Einzelnen ausgehandelt wurde. Section 5 (4) UTCR 1999 ordnet an, dass die Beweislast für das Vorliegen einer individuell ausgehandelten Klausel den Gewerbetreibenden trifft. Abweichungen von den Vorgaben der Klausel-Richtlinie bzw. von den betreffenden Regelungen der UTCR 1994 sind insofern nicht festzustellen.
In Übereinstimmung mit Art. 1 Abs. 2 RL nimmt Section 4 (2) UTCR 1999[685] Vertragsklauseln, die auf bindenden Rechtsvorschriften oder auf Bestimmungen oder Grundsätzen internationaler Übereinkommen, bei denen die Mitgliedstaaten oder die Gemeinschaft Vertragsparteien sind, beruhen, vom sachlichen Anwendungsbereich aus.
Im Gegensatz zu den UTCR 1994[686] schließen die UTCR 1999 Verträge auf dem Gebiet des Arbeits-, Erb-, Familien- und Gesellschaftsrechts nicht aus-

---

682 *Schulte-Nölke*, NJW 1999, 3176.
683 So der wohl überwiegende Teil der Literatur, vgl. *Bright/Bright*, Law Quarterly Review 1995, 655, 672; tendenziell auch *Bone/Rutherford/Wilson*, Unfair Terms in Consumer Contracts Regulations, S. 11 ff.
684 Section 5 (1) UTCR 1999 lautet: „A contractual term which has not been individually negotiated shall be regarded as unfair if, contrary to the requirement of good faith, it causes a significant imbalance in the parties' rights and obligations arising under the contract, to the detriment of the consumer."
685 Siehe zu den geringfügigen terminologischen Abweichungen von lit. e des ersten Anhangs zu den UTCR 1994 *Whittaker* in Chitty on Contracts, § 15-028.
686 Siehe oben § 5 II 3 a.

drücklich von ihrem sachlichen Anwendungsbereich aus. Dennoch stimmen beide Regelungswerke in diesem Punkt überein. Unter den UTCR 1999 ergibt sich der Ausschluss der genannten Vertragsarten aus dem auf Verbraucherverträge beschränkten persönlichen Anwendungsbereich[687].

Section 6 (2) UTCR 1999 nimmt den Hauptgegenstand des Vertrags sowie das Preis-/Leistungsverhältnis von der Inhaltskontrolle aus, sofern die betreffenden Klauseln klar und verständlich abgefasst sind, und stimmt insofern mit Art. 4 Abs. 2 RL überein.

Im Gegensatz zu den UTCR 1994 erstrecken sich die UTCR 1999 zweifellos auch auf Grundstücksverträge. Die Begriffe „seller" und „supplier" werden in Section 3 (1) UTCR 1999 nicht mehr unter Bezugnahme auf „goods" bzw. „goods or services" definiert[688]. Durch den Erlass der UTCR 1999 wurde somit eine Unklarheit, die unter der Geltung der UTCR 1994 bestanden hatte und die nur mittels einer richtlinienkonformen Auslegung zu beheben war[689], beseitigt[690].

Die den sachlichen Anwendungsbereich betreffenden Vorschriften der UTCR 1999 werden den Vorgaben der Klausel-Richtlinie in vollem Umfang gerecht. Darüber hinaus weisen sie im Ergebnis einen den UTCR 1994 entsprechenden Regelungsgehalt auf. Die insofern festzustellenden Abweichungen der UTCR 1999 von den UTCR 1994 erschöpfen sich weitgehend in redaktionellen Änderungen. Die einzige Abweichung von substanziellem Gewicht betrifft grundstücksbezogene Verträge, die von den UTCR 1999 im Gegensatz zu den UTCR 1994 eindeutig erfasst werden. Auffallend ist, dass sich die UTCR 1999 in Bezug auf den sachlichen Anwendungsbereich noch stärker an den Wortlaut der Klausel-Richtlinie anlehnen als die UTCR 1994.

4. Umsetzung in Frankreich

a) Ausgangslage: Sachlicher Anwendungsbereich nach Art. L. 132-1 Abs. 1 CCons. a.F.

Der sachliche Anwendungsbereich der ursprünglichen Fassung der Artt. L. 132-1 ff. CCons. ist einerseits enger, andererseits weiter als der der Klausel-Richtlinie. Enger ist er insofern, als Art. L. 132-1 Abs. 1 CCons. a.F.[691] eine abschließende Aufzählung bestimmter Arten von Klauseln enthält, die für missbräuchlich erklärt werden können. Der Inhaltskontrolle unterfallen danach nur Klauseln, die die Bestimmtheit oder Bestimmbarkeit des Preises, die Zahlungsmoda-

---

687 *Whittaker* in Chitty on Contracts, § 15-021.
688 Siehe oben Fn. 544.
689 Siehe oben § 5 II 3 a.
690 *Whittaker* in Chitty on Contracts, § 15-010 ff.
691 Siehe oben Fn. 403 zum gleichlautenden Art. 35 Abs. 1 des Gesetzes Nr. 78-23.

litäten, die Beschaffenheit der Sache, die Liefermodalitäten, die Gefahrtragung, den Umfang der Haftung und der Gewährleistung oder die Bedingungen der Erfüllung, Kündigung, Aufhebung oder Verlängerung des Vertrags zum Gegenstand haben. Andere, nicht in Art. L. 132-1 Abs. 1 CCons. a.F. aufgeführte Klauselarten werden als Folge des Enumerationsprinzips nicht vom sachlichen Anwendungsbereich erfasst[692]. Die Klausel-Richtlinie kennt eine derartige Beschränkung auf bestimmte Arten von Vertragsklauseln nicht. Sie erfasst, von einigen Ausnahmen abgesehen, alle in Verbraucherverträgen enthaltenen Klauseln[693]. Als Folge des Enumerationsprinzips des Art. L. 132-1 Abs. 1 CCons. a.F. werden insbesondere Klauseln, die den Hauptgegenstand des Vertrags sowie das Preis-/Leistungsverhältnis festlegen, nicht in die Inhaltskontrolle einbezogen, ein Ergebnis, das Art. 4 Abs. 2 RL entspricht.
Der sachliche Anwendungsbereich der Artt. L. 132-1 ff. CCons. a.F. ist insofern weiter als der der Richtlinie 93/13/EWG, als er sich auch auf nicht vorformulierte Klauseln erstreckt, also auf Klauseln, die zwischen den Parteien im Einzelnen ausgehandelt wurden[694]. Dies folgt aus dem Fehlen einer entsprechenden Einschränkung in Art. L. 132-1 CCons. a.F. Die ursprünglichen Vorschriften des Code de la consommation über missbräuchliche Klauseln in Verbraucherverträgen greifen mithin in wesentlich größerem Umfang in die Vertragsfreiheit ein als die Klausel-Richtlinie, die nach ihrem Art. 3 Abs. 1 nur für nicht im Einzelnen ausgehandelte Vertragsklauseln gilt[695].
Ein weiterer Unterschied zur Klausel-Richtlinie[696] besteht darin, dass der Inhaltskontrolle nach Artt. L. 132-1 ff. CCons. a.F. mangels einer entsprechenden Einschränkung auch solche Klauseln unterfallen, die den Inhalt verbindlicher Rechtsvorschriften wiedergeben[697]. Dieser Grundsatz des französischen Verbraucherschutzrechts ist mit der in Frankreich besonders ausgeprägten Sensibilität in Bezug auf staatliche Machtausübung zu erklären[698].

---

[692] Näher dazu *Brock*, Schutz der Verbraucher vor mißbräuchlichen Klauseln im französischen Privatrecht, S. 44 ff.; *Sievers*, Verbraucherschutz gegen unlautere Vertragsbedingungen im französischen Recht, S. 91 f.

[693] Siehe oben § 5 II 1.

[694] *Davo*, ERPL 1997, 157, 162; *Benabent*, ERPL 1995, 211, 215; *Sievers*, Verbraucherschutz gegen unlautere Vertragsbedingungen im französischen Recht, S.89 f.; *Delebecque* in Recht und Gesetz im deutsch-französischen Dialog, S. 117, 123 f.; *Brock*, Schutz der Verbraucher vor mißbräuchlichen Klauseln im französischen Privatrecht, S. 42 ff.

[695] Siehe oben § 5 II 1 a.

[696] Siehe Art. 1 Abs. 2 RL sowie oben § 5 II 1 b.

[697] *Meilhac* in Europäische Rechtsangleichung und nationale Privatrechte, S. 291, 295; *Witz/Wolter*, ZEuP 1995, 885, 889; *Ghestin/Marchessaux-van Melle*, La Semaine Juridique 1995, édition générale, doctrine, Nr. 3854, 275, 277.

[698] *Witz/Wolter*, ZEuP 1995, 885, 889.

b) Modifikationen durch das Gesetz Nr. 95-96

Durch das der Umsetzung der Klausel-Richtlinie dienende Gesetz Nr. 95-96 wurde der sachliche Anwendungsbereich der Artt. L. 132-1 ff. CCons. modifiziert. Dies geschah durch eine Novellierung des Art. L. 132-1 CCons[699].
Eine Annäherung an die Konzeption der Klausel-Richtlinie wurde durch die Aufhebung des Enumerationsprinzips, das den sachlichen Anwendungsbereich der Artt. L. 132-1 ff. CCons. bisher gekennzeichnet hatte, erreicht. Die Vorschriften des Code de la consommation über missbräuchliche Klauseln gelten nun nicht mehr nur für bestimmte, im Einzelnen aufgeführte Arten von Vertragsklauseln, vielmehr sind nun grundsätzlich alle in Verbraucherverträgen enthaltenen Klauseln kontrollfähig[700].
Die Aufhebung des Enumerationsprinzips und die daraus resultierende Kontrollfähigkeit grundsätzlich sämtlicher Vertragsklauseln machten es im Gegenzug erforderlich, den Hauptgegenstand des Vertrags sowie das Äquivalenzverhältnis zwischen Leistung und Gegenleistung ausdrücklich von der Inhaltskontrolle auszunehmen[701]. Dies ist durch Art. L. 132-1 Abs. 7 CCons. [702] geschehen. Art. 4 Abs. 2 RL wurde folglich ordnungsgemäß umgesetzt.
In Einklang mit der Klausel-Richtlinie werden Verträge auf dem Gebiet des Arbeits-, Erb-, Familien- und Gesellschaftsrechts von Artt. L. 132-1 ff. CCons. nicht erfasst. Wie bei der Klausel-Richtlinie[703] folgt dieses Ergebnis aus der Eingrenzung des persönlichen Anwendungsbereichs und bedarf daher keiner ausdrücklichen Regelung. In Bezug auf erb- und familienrechtliche Verträge leuchtet ohne Weiteres ein, dass es sich unter keinen denkbaren Umständen um Verträge handeln kann, die zwischen einem „professionnel" auf der einen und einem „non-professionnel" oder „consommateur" auf der anderen Seite geschlossen werden. Im Hinblick auf arbeits- und gesellschaftsrechtliche Verträge erscheint dies weniger klar, da die Artt. L. 132-1 ff. CCons. in gewissen Grenzen auch den Schutz von Gewerbetreibenden bezwecken[704]. Nach der Rechtsprechuung der Cour de cassation werden Gewerbetreibende jedoch nur unter der Voraussetzung geschützt, dass der betreffende Vertrag in keinem direkten Bezug zur gewerblichen bzw. beruflichen Tätigkeit steht[705]. Bei arbeits- und

[699] Zur neuen Fassung des Art. L. 132-1 Abs. 1 CCons. siehe oben Fn. 565.
[700] *Davo*, ERPL 1997, 157, 159; *Paisant*, Recueil Dalloz Sirey 1995, chronique, 99, 103; *Witz/Wolter*, ZEuP 1995, 885, 889; *Brock*, Der Schutz der Verbraucher vor mißbräuchlichen Klauseln im französischen Privatrecht, S. 51.
[701] Vgl. *Witz/Wolter*, ZEuP 1995, 885, 889.
[702] Art. L. 132-1 Abs. 7 CCons. lautet: „L'appréciation du caractère abusif des clauses au sens du premier alinéa ne porte ni sur la définition de l'objet principal du contrat ni sur l'adéquation du prix ou de la rémunération au bien vendu ou au service offert."
[703] Siehe oben § 5 II 1 c.
[704] Siehe oben § 5 I 4 b.
[705] Siehe oben § 5 I 4 a.

gesellschaftsrechtlichen Verträgen ist ein derartiger direkter Bezug jedoch stets gegeben. Auch im Hinblick auf Verträge auf dem Gebiet des Arbeits-, Erb-, Familien- und Gesellschaftsrechts ist somit ein Gleichlauf von Klausel-Richtlinie und Artt. L. 132-1 ff. CCons. festzustellen[706].

Der sachliche Anwendungsbereich der Artt. L. 132-1 ff. CCons. weicht von dem der Klausel-Richtlinie jedoch insofern ab, als weder im Einzelnen ausgehandelte Klauseln noch Klauseln, die den Inhalt verbindlicher Rechtsvorschriften wiedergeben, von der Inhaltskontrolle ausgeschlossen werden[707]. Die Kontrollfähigkeit individuell ausgehandelter Klauseln wird in Art. L. 132-1 Abs. 4 CCons. ausdrücklich bestätigt[708]. Der im Vergleich zur Richtlinie 93/13/EWG weitergehende sachliche Anwendungsbereich ist im Hinblick auf Art. 8 RL, der den Mitgliedstaaten den Erlass bzw. die Beibehaltung strengerer Vorschriften zur Erreichung eines höheren Verbraucherschutzniveaus gestattet, unbedenklich[709].

c) Bewertung

Der französische Gesetzgeber hat die Änderungen des sachlichen Anwendungsbereichs der Artt. L. 132-1 ff. CCons. auf das zwingend erforderliche Maß beschränkt. Im Hinblick auf die Kontrolle individuell ausgehandelter Klauseln und solcher Klauseln, die den Inhalt verbindlicher Rechtsvorschriften wiedergeben, hat er an der bisherigen Rechtslage festgehalten, um eine Absenkung des Verbraucherschutzniveaus zu verhindern. Der im Vergleich zur Richtlinie weitergehende sachliche Anwendungsbereich der Artt. L. 132-1 ff. CCons. ist gemeinschaftsrechtlich nicht zu beanstanden, so dass im Ergebnis eine ordnungsgemäße Umsetzung der Vorgaben der Klausel-Richtlinie über den sachlichen Anwendungsbereich festzustellen ist[710].

---

706 Ein Umsetzungsmangel läge auch dann nicht vor, wenn sich der sachliche Anwendungsbereich der Artt. L. 132-1 ff. CCons. auf derartige Verträge erstreckte. Es steht den Mitgliedstaaten nämlich frei, über die Vorgaben der Richtlinie 93/13/EWG hinausgehend weitere Arten von Klauseln auf ihre Missbräuchlichkeit hin zu überprüfen, sofern sonstige gemeinschaftsrechtliche Vorschriften nicht entgegenstehen.

707 *Meilhac* in Europäische Rechtsangleichung und nationale Privatrechte, S. 291, 293 ff.; *Davo*, ERPL 1997, 157, 162; *Berger-Walliser*, RIW 1996, 459, 462; *Brock*, Schutz der Verbraucher vor mißbräuchlichen Klauseln im französischen Privatrecht, S. 50 ff.

708 Art. L. 132-1 Abs. 4 CCons. lautet: „Ces dispositions sont applicables quels que soient la forme ou le support du contrat. Il en est ainsi notamment des bons de commande, factures, bons de garantie, bordereaux ou bons de livraison, billets ou tickets, contenant des stipulations *négociées librement ou non* ou des références à des conditions générales préétablies." Hervorhebung durch den Verfasser.

709 *Berger-Walliser*, RIW 1996, 459, 462.

710 So auch *Berger-Walliser*, RIW 1996, 459, 461 f.; *Brock*, Schutz der Verbraucher vor mißbräuchlichen Klauseln im französischen Privatrecht, S. 52.

5. Umsetzung in Italien

Der Ausgangspunkt für die Bestimmung des sachlichen Anwendungsbereichs der neu in den Codice civile eingefügten Bestimmungen über Verbraucherverträge findet sich in Art. 1469-*bis* Abs. 1 Codice civile. Nach dem Wortlaut dieser Vorschrift werden nur solche zwischen Verbrauchern und Gewerbetreibenden geschlossenen Verträge erfasst, die die Überlassung von Gütern („la cessione di beni“) oder die Leistung von Diensten („la prestazione di servizi“) zum Gegenstand haben[711]. Auf den ersten Blick scheint somit ein Umsetzungsdefizit vorzuliegen, da die Klausel-Richtlinie eine derartige Einschränkung nicht kennt[712]. Zwar ist in den Erwägungsgründen an einigen Stellen vom Verkäufer von Waren bzw. vom Dienstleistungserbringer die Rede[713], dies geschieht aber nur beispielhaft, ohne dass damit eine Einschränkung des Anwendungsbereichs bezweckt wird[714].

In der italienischen Literatur wird die betreffende Formulierung des Art. 1469-*bis* Abs. 1 Codice civile jedoch sehr weit ausgelegt. Danach sollen sämtliche Verträge, die eine wie auch immer geartete Leistung zum Gegenstand haben, unter Art. 1469-*bis* Abs. 1 Codice civile fallen[715], neben Kaufverträgen und Verträgen, die sich auf Dienstleistungen beziehen also vor allem auch Verträge über den Gebrauch oder die Nutzung eines Gegenstands[716]. Art. 1469-*bis* Abs. 1 Codice civile wird in der Literatur also – wenn auch vielleicht unbeabsichtigt – richtlinienkonform ausgelegt. Die Formulierung „contratto concluso tra il consumatore ed il professionista, che ha per oggetto la cessione di beni o la prestazione di servizi“ schränkt den sachlichen Anwendungsbereich der Artt. 1469-*bis* ff. Codice civile im Ergebnis also nicht unzulässig ein.

In Bezug auf im Einzelnen ausgehandelte Klauseln weichen die italienischen Umsetzungsbestimmungen vom Konzept der Richtlinie 93/13/EWG ab. Während Art. 3 Abs. 1 RL im Einzelnen ausgehandelte Klauseln vom sachlichen Anwendungsbereich ausnimmt, bestimmt Art. 1469-*ter* Abs. 4 Codice civile[717], dass Klauseln, die Gegenstand einer individuellen Verhandlung waren, nicht missbräuchlich sind. Das Aushandeln einer Klausel erlangt im System der Artt.

---

711 Siehe oben Fn. 577.

712 Vgl. *Antoniolli Deflorian* in Europäische Rechtsangleichung und nationale Privatrechte, S. 119, 162.

713 Siehe oben Fn. 520.

714 Siehe oben § 5 I 1 b.

715 *Tavolaro*, Documenti Giustizia 1996, 1325, 1336 („Vi rientrano tutti i contratti aventi ad oggetto una prestazione di dare o di fare.“); *Alpa*, Rivista trimestrale di diritto e procedura civile 1999, 1173, 1177; *Carbone*, Il Corriere Giuridico 1998, 984, 985.

716 *Cian* in Jahrbuch für italienisches Recht 10 (1997), S. 55, 59; *Patti* in Jahrbuch für italienisches Recht 10 (1997), S. 77, 83.

717 Art. 1469-*ter* Abs. 4 Codice civile lautet: „Non sono vessatorie le clausole o gli elementi di clausola che siano stati oggetto di trattativa individuale.“

1469-*bis* ff. Codice civile also erst auf der Ebene der Inhaltskontrolle Bedeutung. Dieser konzeptionelle Unterschied zur Klausel-Richtlinie ist allerdings rein theoretischer Natur, so dass kein Umsetzungsdefizit vorliegt[718]. Zusätzlich enthält Art. 1469-*ter* Abs. 5 Codice civile eine Art. 3 Abs. 2 S. 3 RL entsprechende Beweislastregel für das Aushandeln einer Klausel[719].

Klauseln, die den Inhalt verbindlicher Rechtsvorschriften wiedergeben oder die auf Bestimmungen oder Grundsätzen internationaler Übereinkommen beruhen, an denen die Mitgliedstaaten der EU oder die EU als Vertragsparteien beteiligt sind, erlangen ebenfalls erst auf der Ebene der Inhaltskontrolle Bedeutung. Art. 1469-*ter* Abs. 3 Codice civile[720] bestimmt, dass derartige Klauseln nicht missbräuchlich sind. Hier gilt das bereits zu Art. 1469-*bis* Abs. 4 Codice civile Gesagte: Der Unterschied zur Konzeption der Klausel-Richtlinie ist rein theoretischer Natur, ein Umsetzungsfehler ist zu verneinen.

In Übereinstimmung mit den Vorgaben der Klausel-Richtlinie werden Verträge auf dem Gebiet des Arbeits-, Erb-, Familien- und Gesellschaftsrechts vom sachlichen Anwendungsbereich der Artt. 1469-*bis* ff. Codice civile nicht erfasst. Eine dahin gehende ausdrückliche Ausnahmevorschrift fehlt zwar, der Ausschluss ergibt sich aber aus dem in Art. 1469-*bis* Abs. 1 Codice civile festgelegten persönlichen Anwendungsbereich[721].

Schließlich bestimmt Art. 1469-*ter* Abs. 2 Codice civile[722] in Übereinstimmung mit Art. 4 Abs. 2 RL, dass sich die Inhaltskontrolle nach Artt. 1469-*bis* ff. Codice civile nicht auf diejenigen Klauseln erstreckt, die den Hauptgegenstand des Vertrags oder das Preis-/Leistungsverhältnis festlegen, sofern diese Klauseln klar und verständlich abgefasst sind.

Zusammenfassend lässt sich somit feststellen, dass die den sachlichen Anwendungsbereich betreffenden Vorgaben der Klausel-Richtlinie in Italien ordnungsgemäß umgesetzt wurden.

---

[718] *Lener*, Foro Italiano 1996, V, 145, 147 ff.

[719] Nach *Roppo*, Diritto privato 1996, 99, 127, ist diese Beweislastregel überflüssig, da sie sich bereits aus den allgemeinen Grundsätzen der Beweislastverteilung ergibt.

[720] Art. 1469-*ter* Abs. 3 Codice civile lautet: „Non sono vessatorie le clausole che riproducono disposizioni di legge ovvero che siano riproduttive di disposizioni o attuative di principi contenuti in convenzioni internazionali delle quali siano parti contraenti tutti gli Stati membri dell'Unione europea o l'Unione europea."

[721] *Cian* in Jahrbuch für italienisches Recht 10 (1997), S. 55, 59. Im Übrigen sind Erbvertäge im italienischen Recht nach Art. 458 Codice civile ohnehin nichtig.

[722] Art. 1469-*ter* Abs. 2 Codice civile lautet: „La valutazione del carattere vessatorio della clausola non attiene alla determinazione dell'oggetto del contratto, nè all'adeguatezza del corrispettivo dei beni e dei servizi, purché tali elementi siano individuati in modo chiaro e comprensibile."

III. Inhaltskontrolle

Das eigentliche Kernstück der Klausel-Richtlinie bilden die Vorschriften über die Inhaltskontrolle[723]. Ausgangspunkt ist die Generalklausel des Art. 3 Abs. 1 RL, nach der eine nicht im Einzelnen ausgehandelte Vertragsklausel als missbräuchlich anzusehen ist, wenn sie entgegen dem Gebot von Treu und Glauben zum Nachteil des Verbrauchers ein erhebliches und ungerechtfertigtes Missverhältnis der vertraglichen Rechte und Pflichten der Vertragspartner verursacht. Diese recht unbestimmte Generalklausel wird durch zwei weitere Vorschriften konkretisiert. Zum einen bestimmt Art. 4 Abs. 1 RL, dass die Missbräuchlichkeit einer Klausel unter Berücksichtigung der Art der Güter oder Dienstleistungen, die Gegenstand des Vertrags sind, aller den Vertragsabschluss begleitenden Umstände sowie aller anderen Klauseln desselben Vertrags oder eines anderen Vertrags, von dem die Klausel abhängt, zum Zeitpunkt des Vertragsabschlusses zu beurteilen ist. Zum anderen verweist Art. 3 Abs. 3 RL auf den Anhang der Klausel-Richtlinie, der eine als Hinweis dienende und nicht erschöpfende Liste der Klauseln enthält, die für missbräuchlich erklärt werden können.

1. Generalklausel

a) Vorgaben der Richtlinie

Art. 3 Abs. 1 RL statuiert in Gestalt einer Generalklausel den für alle Mitgliedstaaten verbindlichen Maßstab der Inhaltskontrolle, der das Gebot von Treu und Glauben („good faith“ in der englischen Fassung, „bonne foi“ in der französischen, „buona fede“ in der italienischen) in den Mittelpunkt stellt[724] und ein erhebliches Missverhältnis der vertraglichen Rechte und Pflichten zum Nachteil des Verbrauchers fordert.
Im Laufe der Entstehungsgeschichte der Klausel-Richtlinie wurden verschiedene Versionen des Maßstabs der Inhaltskontrolle diskutiert[725]. Gegen anfänglichen Widerstand konnte sich das Prinzip von Treu und Glauben schließlich als das entscheidende Kriterium durchsetzen.
Die Bewertung einer Klausel als missbräuchlich verlangt neben einem Verstoß gegen Treu und Glauben das Hervorrufen eines erheblichen und ungerechtfertigten Missverhältnisses der vertraglichen Rechte und Pflichten der Vertragspartner. Anders als die deutsche Fassung stellen die englische, französische und italienische Fassung der Klausel-Richtlinie nicht auf ein Missverhältnis, sondern auf ein Ungleichgewicht („imbalance“, „déséquilibre“, „squilibrio“) der ver-

[723] Vgl. *Wolf* in Wolf/Horn/Lindacher, Art. 3 RL Rn. 1.
[724] *Kretschmar*, Richtlinie 93/13/EWG und AGBG, S. 214; *Wolf* in Wolf/Horn/Lindacher, Art. 3 RL Rn. 12.
[725] Näher *Tenreiro*, ERPL 1995, 273, 274 ff.; *Eckert*, WM 1993, 1070, 1074.

traglichen Rechte und Pflichten ab, worin ein etwas weniger strenger Maßstab zu liegen scheint. Ein Missverhältnis bzw. Ungleichgewicht kann in formeller und in materieller Hinsicht bestehen. Ein Missverhältnis formeller Natur ist in der unterschiedlichen Ausgestaltung der Rechte und Pflichten der Vertragsparteien begründet und liegt etwa vor, wenn die Rücktritts- oder Kündigungsrechte der Parteien an unterschiedliche Bedingungen geknüpft sind[726]. Ein materielles Missverhältnis liegt demgegenüber vor, wenn die materiellen Interessen der Parteien unrichtig bewertet und unzureichend berücksichtigt sind[727].

Nach Art. 3 Abs. 1 RL muss das (formelle oder materielle) Missverhältnis darüber hinaus erheblich und ungerechtfertigt sein. Dem Merkmal „ungerechtgfertigt" kommt dabei keine eigenständige Bedeutung zu, da es zum einen in nichtdeutschen Fassungen der Richtlinie keine Entsprechung findet (die englische Fassung fordert lediglich ein „significant imbalance", die französische und die italienische Fassung lassen im gleichen Sinne ein „déséquilibre significatif" bzw. „significativo squilibrio" genügen) und da sich die fehlende Rechtfertigung des Missverhältnisses zum anderen bereits aus dem Verstoß gegen Treu und Glauben ergibt[728].

Im Hinblick auf die Generalklausel des Art. 3 Abs. 1 RL stellt sich die Frage, worin die Bedeutung der Bezugnahme auf Treu und Glauben liegt. Auf den ersten Blick erscheint das Abstellen auf Treu und Glauben überflüssig, da eine Vertragsklausel, die ein erhebliches und ungerechtfertigtes Missverhältnisses der vertraglichen Rechte und Pflichten der Vertragspartner verursacht, stets auch gegen die Gebote von Treu und Glauben verstößt[729]. Dennoch hat die Bezugnahme auf Treu und Glauben eine wichtige eigenständige Funktion, die in der Verweisung auf *nationales* Richterrecht und *nationale* Dogmatik liegt[730]. Die Begriffe von Treu und Glauben hatten im Gemeinschaftsrecht vor Erlass der Klausel-Richtlinie keine Verwendung gefunden und waren folglich weder durch die Rechtsprechung des EuGH noch durch die einschlägige Literatur ausgefüllt und konkretisiert worden. Es spricht daher einiges dafür, dass der Richtliniengeber durch die Einbeziehung von Treu und Glauben bewusst auf nationale Konzepte zurückgreifen wollte. Dies ändert nichts am Erfordernis einer gemeinschaftsrechtlich-autonomen Auslegung der in der Generalklausel des Art. 3 Abs.

---

726 *Wolf* in Wolf/Horn/Lindacher, Art. 3 RL Rn. 5.

727 *Wolf* in Wolf/Horn/Lindacher, Art. 3 RL Rn. 6; *Garbers* in Europäisches Privatrecht, S. 137.

728 *Wolf* in Wolf/Horn/Lindacher, Art. 3 RL Rn. 8; *Garbers* in Europäisches Privatrecht, S. 137 f.; *Kretschmar*, Richtlinie 93/13/EWG und AGBG, S. 215.

729 So überzeugend *Tenreiro*, ERPL 1995, 273, 278 f.

730 *Tenreiro*, ERPL 1995, 273, 279 („What the principle of good faith adds is something that the criterion of significant imbalance alone could not provide us with: namely, decades of national case law and doctrine.").

1 RL enthaltenen Begriffe[731]. Die Möglichkeit einer zumindest indirekten Berücksichtigung nationaler Konzeptionen von Treu und Glauben ist aber eröffnet. Hierin ist im Grunde nichts Außergewöhnliches zu sehen, da sich die Europäisierung des Privatrechts auf Gemeinschaftsebene nicht losgelöst von den gewachsenen Privatrechtsordnungen der Mitgliedstaaten vollziehen kann. Das nationale Recht der Mitgliedstaaten darf das Gemeinschaftsrecht zwar nicht verdrängen, darf es aber erforderlichenfalls ergänzen und ausfüllen, um das Gemeinschaftsrecht anwendbar zu machen[732].

b) Umsetzung in Deutschland

Die Generalklausel der Richtlinie hat für das AGBG keinen Änderungsbedarf geschaffen. § 9 Abs. 1 AGBG, der „Königsparagraph" des AGBG[733], erklärt Bestimmungen in AGB für unwirksam, wenn sie den Vertragspartner des Verwenders entgegen den Geboten von Treu und Glauben unangemessen benachteiligen. Sowohl die Klausel-Richtlinie als auch das AGBG stellen also das Gebot von Treu und Glauben in den Mittelpunkt der Inhaltskontrolle[734]. Auch das zweite Wertungskriterium der Richtlinie, das erhebliche und ungerechtfertigte Missverhältnis der vertraglichen Rechte und Pflichten, begründet für den deutschen Gesetzgeber keinen Handlungsbedarf[735]. Verursacht eine Klausel ein erhebliches und ungerechtfertigtes Missverhältnis der vertraglichen Rechte und Pflichten der Vertragsparteien, so ist darin stets auch eine unangemessene Benachteiligung einer Vertragspartei zu sehen.

Zweifelhaft ist allenfalls, ob auch ein Gleichlauf in der Gegenrichtung besteht, ob also jede unangemessene Benachteiligung eines Vertragspartners mit einem erheblichen und ungerechtfertigten Missverhältnis der vertraglichen Rechte und Pflichten einhergeht. Im Hinblick auf Art. 8 RL, der den Mitgliedstaaten den Erlass strengerer Vorschriften zur Erreichung eines höheren Verbraucherschutzniveaus gestattet, ist dies jedoch ohne Bedeutung[736]. Somit ist festzustellen, dass die Generalklausel des AGBG den Vorgaben der Klausel-Richtlinie gerecht wird. Anlässlich der Umsetzung der Klausel-Richtlinie durch das AGBG-Änderungsgesetz hat der deutsche Gesetzgeber zu Recht davon abgesehen, § 9 Abs. 1

---

[731] Vgl. *Grundmann* in Europäisches Schuldvertragsrecht, S. 263; *Schlosser* in Staudinger, § 24 a AGBG Rn. 14.

[732] *Horn* in 40 Jahre Römische Verträge, S. 151, 164.

[733] So *Heinrichs*, NJW 1993, 1817, 1819.

[734] *Heinrichs*, NJW 1993, 1817, 1819; *Micklitz* in Recht und Gesetz im deutsch-französischen Dialog, S. 139, 161; *Ulmer*, EuZW 1993, 337, 345.

[735] *Heinrichs*, NJW 1993, 1817, 1819; *Bunte*, DB 1996, 1389 f.; *Damm*, JZ 1994, 161, 171; *Ulmer*, EuZW 1993, 337, 345; *Eckert*, WM 1993, 1070, 1074.

[736] *Heinrichs*, NJW 1993, 1817, 1819; *Ulmer*, EuZW 1993, 337, 345; *Damm*, JZ 1994, 161, 172.

AGBG zu ändern. Eine Anpassung des § 9 Abs. 1 AGBG an die Terminologie des Art. 3 Abs. 1 RL hätte allenfalls eine Absenkung des Schutzniveaus bewirkt[737].
Auch im Hinblick auf die Generalklausel zeigt sich wieder das Bestreben des deutschen Gesetzgebers, das AGBG so weit wie möglich unverändert beizubehalten und Änderungen auf ein Minimum zu beschränken[738].

Seit dem Inkrafttreten des Schuldrechtsmodernisierungsgesetzes findet sich die Generalklausel des früheren § 9 Abs. 1 AGBG unverändert in § 307 Abs. 1 BGB.

c) Umsetzung im Vereinigten Königreich

aa) UTCR 1994

Die Umsetzung der Generalklausel erfolgte im Vereinigten Königreich durch eine fast unveränderte Übernahme der englischen Fassung des Art. 3 Abs. 1 RL. Nach Section 4 (1) UTCR 1994 ist eine Klausel als missbräuchlich einzustufen, wenn sie entgegen den Geboten von Treu und Glauben ein bedeutendes Missverhältnis der vertraglichen Rechte und Pflichten der Vertragsparteien zum Nachteil des Verbrauchers verursacht[739].
In Gestalt von Section 4 (1) UTCR 1994 hat das im römischen Recht wurzelnde Prinzip von Treu und Glauben, ein charakteristisches Merkmal der kontinentaleuropäischen Rechtsordnungen, erstmals Eingang in das Common Law gefunden[740]. Das englische Vertragsrecht kannte vor der Umsetzung der Klausel-Richtlinie kein Treu und Glauben entsprechendes allumfassendes Fairnessgebot. Das Common Law verwendet stattdessen eine Vielzahl von Rechtsgrundsätzen, die zwar jeweils auf bestimmte vertragsrechtliche Aspekte beschränkt sind, in ihrer Gesamtheit dem Aussagehalt von Treu und Glauben aber recht nahe kommen[741]. Im englischen Versicherungsvertragsrecht ist darüber hinaus das Prinzip

---

737 Vgl. *Heinrichs* in Palandt, § 24 a AGBG Rn. 18.

738 Siehe bereits oben § 5 II 2 c.

739 Section 4 (1) UTCR 1994 lautet: „In these Regulations, subject to paragraphs (2) and (3) below, ‚unfair term' means any term which contrary to the requirement of good faith causes a significant imbalance in the parties' rights and obligations under the contract to the detriment of the consumer."

740 *Dean*, Modern Law Review 1993, 581, 584; *Weatherill*, ERPL 1995, 307, 322 f.; *Wagner/Althen*, RIW 1995, 546, 547.

741 Vgl. *Bingham LJ* in Interfoto Picture Library Ltd. v. Stiletto Visual Programmes (1989), zitiert nach *Weatherill*, ERPL 1995, 307, 323: „In many civil law systems, and perhaps in most legal systems outside the common law world, the law of obligations recognises and enforces an overriding principle that in making and carrying out contracts parties should act in good faith. This does not simply mean that they should not deceive each other, a principle

von „utmost good faith" seit langem etabliert[742]. Das schottische Vertragsrecht kennt zwar eine Bezugnahme auf „bona fides", bleibt damit aber inhaltlich hinter dem Konzept von Treu und Glauben deutlich zurück[743].

Im Vereinigten Königreich war die Bedeutung der Einführung von Treu und Glauben in das Vertragsrecht das im Zusammenhang mit der Klausel-Richtlinie wohl meistdiskutierte Thema[744]. Die zahlreichen Stellungnahmen in der Literatur zeugen von einer großen Unsicherheit hinsichtlich Auslegung und Anwendung des Begriffs „good faith". Diskutiert wurde unter den Stichworten „procedural test" und „substantive test" insbesondere, ob sich das Gebot von Treu und Glauben in erster Linie auf den Aushandlungsprozess oder auf den Inhalt einer Vertragsklausel bezieht. Legt man einen „procedural test" zugrunde, so verstößt eine Klausel gegen Treu und Glauben, wenn sie nicht frei ausgehandelt wurde, etwa weil eine Vertragspartei Druck auf die andere ausgeübt hat. Stellt man hingegen auf einen „substantive test" ab, so kommt es allein auf den materiellen Gehalt einer Klausel an. Im Ergebnis gab es freilich keinen Zweifel daran, dass sich die Gebote von Treu und Glauben sowohl auf den Aushandlungsprozess als auch auf das Aushandlungsergebnis, also den Inhalt einer Klausel, beziehen[745].

Formal betrachtet wurde die in Art. 3 Abs. 1 RL enthaltene Generalklausel durch Section 4 (1) UTCR 1994 ordnungsgemäß umgesetzt. Der praktische Harmonisierungserfolg hängt nun von der Auslegung und Anwendung des neuen Konzepts von Treu und Glauben ab. Eng damit verbunden ist die Frage der Akzeptanz dieses kontinentaleuropäischen Prinzips. In der englischen Lite-

---

which any legal system must recognise; its effect is perhaps most aptly conveyed by such metaphorical colloquialisms as ‚playing fair', ‚coming clean' or ‚putting one's cards face upwards on the table'. It is in essence a principle of fair and open dealing. (...) English law has, characteristically, committed itself to no such overriding principle but has developed piecemeal solutions in response to demonstrated problems of unfairness."

[742] *Dean*, Modern Law Review 1993, 581, 584; *dies.*, New Law Journal 1995, 28, 29.

[743] *MacNeil*, The Judicial Review 1995, 147, 150 f.

[744] Siehe *Beale* in Good Faith and Fault in Contract Law, S. 231, 242 ff.; *Beatson*, Cambridge Law Journal 1995, 235, 237 f.; *ders.*, ZEuP 1998, 957, 963 ff.; *Brownsword/Howells*, Journal of Business Law 1995, 243, 252 ff.; *Collins*, Oxford Journal of Legal Studies 14 (1994), 229, 245 ff.; *De Moor*, ERPL 1995, 257, 260 ff.; *Dean*, Modern Law Review 1993, 581, 583 ff.; *dies.*, New Law Journal 1995, 28, 29 f.; *Howells*, Journal of Business Law 1995, 343, 352 f.; *Macdonald*, Journal of Business Law 1994, 441, 456 f.; *MacNeil*, The Judicial Review 1995, 147, 148 ff.; *Treitel*, Law of Contract, S. 248 ff.; *Uff* in Enhancing the Legal Position of the European Consumer, S. 163, 168 ff.; *Weatherill*, ERPL 1995, 307, 322 ff.; *ders.* in Neues europäisches Vertragsrecht und Verbraucherschutz, S. 117, 123 f.; *ders.*, VuR 1995, 393, 396 f.; *Willett*, ERPL 1997, 223, 232 ff.

[745] Vgl. *Brownsword/Howells*, Journal of Business Law 1995, 243, 252 f.; *Beale* in Good Faith and Fault in Contract Law, S. 231, 244 f.; *Collins*, Oxford Journal of Legal Studies 14 (1994), 229, 246; *Howells*, Journal of Business Law 1995, 343, 352 f.; *Beatson*, ZEuP 1998, 957, 967.

ratur wird bisweilen eine latente Abneigung gegen Treu und Glauben als beherrschendes Prinzip des Vertragsrechts spürbar[746]. Zum Teil wird allerdings auch eingeräumt, dass die Einführung von „good faith“ im Ergebnis keine revolutionären Auswirkungen auf das Common Law haben wird, da dieses Rechtsgrundsätze kennt, die mit Treu und Glauben eng verwandt sind[747].
Die besondere Bedeutung von Section 4 (1) UTCR 1994 liegt darin, dass das Konzept von Treu und Glauben nur schwerlich in das Verbrauchervertragsrecht eingeführt werden kann, ohne früher oder später auf weitere Bereiche des Privatrechts auszustrahlen[748]. Auf dem Weg zur Europäisierung des Common Law könnte Section 4 (1) UTCR 1994 daher ein wichtiger Schritt sein.

bb) UTCR 1999

In wörtlicher Übereinstimmung mit der englischen Fassung des Art. 3 Abs. 1 RL bestimmt Section 5 (1) UTCR 1999, dass eine nicht im Einzelnen ausgehandelte Klausel als missbräuchlich einzustufen ist, wenn sie entgegen den Geboten von Treu und Glauben ein erhebliches und ungerechtfertigtes Missverhältnis der vertraglichen Rechte und Pflichten zum Nachteil des Verbrauchers verursacht[749]. Im Vergleich zu den UTCR 1994 offenbaren die UTCR 1999 damit eine noch stärkere Anlehnung an die Klausel-Richtlinie.

d) Umsetzung in Frankreich

In Frankreich erfolgte die Umsetzung der Generalklausel der Richtlinie 93/13/EWG durch eine Reform des Art. L. 132-1 Abs. 1 CCons. Nach der ursprünglichen Fassung dieser Vorschrift[750] kann eine Klausel für unwirksam erklärt werden, wenn sie einem Verbraucher bzw. einem Nicht-Gewerbetreibenden durch einen Missbrauch der wirtschaftlichen Machtstellung („abus de la puissance économique“) eines Gewerbetreibenden auferlegt wurde und dem Gewerbetreibenden einen übermäßigen Vorteil („avantage excessif“) verschafft. Nach seiner Novellierung durch das Gesetz Nr. 95-96 erklärt Art. L. 132-1 Abs. 1 CCons. nun solche Klauseln für missbräuchlich, die ein bedeutendes Un-

---

[746] Siehe etwa *Collins*, Oxford Journal of Legal Studies 14 (1994), 229, 246: „As one would expect, the English confident appeal to reason and common sense is rejected in favour of a more metaphysical civilian formula.“
[747] *MacNeil*, The Judicial Review 1995, 147, 152: „The overall effect of introducing good faith as an element of the test of fairness of contract terms is unlikely to be revolutionary.“ Siehe auch *Hondius*, ERPL 1997, 121, 132 f.: „Nach einiger Zeit der Anwendung werden sie wahrscheinlich feststellen, daß auch ein Engländer mit Treu und Glauben leben kann.“
[748] *Weatherill*, VuR 1995, 393, 397; *De Moor*, ERPL 1995, 257, 260.
[749] Siehe zum Wortlaut von Section 5 (1) UTCR 1999 oben Fn. 684.
[750] Siehe oben Fn. 403 zum gleichlautenden Art. 35 Abs. 1 des Gesetzes Nr. 78-23.

gleichgewicht („déséquilibre significatif") der vertraglichen Rechte und Pflichten der Vertragsparteien zum Nachteil des Verbrauchers oder des Nicht-Gewerbetreibenden verursachen[751]. Das Merkmal des Missbrauchs der wirtschaftlichen Machtstellung wurde also gestrichen, das des übermäßigen Vorteils durch das Erfordernis eines bedeutenden Ungleichgewichts ersetzt.
In der französischen Literatur herrscht Einigkeit darüber, dass mit der neuen Formulierung allenfalls geringe Änderungen der bisherigen Rechtslage verbunden sind[752]. Das Kriterium des Missbrauchs der wirtschaftlichen Machtstellung war durch ein Urteil der Cour de cassation aus dem Jahre 1994 faktisch entwertet worden[753]. Das Gericht hatte entschieden, dass ein derartiger Missbrauch im Falle der Verwendung eines Standardvertrags zu vermuten ist. Die Begriffe „avantage excessif" und „déséquilibre significatif" sind darüber hinaus weitgehend deckungsgleich[754]. Durch die Verwendung des Begriffs „déséquilibre significatif" wollte der französische Gesetzgeber eine terminologische Annäherung an die Klausel-Richtlinie erreichen, deren französische Fassung in Art. 3 Abs. 1 ebenfalls auf ein „déséquilibre significatif" abstellt.
Andererseits wurde der Grundsatz von Treu und Glauben, der die Generalklausel der Richtlinie 93/13/EWG entscheidend prägt, nicht in Art. L. 132-1 Abs. 1 CCons. übernommen. Aus Gründen der Rechtssicherheit hielt es der französische Gesetzgeber für vorzugswürdig, dieses ihm als zu vage erscheinende Prinzip nicht zu verwenden und statt dessen allein auf ein bedeutendes Ungleichgewicht der vertraglichen Rechte und Pflichten abzustellen[755].
Hierin ist wohl kein Umsetzungsdefizit zu sehen. Zum einen verstößt eine Klausel, die ein bedeutendes Ungleichgewicht der vertraglichen Rechte und Pflichten der Vertragsparteien zum Nachteil des Verbrauchers herbeiführt, immer auch gegen die Gebote von Treu und Glauben[756]. Zum anderen kennt das französische Privatrecht ein allgemeines Prinzip von Treu und Glauben, das in Art. 1134 Abs. 3 Code civil verankert ist[757] und auch im Kontext des Code de la consommation

[751] Zum Wortlaut des Art. L. 132-1 Abs. 1 CCons. siehe oben Fn. 565.

[752] *Davo*, ERPL 1997, 157, 160; *Karimi*, Les Petites Affiches, 5 mai 1995 (n° 54), 4, 6; *Meilhac* in Europäische Rechtsangleichung und nationale Privatrechte, S. 291, 303 f.; *Mazeaud*, Droit et Patrimoine, juin 1995, études/doctrine, 42, 46; *Delebecque* in Recht und Gesetz im deutsch-französischen Dialog, S. 117, 126 ff.

[753] Cour de cassation, civ. 1re, 6 janvier 1994, Recueil Dalloz Sirey 1994, sommaires commentés, 209.

[754] Vgl. *Davo*, ERPL 1997, 157, 160; *Mazeaud*, Droit et Patrimoine, juin 1995, études/doctrine, 42, 46; *Delebecque* in Recht und Gesetz im deutsch-französischen Dialog, S. 117, 127.

[755] Vgl. *Mazeaud*, Droit et Patrimoine, juin 1995, études/doctrine, S. 42, 47; *Witz/Wolter*, ZEuP 1995, 885, 889.

[756] Siehe oben § 5 III 1 a.

[757] Art. 1134 Abs. 3 Code civil bezieht sich nach seinem Wortlaut nur auf die Erfüllung von Verträgen („Elles (les conventions légalement formées) doivent être exécutées de bonne foi").

heranzuziehen ist[758]. Ein Abstellen auf Treu und Glauben in Art. L. 132-1 Abs. 1 CCons. hätte vor diesem Hintergrund also keine praktischen Auswirkungen gehabt[759].
Bedenklich erscheint die fehlende Bezugnahme auf Treu und Glauben allenfalls insofern, als der französische Richter zur richtlinienkonformen Auslegung der Artt. L. 132-1 ff. CCons. verpflichtet ist[760]. Dieses Gebot richtlinienkonformer Auslegung verlangt unter anderem eine Berücksichtigung der Rechtsprechung der Gerichte anderer Mitgliedstaaten sowie der möglicherweise noch anfallenden Rechtsprechung des EuGH[761] zum in Art. 3 Abs. 1 RL enthaltenen Grundsatz von Treu und Glauben. Die Erfüllung dieser Verpflichtung wird der französischen Rechtsprechung durch die fehlende Bezugnahme auf Treu und Glauben in den Vorschriften des Code de la consommation über missbräuchliche Klauseln in Verbraucherverträgen erschwert. Ein eventuell entstehendes autonomes gemeinschaftsrechtliches Konzept von Treu und Glauben kann der französische Richter jedoch im Rahmen des Merkmals des „déséquilibre significatif" berücksichtigen. Im Ergebnis ist die Vorgehensweise des französischen Gesetzgebers bei der Umsetzung der Generalklausel der Richtlinie 93/13/EWG somit nicht zu beanstanden.

e) Umsetzung in Italien

Bei der Umsetzung der Generalklausel hat sich der italienische Gesetzgeber eng an der italienischen Fassung des Art. 3 Abs. 1 RL orientiert und auf diese Weise einen Fehler, der dem Richtliniengeber bei der Abfassung der italienischen Version der Klausel-Richtlinie unterlaufen ist, in das nationale Recht übertragen. In der deutschen, englischen und französischen Fassung der Richtlinie ist davon die Rede, dass eine Klausel missbräuchlich ist, wenn sie *entgegen dem Gebot von Treu und Glauben* („contrary to the requirement of good faith", „en dépit de l'exigence de bonne foi") ein erhebliches Missverhältnis der vertraglichen Rechte und Pflichten der Vertragsparteien verursacht. Im Gegensatz dazu erklärt die italienische Version des Art. 3 Abs. 1 RL eine Klausel für missbräuchlich,

---

Die Rechtsprechung hat das Gebot von Treu und Glauben jedoch über diesen Bereich hinaus auf den Vertragsschluss sowie auf die Beendigung vertraglicher Beziehungen erstreckt, vgl. *Meilhac* in Europäische Rechtsangleichung und nationale Privatrechte, S. 291, 304 (Fn. 36).

758 Zum Verhältnis des Code de la consommation zum allgemeinen Privatrecht siehe *Szönyi*, GRUR Int. 1996, 83, 84 ff.; *Witz/Wolter*, ZEuP 1995, 35, 40 ff.; *Berger-Walliser*, RIW 1996, 459, 461.

759 *Mazeaud*, Droit et Patrimoine, juin 1995, études/doctrine, S. 42, 47; *Paisant*, Recueil Dalloz Sirey 1995, chronique, 99, 100.

760 Siehe zum Gebot richtlinienkonformer Auslegung oben § 3 II 4 a.

761 Zur wenig ausgeprägten Vorlagebereitschaft der mitgliedstaatlichen Gerichte auf dem Gebiet der Klausel-Richtlinie siehe *Basedow* in Europäische Rechtsangleichung und nationale Privatrechte, S. 277 ff.

wenn sie dieses Missverhältnis *trotz des Erfordernisses des guten Glaubens* („malgrado il requisito della buona fede") herbeiführt. Für den italienischen Juristen legt diese auf einen Übersetzungsfehler zurückgehende Formulierung die Vermutung nahe, es komme nicht auf Treu und Glauben im objektiven Sinne an, sondern auf den *guten Glauben* des Gewerbetreibenden hinsichtlich der Billigkeit der betreffenden Vertragsklausel[762].
Obwohl in der Literatur bald nach Erlass der Klausel-Richtlinie auf diesen Übersetzungsfehler hingewiesen wurde[763], hat der italienische Gesetzgeber die fehlerhafte Formulierung des Art. 3 Abs. 1 RL fast unverändert in Art. 1469-*bis* Abs. 1 Codice civile[764] übernommen und so seine mangelnde Sorgfalt bei der Abfassung der Umsetzungsvorschriften demonstriert[765].
Ein Umsetzungsdefizit ist aber wohl trotz allem zu verneinen, da Art. 1469-*bis* Abs. 1 Codice civile nach einhelliger Ansicht richtlinienkonform dahin gehend auszulegen ist, dass auf Treu und Glauben im objektiven Sinne abzustellen ist[766]. Eine solche Auslegung ist mit dem Wortlaut des Art. 1469-*bis* Abs. 1 Codice civile wohl auch noch vereinbar.
Eine Abweichung von der Generalklausel der Richtlinie ist insofern festzustellen, als Art. 1469-*bis* Abs. 1 Codice civile die der Inhaltskontrolle nicht standhaltenden Klauseln nicht als missbräuchlich, sondern als „schikanös" („clausole vessatorie") bezeichnet[767]. In diesem Punkt hat sich der italienische Gesetzgeber also um eine Anpassung an den in Italien üblichen juristischen Sprachgebrauch[768] bemüht, was grundsätzlich zu begrüßen ist[769]. Einige Stimmen in der

[762] *Lener*, Foro Italiano 1996, V, 145, 158 ff.; *Roppo*, Diritto privato 1996, 99, 112 ff.; *De Negri*, Diritto del commercio internazionale 1998, 173, 196 f.; *Arena*, Giurisprudenza di Merito 1998, 156, 160; *Alpa*, NGCC 1996, parte seconda, 46, 47; *Tavolaro*, Documenti Giustizia 1996, 1325, 1338 ff.; *Cian* in Jahrbuch für italienisches Recht 10 (1997), S. 55, 62; *Patti* in Jahrbuch für italienisches Recht 10 (1997), S. 77, 81; *Sepe* in Neues europäisches Vertragsrecht und Verbraucherschutz, S. 137, 141 ff.; *Antoniolli Deflorian* in Europäische Rechtsangleichung und nationale Privatrechte, S. 119, 145; *Micklitz/d'Usseaux*, ZEuP 1998, 104, 110.
[763] *Bin*, Contratto e impresa/Europa 1996, 431, 438; *Sepe* in Neues europäisches Vertragsrecht und Verbraucherschutz, S. 137, 142.
[764] Zum Wortlaut des Art. 1469-*bis* Abs. 1 Codice civile siehe oben Fn. 577.
[765] *Antoniolli Deflorian* in Europäische Rechtsangleichung und nationale Privatrechte, S. 119, 145; *Sepe* in Neues europäisches Vertragsrecht und Verbraucherschutz, S. 137, 142.
[766] *Antoniolli Deflorian* in Europäische Rechtsangleichung und nationale Privatrechte, S. 119, 145; *Cian* in Jahrbuch für italienisches Recht 10 (1997), S. 55, 62; *Patti* in Jahrbuch für italienisches Recht 10 (1997), S. 77, 82; *De Negri*, Diritto del commercio internazionale 1998, 173, 197.
[767] Von „clausole vessatorie" bzw. „vessatorietà" ist darüber hinaus in Art. 1469-*bis* Abs. 3 und Art. 1469-*ter* die Rede.
[768] Die in Art. 1341 Abs. 2 Codice civile aufgezählten Klauseln werden seit jeher als „clausole vessatorie" bezeichnet, siehe oben § 4 III 4.

Literatur sehen die Verwendung des Begriffs „clausole vessatorie" in Artt. 1469-*bis* ff. Codice civile jedoch kritisch, da sie eine Verschleierung der Unterschiede, die zwischen den neu eingefügten Umsetzungsvorschriften und den alten Vorschriften der Artt. 1341 f. Codice civile bestehen, befürchten[770]. Kritikwürdig ist das Vorgehen des italienischen Gesetzgebers jedenfalls insofern, als die Verwendung der althergebrachten Terminologie nicht konsequent durchgehalten wurde. In Artt. 1469-*quinquies* Abs. 3 und 1469-*sexies* Abs. 1 Codice civile ist von „clausole abusive" bzw. von „abusività" die Rede, die Terminologie der Richtlinie findet hier also doch Verwendung.

2. Zu berücksichtigende Umstände

a) Vorgaben der Richtlinie

Der in Art. 3 Abs. 1 RL definierte Maßstab der Inhaltskontrolle, der sich in erster Linie an Treu und Glauben orientiert[771], lässt erhebliche Auslegungsspielräume offen und schafft so die Gefahr einer unterschiedlichen Auslegung in den einzelnen Mitgliedstaaten. Um ein Fehlschlagen der von der Klausel-Richtlinie bezweckten Rechtsangleichung, das bei unterschiedlicher Anwendung der Generalklausel in den einzelnen Mitgliedstaaten droht, zu verhindern, nennt Art. 4 Abs. 1 RL Kriterien, anhand derer die Missbräuchlichkeit einer Vertragsklausel zu beurteilen ist[772]. Im Einzelnen sind dies die Art der Güter und Dienstleistungen, die Gegenstand des Vertrags sind, die den Vertragsschluss begleitenden Umstände sowie die übrigen Klauseln desselben Vertrags oder auch eines anderen Vertrags, sofern die in Frage stehende Klausel von diesem anderen Vertrag abhängt. Zusätzlich ordnet Art. 4 Abs. 1 RL an, dass bei der Beurteilung der Missbräuchlichkeit auf den Zeitpunkt des Vertragsschlusses abzustellen ist.
Von den in Art. 4 Abs. 1 RL aufgezählten Kriterien sind die Umstände des Vertragsschlusses von besonderer Bedeutung. Beispiele für derartige zu berücksichtigende Umstände des Vertragsschlusses finden sich in Erwägungsgrund 16. Danach soll insbesondere das Kräfteverhältnis zwischen den Verhandlungspositionen der Parteien Berücksichtigung finden, ferner, ob auf den Verbraucher in irgendeiner Weise eingewirkt wurde, seine Zustimmung zu der Klausel zu geben, sowie ob die Güter oder Dienstleistungen auf eine Sonderbestellung des Verbrauchers hin verkauft bzw. erbracht wurden.

---

[769] So *De Negri*, Diritto del commercio internazionale 1998, 173, 195; *Patti* in Jahrbuch für italienisches Recht 10 (1997), S. 77, 78.
[770] So *Roppo*, Diritto privato 1996, 99, 103 f.; *Arena*, Giurisprudenza di Merito 1998, 156, 158; *Tavolaro*, Documenti Giustizia 1996, 1325, 1333.
[771] Siehe oben § 5 III 1 a.
[772] *Tenreiro/Karsten* in Europäische Rechtsangleichung und nationale Privatrechte, S. 223, 237; *Wolf* in Wolf/Horn/Lindacher, Art. 4 RL Rn. 1.

Die angeordnete Berücksichtigung sämtlicher Umstände des Vertragsschlusses zeigt - insbesondere im Hinblick auf die in Erwägungsgrund 16 aufgeführten Beispiele -, dass die Klausel-Richtlinie bei der Inhaltskontrolle zumindest auch einen *konkret-individuellen* Maßstab zugrunde legt[773]. Dies entspricht der Schutzkonzeption der Klausel-Richtlinie, die auch so genannte Individualklauseln, also nur zur einmaligen Verwendung bestimmte Klauseln, erfasst[774], welche nur anhand eines konkret-individuellen Maßstabs beurteilt werden können. Der konkret-individuelle Maßstab der Richtlinie hat zur Folge, dass ein und dieselbe Klausel gegenüber einem Verbraucher unbeanstandet bleiben kann, während sie gegenüber einem anderen Verbraucher aufgrund der konkreten Umstände des betreffenden Vertrags, etwa aufgrund des intellektuellen oder wirtschaftlichen Ungleichgewichts zwischen den Vertragsparteien, als missbräuchlich einzustufen ist[775]. Die Einbeziehung der Umstände des Einzelfalls kann sich also im Ergebnis in beide Richtungen auswirken: Sie kann die gegen eine Klausel bestehenden Bedenken zum einen mit der Folge verstärken, dass die Klausel als missbräuchlich zu beurteilen ist, sie kann die Bedenken gegen die Wirksamkeit der Klausel jedoch auch zerstreuen[776].

Es wäre jedoch verfehlt, der Klausel-Richtlinie einen ausschließlich konkret-individuellen Kontrollmaßstab zu attestieren[777]. Neben der konkret-individuellen Betrachtung stellt die Richtlinie 93/13/EWG auch auf eine abstrakt-generelle Sichtweise ab, wie Art. 7 Abs. 2 RL sowie Art. 3 Abs. 3 RL i.V.m. dem Klauselanhang zeigen[778]. Art. 7 Abs. 2 RL sieht für Standardvertragsklauseln, die zur mehrmaligen Verwendung bestimmt sind, ein abstraktes Kontrollverfahren vor. In diesem Verfahren erfolgt die Inhaltskontrolle ohne Bezug auf einen konkreten Fall, so dass notwendigerweise ein abstrakt-genereller Kontrollmaßstab zugrunde zu legen ist. Im gleichen Sinne zeichnen sich die im Anhang der Richtlinie enthaltenen Beispiele missbräuchlicher Klauseln durch eine abstrakt-generelle Kategorisierung aus, auf die Umstände des konkreten Vertrags wird nicht abgestellt. Aus der Klausel-Richtlinie lässt sich also unmittelbar entnehmen, dass sie neben einem konkret-individuellen auch einen abstrakt-generellen Kontrollmaßstab zugrunde legt. Die Richtlinie stellt auf eine Gesamtwürdigung

---

[773] Siehe bereits oben § 4 IV 1. Ferner *Eckert*, WM 1993, 1070, 1075; *Heinrichs*, NJW 1993, 1817, 1820; *Garbers* in Europäisches Privatrecht, S. 138; *Hommelhoff/Wiedenmann*, ZIP 1993, 562, 568; *Micklitz*, ZEuP 1993, 522, 528; *ders.* in Recht und Gesetz im deutsch-französischen Dialog, S. 139, 162.

[774] Siehe oben § 5 II 1 a.

[775] *Garbers* in Europäisches Vertragsrecht, S. 138; *Heinrichs*, NJW 1993, 1817, 1820.

[776] *Heinrichs*, NJW 1993, 1817, 1820.

[777] So aber *Schmidt-Salzer*, JZ 1995, 223, 224.

[778] *Horn* in 40 Jahre Römische Verträge, S. 151, 161; *Heinrichs*, NJW 1996, 2190, 2193; *Wolf* in Wolf/Horn/Lindacher, Art. 4 RL Rn. 3; *Pardolesi*, Foro Italiano 1994, V, 137, 148 f.

sämtlicher Umstände ab, seien diese konkret-individueller oder abstrakt-genereller Natur[779].
Des Weiteren enthält Art. 4 Abs. 1 RL das Gebot der Berücksichtigung aller anderen Klauseln des Vertrags sowie der Klauseln eines anderen Vertrags, von dem die zu überprüfende Klausel abhängt. Die Klausel-Richtlinie eröffnet auf diese Weise die Möglichkeit einer *Kumulationskontrolle* zu Gunsten des Verbrauchers. Mehrere Klauseln, die für sich genommen jeweils noch hinnehmbar sind, können im Zusammenspiel dem Verdikt der Missbräuchlichkeit verfallen[780]. Umgekehrt lässt der weite Wortlaut des Art. 4 Abs. 1 RL aber auch eine *Kompensation* „schlechter" durch „gute" Klauseln zu, was in dieser Allgemeinheit im Hinblick auf den Schutzzweck der Klausel-Richtlinie, den Verbraucher in seiner rollenspezifischen Unterlegenheit zu schützen[781], problematisch erscheint. Art. 4 Abs.1 RL sollte daher restriktiv dahin gehend ausgelegt werden, dass eine Kompensation „schlechter" durch „gute" Klauseln nur möglich ist, sofern die betreffenden Klauseln in einem sachlichen Zusammenhang stehen[782].
Als für die Beurteilung der Missbräuchlichkeit maßgebenden Zeitpunkt nennt Art. 4 Abs. 1 RL den Zeitpunkt des Vertragsschlusses. Spätere Änderungen der Verhältnisse werden weder zum Vorteil noch zum Nachteil des Verbrauchers berücksichtigt. Im Hinblick auf Art. 8 RL steht es den Mitgliedstaaten jedoch frei, nach dem Vertragsschluss eintretende Änderungen zum Vorteil des Verbrauchers zu berücksichtigen[783].

b) Umsetzung in Deutschland

aa) Ausgangslage: Nach dem AGBG a.F. zu berücksichtigende Umstände

Die ursprüngliche Fassung des AGBG legt bei der Inhaltskontrolle einen abstrakt-generellen Kontrollmaßstab zugrunde[784]. Abzuwägen sind die Interessen des AGB-Verwenders auf der einen Seite mit denen der typischerweise be-

---

[779] Vgl. *Heinrichs*, NJW 1996, 2190, 2193 f.; a.A. *Wolf* in Wolf/Horn/Lindacher, Art. 4 RL Rn. 3: Der Kontrollmaßstab der Klausel-Richtlinie richte sich nach der Natur der jeweiligen Klausel. Bei Individualklauseln sei ein ausschließlich individueller Maßstab anzulegen, bei Standardvertragsklauseln ein ausschließlich genereller. Ähnlich auch *Remien*, ZEuP 1994, 35, 57.
[780] *Damm*, JZ 1994, 161, 172; *Garbers* in Europäisches Privatrecht, S. 139.
[781] Siehe oben § 4 IV 1.
[782] *Wolf* in Wolf/Horn/Lindacher, Art. 4 RL Rn. 8; ähnlich *Damm*, JZ 1994, 161, 172; *Heinrichs*, NJW 1993, 1817, 1820 („Vieles spricht dafür, daß Art. 4 RL ebenso ausgelegt werden kann wie das AGBG").
[783] *Tenreiro/Karsten* in Europäische Rechtsangleichung und nationale Privatrechte, S. 223, 238; *Wolf* in Wolf/Horn/Lindacher, Art. 4 RL Rn. 14.
[784] BGHZ 98, 303, 308; BGHZ 105, 24, 31; *Hommelhoff/Wiedenmann*, ZIP 1993, 562, 568; *Heinrichs* in Palandt, § 9 AGBG Rn. 4.

teiligten Kunden auf der anderen Seite. Im Hinblick auf die Konzeption des AGBG ist dies folgerichtig, denn *Allgemeine* Geschäftsbedingungen, die sich durch eine Vorformulierung für eine Vielzahl von Verträgen auszeichnen, lassen sich nur losgelöst von den besonderen Umständen des konkreten Falls beurteilen[785]. Hinsichtlich des Kontrollmaßstabs der Inhaltskontrolle ist somit eine Divergenz von AGBG a.F. und Richtlinie 93/13/EWG festzustellen[786]: Während das AGBG a.F. bei der Inhaltskontrolle einen ausschließlich abstrakt-generellen Maßstab zugrunde legt, kombiniert die Klausel-Richtlinie abstrakt-generelle mit konkret-individuellen Kriterien.

Im Übrigen wird das AGBG den Vorgaben des Art. 4 Abs. 1 RL jedoch gerecht. Die von der Richtlinie angeordnete Berücksichtigung der übrigen Klauseln desselben Vertrags sowie eines anderen Vertrags, von dem die zu prüfende Klausel abhängt, entspricht der Anwendungspraxis des § 9 Abs. 1 AGBG. Abweichungen bestehen allenfalls dahin gehend, dass das AGBG eine Kompensation „schlechter" durch „gute" Klauseln nur in eingeschränktem Umfang zulässt, nämlich nur, sofern es sich um sachlich zusammengehörige Regelungen handelt, die zueinander in einer Wechselbeziehung stehen[787]. Sollte das AGBG in diesem Punkt von der Klausel-Richtlinie abweichen[788], so wäre dies jedenfalls im Hinblick auf Art. 8 RL, der den Mitgliedstaaten den Erlass oder die Beibehaltung strengerer Vorschriften zur Erreichung eines höheren Verbraucherschutzniveaus gestattet, unschädlich[789].

Das AGBG stimmt mit der Klausel-Richtlinie auch hinsichtlich des für die Inhaltskontrolle maßgebenden Zeitpunkts überein[790]. Beide Regelwerke stellen auf den Zeitpunkt des Vertragsschlusses ab, erklären später eintretende Ereignisse also für unbeachtlich. Schließlich wird das AGBG auch der von Art. 4 Abs. 1 RL angeordneten Berücksichtigung der Art der Güter und Dienstleistungen bei der Inhaltskontrolle gerecht[791]. Es ist anerkannt, dass dem Vertragsgegenstand

---

[785] Vgl. *Heinrichs*, NJW 1996, 2190, 2193. Kritisch zum abstrakt-generellen Kontrollansatz des AGBG *Schmidt-Salzer*, JZ 1995, 223 ff.

[786] *Heinrichs*, NJW 1993, 1817, 1820; *Damm*, JZ 1994, 161, 172 f.; *Hommelhoff/Wiedenmann*, ZIP 1993, 562, 568; *Kretschmar*, Richtlinie 93/13/EWG und AGBG, S. 222.

[787] *Heinrichs* in Palandt, § 9 AGBG Rn. 10; *Brandner* in Ulmer/Brandner/Hensen, § 9 AGBG Rn. 85; im Ergebnis auch BGHZ 82, 238, 240 f.

[788] Es sprechen gute Gründe dafür, dass auch die Klausel-Richtlinie dahin gehend einschränkend auszulegen ist, dass sie eine Kompensation nur zulässt, falls ein sachlicher Zusammenhang zwischen den betreffenden Klauseln besteht, siehe oben § 5 III 2 a.

[789] *Heinrichs*, NJW 1993, 1817, 1820; *Damm*, JZ 1994, 161, 172.

[790] *Ulmer*, EuZW 1993, 337, 345; *Damm*, JZ 1994, 161, 172.

[791] *Damm*, JZ 1994, 161, 172.

im Rahmen des § 9 Abs. 1 AGBG bei der Prüfung einer unangemessenen Benachteiligung Bedeutung zukommt[792].

bb) Modifikationen durch das AGBG-Änderungsgesetz

Der durch das AGBG-Änderungsgesetz neu eingefügte § 24 a AGBG bestimmt in seiner Nr. 3, dass bei der Beurteilung einer unangemessenen Benachteiligung nach § 9 AGBG auch die den Vertragsabschluss begleitenden Umstände zu berücksichtigen sind. Dem Anwendungsbereich des § 24 a AGBG entsprechend bezieht sich diese Erweiterung des Kontrollmaßstabs nur auf Verbraucherverträge. Bei Verbraucherverträgen kombiniert das AGBG nun also einen abstrakt-generellen mit einem konkret-individuellen Kontrollmaßstab[793].

cc) Bewertung

Durch die Einfügung des § 24 a Nr. 3 AGBG hat der deutsche Gesetzgeber die im Hinblick auf Art. 4 Abs. 1 RL noch bestehenden Abweichungen des AGBG ausgeräumt. Wie die Klausel-Richtlinie kombiniert nun auch das AGBG konkret-individuelle mit abstrakt-generellen Kriterien[794]. Auffallend ist einmal mehr, dass die Änderungen des AGBG auf den geringst möglichen Umfang beschränkt wurden. Außerhalb des Bereichs der Verbraucherverträge bleibt es nach wie vor bei einem rein abstrakt-generellen Kontrollmaßstab[795]. Dies ist auch insofern folgerichtig, als außerhalb dieses Bereichs lediglich AGB im Sinne von § 1 AGBG kontrollfähig sind, welche sinnvollerweise nur anhand eines abstrakt-generellen Maßstabs überprüft werden können[796]. Der Vorwurf der „Minimalumsetzung" trifft den deutschen Gesetzgeber bezogen auf § 24 a Nr. 3 AGBG also nicht. Die Beschränkung der Einführung eines (auch) konkret-individuellen Kontrollmaßstabs auf den Bereich der Verbraucherverträge ist vielmehr eine logische Konsequenz aus der Tatsache, dass die von § 24 a Nr. 2 AGBG angeordnete Einbeziehung so genannter Individualklauseln ebenfalls nur für Verbraucherverträge gilt.

dd) Rechtslage nach Inkrafttreten des Schuldrechtsmodernisierungsgesetzes

Der Regelungsgehalt des früheren § 24 a Nr. 3 AGBG findet sich nunmehr unverändert in § 310 Abs. 3 Nr. 3 BGB.

---

[792] Siehe *Heinrichs* in Palandt, § 9 AGBG Rn. 8; *Wolf* in Wolf/Horn/Lindacher, § 9 AGBG Rn. 104, 119.
[793] *Schlosser* in Staudinger, § 24 a AGBG Rn. 53; *Heinrichs*, NJW 1996, 2190, 2193.
[794] Zur „Kombinationslösung" der Klausel-Richtlinie siehe oben § 5 III 2 a.
[795] *Heinrichs*, NJW 1996, 2190, 2193; *Ulmer* in Karlsruher Forum 1997, S. 9, 29 ff.
[796] Siehe oben § 5 III 2 b aa.

c) Umsetzung im Vereinigten Königreich

aa) UTCR 1994

In Übereinstimmung mit Art. 4 Abs. 1 RL bestimmt Section 4 (2) UTCR 1994, dass bei der Beurteilung der Missbräuchlichkeit einer Klausel die Art des Vertragsgegenstands, sämtliche den Vertragsschluss begleitenden Umstände sowie die übrigen Klauseln desselben Vertrags oder eines konnexen Vertrags zu berücksichtigen sind. Als für die Inhaltskontrolle maßgeblichen Zeitpunkt nennt Section 4 (2) UTCR 1994 den Zeitpunkt des Vertragschlusses. Section 4 (3) UTCR 1994 verweist zur Erläuterung des Begriffs „good faith" auf den zweiten Anhang zu den UTCR 1994. Dieser Anhang gibt die Kriterien wieder, die Erwägungsgrund 16 zur Konkretisierung von Treu und Glauben nennt.
Im Hinblick auf die bei der Inhaltskontrolle zu berücksichtigenden Umstände wurde die Klausel-Richtlinie durch die UTCR 1994 ordnungsgemäß umgesetzt. Section 4 (2) UTCR 1994 sowie der zweite Anhang dürften die praktische Handhabung des Prinzips von Treu und Glauben, das durch die Klausel-Richtlinie erstmals Eingang in das Common Law gefunden hat, erheblich erleichtern[797]. Insbesondere verdeutlichen die dort angegebenen Kriterien, dass bei der Beurteilung, ob eine Klausel gegen Treu und Glauben verstößt, sowohl auf den Aushandlungsprozess[798] als auch auf das Aushandlungsergebnis[799], also auf den Inhalt der Klausel, abzustellen ist[800].

bb) UTCR 1999

Section 6 (1) UTCR 1999 gibt den Inhalt von Section 4 (2) UTCR 1994 wieder, lehnt sich allerdings stärker an den Wortlaut des Art. 4 Abs. 1 RL an[801]. Die im zweiten Anhang zu den UTCR 1994 aufgeführten Kriterien zur Erläuterung des Begriffs „good faith" finden in den UTCR 1999 demgegenüber keine Entsprechung. Vor dem Hintergrund der Klausel-Richtlinie ist dies nicht zu beanstanden, da der zweite Anhang zu den UTCR 1994 lediglich auf einem Erwägungs-

---

[797] Vgl. *Uff* in Enhancing the Legal Position of the European Consumer, S. 163, 168.

[798] Section 4 (2) UTCR 1994 ordnet die Berücksichtigung sämtlicher den Vertragsschluss begleitenden Umstände an.

[799] Section 4 (2) UTCR 1994 ordnet die Berücksichtigung der Art des Vertragsgegenstands an.

[800] Siehe oben § 5 III 1 c aa.

[801] Section 6 (1) UTCR 1999 lautet: „Without prejudice to regulation 12, the unfairness of a contractual term shall be assessed, taking into account the nature of the goods or services for which the contract was concluded and by referring, at the time of conclusion of the contract, to all the circumstances attending the conclusion of the contract and to all the other terms of the contract or of another contract on which it is dependent."

grund beruht[802]. Angesichts der Tatsache, dass das Konzept von Treu und Glauben erst durch den Erlass der Klausel-Richtlinie Eingang in das Common Law gefunden hat, ist der Treu und Glauben erläuternde zweite Anhang zu den UTCR 1994 jedoch eine sinnvolle Regelung, deren Übernahme in die UTCR 1999 wünschenswert gewesen wäre. Die Nichtübernahme des zweiten Anhangs zu den UTCR 1994 dürfte aber im Ergebnis keine praktischen Auswirkungen haben, da der Gehalt von Erwägungsgrund 16 über das Gebot der richtlinienkonformen Auslegung bei der Anwendung der UTCR 1999 zu berücksichtigen ist[803].

d) Umsetzung in Frankreich

Der durch das Gesetz Nr. 95-96 neu gefasste Art. L. 132-1 Abs. 5 CCons.[804] bestimmt, dass die Missbräuchlichkeit einer Vertragsklausel unter Berücksichtigung sämtlicher den Vertragsschluss begleitenden Umstände, der übrigen Klauseln desselben Vertrags sowie der Klauseln eines anderen Vertrags, von dem die zu beurteilende Klausel rechtlich abhängig ist, im Zeitpunkt des Vertragsschlusses zu beurteilen ist. Diese Vorschrift stimmt mit Art. 4 Abs. 1 RL weitgehend überein. Die einzige Abweichung besteht darin, dass Art. L. 132-1 Abs. 5 CCons. anders als Art. 4 Abs. 1 RL nicht zum Ausdruck bringt, dass bei der Inhaltskontrolle auch die Art der Güter oder Dienstleistungen zu berücksichtigen ist. Hierin liegt jedoch kein Umsetzungsdefizit, da es selbstverständlich erscheint, dass bei der Überprüfung der Missbräuchlichkeit einer Vertragsklausel unter anderem auf die Art der Güter oder Dienstleistungen, die den Gegenstand des Vertrags bilden, abzustellen ist[805].
Für das französische Recht der missbräuchlichen Klauseln ist Art. L. 132-1 Abs. 5 CCons. insofern von großer Bedeutung, als in dieser Vorschrift die Anerkennung einer autonomen richterlichen Kontrollbefugnis zum Ausdruck kommt. Wie bereits dargelegt wurde[806], durfte die Rechtsprechung nach der ursprünglichen Fassung der Artt. L. 132-1 ff. CCons. eine Vertragsklausel nur für unwirksam erklären, wenn zuvor ein Dekret des Conseil d'Etat ergangen war, das Klauseln der betreffenden Art untersagte. Die Rechtsprechung hatte sich über

[802] Siehe oben § 5 III 2 c aa.
[803] *Whittaker* in Chitty on Contracts, § 15-044.
[804] Art. L. 132-1 Abs. 5 CCons. lautet: „ Sans préjudice des règles d'interprétation prévues aux articles 1156 à 1161, 1163 et 1164 du code civil, le caractère abusif d'une clause s'apprécie en se référant, au moment de la conclusion du contrat, à toutes les circonstances qui entourent sa conclusion, de même qu'à toutes les autres clauses du contrat. Il s'apprécie également au regard de celles contenues dans un autre contrat lorsque la conclusion ou l'exécution de ces deux contrats dépendent juridiquement l'une de l'autre."
[805] Dies wird auch in der französischen Literatur so gesehen, vgl. *Karimi*, Les Petites Affiches, 5 mai 1995 (n° 54), 4, 9.
[806] Siehe oben § 4 III 3.

diese Regelung zwar zunehmend hinweggesetzt und war dazu übergegangen, Klauseln, die ihr missbräuchlich erschienen, auch ohne ein entsprechendes Dekret für unwirksam zu erklären, sie handelte dabei aber eindeutig contra legem. Der französische Gesetzgeber hat die durch die Klausel-Richtlinie bedingte Reform der Artt. L. 132-1 ff. CCons. zum Anlass genommen, den bisherigen offenen Widerspruch zwischen gesetzlicher Regelung und Rechtspraxis aufzulösen, indem er die von der Rechtsprechung in Anspruch genommene autonome Kontrollbefugnis gesetzlich anerkannt hat[807]. Dies geschah zwar nicht ausdrücklich, ergibt sich aber unter anderem aus Art. L. 132-1 Abs. 5 CCons[808]. Diese Vorschrift legt einen konkret-individuellen Kontrollmaßstab fest, der seine Bedeutung nur im Individualprozess haben kann. Verfahren, die den Erlass eines Dekrets durch den Conseil d'Etat zum Ziel haben, sind darauf ausgerichtet, bestimmte *Arten* von Klauseln zu untersagen. Mangels eines zugrunde liegenden konkreten Falls kann in derartigen Verfahren also nur ein abstrakt-genereller Kontrollmaßstab Verwendung finden. Die in Art. L. 132-1 Abs. 5 CCons. angegebenen Kriterien können somit nur den Sinn haben, dem Richter Bewertungsmaßstäbe an die Hand zu geben. Daraus folgt, dass der Richter befugt sein muss, selbstständig über die Missbräuchlichkeit einer konkreten Vertragsklausel zu entscheiden. Daneben ist der Conseil d'Etat nach Art. L. 132-1 Abs. 2 CCons. weiterhin befugt, auf eine Empfehlung der Commission des clauses abusives hin Verbotsdekrete zu erlassen[809].

e) Umsetzung in Italien

Art. 1469-*ter* Abs. 1 Codice civile greift Art. 4 Abs. 1 RL fast wörtlich auf und bestimmt, dass die Beurteilung einer Klausel unter Berücksichtigung der Güter oder Dienstleistungen, die den Gegenstand des Vertrags bilden, aller Umstände im Zeitpunkt des Vertragsschlusses sowie sämtlicher Klauseln desselben Vertrags oder eines rechtlich verbundenen Vertrags zu erfolgen hat. In der Literatur wird die Berechtigung des Art. 1469-*ter* Abs. 1 Codice civile zum Teil bezweifelt, da Art. 1363 Codice civile[810] ähnliche Bestimmungen enthält[811]. Koordinie-

---

[807] *Ghestin/Marchessaux-van Melle*, La Semaine Juridique 1995, édition générale, doctrine, Nr. 3854, S. 275, 281 f.; *Paisant*, Recueil Dalloz Sirey 1995, chronique, 99, 104; *Danglehant*, Actualité Législative Dalloz 1995, commentaires législatifs, 127, 131 ff.; *Davo*, ERPL 1997, 157, 160 f.; *dies.*, REDC 1995, 215, 220; *Mazeaud*, Droit et Patrimoine, juin 1995, études/doctrine, 42, 45; *Berger-Walliser*, RIW 1996, 459, 463; *Witz/Wolter*, ZEuP 1995, 885, 887 f.; *Brock*, Schutz der Verbraucher vor mißbräuchlichen Klauseln im französischen Privatrecht, S. 179 f.

[808] Vgl. *Witz/Wolter*, ZEuP 1995, 885, 887 f.; *Brock*, Schutz der Verbraucher vor mißbräuchlichen Klauseln im französischen Privatrecht, S. 179 f.

[809] *Berger-Walliser*, RIW 1996, 459, 463.

[810] Art. 1363 Codice civile lautet: „Le clausole del contratto si interpretano le une per mezzo delle altre, attribuendo a ciascuna il senso che risulta dal complesso dell'atto."

rungsmängel, die die Annahme eines Umsetzungsdefizits rechtfertigen, können darin jedoch nicht erblickt werden.

3. Klauselkatalog im Anhang der Richtlinie

a) Vorgaben der Richtlinie

Zur Konkretisierung der Generalklausel des Art. 3 Abs. 1 RL enthält der Anhang der Richtlinie 93/13/EWG einen Katalog von Klauseln, die in den Augen des Richtliniengebers als missbräuchlich einzustufen sind. Dieser Klauselkatalog ist für die Mitgliedstaaten jedoch nicht verbindlich. Vielmehr stellt Art. 3 Abs. 3 RL klar, dass der Anhang lediglich eine als *Hinweis* dienende und *nicht erschöpfende* Liste von Klauseln enthält, die für missbräuchlich erklärt werden *können*. Der nicht verbindliche Charakter des Anhangs kommt in der englischen Fassung des Art. 3 Abs. 3 RL („The Annex shall contain an indicative and non-exhaustive list of the terms which *may be regarded* as unfair."[812]) deutlicher zum Ausdruck. Der Stellenwert des Anhangs verlor im Laufe der Entstehungsgsgeschichte der Klausel-Richtlinie immer mehr an Bedeutung[813]. Nach dem Richtlinienvorschlag vom 24. Juli 1990[814] sollten die im Anhang aufgeführten Klauseln zwingend als missbräuchlich gelten, man verfolgte also das Konzept einer „schwarzen Verbotsliste"[815]. Im geänderten Richtlinienentwurf aus dem Jahre 1992[816] erfolgte dann die Hinwendung zur „grauen Hinweisliste"[817].

Auch der Inhalt des Anhangs wurde im Zuge der Arbeiten an der Klausel-Richtlinie erheblich modifiziert. Der Anhang des Richtlinienvorschlags aus dem Jahre 1990 zielte nicht nur auf ein Verbot bestimmter missbräuchlicher Klauseln, sondern sollte die Mitgliedstaaten darüber hinaus dazu zwingen, in ihre Rechtsvorschriften über Kauf- und Timesharingverträge einen Mindeststandard verbraucherschützender Regeln aufzunehmen[818]. Auf diese Weise sollte durch die „Hintertür"[819] des Anhangs der Klausel-Richtlinie eine Harmonisierung weiterer

---

[811] Vgl. *Bigliazzi Geri* in Le clausole abusive nei contratti stipulati con i consumatori, S, 317, 320.

[812] Hervorhebung durch den Verfasser.

[813] *Heinrichs* in Liber amicorum Norbert Reich, S. 527, 528. Siehe ferner bereits oben § 4 I.

[814] Siehe oben Fn. 327.

[815] *Reich*, Europäisches Verbraucherschutzrecht, S. 264.

[816] Siehe oben Fn. 333.

[817] *Reich*, Europäisches Verbraucherschutzrecht, S. 264.

[818] Zu Einzelheiten siehe *Heinrichs* in Liber amicorum Norbert Reich, S. 527, 530; *Tenreiro/Karsten* in Europäische Rechtsangleichung und nationale Privatrechte, S. 223, 258.

[819] Vgl. *Tenreiro/Karsten* in Europäische Rechtsangleichung und nationale Privatrechte, S. 223, 258: „The proposal earned criticism for its rather unusual method of pursuing private law

zentraler Gebiete des Privatrechts erreicht werden. Im geänderten Richtlinienentwurf aus dem Jahre 1992 hatte der Anhang dann nur noch die Funktion, Beispiele missbräuchlicher Klauseln aufzulisten. Die verbraucherschutzbezogene Harmonisierung des Kaufrechts und des Rechts der Timesharingverträge wurde späteren Richtlinienvorhaben vorbehalten[820]. Die Entstehungsgeschichte des Anhangs ist in gewisser Weise repräsentativ für die Entstehungsgeschichte der gesamten Klausel-Richtlinie. Die anfänglich verfolgten ambitionierten Ziele wurden im Laufe der Zeit so weit abgeschwächt, bis eine für alle Mitgliedstaaten akzeptable Kompromisslösung erreicht war[821].

Aus der in Art. 3 Abs. 3 RL ausdrücklich festgelegten Unverbindlichkeit des Richtlinienanhangs folgt, dass für die Mitgliedstaaten keine direkte Umsetzungsverpflichtung besteht[822]. Es steht den Mitgliedstaaten frei, Klauselkataloge zu erarbeiten, die hinter dem Anhang der Richtlinie zurückbleiben oder darüber hinausgehen. Die Mitgliedstaaten können sich auch mit einer Übernahme der Generalklausel des Art. 3 Abs. 1 RL in ihr innerstaatliches Recht begnügen[823]. Letzte Zweifel in dieser Hinsicht zerstreut jedenfalls Erwägungsgrund 17, der der Klauselliste des Anhangs einen Minimalcharakter attestiert, aufgrund dessen sie von den Mitgliedstaaten ergänzt oder restriktiver formuliert werden kann.

Der Stellenwert des Anhangs darf dennoch nicht unterschätzt werden[824]. Indem die Richtlinie die im Anhang enthaltenen Klauseln als Beispiele missbräuchlicher Klauseln anführt, gibt sie die grundsätzliche Missbilligung dieser Klauseln zu erkennen. Auch wenn der Klauselanhang nicht direkt in das nationale Recht überführt werden muss, so sind seine Wertungen doch bei der Inhaltskontrolle anhand der Generalklausel zu beachten. Art. 3 Abs. 3 RL, der auf die Klauselliste im Anhang verweist, steht in einem engen Zusammenhang mit Art. 3 Abs. 1 RL und soll die Generalklausel konkretisieren. Den im Anhang enthaltenen Klauseln kommt aus diesem Grund jedenfalls eine Indizwirkung für die Feststellung der Missbräuchlichkeit zu[825].

---

harmonisation virtually through the backdoor of an Annex of a directive that supposes to aim predominately at controlling unfair contract terms."

[820] Inzwischen verwirklicht durch die Verbrauchsgüterkauf-Richtlinie 1999/44/EG und die Timesharing-Richtlinie 94/47/EG.

[821] *Heinrichs* in Liber amicorum Norbert Reich, S. 527, 528; *Tenreiro/Karsten* in Europäische Rechtsangleichung und nationale Privatrechte, S. 223, 259.

[822] *Damm*, JZ 1994, 161, 175; *Eckert*, WM 1993, 1070, 1076; *Heinrichs* in Liber amicorum Norbert Reich, S. 527, 533; *Wolf* in Wolf/Horn/Lindacher, Art. 3 RL Rn. 31; *Garbers* in Europäisches Privatrecht, S. 139 f.; *Remien*, ZEuP 1994, 34, 60.

[823] *Wolf* in Wolf/Horn/Lindacher, Art. 3 RL Rn. 31.

[824] Vgl. *Tenreiro/Karsten* in Europäische Rechtsangleichung und nationale Privatrechte, S. 223, 259 f.

[825] *Wolf* in Wolf/Horn/Lindacher, Art. 3 RL Rn. 32; *Tenreiro/Karsten* in Europäische Rechtsangleichung und nationale Privatrechte, S. 223, 259.

b) Umsetzung in Deutschland

In der Diskussion um die geeignete Form der Umsetzung der Klausel-Richtlinie in das deutsche Recht hat der Richtlinienanhang nur eine untergeordnete Rolle gespielt. Im Hinblick auf die im AGBG enthaltenen Klauselkataloge der §§ 10 und 11 sowie auf die Unverbindlichkeit des Richtlinienanhangs bestand weitgehend Einigkeit darüber, dass ein Änderungsbedarf des AGBG insofern nicht bestehe[826]. Der Gesetzgeber des AGBG-Änderungsgesetzes machte sich diesen Standpunkt zu eigen und verzichtete auf eine Anpassung der §§ 10, 11 AGBG an den Anhang der Klausel-Richtlinie. Diese Entscheidung ist nicht zu beanstanden. §§ 10, 11 AGBG stimmen weitgehend mit dem Richtlinienanhang überein, gehen zum Teil sogar über diesen hinaus und erscheinen auch systematisch überlegen[827]. In den wenigen Punkten, in denen der Richtlinienanhang ein höheres Schutzniveau aufweist als §§ 10, 11 AGBG[828], lassen sich mit der Klausel-Richtlinie vereinbare Ergebnisse über die Generalklausel des § 9 AGBG erreichen[829]. Zur Überbrückung der zwischen §§ 10, 11 AGBG und dem Richtlinienanhang bestehenden geringfügigen Differenzen vertraut der deutsche Gesetzgeber also auf die Rechtsprechung. Vor dem Hintergrund der aus Art. 3 Abs. 3 RL folgenden Unverbindlichkeit des Richtlinienanhangs ist dies völlig unbedenklich. Es zeigt sich jedoch auch hier wieder das Bestreben des deutschen Gesetzgebers, so weit wie möglich am AGBG festzuhalten und Eingriffe auf ein Minimalmaß zu beschränken. Auch dort, wo Änderungen der §§ 10, 11 AGBG sinnvoll gewesen wären[830], sind diese nicht erfolgt.

Seit Inkrafttreten des Schuldrechtsmodernisierungsgesetzes finden sich die Regelungen der früheren §§ 10, 11 AGBG nunmehr weitgehend unverändert in §§ 308, 309 BGB. Die anlässlich der Neufassung vorgenommenen Änderungen

---

[826] Vgl. *Heinrichs*, NJW 1993, 1817, 1821; *Ulmer*, EuZW 1993, 337, 344 f.; *Damm*, JZ 1994, 161, 175; *Eckert*, WM 1993, 1170, 1176; zweifelnd *Micklitz*, ZEuP 1993, 522, 530; für eine Anpassung der §§ 10, 11 AGBG an den Anhang der Klausel-Richtlinie hingegen *Frey*, ZIP 1993, 572, 579 f.

[827] *Heinrichs* in Liber amicorum Norbert Reich, S. 527, 533.

[828] Zu denken ist insbesondere an Nr. 1 a des Richtlinienanhangs, wonach die gesetzliche Haftung des Gewerbetreibenden nicht ausgeschlossen oder eingeschränkt werden darf, wenn der Verbraucher aufgrund einer Handlung oder Unterlassung des Gewerbetreibenden sein Leben verliert oder einen Körperschaden erleidet. Ein der Nr. 1 a entsprechendes Klauselverbot fehlt in §§ 10, 11 AGBG. Die überwiegend vertretene Ansicht leitet die Unwirksamkeit derartiger Klauseln aber aus § 9 Abs. 2 Nr. 1 AGBG ab, siehe dazu *Heinrichs* in Liber amicorum Norbert Reich, S. 527, 544 f.

[829] Siehe im Einzelnen *Heinrichs* in Liber amicorum Norbert Reich, S. 527, 536 ff.; *Wolf* in Wolf/Horn/Lindacher, Anhang RL Rn. 11 ff.

[830] Eine Ergänzung der §§ 10, 11 AGBG wäre vor allem im Hinblick auf Nr. 1 a des Richtlinienanhangs wünschenswert gewesen, siehe dazu oben Fn. 828.

dienten vornehmlich der Anpassung der Vorschriften über Allgemeine Geschäftsbedingungen an das im Zuge der Schuldrechtsmodernisierung eingeführte neue Leistungsstörungsrecht[831]. Vor dem Hintergrund der Richtlinie 93/13/EWG werfen die Neuregelungen keine Probleme auf.

c) Umsetzung im Vereinigten Königreich

aa) UTCR 1994

Zur Umsetzung des Richtlinienanhangs verweist Section 4 (4) UTCR 1994 auf den dritten Anhang zu den UTCR 1994, der mit dem Klauselkatalog im Anhang der Richtlinie wörtlich übereinstimmt, und qualifiziert diesen Anhang als eine als Hinweis dienende und nicht erschöpfende Liste von Klauseln, die als missbräuchlich eingestuft werden können. Die „graue Hinweisliste" der Klausel-Richtlinie wurde also unverändert übernommen.

bb) UTCR 1999

In Bezug auf die Umsetzung des Klauselkatalogs im Richtlinienanhang weisen die UTCR 1999 keine Abweichungen von den UTCR 1994 auf. Im zweiten Anhang zu den UTCR 1999 wird der Klauselkatalog des Richtlinienanhangs wörtlich wiedergegeben. Section 5 (5) UTCR 1999 ordnet zusätzlich an, dass es sich um eine als Hinweis dienende und nicht abschließende Liste von Klauseln, die als missbräuchlich eingestuft werden können, handelt.

d) Umsetzung in Frankreich

Durch das Gesetz Nr. 95-96 wurde der Klauselkatalog im Anhang der Richtlinie 93/13/EWG unverändert übernommen und als Anhang in den Code de la consommation eingefügt. Der neu gefasste Art. L. 132-1 Abs. 3 CCons. qualifiziert diesen Anhang als eine als Hinweis dienende und nicht abschließende Liste von Klauseln, die für missbräuchlich erklärt werden können. Darüber hinaus ordnet diese Vorschrift für den Fall eines Rechtsstreits, dem eine im Anhang aufgeführte Klausel zugrunde liegt, an, dass der Kläger die Beweislast für die Missbräuchlichkeit der Klausel zu tragen hat. In dieser Regelung kommt die bereits angesprochene[832] Anerkennung der autonomen richterlichen Kontrollbefugnis durch das Gesetz Nr. 95-96 besonders deutlich zum Ausdruck[833].

---

[831] Näher *Artz*, JuS 2002, 528, 532 f.

[832] Siehe oben § 5 III 1 d.

[833] *Davo*, REDC 1995, 215, 220; *Witz/Wolter*, ZEuP 1995, 885, 887 f.; *Mazeaud*, Droit et Patrimoine, juin 1995, études/doctrine, 42, 45; *Berger-Walliser*, RIW 1996, 459, 463.

Wie im Vereinigten Königreich wurde in Frankreich eine „graue Hinweisliste" geschaffen, die auf den ersten Blick in Einklang mit der Klausel-Richtlinie zu stehen scheint. Bei näherer Betrachtung zeigt sich jedoch, dass durch die Schaffung dieser „grauen Hinweisliste" eine äußerst komplexe Rechtslage entstanden ist, die Zweifel an der ordnungsgemäßen Umsetzung der Richtlinie aufkommen lässt. Neben dem Anhang zum Code de la consommation kennt das französische Recht der missbräuchlichen Klauseln nämlich zwei weitere Klausellisten[834]. Zum einen ist das bisher einzige Dekret des Conseil d'Etat vom 24. März 1978[835] zu nennen, das als „schwarze Verbotsliste" klassifiziert werden kann, da die dort aufgeführten Klauseln stets als missbräuchlich einzustufen sind. Darüber hinaus existieren die zahlreichen Empfehlungen der Commission des clauses abusives[836], die in der Rechtspraxis als „graue Hinweislisten" angesehen werden. Kompliziert wird die Rechtslage nun dadurch, dass einige der im Anhang zum Code de la consommation aufgeführten Klauseln auch im Verbotsdekret des Conseil d'Etat zu finden sind[837]. Diese Klauseln sind also stets als missbräuchlich einzustufen und nicht, wie Art. L. 132-1 Abs. 3 CCons. behauptet, nur möglicherweise. In Bezug auf die Klauseln, die sowohl im Anhang zum Code de la consommation als auch im Dekret des Conseil d'Etat enthalten sind, ist Art. L. 132-1 Abs. 3 CCons. somit zur Irreführung der am Rechtsverkehr Beteiligten geeignet. Bei der Umsetzung von Richtlinien haben die Mitgliedstaaten jedoch nach der Rechtsprechung des EuGH größten Wert auf die Einhaltung der Gebote der Rechtssicherheit und Rechtsklarheit zu legen[838]. Aus dem Gebot der Rechtsklarheit folgt unter anderem, dass das zur Umsetzung einer Richtlinie erlassene nationale Recht in einem stimmigen Verhältnis zu den sonstigen Bestandteilen der nationalen Rechtsordnung zu stehen hat. Nur dann ist die volle praktische Wirksamkeit der Richtlinie gewährleistet[839]. Aufgrund der Widersprüche zum Dekret des Conseil d'Etat vom 24. März 1978 besteht die Gefahr, dass der Anhang zum Code de la consommation in der Praxis eine nur unbedeutende Rolle spielen wird, da sich unter den Normadressaten die Einsicht durchsetzen wird, dass man sich auf diesen Anhang ohnehin nicht verlassen kann. Zwar besteht nach Art. 3 Abs. 3 RL keine direkte Verpflichtung der Mitgliedstaaten zur Umsetzung des Richtlinienanhangs. Entschließt sich ein Mit-

---

[834] *Paisant*, Recueil Dalloz Sirey 1995, chronique, 99, 105; *Witz/Wolter*, ZEuP 1995, 885, 890; *Karimi*, Les Petites Affiches, 5 mai 1995 (n° 54), 4, 10.

[835] Siehe oben § 4 III 3 (Fn. 406).

[836] Siehe oben § 4 III 3.

[837] *Paisant*, Recueil Dalloz Sirey 1995, chronique, 99, 105 f.; *Witz/Wolter*, ZEuP 1995, 885, 890; *Berger-Walliser*, RIW 1996, 459, 463; *Ghestin/Marchessaux-van Melle*, La Semaine Juridique 1995, édition générale, doctrine, Nr. 3854, S. 275, 279 f.; *Mazeaud*, Droit et Patrimoine, juin 1995, études/doctrine, 42, 47 f.

[838] Siehe oben § 3 II 3 a.

[839] Siehe oben § 3 II 3 c.

gliedstaat jedoch zur Übernahme des Anhangs, so darf er dies nicht völlig unreflektiert tun, sondern muss für die nötige Koordinierung mit den sonstigen nationalen Rechtsvorschriften Sorge tragen.
Die Umsetzung des Klauselkatalogs im Anhang der Richtlinie ist mangels hinreichender Abstimmung mit dem Dekret des Conseil d'Etat vom 24. März 1978 somit als fehlerhaft anzusehen.

e) Umsetzung in Italien

Der neu in den Codice civile eingefügte Art. 1469-*bis* enthält in seinem Abs. 3 eine dem Klauselkatalog im Anhang der Richtlinie weitgehend entsprechende Liste von insgesamt 20 Klauseln und bestimmt, dass deren Unbilligkeit bis zum Beweis des Gegenteils zu vermuten ist[840]. Wird eine der in Art. 1469-*bis* Abs. 3 Codice civile enthaltenen Klauseln in einem Verbrauchervertrag verwendet, so gilt sie also ohne weiteres als missbräuchlich, der Gewerbetreibende hat aber die Möglichkeit, Umstände darzulegen, die die Klausel im konkreten Fall als noch hinnehmbar erscheinen lassen. Da dieser dem Gewerbetreibenden auferlegte Gegenbeweis nur schwer zu erbringen sein dürfte, kommt dem Klauselkatalog des Art. 1469-*bis* Abs. 3 Codice civile de facto der Charakter einer „schwarzen Verbotsliste" zu[841]. In diesem Punkt geht das italienische Umsetzungsgesetz also über die Klausel-Richtlinie, deren Anhang gemäß Art. 3 Abs. 3 RL lediglich als unverbindliche „graue Hinweisliste" einzustufen ist[842], hinaus. Diese Abweichung von der Klausel-Richtlinie ist vor dem Hintergrund des Art. 3 Abs. 3 RL völlig unbedenklich.
In Art. 1469-*bis* Abs. 4 bis 7 Codice civile werden einige der Vermutungen des Art. 1469-*bis* Abs. 3 Codice civile für bestimmte Verträge, hauptsächlich solche, die Finanzdienstleistungen zum Gegenstand haben, außer Kraft gesetzt. Diese Ausnahmevorschriften entsprechen im Wesentlichen Nr. 2 des Anhangs der Klausel-Richtlinie.
Verworren wird die Rechtslage durch das Hinzutreten des Art. 1469-*quinquies* Abs. 2 Codice civile[843]. Nach dieser Vorschrift sind drei Arten von Klauseln

---

[840] Art. 1469-*bis* Abs. 3 Codice civile lautet: „Si presumono vessatorie fino a prova contraria le clausole che hanno per oggetto o per effetto di...".
[841] *De Nova*, Rivista di diritto privato 1996, 221, 243; *De Negri*, Rivista del commercio internazionale 1998, 173, 199.
[842] Siehe oben § 5 III 3 a.
[843] Art. 1469-*quinquies* Abs. 2 Codice civile lautet: „Sono inefficaci le clausole che, quantunque oggetto di trattativa, abbiano per oggetto o per effetto di: 1) escludere o limitare la responsabilità del professionista in caso di morte o danno alla persona del consumatore, risultante da un fatto o da un'omissione del professionista; 2) escludere o limitare le azioni del consumatore nei confronti del professionista o di un'altra parte in caso di inadempimento totale o parziale o di adempimento inesatto da parte del professionista; 3) prevedere

stets unwirksam, und zwar auch dann, wenn sie individuell zwischen den Vertragsparteien ausgehandelt wurden. Im Einzelnen handelt es sich um Klauseln, die die Haftung des Gewerbetreibenden im Falle des Todes oder einer Körperverletzung des Verbrauchers ausschließen oder einschränken, um Klauseln, die Ansprüche des Verbrauchers gegenüber dem Gewerbetreibenden oder einer anderen Partei für den Fall, dass der Gewerbetreibende seine Verpflichtungen ganz oder teilweise nicht erfüllt, ausschließen sowie um Klauseln, die die Zustimmung des Verbrauchers auf Klauseln erstrecken, von denen der Verbraucher vor Vertragsschluss keine Kenntnis nehmen konnte.

Anders als Art. 1469-*bis* Abs. 3 Codice civile stellt Art. 1469-*quinquies* Abs. 2 Codice civile also nicht bloß eine widerlegbare Vermutung auf, sondern statuiert eine echte „schwarze Verbotsliste" von Klauseln, die stets unwirksam sind, auch dann, wenn sie im Einzelnen zwischen den Vertragsparteien ausgehandelt wurden. Art. 1469-*quinquies* Abs. 2 Codice civile greift somit in weitaus größerem Maß in die Vertragsfreiheit ein, als von der Klausel-Richtlinie gefordert[844].

Das Problem des Art. 1469-*quinquies* Abs. 2 Codice civile liegt nun darin, dass die dort aufgeführten unzulässigen Klauseln auch im Katalog des Art. 1469-*bis* Abs. 3 Codice civile zu finden sind, nämlich in den Nummern 1, 2 und 10 dieser Vorschrift[845]. Somit besteht im Hinblick auf diese Klauseln eine widersprüchliche Rechtslage. Nach Art. 1469-*bis* Abs. 3 Codice civile wird ihre Missbräuchlichkeit lediglich vermutet, nach Art. 1469-*quinquies* Abs. 2 Codice civile sind sie schlechthin unwirksam. In der italienischen Literatur wird zum Teil offen eingeräumt, dass dieser Widerspruch, der einmal mehr die mangelnde Sorgfalt des italienischen Gesetzgebers bei der Umsetzung der Klausel-Richtlinie demonstriert[846], wohl nur aufgelöst werden kann, indem man Art. 1469-*bis* Abs. 3 Nr. 1, 2 und 10 Codice civile ignoriert und die betreffenden Klauseln als stets unwirksam betrachtet[847].

Es liegt auf der Hand, dass diese Rechtslage den Geboten der Rechtssicherheit und Rechtsklarheit, die nach der Rechtsprechung des EuGH bei der Transformation einer Richtlinie in das nationale Recht besonders zu beachten sind[848],

---

l'adesione del consumatore come estesa a clausole che non ha avuto, di fatto, la possibilità di conoscere prima della conclusione del contratto.

[844] Vgl. dazu *Cian* in Jahrbuch für italienisches Recht 10 (1997), S. 55, 63.

[845] Die Nummern 1, 2 und 10 des Art. 1469-*bis* Abs. 3 Codice civile stimmen mit den Nummern 1, 2 und 3 des Art. 1469-*quinquies* Abs. 2 Codice civile fast wörtlich überein. Siehe zu den diffizilen Unterschieden und zu den – m.E. untauglichen – Versuchen, daraus relevante Bedeutungsunterschiede herzuleiten, *Lener*, Foro Italiano 1996, V, 145, 155 f.; *Cian* in Jahrbuch für italienisches Recht 10 (1997), S. 55, 63 f.

[846] Vgl. *Cian* in Jahrbuch für italienisches Recht 10 (1997), S. 55, 63; *Sepe* in Neues europäisches Vertragsrecht und Verbraucherschutz, S. 137, 145.

[847] So *Sepe* in Neues europäisches Vertragsrecht und Verbraucherschutz, S. 137, 145 f.

[848] Siehe oben § 3 II 3 a.

nicht genügt. Die mangelhafte Abstimmung der Artt. 1469-*bis* Abs. 3 und 1469-*quinquies* Abs. 2 Codice civile stellt folglich einen Umsetzungsfehler dar.
Darüber hinaus ist eine mangelhafte Abstimmung des Klauselkatalogs des Art. 1469-*bis* Abs. 3 Codice civile mit einigen Vorschriften des italienischen Zivilgesetzbuchs festzustellen[849]. In der italienischen Literatur ist etwa anerkannt, dass diejenigen Klauseln, deren Unwirksamkeit nach Art. 1469-*bis* Abs. 3 Nr. 1 Codice civile lediglich vermutet werden soll, nach Art. 1322 Abs. 2 Codice civile stets nichtig sind[850]. Unstimmigkeiten der gleichen Art bestehen zwischen Art. 1469-*bis* Abs. 3 Nr. 4 und Art. 1355 Codice civile im Hinblick auf Suspensivbedingungen[851] sowie zwischen Art. 1469-*bis* Abs. 3 Nr. 18 und Art. 2698 Codice civile im Hinblick auf Beweislastregeln[852]. Auch diese Koordinierungsmängel begründen Umsetzungsfehler.
Die Umsetzung des Klauselkatalogs im Anhang der Richtlinie durch Art. 1469-*bis* Abs. 3 sowie durch Art. 1469-*quinquies* Abs. 2 Codice civile muss somit als insgesamt missglückt bezeichnet werden.

IV. Transparenzgebot

1. Vorgaben der Richtlinie

Die Klausel-Richtlinie bringt in Art. 5 S. 1 sowie in Art. 4 Abs. 2 a.E. das so genannte Transparenzgebot zum Ausdruck, das eine formalisierte Ausprägung des in Art. 3 Abs. 1 RL verankerten Prinzips von Treu und Glauben darstellt[853]. Nach Art. 5 S. 1 RL müssen schriftlich niedergelegte Klauseln in Verbraucherverträgen stets klar und verständlich abgefasst sein. Art. 4 Abs. 2 a.E. RL bestimmt, dass ausnahmsweise auch Klauseln, die den Hauptgegenstand des Vertrags und das Preis-/Leistungsverhältnis festlegen, der Missbräuchlichkeitskontrolle unterliegen, wenn sie nicht klar und verständlich abgefasst sind. Art. 5 S. 1 RL enthält das allgemeine Transparenzgebot, von dem Art. 4 Abs. 2 a.E. RL lediglich einen unselbstständigen Unterfall ohne eigenständige Bedeutung bildet[854]. Art. 4 Abs. 2 a.E. RL stellt lediglich klar, dass die Kontrollfreiheit des Hauptgegenstands des Vertrags und des Preis-/Leistungsverhältnisses nicht von der Wahrung des Transparenzgebots befreit. Auch eine Klausel, die den Haupt-

---

849 *Cian* in Jahrbuch für italienisches Recht 10 (1997), S. 55, 67.
850 Vgl. *De Nova*, ERPL 1995, 221, 223 f.; *De Negri*, Diritto del commercio internazionale 1998, 173, 203.
851 Vgl. *Bin*, Contratto e impresa/Europa 1996, 431, 447 f.; *De Nova*, ERPL 1995, 221, 225.
852 Vgl. *De Negri*, Diritto del commercio internazionale 1998, 173, 203.
853 *Tenreiro/Karsten* in Europäische Rechtsangleichung und nationale Privatrechte, S. 223, 242. Vgl. auch *Eckert*, WM 1993, 1070, 1076.
854 *Wolf* in Wolf/Horn/Lindacher, Art. 4 RL Rn. 21.

gegenstand des Vertrags oder das Äquivalenzverhältnis festlegt, kann für missbräuchlich erklärt werden, wenn und weil sie unklar bzw. unverständlich ist[855]. Das Gebot der *Klarheit* ist gewahrt, wenn die betreffende Vertragsklausel so gestaltet und formuliert ist, dass Überraschungen, Missverständnisse und Zweifel ausgeschlossen sind[856]. Eine Klausel ist *verständlich*, wenn der durchschnittliche Kunde des jeweiligen Vertragstyps den gewollten Sinn der Klausel aus dieser heraus erfassen kann[857]. Das Abstellen auf den Durchschnittskunden zeigt, dass die Klausel-Richtlinie, die grundsätzlich einen konkret-individuellen Kontrollmaßstab zugrunde legt, an einigen Stellen einer generalisierenden Betrachtungsweise folgt[858].

Art. 5 S. 1 RL bestimmt – im Gegensatz zu Art. 4 Abs. 2 a.E. RL[859] – keine Rechtsfolgen für den Fall der Verwendung intransparenter Klauseln. Die Mitgliedstaaten können daher selbst entscheiden, auf welche Weise sie eine Verletzung des Transparenzgebots sanktionieren wollen. Zwei Möglichkeiten bieten sich hierzu an[860]. Zum einen kann die Wahrung des Transparenzgebots zur Einbeziehungsvoraussetzung gemacht werden, so dass eine Klausel nur dann Vertragsbestandteil wird, wenn sie klar und verständlich abgefasst ist. Zum anderen kann dem Transparenzgebot bei der Inhaltskontrolle Geltung verschafft werden, indem Klauseln, die gegen das Gebot der Klarheit und Verständlichkeit verstoßen, als missbräuchlich im Sinne von Art. 3 Abs. 1 RL eingestuft werden.

Unter Verbraucherschutzgesichtspunkten erscheint die Beschränkung des Art. 5 S. 1 RL auf schriftlich niedergelegte Klauseln wenig glücklich. Eine Erstreckung des Transparenzgebots auf mündlich wiedergegebene und akustisch abgefasste Klauseln wäre wünschenswert gewesen. Vor dem Hintergrund des Art. 8 RL steht es den Mitgliedstaaten jedoch frei, das Transparenzgebot auf alle Arten von Klauseln auszudehnen[861].

---

[855] Siehe oben § 5 II 1 d.

[856] *Wolf* in Wolf/Horn/Lindacher, Art. 5 RL Rn. 4.

[857] *Wolf* in Wolf/Horn/Lindacher, Art. 5 RL Rn. 4; *Tenreiro/Karsten* in Europäische Rechtsangleichung und nationale Privatrechte, S. 223, 242.

[858] *Horn* in 40 Jahre Römische Verträge, S. 151, 167.

[859] Aus Art. 4 Abs. 2 RL geht hervor, dass Klauseln, die den Hauptgegenstand des Vertrags oder das Preis-/Leistungsverhältnis festlegen und intransparent sind, Gegenstand der Inhaltskontrolle werden.

[860] Siehe *Garbers* in Europäisches Privatrecht, S. 131, 141; *Wolf* in Wolf/Horn/Lindacher, Art. 5 RL Rn. 1, 8.

[861] Vgl. *Wolf* in Wolf/Horn/Lindacher, Art. 5 RL Rn. 5; *Kretschmar*, Richtlinie 93/13/EWG und AGBG, S. 181. Abweichend *Remien*, ZEuP 1994, 34, 63: Angesichts von Erwägungsgrund 11, wonach der Verbraucher bei mündlichen und schriftlichen Verträgen den gleichen Schutz genießen muss, könne Art. 5 S. 1 RL nicht dahin gehend verstanden werden, dass mündlich mitgeteilte Vertragsklauseln unklar und unverständlich abgefasst sein dürften. Dem ist zu entgegnen, dass Richtlinienbestimmungen nicht gegen ihren eindeutigen Wortlaut ausgelegt werden dürfen, nur weil ein Erwägungsgrund ein bestimmtes Verständnis nahe legt. Erwägungsgründe sind zwar ein Auslegungsmittel von besonderem Rang, haben aber keine

2. Umsetzung in Deutschland

Das AGBG enthält keine Vorschrift, die ein der Klausel-Richtlinie entsprechendes Transparenzgebot ausdrücklich normiert. An diesem Befund hat auch das der Umsetzung der Klausel-Richtlinie dienende AGBG-Änderungsgesetz nichts geändert, so dass auf den ersten Blick ein Umsetzungsdefizit vorzuliegen scheint. Dennoch herrscht in der deutschen Literatur weitgehend Einigkeit darüber, dass das AGBG den Vorgaben des Art. 5 S. 1 RL gerecht wird[862]. Gestützt wird diese Auffassung auf zwei Argumente.

Zum einen wird vorgebracht, das Transparenzgebot könne aus §§ 2 und 3 AGBG abgeleitet werden[863]. Nach § 2 Abs. 1 Nr. 2 AGBG werden AGB nur dann Vertragsbestandteil, wenn der Verwender der anderen Vertragspartei die Möglichkeit verschafft, in zumutbarer Weise vom Klauselinhalt Kenntnis zu nehmen. Die Möglichkeit zumutbarer Kenntnisnahme wird aber durch eine unverständliche Formulierung einer Vertragsklausel beeinträchtigt. Nach § 3 AGBG werden so genannte überraschende Klauseln, das heißt Klauseln, die nach den Umständen so ungewöhnllich sind, dass der Vertragspartner mit ihrer Verwendung nicht rechnen muss, nicht Vertragsbestandteil. Eine unklare, unverständliche Klausel kann durchaus als überraschend in diesem Sinne bezeichnet werden. Ein der Klausel-Richtlinie entsprechendes Transparenzgebot klingt in §§ 2, 3 AGBG also in der Tat an.

Eine ordnungsgemäße Umsetzung von Art. 5 S. 1 RL kann darin aber noch nicht erblickt werden. In § 24 a Nr. 2 AGBG werden §§ 2 und 3 AGBG nämlich gerade nicht genannt, so dass das aus ihnen abgeleitete Transparenzgebot nur für AGB gilt, nicht hingegen für die in § 24 a Nr. 2 AGBG geregelten Individualklauseln[864]. In Bezug auf nur zur einmaligen Verwendung bestimmte vorformulierte Klauseln lässt sich eine ordnungsgemäße Umsetzung des Transparenzgebots der Klausel-Richtlinie also nicht auf §§ 2, 3 AGBG stützen.

Ein Änderungsbedarf des AGBG ist aber dennoch zu verneinen, und zwar im Hinblick auf die Rechtsprechung des BGH, nach der die Verwendung unklarer, unverständlicher Klauseln als unangemessene Benachteiligung im Sinne von § 9 Abs. 1 AGBG zu werten ist[865]. Anders als §§ 2, 3 AGBG ist § 9 AGBG in der Aufzählung des § 24 a Nr. 2 AGBG enthalten, gilt also auch für die problemati-

---

Rechtssatzqualität, vgl. *Lutter*, JZ 1992, 593, 600; *Duffy*, Journal of Business Law 1993, 67, 71 f.

[862] *Eckert*, WM 1993, 1070, 1076; *Horn* in 40 Jahre Römische Verträge, S. 151, 166; *Bunte*, DB 1996, 1389; *Heinrichs*, NJW 1996, 2190, 2197; *Reich*, ERPL 1997, 165, 169 f.; *Ulmer* in Karlsruher Forum 1997, S. 9, 35; zweifelnd *Micklitz*, ZEuP 1993, 522, 528.

[863] *Reich*, ERPL 1997, 165, 169 f. *Ulmer* in Karlsruher Forum 1997, S. 9, 35.

[864] *Reich*, ERPL 1997, 165, 169; *Ulmer* in Karlsruher Forum 1997, S. 9, 35.

[865] Grundlegend BGHZ 106, 42, 49 f.; BGHZ 106, 259, 264 f.

schen Individualklauseln. Wie bereits dargelegt wurde[866], kann eine gesicherte höchstrichterliche Rechtsprechung als zur Richtlinienumsetzung ausreichend angesehen werden, sofern sie lediglich Randbereiche des Regelungsgehalts der Richtlinie betrifft, nicht aber die zentralen Kernpunkte der Richtlinie, die aus Gründen der Rechtssicherheit zwingend einer gesetzlichen Regelung bedürfen. Das in Art. 5 S. 1 RL zum Ausdruck kommende Transparenzgebot stellt im Grunde eine spezielle Ausprägung des in Art. 3 Abs. 1 RL niedergelegten Grundsatzes von Treu und Glauben dar[867]. Art. 5 S. 1 RL hat insofern eine lediglich unselbstständige Bedeutung, ist also nicht zu den zentralen Vorschriften der Klausel-Richtlinie zu zählen. Daher bestehen keine Bedenken, die Rechtsprechung des BGH zu § 9 Abs. 1 AGBG funktional an die Stelle einer kodifizierten Vorschrift treten zu lassen[868]. Die Entscheidung des deutschen Gesetzgebers, das Transparenzgebot anlässlich der Umsetzung der Klausel-Richtlinie nicht ausdrücklich im AGBG zu verankern, ist folglich nicht zu beanstanden.

Durch das Schuldrechtsmodernisierungsgesetz wurde das Transparenzgebot ausdrücklich in das BGB aufgenommen. Es findet sich nun in § 307 Abs. 1 S. 2 BGB. Diese Vorschrift bestimmt, dass sich eine unangemessene Benachteiligung im Sinne von § 307 Abs. 1 S. 1 BGB auch daraus ergeben kann, dass die betreffende Bestimmung nicht klar und verständlich ist. Die frühere Rechtsprechung des BGH zur Unzulässigkeit intransparenter Klauseln wurde also anlässlich der Integration des AGBG in das BGB gesetzlich verankert. Der Gesetzgeber des Schuldrechtsmodernisierungsgesetzes wollte mit diesem Schritt den Vorgaben der Klausel-Richtlinie in noch größerem Umfang gerecht werden[869]. Nach dem hier vertretenen Standpunkt wäre eine ausdrückliche gesetzliche Normierung des Transparenzgebots indes nicht erforderlich gewesen.

3. Umsetzung im Vereinigten Königreich

a) UTCR 1994

Section 6 UTCR 1994 greift das allgemeine Transparenzgebot des Art. 5 S. 1 RL auf und bestimmt, dass schriftlich abgefasste Vertragsklauseln in klarer, verständlicher Sprache abgefasst sein müssen. Das unselbstständige Transparenzgebot des Art. 4 Abs. 2 a.E. RL findet sich in Section 3 (2) UTCR 1994 wieder. Danach unterfallen Klauseln, die den Hauptgegenstand des Vertrags oder das

---

[866] Siehe oben § 3 II 3.
[867] Siehe oben § 5 IV 1.
[868] So im Ergebnis auch *Eckert*, WM 1993, 1070, 1076; *Heinrichs*, NJW 1996, 2190, 2197; *ders.*, NJW 1993, 1817, 1821; *Bunte*, DB 1996, 1389; *Ulmer* in Karlsruher Forum 1997, S. 9, 35; zweifelnd *Micklitz* in Recht und Gesetz im deutsch-französischen Dialog, S. 139, 163 f.
[869] Vgl. *Artz*, JuS 2002, 528, 529.

Äquivalenzverhältnis festlegen, nur dann nicht der Inhaltskontrolle, wenn sie klar und verständlich sind[870].

Section 6 UTCR 1994 ordnet für den Fall der Verwendung intransparenter Klauseln keine Rechtsfolge an. Im Schrifttum wird die Auffassung vertreten, dass das Transparenzgebot bei der Inhaltskontrolle nach Section 4 (1) UTCR 1994 zu berücksichtigen ist. Unklare, unverständliche Klauseln sollen gegen Treu und Glauben verstoßen[871]. Darüber hinaus ist in der Literatur anerkannt, dass für die Beurteilung der Verständlichkeit einer Klausel auf den Durchschnittskunden des jeweiligen Vertragstyps abzustellen ist[872].

Das Transparenzgebot der Klausel-Richtlinie wurde durch die UTCR 1994 somit ordnungsgemäß umgesetzt[873].

b) UTCR 1999

Im Hinblick auf die Umsetzung des Transparenzgebots enthalten die UTCR 1999 keine Abweichungen von den UTCR 1994. Section 7 (1) UTCR 1999 gibt das allgemeine Transparenzgebot des Art. 5 S. 1 RL wieder, Section 6 (2) UTCR 1999 das unselbstständige Transparenzgebot des Art. 4 Abs. 2 a.E. RL.

4. Umsetzung in Frankreich

Zur Umsetzung des Transparenzgebots bestimmt der durch das Gesetz Nr. 95-96 neu eingefügte Art. L. 133-2 CCons. in seinem Absatz 1, dass Klauseln, die in Verträgen zwischen Gewerbetreibenden und Verbrauchern bzw. Nicht-Gewerbetreibenden enthalten sind, klar und verständlich abgefasst sein müssen. Art. L. 133-2 Abs. 1 CCons. geht insofern über Art. 5 S. 1 RL hinaus, als er das Transparenzgebot nicht auf schriftliche Klauseln beschränkt[874].

Art. L. 133-2 Abs. 1 CCons. knüpft wie Art. 5 S. 1 RL an die Verwendung intransparenter Klauseln keine bestimmte Rechtsfolge. In der Literatur finden sich Äußerungen, die auf eine Berücksichtigung des Transparenzgebots im Rahmen der Inhaltskontrolle schließen lassen[875].

---

[870] Siehe bereits oben § 5 II 3 a.

[871] *Willett*, ERPL 1997, 223, 234; *Bone/Rutherford/Wilson*, Unfair Terms in Consumer Contracts Regulations, S. 37.

[872] *Willett*, ERPL 1997, 223, 234; *Bone/Rutherford/Wilson*, Unfair Terms in Consumer Contracts Regulations, S. 35.

[873] *Willett*, ERPL 1997, 223, 231; zweifelnd *Beale* in Good Faith and Fault in Contract Law, S. 231, 247 f. Zur Bedeutung des Transparenzgebots im Common Law siehe *Collins*, Oxford Journal of Legal Studies 14 (1994), 229, 247 f.; *De Moor*, ERPL 1995, 257, 262 f.

[874] *Karimi*, Les Petites Affiches, 5 mai 1995 (n° 54), 4, 11.

[875] Vgl. *Paisant*, Recueil Dalloz Sirey 1995, chronique, 99, 107.

Das unselbstständige Transparenzgebot des Art. 4 Abs. 2 a.E. RL wurde nicht ausdrücklich übernommen[876]. Hierin ist jedoch kein Umsetzungsdefizit zu sehen, da das unselbstständige Transparenzgebot neben dem ordnungsgemäß umgesetzten allgemeinen Transparenzgebot des Art. 5 S. 1 RL keine eigenständige Bedeutung hat[877].

5. Umsetzung in Italien

In Übereinstimmung mit Art. 5 S. 1 RL bestimmt der neu in Codice civile eingefügte Art. 1469-*quater* Abs. 1, dass schriftliche Vertragsklauseln stets klar und verständlich abgefasst sein müssen. Das unselbstständige Transparenzgebot der Klausel-Richtlinie findet sich in Art. 1469-*ter* Abs. 2 Codice civile wieder[878]. In der italienischen Literatur wird darauf hingewiesen, dass die Verständlichkeit einer Klausel am Durchschnittsverbraucher des jeweiligen Vertragstyps zu messen ist[879]. Das Transparenzgebot der Richtlinie 93/13/EWG wurde also auch in Italien ordnungsgemäß umgesetzt.

V. Auslegungsregeln

1. Vorgaben der Richtlinie

Art. 5 S. 2 RL enthält das Gebot der verbraucherfreundlichen Auslegung. Danach hat bei Zweifeln über die Bedeutung einer Klausel die für den Verbraucher günstigste Auslegung zu gelten. Nach Art. 5 S. 3 RL gilt dieser Grundsatz nicht in den abstrakten Kontrollverfahren des Art. 7 Abs. 2 RL. Gemeint ist mit dieser etwas missverständlichen Formulierung[880] Folgendes[881]: In abstrakten Kontrollverfahren führt eine möglichst verbraucherfeindliche Auslegung am ehesten zur Unwirksamkeit einer Klausel. Dies liegt im Interesse der Verbraucher, die in diesem Fall in den Genuss des in aller Regel günstigeren dispositiven Rechts gelangen. In abstrakten Kontrollverfahren ist eine verbraucherfeindliche Auslegung im Ergebnis also die verbraucherfreundlichste Lösung[882].

---

[876] Vgl. Art. L. 132-1 Abs. 7 CCons. sowie *Meilhac* in Europäische Rechtsangleichung und nationale Privatrechte, S. 291, 305.

[877] Siehe oben § 5 II 1 d sowie § 5 IV 1. Missverständlich *Meilhac* in Europäische Rechtsangleichung und nationale Privatrechte, S. 291, 305.

[878] Siehe bereits oben § 5 II 5.

[879] *Alpa*, ERPL 1997, 181, 183; *Lener*, Foro Italiano 1996, V, 145, 153.

[880] *Wolf* in Wolf/Horn/Lindacher, Art. 5 RL Rn. 10; *Kretschmar*, Richtlinie 93/13/EWG und AGBG, S. 190 f.

[881] Vgl. *Tenreiro/Karsten* in Europäische Rechtsangleichung und nationale Privatrechte, S. 223, 244; *Hondius*, ERPL 1995, 241, 248.

[882] *Wolf* in Wolf/Horn/Lindacher, Art. 5 RL Rn. 10.

Auch in abstrakten Kontrollverfahren hat sich die Auslegung also am Gedanken des Verbraucherschutzes zu orientieren, indem Auslegungszweifel zu Lasten des Gewerbetreibenden gehen.
Art. 5 S. 2, 3 RL greift erst ein, wenn nach der vorgeschalteten allgemeinen Auslegung Zweifel verbleiben. Hinsichtlich allgemeiner Auslegungsregeln enthält die Klausel-Richtlinie keine Vorgaben, lässt das Recht der Mitgliedstaaten insofern also unberührt[883].

2. Umsetzung in Deutschland

Nach § 5 AGBG gehen Zweifel bei der Auslegung Allgemeiner Geschäftsbedingungen zu Lasten des Verwenders, es gilt also das für den Vertragspartner des Verwenders günstigste Auslegungsergebnis. Zur Ermittlung des in diesem Sinne günstigsten Ergebnisses ist nach allgemeiner Ansicht zwischen Individualprozess und Verbandsklage im Sinne von §§ 13 ff. AGBG zu differenzieren[884]. Während im Individualprozess die kundenfreundliche Auslegung Allgemeiner Geschäftsbedingungen zu dem für den Vertragspartner des Verwenders günstigsten Ergebnis führt, bewirkt bei der Verbandsklage eine möglichst kundenunfreundliche Auslegung die für die potenziellen Kunden günstigsten Resultate. Diese Differenzierung entspricht inhaltlich der Regelung des Art. 5 S. 2, 3 RL, die Klausel-Richtlinie hat insofern also keinen Anpassungsbedarf des AGBG geschaffen[885]. Durch die Aufnahme des § 5 AGBG in die Aufzählung des durch das AGBG-Änderungsgesetz neu eingefügten § 24 a Nr. 2 AGBG wurde der Anwendungsbereich des § 5 AGBG darüber hinaus auf Individualklauseln erstreckt. Die Unklarheitenregelung des deutschen Rechts wird den Vorgaben der Klausel-Richtlinie somit gerecht[886].

Seit Inkrafttreten des Schuldrechtsmodernisierungsgesetzes bestimmt § 305 c Abs. 2 BGB gleichlautend mit dem früheren § 5 AGBG, dass Zweifel bei der Auslegung Allgemeiner Geschäftsbedingungen zu Lasten des Verwenders gehen.

---

[883] *Wolf* in Wolf/Horn/Lindacher, Art. 5 RL Rn. 9; *Kretschmar*, Richtlinie 93/13/EWG und AGBG, S. 190.

[884] BGHZ 95, 350, 353; *Heinrichs* in Palandt, § 5 AGBG Rn. 9; *Ulmer* in Ulmer/Brandner/Hensen, § 5 AGBG Rn. 5 f.; *Lindacher* in Wolf/Horn/Lindacher, § 5 AGBG Rn. 41.

[885] *Eckert*, WM 1993, 1070, 1077; *Heinrichs*, NJW 1993, 1817, 1821; *Ulmer*, EuZW 1993, 337, 344.

[886] *Kretschmar*, Richtlinie 93/13/EWG und AGBG, S. 193.

3. Umsetzung im Vereinigten Königreich

a) UTCR 1994

Nach Section 6 UTCR 1994 hat bei Zweifeln über die Bedeutung einer schriftlichen Klausel die für den Verbraucher günstigste Auslegung zu gelten. Diese Vorschrift entspricht dem in Art. 5 S. 2 RL niedergelegten Grundsatz der Auslegung contra proferentem[887]. Eine dem Art. 5 S. 3 RL entsprechende Bestimmung fehlt demgegenüber in den UTCR 1994, so dass fraglich ist, wie unklare Klauseln in abstrakten Kontrollverfahren auszulegen sind[888]. Art. 5 S. 3 RL soll klarstellen, dass in abstrakten Kontrollverfahren eine verbraucherfeindliche Auslegung im Ergebnis die verbraucherfreundlichste Lösung ist. Wie bereits dargelegt wurde, ist Art. 5 S. 3 RL im Grunde überflüssig, da bereits aus Art. 5 S. 2 RL folgt, dass in abstrakten Kontrollverfahren im Zweifel von einem möglichst missbräuchlichen Klauselinhalt auszugehen ist[889]. Die Nichtübernahme des Art. 5 S. 3 RL in die UTCR 1994 stellt aus diesem Grund kein Umsetzungsdefizit dar. Aus Section 6 UTCR 1994, wonach in Zweifelsfällen die für den Verbraucher günstigste Auslegung gelten soll, lässt sich der Aussagegehalt des Art. 5 S. 3 RL ableiten.

b) UTCR 1999

Section 7 (2) UTCR 1999 bestimmt, dass bei Zweifeln über die Bedeutung einer Klausel die für den Verbraucher günstigste Auslegung zu gelten hat und fügt hinzu, dass diese Regel in abstrakten Kontrollverfahren nicht zur Anwendung zu bringen ist[890]. Die im Grunde überflüssige Regelung des Art. 5 S. 3 RL wurde also übernommen. Die UTCR 1999 lehnen sich somit auch in diesem Punkt enger an die Klausel-Richtlinie an als die UTCR 1994.

---

[887] Art. 5 S. 2 RL bezieht sich aufgrund des engen Zusammenhangs mit Art. 5 S. 1 RL ebenfalls nur auf schriftlich niedergelegte Klauseln.

[888] In der englischen Literatur wird dieses Problem, soweit ersichtlich, nicht erörtert. *Brownsword/Howells*, Journal of Business Law 1995, 243, 258, erkennen zwar, dass Art. 5 S. 3 RL nicht in die UTCR 1994 übernommen wurde, gehen dem Problem aber nicht nach.

[889] Siehe oben § 5 V 1.

[890] Section 7 (2) UTCR 1999 lautet: „If there is doubt about the meaning of a written term, the interpretation which is most favourable to the consumer shall prevail but this rule shall not apply in proceedings brought under regulation 12."

4. Umsetzung in Frankreich

Im französischen Recht findet sich der Grundsatz der Auslegung contra proferentem bereits in den Artt. 1162[891] und 1602[892] Code civil. Die in diesen Vorschriften enthaltenen Auslegungsregeln haben für den Richter jedoch keine verbindliche Wirkung, so dass im Hinblick auf Art. 5 S. 2 RL durchaus ein Umsetzungsbedarf gegeben war[893]. Demgemäß bestimmt der durch das Gesetz Nr. 95-96 neu eingefügte Art. L. 133-2 CCons. in seinem Absatz 2, dass bei Zweifeln über die Bedeutung einer Klausel die für den Verbraucher bzw. Nicht-Gewerbetreibenden günstigste Auslegung zu gelten hat. Nach S. 2 der Vorschrift gilt diese Auslegungsregel nicht in Verbandsklageverfahren auf der Grundlage des Art. L. 421-6 CCons. Die Auslegungsregeln der Klausel-Richtlinie wurden also inhaltlich unverändert übernommen.

Art. 5 S. 3 RL wurde zwar ordnungsgemäß umgesetzt, in der französischen Literatur wird die Ratio dieser Vorschrift aber offenbar verkannt. Einige Autoren sehen den Sinn des Art. 5 S. 3 RL bzw. des Art. L. 133-2 Abs. 2 S. 2 CCons. darin, Gewerbetreibende in abstrakten Kontrollverfahren gegenüber den klagebefugten Verbraucherverbänden nicht zu benachteiligen[894]. Darüber hinaus findet sich die Erwägung, in abstrakten Kontrollverfahren sei wegen des dort anzuwendenden abstrakt-generellen Kontrollmaßstabs kein Raum für eine Auslegung contra proferentem[895]. Die eigentliche Ratio des Art. 5 S. 3 RL - in abstrakten Kontrollverfahren ist eine möglichst verbraucherfeindliche Auslegung im Ergebnis die verbraucherfreundlichste Lösung[896] - wird hingegen, soweit ersichtlich, nicht thematisiert.

5. Umsetzung in Italien

Der Grundsatz der Auslegung contra proferentem fand sich, wie bereits dargelegt[897], im italienischen Recht bereits vor der Umsetzung der Klausel-Richtlinie in Art. 1370 Codice civile, allerdings beschränkt auf Allgemeine Geschäftsbedingungen im Sinne der Artt. 1341 f. Codice civile. Angesichts des weiteren sachlichen Anwendungsbereichs der Klausel-Richtlinie war also ein Tätigwer-

---

891 Art. 1162 Code civil lautet: „Dans le doute, la convention s'interprète contre celui qui a stipulé et en faveur de celui qui a contracté l'obligation."

892 Art. 1602 Code civil lautet: „Le vendeur est tenu d'expliquer clairement ce à quoi il s'oblige. Tout pacte obscur ou ambigu s'interprète contre le vendeur."

893 *Benabent*, ERPL 1995, 211, 216; *Brock*, Schutz der Verbraucher vor mißbräuchlichen Klauseln im französischen Privatrecht, S. 108, 116.

894 So *Ghestin/Marchessaux-van Melle*, La Semaine Juridique 1995, édition générale, doctrine, Nr. 3854, S. 275, 278; *Paisant*, Recueil Dalloz Sirey 1995, chronique, 99, 107.

895 So *Karimi*, Les Petites Affiches, 5 mai 1995 (n° 54), 4, 12.

896 Siehe oben § 5 V 1.

897 Siehe oben § 4 III 4.

den des italienischen Gesetzgebers erforderlich, um den Vorgaben des Art. 5 S. 2, 3 RL in vollem Umfang gerecht zu werden[898].
Demgemäß bestimmt Abs. 2 des neu in den Codice civile eingefügten Art. 1469-*quater*, der als Bestandteil des Capo XIV-*bis* grundsätzlich für sämtliche Klauseln in Verbraucherverträgen Geltung beansprucht, dass bei Zweifeln über die Bedeutung einer Klausel die für den Verbraucher günstigste Auslegung zu gelten hat.
Eine Art. 5 S. 3 RL entsprechende Regelung, d.h. eine Sonderregelung für abstrakte Kontrollverfahren, wurde demgegenüber ähnlich wie in Deutschland[899] und im Vereinigten Königreich[900] nicht eingeführt. Hierin liegt jedoch kein Umsetzungsdefizit, da sich der Aussagegehalt des Art. 5 S. 3 RL problemlos aus Art. 5 S. 2 RL bzw. aus Art. 1469-*quater* Abs. 2 Codice civile ableiten lässt[901]. Auch in Italien sind Vertragsklauseln in abstrakten Kontrollverfahren im Zweifel also möglichst verbraucherunfreundlich auszulegen, um so zu deren Unwirksamkeit zu gelangen.

VI. Rechtsfolgen der Missbräuchlichkeit einer Klausel

1. Vorgaben der Richtlinie

Als Rechtsfolge der Missbräuchlichkeit einer Vertragsklausel bestimmt Art. 6 Abs. 1 RL, dass die betreffende Klausel für den Verbraucher unverbindlich zu sein hat („shall ... not be binding on the consumer" in der englischen Fassung, „ne lient pas les consommateurs" in der französischen Fassung, „non vincolano il consumatore" in der italienischen Fassung). Die gewählte Formulierung erscheint auf den ersten Blick wenig juristisch[902]. Es handelt sich um eine Kompromisslösung, die Schwierigkeiten im Entstehungsprozess der Klausel-Richtlinie offenbart. Angesichts stark voneinander abweichender Rechtsfolgekonzeptionen im Recht der einzelnen Mitgliedstaaten – etwa im Hinblick auf den Eintritt der Rechtsfolge ex tunc oder ex nunc, eine Wirkung inter partes oder erga omnes - sahen sich die zuständigen Rechtsetzungsorgane gezwungen, auf eine neutrale, in den mitgliedstaatlichen Rechtsordnungen noch unbesetzte Formulierung zurückzugreifen[903]. Dennoch ist eine recht exakte Konkretisierung der von

[898] A.A. offenbar *Bigliazzi Geri* in Le clausole abusive nei contratti stipulati con i consumatori, S. 317, 327.
[899] Siehe oben § 5 V 2.
[900] Bezogen auf die UTCR 1994, siehe oben § 5 V 3 a.
[901] Siehe oben § 5 V 1 sowie *Antoniolli Deflorian* in Europäische Rechtsangleichung und nationale Privatrechte, S. 119, 162 ff.
[902] *Tenreiro*, ERPL 1995, 273, 280 („The most that can be said about this kind of terminology is that it is not very legal.").
[903] Einzelheiten bei *Tenreiro*, ERPL 1995, 273, 280 ff.

der Klausel-Richtlinie angeordneten Rechtsfolgen möglich[904]. Um dem Ziel der Richtlinie, den Verbraucher in seiner rollenspezifischen Unterlegenheit zu schützen[905], gerecht zu werden, muss die Unverbindlichkeit ipso iure, also ohne vorherige gerichtliche oder behördliche Entscheidung, eintreten und auf den Zeitpunkt des Vertragsschlusses zurückwirken (Wirkung ex tunc). Weiterhin ist die Unverbindlichkeit einer Klausel von Amts wegen zu beachten, nicht erst auf eine Einrede des Verbrauchers hin. Darüber hinaus darf es dem Verbraucher nicht möglich sein, auf die Unverbindlichkeit einer missbräuchlichen Klausel zu verzichten, da anderenfalls die Gefahr einer unzulässigen Einwirkung durch den Gewerbetreibenden bestünde.
Neben der Anordnung der Unverbindlichkeit missbräuchlicher Klauseln sieht Art. 6 Abs. 1 RL vor, dass der Vertrag auf derselben Grundlage bindend bleibt, wenn er ohne die missbräuchlichen Klauseln bestehen kann. Im Interesse des Verbrauchers ordnet die Klausel-Richtlinie also die grundsätzliche Verbindlichkeit des Restvertrags an. Im Gegensatz zu den allgemeinen privatrechtlichen Grundsätzen der Mitgliedstaaten[906] soll die Teilunwirksamkeit des Vertrags die Regel sein, die Unwirksamkeit des gesamten Vertrags die Ausnahme[907]. Art. 6 Abs. 1 RL bestimmt nicht, welche Ersatzregelung an die Stelle der unwirksamen Klausel zu treten hat. In dieser Hinsicht ist den Mitgliedstaaten also ein Umsetzungsspielraum eröffnet. Dem Zweck der Klausel-Richtlinie entspricht es am ehesten, die entstehende Lücke durch dispositive Vorschriften des nationalen Rechts oder durch ergänzende Vertragsauslegung zu schließen, da der Restvertrag so am besten durchgeführt werden kann[908].

2. Umsetzung in Deutschland

Vertragsklauseln, die der Inhaltskontrolle nach dem AGBG nicht standhalten, werden von §§ 9, 10 bzw. 11 AGBG für unwirksam erklärt, das heißt sie sind von Anfang an nichtig[909]. Die Vorgaben des Art. 6 Abs. 1 RL hinsichtlich der Unverbindlichkeit missbräuchlicher Klauseln sind folglich gewahrt. § 6 Abs. 1 AGBG ordnet die grundsätzliche Aufrechterhaltung des Restvertrags an, sofern AGB ganz oder teilweise nicht Vertragsbestandteil geworden oder unwirksam sind. Auch in Bezug auf diesen Grundsatz der Teilunwirksamkeit stimmt das

[904] Siehe *Tenreiro*, ERPL 1995, 273, 282; *Tenreiro/Karsten* in Europäische Rechtsangleichung und nationale Privatrechte, S. 223, 246; *Wolf* in Wolf/Horn/Lindacher, Art. 6 RL Rn. 4.
[905] Siehe oben § 4 IV 1.
[906] Vgl. etwa § 139 BGB (im Zweifel Nichtigkeit des gesamten Rechtsgeschäfts) sowie Art. 1419 des italienischen Codice civile (im Zweifel Nichtigkeit des gesamten Vertrags).
[907] *Tenreiro/Karsten* in Europäische Rechtsangleichung und nationale Privatrechte, S. 223, 246.
[908] *Wolf* in Wolf/Horn/Lindacher, Art. 6 RL Rn. 7.
[909] *Brandner* in Ulmer/Brandner/Hensen, § 9 AGBG Rn. 50.

AGBG mit der Klausel-Richtlinie überein, so dass insofern kein Änderungsbedarf besteht[910]. § 6 Abs. 2 AGBG bestimmt, dass Lücken, die durch die Nichteinbeziehung oder die Unwirksamkeit einer Vertragsklausel entstehen, durch die dispositiven gesetzlichen Bestimmungen zu schließen sind. Auch diese Vorschrift ist mit der Klausel-Richtlinie, die keine Vorgaben zur Lückenfüllung enthält, vereinbar[911].

Problematisch ist allerdings § 6 Abs. 3 AGBG. Nach dieser Vorschrift ist der Vertrag unwirksam, wenn das Festhalten an ihm auch unter Berücksichtigung der durch § 6 Abs. 2 AGBG angeordneten Auffüllung der Lücken durch das dispositive Gesetzesrecht eine unzumutbare Härte für eine Vertragspartei darstellen würde. Zweifel an der Vereinbarkeit dieser Vorschrift mit der Klausel-Richtlinie ergeben sich daraus, dass eine unzumutbare Härte aufgrund der Unwirksamkeit einer Klausel in der Regel auf der Seite des AGB-Verwenders eintritt, so dass § 6 Abs. 3 AGBG in erster Linie dem AGB-Verwender zugute kommt. Die Klausel-Richtlinie sieht eine solche Berücksichtigung der Interessen des Verwenders vorformulierter Vertragsbedingungen jedoch nicht ausdrücklich vor. In dieser Hinsicht könnte das Verbraucherschutzniveau des AGBG also hinter dem der Richtlinie 93/13/EWG zurückbleiben[912]. Dennoch sprechen gute Gründe für eine Vereinbarkeit des § 6 Abs. 3 AGBG mit der Klausel-Richtlinie. Sollte das Festhalten am Vertrag eine unzumutbare Härte für eine Vertragspartei darstellen, so kann man wohl nur schwerlich behaupten, dass der Restvertrag im Sinne von Art. 6 Abs. 1 RL „ohne die missbräuchlichen Klauseln bestehen kann". Insofern ist § 6 Abs. 3 AGBG der Sache nach nichts anderes als eine spezielle Ausprägung eines auch in Art. 6 Abs. 1 RL enthaltenen Gedankens[913]. Hinzu kommt, dass die Rechtsprechung, die zur Lückenfüllung auch die Grundsätze der ergänzenden Vertragsauslegung heranzieht[914], den Anwendungsbereich des § 6 Abs. 3 AGBG so eingeengt hat, dass für eine übermäßige, mit der Klausel-Richtlinie nicht vereinbare Privilegierung des Gewerbetreibenden kein Raum bleibt[915]. Somit ist festzustellen, dass das AGBG den Vorgaben der Richtlinie 93/13/EWG hinsichtlich der Rechtsfolgen der Missbräuchlichkeit einer Klausel gerecht wird. Anlässlich der Umsetzung der Klausel-Richtlinie durch das AGBG-Änderungsgesetz hat der deutsche Gesetzgeber zu Recht von einer Änderung des § 6 AGBG abgesehen[916]. Der Konzeption der Klausel-Richtlinie ent-

---

910 Vgl. *Eckert*, WM 1993, 1070, 1077.
911 *Kretschmar*, Richtlinie 93/13/EWG und AGBG, S. 233.
912 Für eine Streichung des § 6 Abs. 3 AGBG daher *Eckert*, WM 1993, 1070, 1077 sowie *Frey*, ZIP 1993, 572, 579.
913 In diesem Sinne *Remien*, ZEuP 1993, 34, 64 (Fn. 216).
914 BGHZ 90, 69, 74; BGHZ 107, 273, 276; BGHZ 117, 92, 98.
915 *Heinrichs*, NJW 1993, 1817, 1821.
916 *Heinrichs*, NJW 1993, 1817, 1821; *Kretschmar*, Richtlinie 93/13/EWG und AGBG, S. 236 f.; *Westphalen*, BB 1996, 2101, 2104; *Ulmer*, EuZW 1993, 337, 344.

sprechend war jedoch eine Erstreckung des Anwendungsbereichs des § 6 AGBG auf nur zur einmaligen Verwendung bestimmte Klauseln erforderlich. Dies ist durch die Aufnahme des § 6 AGBG in die Aufzählung des neu eingefügten § 24 a Nr. 2 AGBG geschehen.

An den Rechtsfolgen der Missbräuchlichkeit einer Klausel hat das Schuldrechtsmodernisierungsgesetz und die damit einhergehende Eingliederung des AGBG in das BGB nichts geändert[917]. Vertragsklauseln, die der Inhaltskontrolle nicht standhalten, sind nach wie vor unwirksam. Die Regelungen des früheren § 6 AGBG finden sich nunmehr unverändert in § 306 BGB.

3. Umsetzung im Vereinigten Königreich

a) UTCR 1994

Section 5 (1) UTCR 1994 bestimmt, dass unfaire Klauseln in Verbraucherverträgen für den Verbraucher unverbindlich sind. Die unjuristisch wirkende Formulierung des Art. 6 Abs. 1 RL wurde also in das nationale Recht übernommen[918]. Eine Anpassung an die im Vereinigten Königreich übliche Fachterminologie wäre hier wünschenswert gewesen[919]. In Einklang mit der Klausel-Richtlinie ordnet Section 5 (2) UTCR 1994 die Aufrechterhaltung des Vertrags an, sofern dieser ohne die missbräuchliche Klausel fortbestehen kann.

b) UTCR 1999

Im Hinblick auf die Rechtsfolgen der Missbräuchlichkeit einer Klausel weichen die UTCR 1999 von den UTCR 1994 in keiner Weise ab. Section 8 UTCR 1999 entspricht wörtlich Section 5 UTCR 1994.

4. Umsetzung in Frankreich

Nach Art. L. 132-1 Abs. 6 CCons.[920] gelten Klauseln, die als missbräuchlich einzustufen sind, als nicht geschrieben, sie sind also von Anfang an nichtig[921].

---

[917] Vgl. §§ 307 Abs. 1, 308, 309 BGB.

[918] Section 5 (1) UTCR 1994 lautet: „An unfair term in a contract concluded with a consumer by a seller or supplier shall not be binding on the consumer."

[919] Etwa durch die Verwendung des Begriffs „void".

[920] Art. L. 132-1 Abs. 6 CCons. lautet: „Les clauses abusives sont réputées non écrites."

[921] *Ghestin/Marchessaux-van Melle*, La Semaine Juridique 1995, édition générale, doctrine, Nr. 3854, S. 275, 280 („Le système issu de la loi Scrivener du 10 janvier 1978 ne devrait pas être modifié puisque la clause abusive reste ‚réputée non ecrite' et donc *rétroactivement effacée* du contrat." Hervorhebung durch den Verfasser).

Diese Nichtigkeit ex tunc steht nicht zur Disposition der Vertragsparteien und ist vom Richter von Amts wegen zu beachten. Dies geht aus Art. L. 132-1 Abs. 9 CCons.[922] hervor, wonach die Vorschriften des gesamten Artikels zum „ordre public" zu zählen sind[923].
Art. L. 132-1 Abs. 8 CCons.[924] greift den in Art. 6 Abs. 1 RL verankerten Grundsatz der Teilunwirksamkeit auf und bestimmt, dass der Vertrag, wenn er ohne die missbräuchlichen Klauseln fortbestehen kann, aufrechterhalten bleibt.

5. Umsetzung in Italien

Der neu in den Codice civile eingefügte Art. 1469-*quinquies* ordnet in seinem Abs. 1 die Unwirksamkeit missbräuchlicher Klauseln an[925]. Zusätzlich bestimmt Art. 1469-*quinquies* Abs. 3 Codice civile, dass diese Unwirksamkeit nur zu Gunsten des Verbrauchers wirkt und vom Richter von Amts wegen zu beachten ist[926]. Angesichts der Tatsache, dass sich die Unwirksamkeit einer Klausel, die entgegen den Geboten von Treu und Glauben ein erhebliches Missverhältnis der vertraglichen Rechte und Pflichten zum Nachteil des Verbrauchers herbeiführt, naturgemäß zu Gunsten des betroffenen Verbrauchers auswirkt, hat der erste Teil der Regelung des Art. 1469-*quinquies* Abs. 3 Codice civile wohl keine normative Bedeutung[927].
Eine Abweichung von den Vorgaben des Art. 6 Abs. 1 RL ist im Hinblick auf die Aufrechterhaltung des Restvertrags festzustellen. Während die Klausel-Richtlinie den Grundsatz der Teilunwirksamkeit davon abhängig macht, dass der Vertrag ohne die missbräuchlichen Klauseln fortbestehen kann, kennt Art. 1469-

---

922 Art. L. 132-1 Abs. 9 CCons. lautet: „Les dispositions du présent article sont d'ordre public."

923 Vgl. *Karimi*, Les Petites Affiches, 5 mai 1995 (n° 54), 4, 8.

924 Art. L. 132-1 Abs. 8 CCons. lautet: „Le contrat restera applicable dans toutes ses dispositions autres que celles jugées abusives s'il peut subsister sans lesdites clauses." Die Formulierung „jugées abusives" ist ein besonders deutlicher Hinweis auf die Anerkennung der autonomen richterlichen Kontrollbefugnis durch das Gesetz Nr. 95-96, siehe dazu oben § 5 III 2 d.

925 Art. 1469-*quinquies* Abs. 1 Codice civile lautet: „Le clausole considerate vessatorie ai sensi degli articoli 1469-*bis* e 1469-*ter* sono inefficaci mentre il contratto rimane efficace per il resto."

926 Art. 1469-*quinquies* Abs. 3 Codice civile lautet: „L'inefficacia opera soltanto a vantaggio del consumatore e può essere rilevata d'ufficio dal giudice."

927 *Cian* in Jahrbuch für italienisches Recht 10 (1997), S. 55, 64. Nach a.A. folgt aus der Formulierung, dass die Unwirksamkeit einer Klausel nur zu Gunsten des Verbrauchers wirkt, dass sich nur der Verbraucher, nicht aber der Gewerbetreibende auf die Unwirksamkeit einer Klausel berufen kann, vgl. *De Negri*, Diritto del commercio internazionale 1998, 173, 205. Gegen diese Ansicht spricht freilich, dass die Unwirksamkeit einer Klausel nach Art. 1469-*quinquies* Abs. 3 Codice civile von Amts wegen zu berücksichtigen ist, vgl. *Cian* in Jahrbuch für italienisches Recht 10 (1997), S. 55, 64.

quinquies Abs. 1 Codice civile eine derartige Einschränkung nicht. Nach dem Wortlaut der Vorschrift soll der Restvertrag vielmehr in jedem Fall aufrechterhalten werden. Mit dieser Regelung wollte der italienische Gesetzgeber offenbar von der ihm nach Art. 8 RL zustehenden Befugnis Gebrauch machen, zu Gunsten des Verbrauchers von den Vorgaben der Klausel-Richtlinie abzuweichen, da er davon ausging, die Nichtigkeit des gesamten Vertrags wirke sich stets allein zu Gunsten des Gewerbetreibenden aus[928]. Nicht hinreichend bedacht wurde dabei allerdings, dass durchaus Fälle auftreten können, in denen der Vertrag ohne die missbräuchlichen Klauseln schlichtweg nicht sinnvoll weiter existieren kann[929], etwa dann, wenn eine Klausel, die den Hauptgegenstand des Vertrags festlegt, mangels hinreichender Klarheit und Verständlichkeit für unwirksam erklärt wird[930].

Die Rechtsfolgenregelung des Art. 1469-*quinquies* Abs. 1 Codice civile ist somit ein weiterer Beleg für die mangelnde Sorgfalt des italienischen Gesetzgebers bei der Abfassung der Umsetzungsvorschriften. Ein Umsetzungsfehler liegt in der uneingeschränkten Anordnung der Aufrechterhaltung des Restvertrags aber wohl noch nicht, da die Rechtspraxis in kritischen Fällen im Wege einer an Sinn und Zweck der Norm orientierten Auslegung zu mit der Richtlinie übereinstimmenden Ergebnissen gelangen dürfte[931].

Eine in der Klausel-Richtlinie nicht vorgesehene Regelung, die die Rechtsfolgen der Missbräuchlichkeit einer Klausel betrifft, findet sich in Art. 1469-*quinquies* Abs. 4 Codice civile[932]. Dem Verkäufer wird hinsichtlich des Schadens, der ihm durch die Unwirksamkeit einer für missbräuchlich erklärten Klausel entstanden ist, ein Regressanspruch gegen seinen Lieferanten zugesprochen. Durch diese Regelung soll verhindert werden, dass die Kosten, die einem Verkäufer durch den Verzicht auf die Verwendung missbräuchlicher Klauseln entstehen, über höhere Preise auf die Verbraucher abgewälzt werden[933]. Der Regressanspruch des Verkäufers soll also, gestützt auf Art. 8 RL, zur Erreichung eines gemessen an der Klausel-Richtlinie höheren Verbraucherschutzniveaus beitragen.

Die Regelung des Art. 1469-*quinquies* Abs. 4 Codice civile ist in mehrerlei Hinsicht problematisch. Eine erste Unstimmigkeit besteht darin, dass der Regressanspruch lediglich Verkäufern zuerkannt wird, während die übrigen Normen des

---

928 *Roppo*, Diritto privato 1996, 99, 132; *Alpa* in Liber amicorum Norbert Reich, S. 555, 557 f.

929 *Tavolaro*, Documenti Giustizia 1996, 1325, 1345; *Roppo*, Diritto privato 1996, 99, 132; *Alpa*, Rivista trimestrale di diritto e procedura civile 1999, 1173, 1186.

930 Siehe zu dieser Möglichkeit oben § 5 II 1 d.

931 Zweifelnd *Cian* in Jahrbuch für italienisches Recht 10 (1997), S. 55, 64 f.

932 Art. 1469-*quinquies* Abs. 4 Codice civile lautet: „Il venditore ha diritto di regresso nei confronti del fornitore per i danni che ha subito in conseguenza della declaratoria d'inefficacia delle clausole dichiarate abusive."

933 *Lener*, Foro Italiano 1996, V, 145, 157.

zur Umsetzung der Klausel-Richtlinie in den Codice civile eingefügten Capo XIV-*bis* grundsätzlich sämtliche Verträge zwischen Verbrauchern und Gewerbetreibenden erfassen, also nicht nur Kaufverträge[934]. Darüber hinaus ist nicht ersichtlich, warum der Lieferant pauschal für Schäden haftbar gemacht werden soll, die der Verkäufer durch die Verwendung missbräuchlicher Klauseln selbst verursacht hat. Sinnvoll ist ein Regressanspruch des Verkäufers gegen seinen Lieferanten wohl nur, wenn der Lieferant die missbräuchlichen Klauseln selbst abgefasst und den Verkäufer zur deren Verwendung gedrängt hat[935]. Eine derartige Einschränkung sucht man in Art. 1469-*quinquies* Abs. 4 Codice civile jedoch vergeblich. Schwer zu beantworten ist schließlich die Frage, wie der Schaden, der aus der Unwirksamkeit missbräuchlicher Klauseln entstanden ist, ermittelt werden soll[936]. Welchen wirtschaftlichen Wert hat die Verwendung einer den Verbraucher unbillig belastenden Klausel für den Verkäufer? Art. 1469-*quinquies* Abs. 4 Codice civile enthält keine Hinweise zur Beantwortung dieser Frage.
Letztlich stellt sich somit auch der Regressanspruch des Art. 1469-*quinquies* Abs. 4 Codice civile als wenig durchdachte, missglückte Rechtsfolgenregelung dar. Eine Verletzung der Klausel-Richtlinie liegt wegen deren Art. 8 jedoch nicht vor.

VII. Abstraktes Kontrollverfahren

1. Vorgaben der Richtlinie

Nach Art. 7 Abs. 1 RL haben die Mitgliedstaaten dafür zu sorgen, dass im Interesse der Verbraucher und der gewerbetreibenden Wettbewerber angemessene und wirksame Mittel vorhanden sind, damit der Verwendung missbräuchlicher Klauseln in Verbraucherverträgen ein Ende gesetzt wird. Indem Art. 7 Abs. 1 RL auch auf das Interesse der gewerbetreibenden Wettbewerber abstellt, wird deutlich, dass die Klausel-Richtlinie kein reines Instrument des Verbraucherschutzes darstellt, sondern darüber hinaus bezweckt, den redlichen Gewerbetreibenden davor zu schützen, mit Gewerbetreibenden, die sich missbräuchlicher Klauseln bedienen und sich so einen Wettbewerbsvorteil verschaffen, konkurrie-

---

[934] *Roppo* in Diritto privato 1996, 99, 136 f.; *Sepe* in Neues europäisches Vertragsrecht und Verbraucherschutz, S. 137, 146.
[935] Vgl. *Sepe* in Neues europäisches Vertragsrecht und Verbraucherschutz, S. 137, 146.
[936] Vgl. *Sepe* in Neues europäisches Vertragsrecht und Verbraucherschutz, S. 137, 146.

ren zu müssen[937]. Der Binnenmarkt soll im Interesse aller Beteiligten von missbräuchlichen Klauseln in Verbraucherverträgen gesäubert werden[938].
Art. 7 Abs. 1 RL verpflichtet die Mitgliedstaaten zur Bereitstellung angemessener und wirksamer Mittel zur Verhinderung des Gebrauchs missbräuchlicher Klauseln. Welche Mittel als in diesem Sinne ausreichend anzusehen sind, geht aus Art. 7 Abs. 1 RL nicht hervor. In dieser Hinsicht räumt die Klausel-Richtlinie den Mitgliedstaaten einen relativ weiten Umsetzungsspielraum ein[939]. Soweit nur zur einmaligen Verwendung bestimmte Individualklauseln betroffen sind, ist die Bereitstellung geeigneter präventiver Abwehrmaßnahmen nicht einfach, da die Verwendung derartiger auf den Einzelfall ausgerichteter Klauseln kaum vorhersehbar ist und aus der Luft gegriffene Klagen verhindert werden müssen. Im Hinblick auf Individualklauseln kann die Anordnung der Unverbindlichkeit und die damit fehlende rechtliche Durchsetzbarkeit missbräuchlicher Klauseln daher grundsätzlich als ausreichend betrachtet werden[940].
In Bezug auf Standardvertragsklauseln konkretisiert Art. 7 Abs. 2 RL die Vorgaben des Art. 7 Abs. 1 RL dahin gehend, dass die Mitgliedstaaten *abstrakte Kontrollverfahren* bereitzustellen haben, also Verfahren, in denen Vertragsklauseln, die im Hinblick auf eine allgemeine Verwendung abgefasst wurden, losgelöst von einem konkreten Verwendungsfall auf ihre Missbräuchlichkeit überprüft werden können. Da der Bezug zu einem konkreten Verwendungsfall fehlt, bedingen abstrakte Kontrollverfahren die Anwendung eines abstrakt-generellen Kontrollmaßstabs. Art. 4 Abs. 1 RL, der eine grundsätzliche Berücksichtigung konkret-individueller Kriterien im Rahmen der Inhaltskontrolle anordnet[941], trägt dem durch eine Ausnahmeklausel für abstrakte Kontrollverfahren Rechnung.
Art. 7 Abs. 2 RL verpflichtet die Mitgliedstaaten nur zur Einrichtung nachgeordneter Kontrollverfahren. Erwägungsgrund 23 stellt ausdrücklich klar, dass präventive Kontrollverfahren, etwa in dem Sinne, die Verwendung von Standardvertragsklauseln von einer vorherigen Genehmigung abhängig zu machen, nicht gewollt sind[942]. Ob die Kontrolle im Rahmen eines gerichtlichen oder behördlichen Verfahrens erfolgt, überlässt Art. 7 Abs. 2 RL der Entscheidung der Mitgliedstaaten.

---

[937] Siehe *Tenreiro/Karsten* in Europäische Rechtsangleichung und nationale Privatrechte, S. 223, 229 („Business confidence sidelines consumer confidence as the principle objective of the Directive.").
[938] Vgl. *Tenreiro/Karsten* in Europäische Rechtsangleichung und nationale Privatrechte, S. 223, 254.
[939] *Wolf* in Wolf/Horn/Lindacher, Art. 7 RL Rn. 3; *Tenreiro/Karsten* in Europäische Rechtsangleichung und nationale Privatrechte, S. 223, 254.
[940] *Wolf* in Wolf/Horn/Lindacher, Art. 7 RL Rn. 4.
[941] Siehe oben § 5 III 2 a.
[942] *Damm*, JZ 1994, 161, 175; *Garbers* in Europäisches Privatrecht, S. 142.

Antragsberechtigt sind Personen oder Organisationen, die nach dem innerstaatlichen Recht ein berechtigtes Interesse am Schutz der Verbraucher haben. Wann ein solches berechtigtes Interesse anzuerkennen ist, entscheidet also grundsätzlich das nationale Recht der Mitgliedstaaten. Die Mitgliedstaaten sind bei der Beurteilung, ob ein berechtigtes Interesse vorliegt, jedoch nicht völlig frei, sondern haben den primären Schutzzweck der Richtlinie, den Verbraucher in seiner rollenspezifischen Unterlegenheit zu schützen, sowie Art. 7 Abs. 1 RL, der die Bereitstellung *angemessener* und *wirksamer* Mittel zur Verhinderung des Gebrauchs missbräuchlicher Klauseln fordert, zu beachten[943]. Daraus folgt, dass das nationale Recht keine allzu restriktiven Anforderungen an die Anerkennung eines berechtigten Interesses stellen darf[944]. Im Hinblick auf die im Zusammenhang mit Art. 7 Abs. 2 RL besonders interessierende Klagebefugnis von Verbraucherverbänden ist darüber hinaus der durch den Vertrag von Amsterdam neu gefasste[945] Art. 153 EGV zu beachten, nach dessen Abs. 1 die Gemeinschaft einen Beitrag zur Förderung des Rechts der Verbraucher auf die Bildung von Vereinigungen zur Wahrung ihrer Interessen zu leisten hat[946]. Diese primärrechtliche Vorschrift spricht - in Verbindung mit der aus Art. 10 EGV folgenden Pflicht der Mitgliedstaaten zu gemeinschaftstreuem Verhalten - dafür, Verbraucherverbänden ein berechtigtes Interesse im Sinne von Art. 7 Abs. 2 RL zuzugestehen. Für die Antragsberechtigung erforderlich ist aber in jedem Fall die Wahrnehmung eines kollektiven Interesses einer Mehrzahl von Verbrauchern, das Eintreten für die Interessen eines einzelnen Verbrauchers genügt nicht[947].
Art. 7 Abs. 3 RL erweitert den Kreis der Antragsgegner[948]. Abstrakte Kontrollverfahren können danach nicht nur gegen einen einzelnen Gewerbetreibenden eingeleitet werden, sondern können sich auch gegen mehrere Gewerbetreibende desselben Wirtschaftssektors, die ähnliche Vertragsbedingungen verwenden, oder gegen deren Verbände, sofern diese die Verwendung bestimmter Klauseln empfehlen, richten.

2. Umsetzung in Deutschland

Im Hinblick auf die Vorgaben des Art. 7 RL erfolgte keine Änderung des AGBG. Dieses sieht in §§ 13 ff. ein abstraktes gerichtliches Kontrollverfahren vor. Gemäß § 13 Abs. 1 AGBG kann jeder, der nach §§ 9 bis 11 AGBG unwirk-

---

943 Vgl. *Willett* in Public Interest Litigation before European Courts, S. 403, 408.
944 Für eine größere Freiheit der Mitgliedstaaten *Wolf* in Wolf/Horn/Lindacher, Art. 7 RL Rn. 10 („grundsätzlich freies Ermessen").
945 Siehe oben § 3 I 2 b bb (4).
946 Vgl. *Tenreiro/Karsten* in Europäische Rechtsangleichung und nationale Privatrechte, S. 223, 256.
947 *Wolf* in Wolf/Horn/Lindacher, Art. 7 RL Rn. 10.
948 Vgl. *Wolf* in Wolf/Horn/Lindacher, Art. 7 RL Rn. 11.

same Vertragsbedingungen verwendet oder für den rechtsgeschäftlichen Verkehr empfiehlt, auf Unterlassung der Verwendung bzw. auf Widerruf der Empfehlung in Anspruch genommen werden. § 13 Abs. 2 AGBG bestimmt den Kreis der Aktivlegitimierten. Klageberechtigt sind nach § 13 Abs. 2 Nr. 1 AGBG rechtsfähige Verbände, zu deren satzungsgemäßen Aufgaben die Wahrnehmung von Verbraucherinteressen gehört, sofern sie in diesem Aufgabenbereich tätige Verbände oder mindestens 75 natürliche Personen als Mitglieder haben. § 13 Abs. 2 Nr. 1 AGBG ist mit den Vorgaben des Art. 7 Abs. 2 RL vereinbar[949]. Die in § 13 Abs. 2 Nr. 1 AGBG vorgesehene Mitgliederstruktur wird von der Klausel-Richtlinie zwar nicht gefordert, Art. 7 Abs. 2 RL überlässt die genaue Eingrenzung des Kreises der Antragsberechtigten jedoch ausdrücklich den Mitgliedstaaten. Nach § 13 Abs. 2 Nr. 2 und 3 AGBG sind darüber hinaus rechtsfähige Verbände zur Förderung gewerblicher Interessen, Industrie- und Handelskammern sowie Handwerkskammern klagebefugt. Eine derartige Berücksichtigung gewerblicher Interessenverbände ist in der Richtlinie 93/13/EWG nicht vorgesehen. Auch durch gewerbliche Interessenverbände in Gang gesetzte Kontrollverfahren kommen jedoch letztlich dem Verbraucherschutz zugute. Vor dem Hintergrund der Klausel-Richtlinie bestehen gegen § 13 Abs. 2 Nr. 2 und 3 AGBG daher keine Bedenken[950]. § 13 Abs. 3 AGBG bestimmt, dass das abstrakte Kontrollverfahren nicht eingreift, wenn AGB gegenüber einem Unternehmer verwendet oder zur ausschließlichen Verwendung unter Unternehmern empfohlen werden. Hieran wird die verbraucherschutzbezogene Ausrichtung der §§ 13 ff. AGBG deutlich. Nach § 13 Abs. 1 AGBG kann die Verbandsklage gegen jeden erhoben werden, der unwirksame Klauseln verwendet oder deren Verwendung empfiehlt, als Klagegegner kommen also auch Verbände in Betracht. Das abstrakte Kontrollverfahren des AGBG entspricht folglich auch im Hinblick auf den Kreis der Passivlegitimierten den Anforderungen der Klausel-Richtlinie[951]. Es kann somit festgestellt werden, dass das Verbandsklageverfahren der §§ 13 ff. AGBG den Vorgaben des Art. 7 RL gerecht wird[952]. Die Entscheidung des deutschen Gesetzgebers, die §§ 13 ff. AGBG unverändert aufrechtzuerhalten, ist daher nicht zu beanstanden.

Anders als die materiellrechtlichen Vorschriften des AGBG wurden die Vorschriften über das Verbandsklageverfahren im Zuge der Schuldrechtsmoderni-

[949] Zweifelnd im Hinblick auf die restriktive Handhabung der Klagebefugnis von Verbraucherverbänden in grenzüberschreitenden Rechtsstreitigkeiten *Micklitz* in Recht und Gesetz im deutsch-französischen Dialog, S. 139, 166.

[950] So im Ergebnis auch *Wolf* in Wolf/Horn/Lindacher, Art. 7 RL Rn. 10.

[951] *Wolf* in Wolf/Horn/Lindacher, Art. 7 RL Rn. 11.

[952] *Ulmer*, EuZW 1993, 337, 346; *Eckert*, WM 1993, 1070, 1077 f.; *Damm*, JZ 1994, 161, 175, *Heinrichs*, NJW 1993, 1817, 1820; *Kretschmar*, Richtlinie 93/13/EWG und AGBG, S. 256.

sierung nicht in das BGB eingegliedert. Vielmehr finden sie sich nunmehr im neu geschaffenen Gesetz über Unterlassungsklagen bei Verbraucherrechts- und anderen Verstößen[953]. Vor dem Hintergrund der Klausel-Richtlinie sind die neuen Regelungen nicht zu beanstanden.

3. Umsetzung im Vereinigten Königreich

a) UTCR 1994

Der Weg zu einer ordnungsgemäßen Umsetzung von Art. 7 Abs. 2 RL war im Vereinigten Königreich weit. Zunächst vertrat das mit der Umsetzung der Richtlinie 93/13/EWG betraute *Department of Trade and Industry* die Auffassung, zur Umsetzung des Art. 7 Abs. 2 RL seien im Hinblick auf die dem Common Law eigene „doctrine of precedent" keine Maßnahmen erforderlich[954]. Die aus der „doctrine of precedent" folgende Bindungswirkung gerichtlicher Urteile stelle sicher, dass eine Standardvertragsklausel, sobald sie in einem Fall für missbräuchlich erklärt worden sei, keine weitere Verwendung im Rechtsverkehr mehr finde. Die autoritative Wirkung eines im Individualprozess ergehenden Urteils mache die Einführung eines abstrakten Kontrollverfahrens überflüssig. Das Department of Trade and Industry sah die „doctrine of precedent" also als ein im Sinne von Art. 7 Abs. 1 RL angemessenes und wirksames Mittel an, der Verwendung missbräuchlicher Klauseln ein Ende zu setzen. Im Schrifttum wurde diese Ansicht heftig kritisiert[955]. Hingewiesen wurde auf die Erfahrungen mit dem UCTA, die Beleg dafür seien, dass sich der Handel durch einzelne Gerichtsurteile keineswegs von der fortgesetzten Verwendung missbräuchlicher Klauseln abschrecken lasse. Selbst Klauseln, die nach dem UCTA automatisch nichtig sind, hätten immer wieder Eingang in Standardvertragsformulare gefunden[956].

Angesichts dieser Kritik kam das Department of Trade and Industry schließlich zu dem Schluss, zur Umsetzung des Art. 7 Abs. 2 RL ein abstraktes Kontrollverfahren einzuführen. Dieses findet sich in Section 8 UTCR 1994. Nach Section 8 (1) UTCR 1994 ist es die Pflicht des *Director General of Fair Trading*, ihm gegenüber vorgebrachten Beschwerden über angeblich missbräuchliche Standardvertragsklauseln nachzugehen, es sei denn, die Beschwerde erscheint geringfü-

---

953 BGBl. 2001 I, S. 3138, 3173.

954 Vgl. *Beale* in Good Faith and Fault in Contract Law, S. 231, 254; *Dean*, New Law Journal 1995, 28, 30.

955 Vgl. *Collins*, Oxford Journal of Legal Studies 14 (1994), 229, 244; *Beale* in Good Faith and Fault in Contract Law, S. 231, 254; *Brownsword/Howells*, Journal of Business Law 1995, 243, 259.

956 *Beale* in Good Faith and Fault in Contract Law, S. 231, 254.

gig oder rechtsmissbräuchlich[957]. Hält der Director General of Fair Trading eine gerügte Vertragsklausel für missbräuchlich, so kann er nach Section 8 (2) UTCR 1994 ein gerichtliches Verfügungsverfahren auf Unterlassung der Verwendung bzw. Empfehlung der Verwendung der betreffenden Klausel anstrengen, sofern er dies für angemessen hält[958]. Darüber hinaus steht es nach Section 8 (3) UTCR 1994 im Ermessen des Director General of Fair Trading, ihm gegenüber abgegebene Unterlassungserklärungen im Hinblick auf die weitere Verwendung oder Empfehlung bestimmter Standardvertragsklauseln zu berücksichtigen. Diese Bestimmung ist so zu verstehen, dass eine Unterlassungserklärung grundsätzlich die Notwendigkeit eines gerichtlichen Kontrollverfahrens ausschließt[959]. Nach Section 8 (4) UTCR 1994 muss der Director General of Fair Trading seine Entscheidung, eine gerichtliche Verfügung zu beantragen oder nicht zu beantragen, begründen. Section 8 (6) UTCR 1994 bestimmt, dass die Wirkung einer gerichtlichen Verfügung nicht auf eine bestimmte Standardvertragsklausel beschränkt sein muss, sondern sich auf ähnlich lautende oder inhaltsgleiche Klauseln des Verwenders erstrecken kann.

Im abstrakten Kontrollverfahren nach Section 8 UTCR 1994 nimmt der Director General of Fair Trading eine zentrale Stellung ein. Nur er ist klagebefugt. Das Amt des Director General of Fair Trading wurde durch den *Fair Trading Act 1973* ins Leben gerufen. Gemäß Section 1 (1) Fair Trading Act 1973 ernennt der *Secretary of State* einen Beamten zum Director General of Fair Trading. Diesem untersteht das *Office of Fair Trading.* Die wesentliche Aufgabe des Office of Fair Trading besteht nach eigenem Selbstverständnis sowie nach dem Fair Trading Act 1973 darin, einen gerechten Ausgleich zwischen den Interessen der Verbraucher und den Interessen der Gewerbetreibenden herzustellen[960]. Das Office of Fair Trading ist nach seiner Konzeption also keine reine Verbraucherschutzeinrichtung.

Vor dem Hintergrund der Klausel-Richtlinie erscheint die ausschließliche Klagebefugnis des Director General of Fair Trading problematisch. Art. 7 Abs. 2 RL bestimmt zwar, dass in den von den Mitgliedstaaten bereitzustellenden abstrakten Kontrollverfahren nur solchen Personen oder Organisationen eine Klagebefugnis eingeräumt werden muss, die nach dem *nationalen* Recht ein berechtigtes Interesse am Schutz der Verbraucher haben. Es wurde jedoch bereits dargelegt, dass die Mitgliedstaaten bei der Beurteilung, ob ein derartiges be-

---

[957] Section 8 (1) UTCR 1994 lautet: „It shall be the duty of the Director to consider any complaint made to him that any contract term drawn up for general use is unfair, unless the complaint appears to the Director to be frivolous or vexatious."

[958] Zuständiges Gericht ist gemäß Section 2 (1) UTCR 1994 in England, Wales und Nordirland der *High Court*, in Schottland der *Court of Session.*

[959] Siehe dazu *Sobich*, RIW 1998, 684, 685.

[960] *Sobich*, Die verfahrensrechtliche Kontrolle „unfairer" AGB in England, S. 50; vgl. auch *Collins*, Oxford Journal of Legal Studies 14 (1994), 229, 245.

rechtigtes Interesse besteht, nicht völlig frei sind, sondern bestimmte gemeinschaftsrechtliche Vorgaben zu beachten haben, insbesondere den Schutzzweck der Klausel-Richtlinie, den Verbraucher in seiner rollenspezifischen Unterlegenheit zu schützen, sowie Art. 7 Abs. 1 RL, der von den Mitgliedstaaten die Bereitstellung angemessener und wirksamer Mittel zur Eindämmung des Gebrauchs missbräuchlicher Klauseln fordert[961]. Das nationale Recht darf daher keine allzu strengen Anforderungen an die Anerkennung eines berechtigten Interesses stellen. Im Hinblick auf Art. 153 Abs. 1 EGV[962], der die Gemeinschaft verpflichtet, einen Beitrag zur Förderung des Rechts der Verbraucher auf die Bildung von Vereinigungen zur Wahrung ihrer Interessen zu leisten, spricht einiges dafür, dass zur ordnungsgemäßen Umsetzung von Art. 7 Abs. 2 RL eine Klagebefugnis zu Gunsten von Verbraucherverbänden[963] etabliert werden muss. Zumindest aber darf Verbraucherverbänden nicht von vornherein die Möglichkeit, eine Klagebefugnis zu erhalten, versperrt werden. Eine denkbare Lösung bestünde demgemäß darin, die Voraussetzungen, unter denen eine natürliche oder juristische Person eine Klagebefugnis im abstrakten Kontrollverfahren erhält, in abstrakt-genereller Weise zu statuieren[964].

Der von Section 8 UTCR 1994 gewählte Weg, ausschließlich dem Director General of Fair Trading ein Antragsrecht einzuräumen, kann daher keinesfalls als zur Umsetzung von Art. 7 Abs. 2 RL ausreichend angesehen werden, zumal dem Director General of Fair Trading bei der Verfolgung missbräuchlicher Klauseln in mehrfacher Hinsicht Ermessens- bzw. Beurteilungsspielräume eingeräumt sind[965].

Während in der Literatur zu den UTCR 1994 die Ansicht dominiert, Art. 7 Abs. 2 RL sei aufgrund der fehlenden Klagebefugnis von Verbraucherverbänden unzureichend umgesetzt[966], finden sich vereinzelt auch Stimmen, die die ausschließliche Klagebefugnis des Director General of Fair Trading für sachgerecht halten[967]. So wird vorgebracht, im Gegensatz zu Verbraucherverbänden sei der Director General of Fair Trading eine unparteiische Instanz, von der die Anstrengung offensichtlich unbegründeter gerichtlicher Verfahren nicht zu erwar-

---

961 Siehe oben § 5 VII 1.

962 In Verbindung mit Art. 10 EGV, siehe oben § 5 VII 1.

963 Im Vereinigten Königreich ist diesbezüglich insbesondere an die *Consumers' Association* sowie an das *National Consumer Council* zu denken, vgl. *Willett* in Public Interest Litigation before Euroean Courts, S. 403, 405 ff.

964 So wie dies etwa durch § 13 Abs. 2 AGBG geschehen ist.

965 Vgl. *Beale* in Good Faith and Fault in Contract Law, S. 231, 258; *Sobich*, RIW 1998, 684, 685.

966 *Beale* in Good Faith and Fault in Contract Law, S. 231, 255 ff.; *Beatson*, ZEuP 1998, 957, 966; *Uff* in Enhancing the Legal Position of the European Consumer, S. 163, 171 f.; zurückhaltend *Willett* in Public Interest Litigation before European Courts, S. 403, 414 ff.

967 Vgl. *Collins*, Oxford Journal of Legal Studies 14 (1994), 229, 245; *Brownsword/Howells*, Journal of Business Law 1995, 243, 260.

ten sei. Darüber hinaus entspreche es der Arbeitsweise des Director General of Fair Trading, sich im Falle der Verwendung missbräuchlicher Klauseln zunächst in informeller Weise um eine Lösung zu bemühen[968], etwa durch das Hinwirken auf die Abgabe einer Unterlassungserklärung[969]. Diese Herangehensweise könne zu einer weiteren Entlastung der Gerichte beitragen.
Wegen der fehlenden Klagebefugnis von Verbraucherverbänden hatte der größte Verbraucherverband des Vereinigten Königreichs, die *Consumers' Association*[970], Section 8 UTCR 1994 vor dem *High Court* angegriffen. Es kam zu einer Vorlage an den EuGH gemäß Art. 234 EGV. Nach der Ankündigung der neuen Regierung des Vereinigten Königreichs, Verbraucherverbände mit einer Klagebefugnis auszustatten, also das Institut der Verbandsklage erstmals in das Recht des Vereinigten Königreichs einzuführen[971], wurde das Verfahren vor dem EuGH auf Antrag der Parteien ausgesetzt[972].

b) UTCR 1999

Die Korrektur der unzureichenden Umsetzung von Art. 7 Abs. 2 RL war das Hauptanliegen der UTCR 1999. Entsprechend nehmen die Bestimmungen über ein abstraktes Kontrollverfahren in den UTCR 1999 breiten Raum ein. Sechs der insgesamt fünfzehn Sections sind dieser Thematik gewidmet.
Die dem Director General of Fair Trading durch die UTCR 1994 eingeräumten Befugnisse im Kampf gegen missbräuchliche Klauseln bestehen auch unter den UTCR 1999[973]. Neben die Klagebefugnis des Director General of Fair Trading tritt allerdings eine Klagebefugnis bestimmter *qualifying bodies*, die im ersten Anhang zu den UTCR 1999 abschließend aufgezählt sind. Der erste Anhang zu den UTCR 1999 ist zweigeteilt. Im ersten Teil werden insgesamt zehn staatliche Stellen aufgeführt, die eine Klagebefugnis erhalten[974]. Im zweiten Teil wird die

---

968 Siehe dazu auch *Sobich*, RIW 1998, 684, 685.

969 Diese Möglichkeit wird durch Section 8 (3) UTCR 1994 eröffnet.

970 Siehe zur Consumers' Association *Willett* in Public Interest Litigation before European Courts, S. 403, 405 f.; *Sobich*, Die verfahrensrechtliche Kontrolle „unfairer" AGB in England, S. 103 ff.

971 Dem Recht des Vereinigten Königreichs war eine Verbangsklage bislang fremd, siehe *Uff* in Enhancing the Legal Position of the European Consumer, S. 163, 171; *Beale* in Good Faith and Fault in Contract Law, S. 231, 255; *Sobich*, RIW 1998, 684, 689.

972 Siehe dazu die Kurzmitteilung in EuZW 1997, 516; *Sobich*, RIW 1998, 684, 688; *Weatherill* in Neues europäisches Vertragsrecht und Verbraucherschutz, S. 117, 124 (Fn. 7 a).

973 Siehe Sections 10, 12 (1) UTCR 1999.

974 Im Einzelnen handelt es sich um 1. The Data Protection Registrar, 2. The Director General of Electricity Supply, 3. The Director General of Gas Supply, 4. The Director General of Electricity Supply for Northern Ireland, 5. The Director General of Gas for Northern Ireland, 6. The Director General of Telecommunications, 7. The Director General of Water Services,

Consumers' Association, der größte Verbraucherschutzverband des Vereinigten Königreichs, genannt. Die Zweiteilung des Anhangs ist insofern von Bedeutung, als die Stellung der Consumers' Association anders ausgestaltet ist als diejenige der staatlichen qualifying bodies, worauf im Einzelnen zurückzukommen sein wird.

Nach Section 10 (1) UTCR 1999 ist es die Pflicht des Director General of Fair Trading, ihm gegenüber vorgebrachten Beschwerden über die Missbräuchlichkeit von Standardvertragsklauseln nachzugehen, es sei denn, die Beschwerde erscheint geringfügig oder rechtsmissbräuchlich oder einer der qualifying bodies hat dem Director General of Fair Trading angezeigt, dass er der Beschwerde nachgehen wird[975]. Die im ersten Teil des ersten Anhangs genannten qualifying bodies, das heißt die mit einer Klagebefugnis versehenen staatlichen Stellen, sind gemäß Section 11 (1) UTCR 1999 verpflichtet, einer Beschwerde über angeblich missbräuchliche Standardvertragsklauseln nachzugehen, falls sie dem Director General of Fair Trading angezeigt haben, dass sie dieser Beschwerde nachzugehen beabsichtigen[976]. Der Consumers' Association wird eine derartige Verpflichtung nicht auferlegt. Nach Section 12 (1) UTCR 1999 sind der Director General of Fair Trading sowie jeder qualifying body berechtigt, eine gerichtliche Verfügung gegen jede Person zu beantragen, die nach ihrer Ansicht eine missbräuchliche Standardvertragsklausel in Verbraucherverträgen verwendet oder deren Verwendung empfiehlt[977]. Gemäß Section 12 (2) UTCR 1999 darf ein qualifying body dies jedoch nur dann, wenn er entweder den Director General of Fair Trading mindestens vierzehn Tage zuvor benachrichtigt hat oder wenn der Director General of Fair Trading seine Einwilligung dazu erteilt, einen Antrag innerhalb einer kürzeren Frist bei Gericht einzureichen.

Zusätzlich zur Klagebefugnis werden dem Director General of Fair Trading und den im ersten Teil des ersten Anhangs aufgeführten staatlichen qualifying bodies durch Section 13 (3) UTCR 1999 Informationsrechte eingeräumt, die keine Entsprechung in den UTCR 1994 finden. Der Director General of Fair Trading und die staatlichen qualifying bodies - nicht aber die Consumers' Association - sind danach berechtigt, von einer Person, die Standardvertragsklauseln verwendet

---

8. The Rail Regulator, 9. Every weights and measures authority in Great Britain, 10. The Department of Economic Development in Northern Ireland.

[975] Section 10 (1) UTCR 1999 lautet: „It shall be the duty of the Director to consider any complaint made to him that any contract term drawn up for general use is unfair, unless (a) the complaint appears to the Director to be frivolous or vexatious; or (b) a qualifying body has notified the Director that it agrees to consider the complaint."

[976] Section 11 (1) UTCR 1999 lautet: „ If a qualifying body specified in Part One of Schedule 1 notifies the Director that it agrees to consider a complaint that any contract term drawn up for general use is unfair, it shall be under a duty to consider that complaint."

[977] Zuständiges Gericht ist gemäß Section 3 (1) UTCR 1999 in England, Wales und Nordirland ein *County Court* oder der *High Court*, in Schottland der *Sheriff* oder der *Court of Session*.

oder deren Verwendung empfiehlt, die Herausgabe einer Kopie des betreffenden Vertragsdokuments sowie Informationen über die Verwendung bzw. Empfehlung zu verlangen. Diese Befugnisse, die gemäß Section 13 (5) UTCR 1999 unter dem Vorbehalt eines Informationsverweigerungsrechts stehen[978], sollen dem Director General of Fair Trading und den staatlichen qualifying bodies die Verfolgung missbräuchlicher Standardvertragsklauseln erleichtern[979].

Section 14 UTCR 1999 verpflichtet sämtliche qualifying bodies, den Director General of Fair Trading von ihnen gegenüber abgegebenen Unterlassungserklärungen hinsichtlich der Verwendung missbräuchlicher Klauseln sowie vom Ergebnis eines Antrags auf Erlass einer gerichtlichen Verfügung in schriftlicher Form in Kenntnis zu setzen. Schließlich erlegt Section 15 UTCR 1999 dem Director General of Fair Trading die Pflicht auf, Unterlassungserklärungen, Anträge auf Erlass einer gerichtlichen Verfügung sowie gegebenenfalls gerichtliche Anordnungen zu veröffentlichen.

Die UTCR 1999 werden ihrem Ziel, die durch die UTCR 1994 erfolgte unzureichende Umsetzung von Art. 7 Abs. 2 RL zu korrigieren, im Ergebnis gerecht. Das unter den UTCR 1994 bestehende abstrakte Kontrollverfahren war wegen der ausschließlichen Klagebefugnis des Director General of Fair Trading kritisiert worden[980]. Dieser Kritik haben die UTCR 1999 durch eine erhebliche Ausweitung der Klagebefugnis – zum einen auf die im ersten Teil des ersten Anhangs genannten staatlichen Stellen, zum anderen auf die Consumers' Association – Rechnung getragen. Dadurch wurde eine im Vergleich zu den UTCR 1994 wesentlich größere Anzahl abstrakter Kontrollverfahren ermöglicht[981].

Eine Alternative zur abschließenden Aufzählung der klagebefugten Stellen hätte darin bestanden, die Voraussetzungen, unter denen eine natürliche oder juristische Person klagebefugt ist, in abstrakt-genereller Weise festzulegen[982]. Eine derartige Vorgehensweise hätte zur Folge gehabt, dass neben der Consumers' Association noch weiteren Verbraucherschutzverbänden die Möglichkeit eingeräumt worden wäre, eine Klagebefugnis zu erhalten[983]. Die Klausel-Richtlinie verpflichtet die Mitgliedstaaten jedoch nicht zu einer derartigen Festlegung der Klagebefugnis anhand abstrakt-genereller Kriterien. Art. 7 Abs. 2 RL fordert

---

978 Section 13 (5) UTCR 1999 lautet: „Nothing in this regulation compels a person to supply any document or information which he would be entitled to refuse to produce or give in civil proceedings before the court."

979 Vgl. Section 13 (1) und (2) UTCR 1999.

980 Siehe oben § 5 VII 3 a.

981 *Whittaker* in Chitty on Contracts, § 15-073.

982 Wie dies etwa in § 13 Abs. 2 AGBG geschehen ist, siehe oben § 5 VII 2.

983 Zu denken ist insbesondere an das *National Consumer Council*, siehe dazu *Sobich*, Die verfahrensrechtliche Kontrolle „unfairer" AGB in England, S. 106; *Willett* in Public Interest Litigation before European Courts, S. 403, 406 f.

lediglich eine Klagebefugnis solcher Personen, die nach dem *innerstaatlichen* Recht ein berechtigtes Interesse am Verbraucherschutz haben. Vor diesem Hintergrund ist der von den UTCR 1999 gewählte Weg einer abschließenden Aufzählung der klagebefugten Personen nicht zu beanstanden.
Trotz der Ausweitung der Klagebefugnis auf die im ersten Anhang genannten qualifying bodies behält der Director General of Fair Trading auch unter den UTCR 1999 in gewissen Grenzen seine führende Stellung im Kampf gegen missbräuchliche Standardvertragsklauseln in Verbraucherverträgen. Die qualifying bodies dürfen gemäß Section 12 (2) UTCR 1999 nicht tätig werden, ohne den Director General of Fair Trading zuvor benachrichtigt zu haben. Weitere Informationspflichten dem Director General of Fair Trading gegenüber werden ihnen durch Section 14 UTCR 1999 auferlegt. Schließlich fällt die Veröffentlichung der in Verfahren gegen missbräuchliche Klauseln erzielten Ergebnisse gemäß Section 15 UTCR 1999 in den Aufgabenbereich des Director General of Fair Trading. Der Effektivität des Verbraucherschutzes ist diese zentrale Stellung des Director General of Fair Trading förderlich. Indem sämtliche Informationen über abstrakte Kontrollverfahren an einer Stelle zusammenlaufen, wird ein gezielteres, koordiniertes Vorgehen der klagebefugten Personen gegen missbräuchliche Standardvertragsklauseln ermöglicht. In der starken Position des Director General of Fair Trading kann daher keinesfalls eine ungerechtfertigte Schlechterstellung der qualifying bodies erblickt werden.
Abschließend ist somit festzustellen, dass das durch die UTCR 1999 eingerichtete abstrakte Kontrollverfahren als ein im Sinne von Art. 7 Abs. 1 RL angemessenes und wirksames Mittel zur Verhinderung des Gebrauchs missbräuchlicher Klauseln eingestuft werden kann.

4. Umsetzung in Frankreich

Das französische Verbraucherschutzrecht kannte bereits vor der Umsetzung der Klausel-Richtlinie ein abstraktes Kontrollverfahren auf dem Gebiet missbräuchlicher Vertragsklauseln. Nach Art. L. 421-6 CCons. a.F. können Verbände, deren satzungsgemäße Aufgabe im Schutz der kollektiven[984] Interessen der Verbraucher besteht, in einem gerichtlichen Verfahren die Aufhebung missbräuchlicher Standardvertragsklauseln, die von Gewerbetreibenden gegenüber Verbrauchern verwendet werden, verlangen. Im Hinblick auf Art. 7 Abs. 2 RL bestand somit für den französischen Gesetzgeber kein Handlungsbedarf.
Eine Änderung des Art. L. 421-6 CCons. war aber erforderlich, um den Anforderungen, die Art. 7 Abs. 3 RL an den Kreis der Passivlegitimierten stellt, gerecht zu werden[985]. Nach Art. 7 Abs. 3 RL müssen sich abstrakte Kontrollver-

[984] *Morin*, VuR 1995, 381, 385.
[985] *Karimi*, Les Petites Affiches, 5 mai 1995 (n° 54), 4, 8.

fahren nicht nur gegen Gewerbetreibende, die missbräuchliche Standardvertragsklauseln verwenden, sondern auch gegen gewerbliche Interessenverbände, die die Verwendung missbräuchlicher Standardvertragsklauseln empfehlen, richten können. Um diesen Vorgaben gerecht zu werden, wurde Art. L. 421-6 CCons. durch Art. 4 des Gesetzes Nr. 95-96 geändert[986]. Verbraucherverbänden wurde die Möglichkeit eingeräumt, auch gegen die Empfehlung missbräuchlicher Standardvertragsklauseln durch gewerbliche Verbände vorzugehen. Das französische Recht wird den Anforderungen der Klausel-Richtlinie an die Ausgestaltung des abstrakten Kontrollverfahrens somit nun in vollem Umfang gerecht[987].

5. Umsetzung in Italien

Die Einrichtung eines abstrakten Kontrollverfahrens auf dem Gebiet missbräuchlicher Klauseln in Verbraucherverträgen erfolgte in Italien durch die Einfügung des Art. 1469-*sexies* in den Codice civile. Klagebefugt sind nach Abs. 1 der Vorschrift[988] repräsentative Verbraucherverbände, repräsentative gewerbliche Interessenverbände sowie Handels-, Industrie-, Handwerks- und Landwirtschaftskammern. Die Klagebefugnis der von Art. 1469-*sexies* genannten Verbände ist insofern problematisch, als gesetzliche Vorgaben zur Beurteilung der geforderten Repräsentativität fehlen[989]. Der italienische Gesetzgeber hat die Konkretisierung dieses Merkmals Literatur und Rechtsprechung überlassen[990]. Nach Ansicht der Literatur ist die Repräsentativität eines Verbands von Fall zu Fall anhand mehrerer Kriterien zu beurteilen[991]. Als maßgebliche Kriterien genannt werden die Anzahl der Mitglieder, die satzungsgemäßen Aufgaben sowie die Verbreitung im Staatsgebiet. Beispielsweise sollen Verbände, die nur in einer bestimmten Region tätig sind, nicht als im Sinne von Art. 1469-*sexies*

---

[986] Die neue Fassung des Art. L. 421-6 CCons. lautet: „Les associations mentionnées à l'article L. 421-1 peuvent demander à la juridiction civile d'ordonner, le cas échéant sous astreinte, la suppression de clauses abusives dans les modèles de conventions habituellement proposés par les professionnels aux consommateurs et dans ceux destinés aux consommateurs et proposés par les organisations professionnelles à leurs membres."

[987] *Karimi*, Les Petites Affiches, 5 mai 1995 (n° 54), 4, 8; *Ghestin/Marchessaux-van Melle*, La Semaine Juridique 1995, édition générale, doctrine, Nr. 3854, S. 275, 281.

[988] Art. 1469-*sexies* Abs. 1 Codice civile lautet: „Le associazioni rappresentative dei consumatori e dei professionisti e le camere di commercio, industria, artigianato e agricoltura, possono convenire in giudizio il professionista o l'associazione di professionisti che utilizzano condizioni generali di contratto e richiedere al giudice competente che inibisca l'uso delle condizioni di cui sia accertata l'abusività ai sensi del presente capo."

[989] Vgl. *Capponi*, Foro Italiano 1994, IV, 439, 450.

[990] *Micklitz/d'Usseaux*, ZEuP 1998, 104, 113.

[991] *De Negri*, Diritto del commercio internazionale 1998, 173, 214 f.; *Bianca* in Le clausole abusive nei contratti stipulati con i consumatori, S. 357, 365.

Codice civile repräsentativ anzusehen sein, wenn der Rechtsstreit überregionale Bedeutung hat[992].

Als mögliche Klagegegner im abstrakten Kontrollverfahren nennt Art. 1469-*sexies* Abs. 1 Codice civile Gewerbetreibende und gewerbliche Interessenverbände, die Allgemeine Geschäftsbedingungen verwenden. Diese Formulierung lässt den von der italienischen Regierung ausdrücklich bestätigten[993] Gegenschluss zu, dass gegen die bloße *Empfehlung* der Verwendung bestimmter Klauseln nicht vorgegangen werden kann. In diesem Punkt weichen die italienischen Umsetzungsvorschriften also zu Lasten des Verbrauchers von der Klausel-Richtlinie ab, so dass ein eindeutiges Umsetzungsdefizit vorliegt.

Zum abstrakten Kontrollverfahren des Art. 1469-*sexies* Codice civile ist noch anzumerken, dass nach Abs. 2 der Vorschrift[994] in besonders dringlichen Fällen der Erlass einer einstweiligen Anordnung möglich ist. Darüber hinaus ist der Richter nach Art. 1469-*sexies* Abs. 3 Codice civile[995] befugt, die Veröffentlichung des Urteils in einer oder mehreren Zeitungen, von denen mindestens eine landesweit vertrieben wird, anzuordnen.

VIII. Internationales Privatrecht

1. Vorgaben der Richtlinie

Der Schutz der Verbraucher vor missbräuchlichen Klauseln wäre unvollständig, wenn die Möglichkeit bestünde, die Schutzstandards der Klausel-Richtlinie durch die Wahl des Rechts eines Drittstaats zu umgehen. Aus diesem Grund enthält die Klausel-Richtlinie in Art. 6 Abs. 2 kollisionsrechtliche Vorgaben. Danach haben die Mitgliedstaaten die erforderlichen Maßnahmen zu treffen, damit der Verbraucher den durch die Klausel-Richtlinie gewährten Schutz nicht verliert, wenn das Recht eines Drittstaats als das auf den Vertrag anzuwendende Recht gewählt wurde und der Vertrag einen engen Zusammenhang mit dem Gebiet der Mitgliedstaaten aufweist.

---

[992] *De Negri*, Diritto del commercio internazionale, S. 173, 216; *Micklitz/d'Usseaux*, ZEuP 1998, 104, 113.

[993] Vgl. *Antoniolli Deflorian* in Europäische Rechtsangleichung und nationale Privatrechte, S. 119, 164.

[994] Art. 1469-*sexies* Abs. 2 Codice civile lautet: „L'inibitoria può essere concessa, quando ricorrono giusti motivi di urgenza, ai sensi degli articoli 669-*bis* e seguenti del codice di procedura civile." Zur Problematik der Verweisung auf Art. 669-*bis* ff. Codice di procedura civile siehe *Antoniolli Deflorian* in Europäische Rechtsangleichung und nationale Privatrechte, S. 119, 146 ff.

[995] Art. 1469-*sexies* Abs. 3 Codice civile lautet: „Il giudice può ordinare che il provvedimento sia pubblicato in uno o più giornali, di cui uno almeno a diffusione nazionale."

Auf den ersten Blick erscheint die Berechtigung des Art. 6 Abs. 2 RL zweifelhaft, da bereits Art. 5 EVÜ[996] gemeinschaftsweit kollisionsrechtlichen Verbraucherschutz gewährleistet, auch im Verhältnis zu Drittstaaten. Art. 6 Abs. 2 RL geht jedoch in einigen Punkten über Art. 5 EVÜ hinaus[997]. Zum einen erfasst Art. 6 Abs. 2 RL im Gegensatz zu Art. 5 EVÜ[998] nicht nur Verträge über die Lieferung beweglicher Sachen oder die Erbringung von Dienstleistungen, sondern grundsätzlich alle Verträge zwischen Verbrauchern und Gewerbetreibenden. Zum anderen gilt Art. 5 Abs. 2 EVÜ, der die Gültigkeit einer Rechtswahl zum Gegenstand hat, anders als Art. 6 Abs. 2 RL nur im Falle bestimmter Vertragsschlussmodalitäten. Schließlich enthält Art. 6 Abs. 2 RL keine dem Art. 5 Abs. 4 EVÜ entsprechenden Ausnahmeregelungen. Art. 6 Abs. 2 RL ist also neben dem EVÜ durchaus von eigenständiger Bedeutung[999].
Das Ziel des Art. 6 Abs. 2 RL besteht darin, den Verbraucher vor den Folgen einer ihm ungünstigen *Rechtswahl* zu schützen. Demgegenüber enthält die Klausel-Richtlinie keine Vorgaben für den Fall, dass das Recht eines Drittstaats kraft objektiver Anknüpfung zur Anwendung kommt[1000]. Insofern bleibt es also bei den allgemeinen internationalprivatrechtlichen Regelungen, insbesondere der Artt. 4 und 5 Abs. 3 EVÜ[1001]. Darüber hinaus hat Art. 6 Abs. 2 RL nur die Wahl des Rechts eines *Drittstaats* zum Gegenstand, nicht aber die Wahl des Rechts eines Mitgliedstaats der Gemeinschaft. Diese Beschränkung ist folgerichtig, da bei der Wahl eines mitgliedstaatlichen Rechts die Bestimmungen der Richtlinie über die entsprechenden nationalen Umsetzungsvorschriften ohnehin Anwendung finden[1002].
Wann der von Art. 6 Abs. 2 RL geforderte enge Zusammenhang zum Gebiet der Mitgliedstaaten besteht, geht aus der Klausel-Richtlinie nicht hervor[1003]. Zur Konkretisierung dieses Begriffs muss daher auf die allgemeinen Kriterien des

---

[996] Zum EVÜ siehe oben § 3 I 1 b.

[997] Siehe *W.-H. Roth*, IPRax 1994, 165, 169; *Tenreiro/Karsten* in Europäische Rechtsangleichung und nationale Privatrechte, S. 223, 248.

[998] Vgl. Art. 5 Abs. 1 EVÜ.

[999] Vgl. *Tenreiro/Karsten* in Europäische Rechtsangleichung und nationale Privatrechte, S. 223, 247 f.

[1000] *Von Hoffmann*, ZfRV 1995, 45, 51; *Meerfeld*, Beschränkung der kollisionsrechtlichen Parteiautonomie, S. 190; *Jayme* in Festschrift für Trinkner, S. 575, 577 f.; *Grundmann*, Europäisches Schuldvertragsrecht, S. 272; *Baumert*, EWS 1995, 57, 66; *Staudinger*, Art. 6 Abs. 2 der Klauselrichtlinie und § 12 AGBG, S. 30.

[1001] *Von Hoffmann*, ZfRV 1995, 45, 51; *Meerfeld*, Beschränkung der kollisionsrechtlichen Parteiautonomie, S. 190.

[1002] Zumindest sofern die Richtlinie in allen Mitgliedstaaten fristgerecht und auch inhaltlich ordnungsgemäß umgesetzt wurde. Bei nicht ordnungsgemäßer Umsetzung in einem Mitgliedstaat kann eine entsprechende Rechtswahl den Verbraucherschutz beeinträchtigen. Siehe zu Möglichkeiten der Schließung derartiger Schutzlücken *Meerfeld*, Beschränkung der kollisionsrechtlichen Parteiautonomie, S. 190 f.

[1003] Siehe dazu *Fallon*, REDC 1996, 3, 16 ff.

Internationalen Privatrechts zurückgegriffen werden, wobei die Wertungen des EVÜ von besonderer Bedeutung sind[1004]. Kriterien für das Vorliegen eines engen Zusammenhangs sind in Anlehnung an Art. 4 Abs. 2 und 3 EVÜ insbesondere der Ort des gewöhnlichen Aufenthalts des Erbringers der charakteristischen Leistung sowie bei Immobilien deren Belegenheitsort. Zu beachten ist allerdings, dass Art. 6 Abs. 2 RL anders als Art. 4 EVÜ nicht auf die „engste" Verbindung abstellt, sondern einen „engen" Zusammenhang genügen lässt. Die Anforderungen des Art. 6 Abs. 2 RL sind folglich tendenziell weniger streng als die des Art. 4 EVÜ[1005].

Besteht ein enger Zusammenhang zum Gebiet der Mitgliedstaaten, so ordnet Art. 6 Abs. 2 RL als Rechtsfolge an, dass der Verbraucher den durch die Richtlinie gewährten Schutz durch die Wahl eines drittstaatlichen Rechts nicht verlieren darf. Dies bedeutet jedoch nicht, dass die Wahl des Rechts eines Drittstaats in vollem Unfang unwirksam ist. Vielmehr ist ein *Günstigkeitsvergleich* zwischen dem gewählten Recht und den Standards der Klausel-Richtlinie durchzuführen[1006]. Die Rechtswahl ist nur insoweit ungültig, als die Verbraucherschutzvorschriften des gewählten Rechts hinter der Richtlinie 93/13/EWG zurückbleiben. Die Rechtswahl ist hingegen in dem Umfang gültig, in dem das drittstaatliche Recht im Vergleich zur Richtlinie einen identischen oder höheren Verbraucherschutzstandard aufweist. Es widerspräche der Ratio der Klausel-Richtlinie, die Wahl drittstaatlichen Rechts auch insoweit für unwirksam zu erklären, als das gewählte Recht ein höheres Verbraucherschutzniveau verwirklicht als die Klausel-Richtlinie. Art. 6 Abs. 2 RL darf im Ergebnis keinesfalls zu einer Verschlechterung der Stellung des Verbrauchers führen. Sofern sich eine Rechtswahl zu Gunsten des Verbrauchers auswirkt, muss sie respektiert werden[1007].

Bleibt das gewählte Recht hinter den Standards der Klausel-Richtlinie zurück, so bleibt es grundsätzlich den Mitgliedstaaten überlassen, in welcher Weise sie die Bestimmungen der Richtlinie zur Anwendung bringen. Theoretisch können sie jedes beliebige mitgliedstaatliche Recht für anwendbar erklären[1008]. Sinnvoll ist freilich allein die Anwendung des Rechts desjenigen Mitgliedstaats, zu dem die enge Beziehung besteht.

[1004] *Wolf* in Wolf/Horn/Lindacher, Art. 6 RL Rn. 13; ausführlich *Meerfeld*, Beschränkung der kollisionsrechtlichen Parteiautonomie, S. 192 ff.

[1005] *Wolf* in Wolf/Horn/Lindacher, Art. 6 RL Rn. 13.

[1006] *Baumert*, EWS 1995, 57, 67; *Jayme* in Festschrift für Trinkner, S. 575, 581 f.; *Meerfeld*, Beschränkung der kollisionsrechtlichen Parteiautonomie, S. 191 f.

[1007] Ausführlich *Staudinger*, Art. 6 Abs. 2 der Klausel-Richtlinie und § 12 AGBG, S. 30 f.; anders *Wolf* in Wolf/Horn/Lindacher, Art. 6 RL Rn. 12.

[1008] Vgl. *Tenreiro/Karsten* in Europäische Rechtsangleichung und nationale Privatrechte, S. 223, 249.

2. Umsetzung in Deutschland

a) Ausgangslage: § 12 AGBG a.F.

Das AGBG enthielt bereits vor dem Inkrafttreten des AGBG-Änderungsgesetzes eine kollisionsrechtliche Vorschrift. § 12 AGBG a.F. ordnet an, dass die Vorschriften des AGBG zu berücksichtigen sind, wenn ein Vertrag ausländischem Recht oder dem Recht der DDR unterliegt, sofern der Vertrag aufgrund eines öffentlichen Angebots, einer öffentlichen Werbung oder einer ähnlichen im Geltungsbereich des AGBG entfalteten geschäftlichen Tätigkeit des Verwenders zustande kommt und der andere Vertragsteil bei Abgabe seiner auf den Vertragsschluss gerichteten Erklärung seinen Wohnsitz oder gewöhnlichen Aufenthalt im Geltungsbereich des AGBG hat und seine Willenserklärung im Geltungsbereich des AGBG abgibt. § 12 AGBG a.F. ist in mehrerlei Hinsicht mit Art. 6 Abs. 2 RL unvereinbar[1009]. Zum einen setzt § 12 AGBG a.F. im Gegensatz zu Art. 6 Abs. 2 RL bestimmte Vertragsschlussmodalitäten voraus, die sogar noch enger gefasst sind als Art. 5 Abs. 2 EVÜ[1010]. Zum anderen differenziert § 12 AGBG a.F. nicht zwischen der Anwendung ausländischen Rechts kraft objektiver Anknüpfung und kraft Rechtswahl, sondern beansprucht in beiden Fällen Geltung, während Art. 6 Abs. 2 RL nur im Falle einer Rechtswahl gilt[1011]. Die auffälligste Diskrepanz zu Art. 6 Abs. 2 RL liegt jedoch darin, dass § 12 AGBG a.F. nur dann eingreift, wenn ein typisiertes Näheverhältnis zum Gebiet der Bundesrepublik Deutschland besteht. Art. 6 Abs. 2 RL lässt demgegenüber eine enge Beziehung zum Gebiet der Mitgliedstaaten genügen[1012].

b) Modifikationen durch das AGBG-Änderungsgesetz

Zur Umsetzung der Vorgaben des Art. 6 Abs. 2 RL wurde § 12 AGBG durch das AGBG-Änderungsgesetz neu gefasst. Nach § 12 AGBG n.F. sind, obwohl der Vertrag ausländischem Recht unterliegt, die Vorschriften des AGBG anzuwenden, wenn der Vertrag einen engen Zusammenhang mit dem Gebiet der Bundesrepublik Deutschland aufweist. Ein enger Zusammenhang ist nach § 12 S. 2 AGBG insbesondere anzunehmen, wenn der Vertrag aufgrund eines öffentlichen Angebots, einer öffentlichen Werbung oder einer ähnlichen im Geltungs-

[1009] Vgl. *Meerfeld*, Beschränkung der kollisionsrechtlichen Parteiautonomie, S. 200; *Eckert*, WM 1993, 1070, 1077; *W.-H. Roth*, IPRax 1994, 165, 169; *Remien*, ZEuP 1994, 34, 64; *Staudinger*, Art. 6 Abs. 2 der Klauselrichtlinie und § 12 AGBG, S. 85 ff.; *Heinrichs*, NJW 1996, 2190, 2195.

[1010] *Heinrichs*, NJW 1996, 2190, 2195; zu Art. 5 Abs. 2 EVÜ siehe oben § 5 VIII 1.

[1011] *Staudinger*, Art. 6 Abs. 2 der Klauselrichtlinie und § 12 AGBG, S. 86.

[1012] *Von Hoffmann*, ZfRV 1995, 45, 52; *W.-H. Roth*, IPRax 1994, 165, 169; *Meerfeld*, Beschränkung der kollisionsrechtlichen Parteiautonomie, S. 200.

bereich des AGBG entfalteten geschäftlichen Tätigkeit des Verwenders zustande kommt und der andere Vertragsteil bei Abgabe seiner auf den Vertragsschluss gerichteten Erklärung seinen Wohnsitz oder gewöhnlichen Aufenthalt im Geltungsbereich des AGBG hat und seine Willenserklärung im Geltungsbereich des AGBG abgibt. Um der Konzeption der Klausel-Richtlinie, die auch zur einmaligen Verwendung bestimmte Klauseln erfasst, sofern diese in einem Verbrauchervertrag enthalten sind, gerecht zu werden, wurde der neu gestaltete § 12 AGBG in die Aufzählung des § 24 a Nr. 2 AGBG aufgenommen[1013].

c) Bewertung

Die Neufassung des § 12 AGBG weicht in mehreren Punkten von den Vorgaben der Klausel-Richtlinie ab. Auffallend ist zunächst, dass § 12 AGBG nicht danach differenziert, ob ausländisches Recht kraft objektiver Anknüpfung oder kraft Rechtswahl zur Anwendung gelangt, während Art. 6 Abs. 2 RL nur für den Fall einer Rechtswahl gilt. Die Gesetzgebungsmaterialien enthalten hierzu keine Begründung[1014]. In der Literatur wird zur Rechtfertigung der Einbeziehung der objektiven Anknüpfung zum Teil auf Art. 8 RL zurückgegriffen[1015], der den Mitgliedstaaten den Erlass strengerer Bestimmungen zur Erreichung eines höheren Verbraucherschutzniveaus gestattet. Es ist jedoch zweifelhaft, ob Art. 8 RL im vorliegenden Zusammenhang herangezogen werden kann[1016]. In kollisionsrechtlicher Hinsicht regelt die Klausel-Richtlinie ausschließlich den Fall der Anwendung eines drittstaatlichen Rechts kraft Rechtswahl[1017], hinsichtlich der objektiven Anknüpfungskriterien soll es nach der Konzeption der Richtlinie bei den Bestimmungen des EVÜ bleiben. Diese Beschränkung erscheint auch insofern sachgerecht, als der Verbraucher im Falle einer Rechtswahl besonders schutzbedürftig ist[1018], während der Gewerbetreibende das Ergebnis einer objektiven Anknüpfung nur schwer manipulieren kann.
Indem § 12 AGBG über die Rechtswahl hinaus auch die Anwendung ausländischen Rechts kraft objektiver Anknüpfung regelt, wird der kollisionsrechtliche Regelungsbereich der Klausel-Richtlinie also überschritten. § 12 AGBG ist in

---

[1013] Siehe oben § 5 II 2 b.

[1014] Vgl. den Referentenentwurf eines Gesetzes zur Änderung des AGBG, abgedruckt in BB 1995, 110 ff., sowie den Gesetzentwurf der Bundesregierung, BT-Drucksache 13/2713.

[1015] *Heinrichs*, NJW 1996, 2190, 2195; *Kretschmar*, Richtlinie 93/13/EWG und AGBG, S. 283; *Schmidt* in Ulmer/Brandner/Hensen, § 12 AGBG Rn. 7.

[1016] *Staudinger*, Art. 6 Abs. 2 der Klauselrichtlinie und § 12 AGBG, S. 149 ff., hält Art. 8 RL generell für primärrechtswidrig.

[1017] *Staudinger*, Art. 6 Abs. 2 der Klauselrichtlinie und § 12 AGBG, S. 155 f.

[1018] Vgl. *Tenreiro/Karsten* in Europäische Rechtsangleichung und nationale Privatrechte, S. 223, 248 („'Choice of law' in the field of consumer contracts is a ‚euphemism': the consumer never chooses anything – the business imposes what law will be applicable."); *Fumagalli*, Rivista di diritto internazionale privato e processuale 1994, 15, 28.

dieser Hinsicht nicht etwa im Sinne von Art. 8 RL strenger als Art. 6 Abs. 2 RL, sondern regelt etwas anderes[1019]. Eine im Sinne von Art. 8 RL strengere Kollisionsnorm läge etwa vor, wenn die Wirkungen einer Rechtswahl unter erleichterten Bedingungen für unwirksam erklärt würden, etwa durch die Lockerung der Kriterien für das Vorliegen eines engen Zusammenhangs zum Gebiet der Mitgliedstaaten. Durch die Einbeziehung der Anwendung eines ausländischen Rechts kraft objektiver Anknüpfung verstößt § 12 AGBG folglich gegen die Vorgaben der Klausel-Richtlinie[1020].

Problematisch ist darüber hinaus die von § 12 AGBG angeordnete Anwendung der Bestimmungen des AGBG. Wie bereits dargelegt wurde, sieht Art. 6 Abs. 2 RL einen Günstigkeitsvergleich zwischen dem gewählten Recht und den Schutzstandards der Richtlinie 93/13/EWG vor[1021]. Danach muss eine Rechtswahl respektiert werden, soweit sie sich zu Gunsten des Verbrauchers auswirkt. § 12 AGBG versperrt diese Möglichkeit eines Günstigkeitsvergleichs, indem unterschiedslos die Anwendung des AGBG angeordnet wird. § 12 AGBG kann sich somit im Ergebnis auch zu Lasten des Verbrauchers auswirken, dem unter Umständen die Anwendung eines für ihn günstigeren Rechts versagt wird[1022]. Aufgrund des eindeutigen Wortlauts des § 12 AGBG erscheint eine teleologische Reduktion der Norm zudem nicht möglich[1023]. Auch im Hinblick auf die angeordnete Rechtsfolge – Anwendung des AGBG ohne vorherigen Günstigkeitsvergleich – verstößt § 12 AGBG folglich gegen die Vorgaben der Klausel-Richtlinie[1024].

§ 12 AGBG bleibt jedoch noch in einem weiteren Punkt hinter den Vorgaben des Art. 6 Abs. 2 RL zurück. Nach Art. 6 Abs. 2 RL müssen die Mitgliedstaaten dagegen Vorsorge treffen, dass der Verbraucher den Schutz der Klausel-Richtlinie verliert, wenn ein enger Zusammenhang des Vertrags mit dem Gebiet der *Mitgliedstaaten* besteht. Demgegenüber knüpft § 12 AGBG an einen engen Zu-

---

[1019] Vgl. *Staudinger*, Art. 6 Abs. 2 der Klauselrichtlinie und § 12 AGBG, S. 156: „Die objektive Anknüpfung im Kollisionsrecht ist mithin ein ‚aliud', nicht jedoch ein ‚maius' zur subjektiven Anknüpfung."

[1020] *Staudinger*, Art. 6 Abs. 2 Klauselrichtlinie und § 12 AGBG, S. 148 ff.; zurückhaltender *Meerfeld*, Beschränkung der kollisionsrechtlichen Parteiautonomie, S. 204 („Problematisch ist außerdem die fehlende Einschränkung des § 12 AGBG auf Fälle mit Rechtswahl.") sowie *Tenreiro/Karsten* in Europäische Rechtsangleichung und nationale Privatrechte, S. 223, 253; a.A. *Heinrichs*, NJW 1996, 2190, 2195; *Kretschmar*, Richtlinie 93/13/EWG und AGBG, S. 283; *Schmidt* in Ulmer/Brandner/Hensen, § 12 AGBG Rn. 7.

[1021] Siehe oben § 5 VIII 1.

[1022] *Heinrichs*, NJW 1996, 2190, 2195.

[1023] *Staudinger*, Art. 6 Abs. 2 der Klauselrichtlinie und § 12 AGBG, S. 145; a.A. *Heinrichs*, NJW 1996, 2190, 2195.

[1024] *Staudinger*, Art. 6 Abs. 2 der Klauselrichtlinie und § 12 AGBG, S. 145; zurückhaltender *Meerfeld*, Beschränkung der kollisionsrechtlichen Parteiautonomie, S. 204; a.A. *Heinrichs*, NJW 1996, 2190, 2195.

sammenhang mit dem Gebiet der *Bundesrepublik Deutschland* an. Sollte ein Vertrag einen engen Zusammenhang zu einem anderen Mitgliedstaat aufweisen, so besteht nach § 12 AGBG also keine Möglichkeit, dem Verbraucher im Falle der Wahl eines drittstaatlichen Rechts den Schutz der Richtlinie 93/13/EWG zukommen zu lassen[1025]. Dies verstößt sowohl gegen den Wortlaut des Art. 6 Abs. 2 RL als auch gegen die hinter dieser Vorschrift stehende Ratio. Art. 6 Abs. 2 RL soll verhindern, dass dem Verbraucher der Schutz der Klausel-Richtlinie durch eine Rechtswahl entzogen wird[1026]. Diese Gefahr besteht immer dann, wenn das Recht eines beliebigen Mitgliedstaats kraft objektiver Anknüpfung anwendbar ist. Indem § 12 AGBG allein auf einen engen Bezug des Vertrags zur Bundesrepublik Deutschland abstellt, greift die Vorschrift also zu kurz[1027].

Zusammenfassend lässt sich feststellen, dass § 12 AGBG in mehrfacher Hinsicht mit den Vorgaben des Art. 6 Abs. 2 RL unvereinbar ist[1028]. In seiner jetzigen Fassung wird § 12 AGBG seinem Anspruch, effektiven kollisionsrechtlichen Verbraucherschutz im Einklang mit der Richtlinie 93/13/EWG zu leisten, nicht gerecht.

d) Rechtslage nach Inkrafttreten des Gesetzes über den Fernabsatzvertrag

Durch das Gesetz über den Fernabsatzvertrag vom 27.06.2000[1029] wurde Art. 12 AGBG aufgehoben und ein neuer Art. 29 a in das EGBGB eingefügt. Diese Vorschrift dient primär der Umsetzung von Art. 12 Abs. 2 der Fernabsatz-Richtlinie. Um eine Zersplitterung des richtliniengestützten nationalen Kollisionsrechts zu vermeiden, dient Art. 29 a EGBGB darüber hinaus aber auch der Umsetzung von Art. 6 Abs. 2 der Klausel-Richtlinie, Art. 9 der Timesharing-Richtlinie und Art. 7 Abs. 2 der Verbrauchsgüterkauf-Richtlinie. Art. 29 a EGBGB bestimmt, dass die im Gebiet eines Mitgliedsstaats der EU oder eines anderen Vertragsstaats des Abkommens über den Europäischen Wirtschaftsraum geltenden Vorschriften zur Umsetzung der genannten Verbraucherschutzrichtlinien auch dann anzuwenden sind, wenn ein Vertrag aufgrund einer Rechtswahl

---

[1025] *Tenreiro/Karsten* in Europäische Rechtsangleichung und nationale Privatrechte, S. 223, 253.

[1026] Siehe oben § 5 VIII 1 sowie Erwägungsgrund 22.

[1027] *Tenreiro/Karsten* in Europäische Rechtsangleichung und nationale Privatrechte, S. 223, 253; *Heldrich* in Palandt, § 12 AGBG Rn. 1. Dieses Umsetzungsdefizit lässt sich auch nicht durch einen allseitigen Ausbau des § 12 AGBG heilen, siehe *Meerfeld*, Beschränkung der kollisionsrechtlichen Parteiautonomie, S. 203 f. Eine analoge Anwendung des § 12 AGBG auf Verträge mit einem engen Zusammenhang zu anderen Mitgliedstaaten scheitert am Fehlen einer planwidrigen Regelungslücke, siehe *Staudinger*, Art. 6 Abs. 2 der Klauselrichtlinie und § 12 AGBG, S. 146 ff.

[1028] A.A. *Kretschmar*, Richtlinie 93/13/EWG und AGBG, S. 286.

[1029] BGBl. 2000 I, S. 897.

nicht dem Recht eines dieser Staaten unterliegt, jedoch einen engen Zusammenhang mit dem Gebiet eines dieser Staaten aufweist.
In Einklang mit Art. 6 Abs. 2 RL erfasst Art. 29 a EGBGB nur den Fall der Anwendung eines ausländischen Rechts kraft Rechtswahl, nicht hingegen den Fall der Geltung eines ausländischen Rechts kraft objektiver Anknüpfung. Darüber hinaus knüpft Art. 29 a EGBGB – anders als der frühere Art. 12 AGBG – nicht an einen engen Zusammenhang mit dem Gebiet der Bundesrepublik Deutschland, sondern wie Art. 6 Abs. 2 RL an einen engen Zusammenhang mit dem Gebiet eines Mitgliedstaats der EU (oder eines Vertragsstaats des Abkommens über den Europäischen Wirtschaftsraum) an. Zwei im Hinblick auf Art. 6 Abs. 2 RL bestehende Umsetzungsdefizite wurden somit beseitigt. Demgegenüber ist auch unter der Geltung des Art. 29 a EGBGB ein Günstigkeitsvergleich zwischen dem gewählten Recht und den Schutzstandards der Richtlinie 93/13/EWG nicht möglich[1030], so dass auch Art. 29 a EGBGB den Vorgaben der Klausel-Richtlinie nicht in vollem Umfang gerecht wird.

3. Umsetzung im Vereinigten Königreich

a) UTCR 1994

Zur Umsetzung der kollisionsrechtlichen Vorgaben der Klausel-Richtlinie bestimmt Section 7 UTCR 1994 unter der Überschrift „Choice of law clauses“, dass die Bestimmungen der UTCR 1994 ungeachtet einer Vertragsklausel, nach der das Recht eines Drittstaats anwendbar sein soll, zur Anwendung zu bringen sind, sofern der Vertrag einen engen Zusammenhang mit dem Gebiet der Mitgliedstaaten aufweist[1031]. Diese Kollisionsnorm wird Art. 6 Abs. 2 RL insofern gerecht, als sie nur für den Fall der Anwendung eines drittstaatlichen Rechts kraft Rechtswahl, nicht aber kraft objektiver Anknüpfung, Geltung beansprucht und auf einen engen Zusammenhang mit dem Gebiet der Mitgliedstaaten abstellt. Sie bleibt aber insofern hinter Art. 6 Abs. 2 RL zurück, als sie - ähnlich wie § 12 AGBG - keinen Günstigkeitsvergleich zwischen dem gewählten Recht und den Schutzstandards der Klausel-Richtlinie ermöglicht[1032]. Nach dem Wortlaut von Section 7 UTCR 1994 sollen die UTCR 1994 auch dann anwendbar sein, wenn das gewählte Recht für den Verbraucher im Vergleich zu den Schutzstandards der Klausel-Richtlinie günstiger ist.
Abgesehen vom fehlenden Günstigkeitsvergleich ist die durch Section 7 UTCR 1994 angeordnete Rechtsfolge – die Anwendung der UTCR 1994 – vor dem

---

[1030] *Heldrich* in Palandt, 62. Aufl., Art. 29 a EGBGB Rn. 5.
[1031] Section 7 UTCR 1994 lautet: „These Regulations shall apply notwithstanding any contract term which applies or purports to apply the law of a non member State, if the contract has a close connection with the territory of the member States.
[1032] Zur Notwendigkeit eines Günstigkeitsvergleichs siehe oben § 5 VIII 1.

Hintergrund der Klausel-Richtlinie zwar nicht zu beanstanden, führt unter Umständen aber zu wenig sinnvollen Ergebnissen[1033]. Section 7 UTCR 1994 bringt die UTCR 1994 auch in solchen Fällen zur Anwendung, in denen nicht die geringste Beziehung zum Gebiet des Vereinigten Königreichs besteht.

b) UTCR 1999

Die in Section 9 UTCR 1999 enthaltene Kollisionsnorm stimmt wörtlich mit Section 7 UTCR 1994 überein. Auch die UTCR 1999 versperren somit die Möglichkeit eines Günstigkeitsvergleichs und bleiben daher hinter den Anforderungen des Art. 6 Abs. 2 RL zurück.

4. Umsetzung in Frankreich

In Frankreich wurde zur Umsetzung der kollisionsrechtlichen Vorgaben des Art. 6 Abs. 2 RL ein neuer Art. L. 135-1 in den Code de la consommation eingefügt. Nach dieser Vorschrift sind die Bestimmungen des Art. L. 132-1 CCons. ungeachtet aller gegenteiligen Vereinbarungen anwendbar, wenn der Vertrag dem Recht eines Staates, der nicht Mitglied der EU ist, untersteht, sofern der Verbraucher oder der Nicht-Gewerbetreibende seinen Wohnsitz in einem Mitgliedstaat der EU hat und der Vertrag in dem Wohnsitzstaat des Verbrauchers angetragen, geschlossen oder erfüllt wird[1034].
Im Hinblick auf die Anforderungen des Art. 6 Abs. 2 RL erscheint Art. L. 135-1 CCons. in mehrfacher Hinsicht problematisch. Auffallend ist zunächst, dass Art. L. 135-1 CCons. nicht nur den Fall der Anwendung eines drittstaatlichen Rechts kraft Rechtswahl regelt, sondern auch im Falle der Anwendung eines drittstaatlichen Rechts kraft objektiver Anknüpfung Geltung beansprucht. Im Zusammenhang mit § 12 AGBG[1035] wurde bereits festgestellt, dass in einer derartigen Regelung eine unzulässige, insbesondere nicht durch Art. 8 RL zu rechtfertigende Überschreitung des kollisionsrechtlichen Regelungsbereichs der Klausel-Richtlinie liegt.
Problematisch ist darüber hinaus die Art und Weise, in der der von Art. 6 Abs. 2 RL geforderte enge Zusammenhang mit dem Gebiet der Mitgliedstaaten kon-

---

[1033] Siehe oben § 5 VIII 1; zur vergleichbaren Situation in Portugal siehe *Tenreiro/Karsten* in Europäische Rechtsangleichung und nationale Privatrechte, S. 223, 253.
[1034] Art. L. 135-1 CCons. lautet: „Nonobstant toute stipulation contraire, les dispositions de l'article L. 132-1 sont applicables lorsque la loi qui régit le contrat est celle d'un Etat n'appartenant pas à l'Union européenne, que le consommateur ou le non-professionnel a son domicile sur le territoire de l'un des Etats membres de l'Union européenne et que le contrat y est proposé, conclu ou exécuté."
[1035] Siehe oben § 5 VIII 2 c.

kretisiert wurde[1036]. Art. L. 135-1 CCons. fordert in dieser Hinsicht, dass der Verbraucher bzw. der Nicht-Gewerbetreibende seinen Wohnsitz[1037] in einem Mitgliedstaat der EU hat und dass der Vertrag in diesem Wohnsitzstaat angetragen, geschlossen oder erfüllt wird. Für die Anwendbarkeit des Art. L. 132-1 CCons. müssen der Wohnsitzstaat des Verbrauchers und der Staat, in dem der Vertrag angebahnt, geschlossen oder erfüllt wird, also identisch sein. Ein enger Zusammenhang mit dem Gebiet der Mitgliedstaaten im Sinne von Art. 6 Abs. 2 RL besteht aber zweifellos auch dann, wenn die Vertragsanbahnung, der Vertragsschluss oder die Vertragserfüllung in einem Mitgliedstaat erfolgt, der am Vertrag beteiligte Verbraucher aber in einem anderen Mitgliedstaat seinen Wohnsitz hat. Art. 6 Abs. 2 RL fordert einen engen Zusammenhang mit dem Gebiet *der* Mitgliedstaaten, nicht mit dem Gebiet *eines* Mitgliedstaats. Im Hinblick auf das Merkmal des engen Zusammenhangs wurde Art. 6 Abs. 2 RL also fehlerhaft umgesetzt[1038].

Ein weiteres Umsetzungsdefizit liegt im Fehlen eines Günstigkeitsvergleichs. Art. L.135-1 CCons. ordnet als Rechtsfolge die Anwendung des Art. L. 132-1 CCons. an, ohne Rücksicht darauf, ob das gewählte oder kraft objektiver Anknüpfung anwendbare drittstaatliche Recht ein für den Verbraucher höheres Schutzniveau aufweist als die Klausel-Richtlinie. Art. L. 135-1 CCons. kann also auch zu einer Verschlechterung der Stellung des Verbrauchers führen, ein Ergebnis, das der Ratio des Art. 6 Abs. 2 RL klar widerspricht[1039].

Für den Fall des Bestehens des typisierten engen Zusammenhangs mit den Gebiet der Mitgliedstaaten bestimmt Art. L. 135-1 CCons., dass Art. L. 132-1 CCons. zur Anwendung zu bringen ist. Diese Rechtsfolge ist - abgesehen vom fehlenden Günstigkeitsvergleich - vor dem Hintergrund der Klausel-Richtlinie zwar nicht zu beanstanden, ist aber dann wenig sinnvoll, wenn der enge Zusammenhang nicht zu Frankreich, sondern zu einem anderen Mitgliedstaat besteht[1040].

Art. L. 135-1 CCons. ist im Ergebnis als zur Umsetzung der kollisionsrechtlichen Vorgaben der Klausel-Richtlinie unzureichend anzusehen.

[1036] Eine Konkretisierung des Begriffs des engen Zusammenhangs durch die Mitgliedstaaten ist zulässig, vgl. *Jayme* in Festschrift für Trinkner, S. 575, 578 sowie *Fallon*, REDC 1996, 3, 16 ff.

[1037] Zur Bedeutung des Begriffs „domicile" siehe *von Hoffmann*, Internationales Privatrecht, § 5 Rn. 64.

[1038] *Von Hoffmann*, ZfRV 1995, 45, 51 f.

[1039] Siehe oben § 5 VIII 1.

[1040] Siehe oben § 5 VIII 1 sowie zur vergleichbaren Lage im Vereinigten Königreich oben § 5 VIII 3.

5. Umsetzung in Italien

Nach Abs. 5 des neu in den Codice civile eingefügten Art. 1469-*quinquies*[1041] ist eine Vertragsklausel, die die Anwendung eines drittstaatlichen Rechts vorsieht und die dem Verbraucher den durch diesen Artikel gewährten Schutz entzieht, unwirksam, sofern der Vertrag eine engere Verbindung mit dem Gebiet eines Mitgliedstaats der EU aufweist.
Art. 1469-*quinquies* Abs. 5 Codice civile wird den kollisionsrechtlichen Vorgaben des Art. 6 Abs. 2 RL zunächst insofern gerecht, als nur die Anwendung eines drittstaatlichen Rechts kraft Rechtswahl erfasst wird, nicht aber die Anwendung eines drittstaatlichen Rechts kraft objektiver Anknüpfung.
Eine geringfügige Abweichung vom Wortlaut der Klausel-Richtlinie liegt darin, dass Art. 1469-*quinquies* Abs. 5 Codice civile auf eine *engere Verbindung* zum Gebiet *eines* Mitgliedstaats abstellt, während Art. 6 Abs. 2 RL einen *engen Zusammenhang* mit dem Gebiet *der* Mitgliedstaaten fordert. Die unterschiedlichen Formulierungen begründen jedoch wohl keine relevanten inhaltlichen Divergenzen. Insbesondere dürfte Art. 1469-*quinquies* Abs. 5 Codice civile richtlinienkonform dahin gehend auszulegen sein, dass Fälle, in denen eine engere Verbindung mit dem Gebiet *mehrerer* Mitgliedstaaten besteht, erst recht erfasst werden[1042].
Art. 1469-*quinquies* Abs. 5 Codice civile macht die Unwirksamkeit einer Rechtswahlklausel davon abhängig, dass diese dem Verbraucher den durch „diesen Artikel" gewährten Schutz entzieht. Diese Formulierung ist wenig sinnvoll, da in Art. 1469-*quinquies* Codice civile lediglich die Rechtsfolgen der Missbräuchlichkeit einer Vertragsklausel geregelt sind. Richtigerweise müsste darauf abgestellt werden, dass dem Verbraucher der durch Capo XIV-*bis* gewährte Schutz, also der Schutz „dieses Kapitels", entzogen wird. Die fehlerhafte Formulierung geht auf ein Redaktionsversehen zurück[1043], welches so offensichtlich ist, dass die Gefahr einer wortgetreuen Anwendung wohl ausgeschlossen werden kann. Ein echtes Umsetzungsdefizit liegt daher wohl nicht vor[1044]. Das Redakti-

---

[1041] Art. 1469-*quinquies* Abs. 5 Codice civile lautet: „È inefficace ogni clausola contrattuale che, prevedendo l'applicabilità al contratto di una legislazione di un Paese extracomunitario, abbia l'effetto di privare il consumatore della protezione assicurata dal presente articolo, laddove il contratto presenti un collegamento più stretto con il territorio di uno Stato membro dell'Unione europea."

[1042] In Frankreich ist eine derartige richtlinienkonforme Auslegung wegen des eindeutigeren Wortlauts des Art. L. 135-1 CCons., der keinen Interpretationsspielraum lässt, nicht möglich, siehe oben § 5 VIII 4.

[1043] *Roppo*, Diritto privato 1996, 99, 139 f.; *De Nova*, Rivista di diritto privato 1996, 221, 223; *Cian* in Jahrbuch für italienisches Recht 10 (1997), S. 55, 65; *Antoniolli Deflorian* in Europäische Rechtsangleichung und nationale Privatrechte, S. 119, 164.

[1044] Vgl. *Antoniolli Deflorian* in Europäische Rechtsangleichung und nationale Privatrechte, S. 119, 164. A.A. *Carbone*, Il Corriere Giuridico 1998, 984, 986.

onsversehen zeigt aber einmal mehr die nachlässige Arbeitsweise bei der Umsetzung der Klausel-Richtlinie in das italienische Recht.

In Übereinstimmung mit Art. 6 Abs. 2 RL sieht Art. 1469-*quinquies* Abs. 5 Codice civile einen Günstigkeitsvergleich zwischen dem gewählten Recht und den italienischen Umsetzungsvorschriften vor[1045]. Eine Rechtswahlklausel ist nur unwirksam, wenn sie dem Verbraucher den Schutz der Artt. 1469-*bis* ff. Codice civile entzieht. Eine Rechtswahlklausel bleibt also gültig, wenn das gewählte Recht ein höheres Verbraucherschutzniveau als Artt. 1469-*bis* ff. Codice civile aufweist.

Eine Klausel, die die Anwendbarkeit des Capo XIV-*bis* Codice civile abbedingt, ist nach Maßgabe des Günstigkeitsvergleichs unwirksam. Als logische Folge ergibt sich daraus, dass die italienischen Umsetzungsvorschriften wieder zur Anwendung gelangen. In der italienischen Literatur findet sich demgegenüber die Ansicht, anwendbar sei das Recht desjenigen Mitgliedstaats, zu dem die enge Verbindung besteht[1046].

Zusammenfassend lässt sich eine insgesamt geglückte Umsetzung der kollisionsrechtlichen Vorgaben der Klausel-Richtlinie in das italienische Recht feststellen. Dem italienischen Gesetzgeber ist zwar ein – durch Auslegung leicht zu korrigierendes – Redaktionsversehen unterlaufen, davon abgesehen wird Art. 1469-*quinquies* Abs. 5 Codice civile den Vorgaben des Art. 6 Abs. 2 RL jedoch in vollem Umfang gerecht.

[1045] Siehe oben § 5 VIII 1.

[1046] So *De Nova*, Rivista di diritto privato 1996, 221, 223.

§ 6 Zusammenfassung und Würdigung

I. Zur Umsetzung in Deutschland

1. Umsetzungstechnik

Die Umsetzung der Richtlinie 93/13/EWG erfolgte in Deutschland durch eine Novellierung des AGBG aus dem Jahre 1976. In der Literatur war zuvor eine heftige Kontroverse über die sachgerechte Form der Umsetzung der Klausel-Richtlinie entbrannt. Einige Autoren hielten den Erlass eines eigenständigen „Gesetzes über missbräuchliche Klauseln in Verbraucherverträgen" für vorzugswürdig. Das AGBG sollte ihrer Meinung nach daneben aufrechterhalten bleiben, allerdings unter Beschränkung seines persönlichen Anwendungsbereichs auf Gewerbetreibende[1047].

Die Anpassung des AGBG an die Vorgaben der Klausel-Richtlinie erfolgte im Wesentlichen durch die Einfügung von § 24 a AGBG, der Sondervorschriften für Verbraucherverträge statuiert. Nach § 1 Abs. 1 AGBG erfasst das AGBG im Gegensatz zur Klausel-Richtlinie nur solche Vertragsbedingungen, die von einer Vertragspartei der anderen „gestellt" werden. § 24 a Nr. 1 AGBG überwindet dieses problematische Merkmal durch eine Fiktion[1048]. Durch § 24 a Nr. 2 AGBG werden nun auch Individualklauseln, also Klauseln, die nur zur einmaligen Verwendung bestimmt sind, in den Anwendungsbereich des AGBG einbezogen[1049]. § 24 a Nr. 3 AGBG ordnet an, bei der Inhaltskontrolle nach § 9 Abs.1 AGBG neben einem abstrakt-generellen nunmehr auch einen konkret-individuellen Kontrollmaßstab zur Anwendung zu bringen[1050].

Die konzeptionellen Unterschiede zwischen AGBG und Richtlinie 93/13/EWG konnten durch geringfügige Modifikationen des AGBG überbrückt werden. Dies war möglich, weil der primäre[1051] Schutzzweck der Richtlinie, den Verbraucher in seiner rollenspezifischen Unterlegenheit zu schützen, vom weiteren Schutzzweck des AGBG seit jeher mitumfasst war[1052]. Die Einfügung der Vorgaben der Klausel-Richtlinie hat aus diesem Grund auch keinen „Systembruch" innerhalb des AGBG bewirkt.

1047 Siehe oben § 4 IV 1.

1048 Siehe oben § 5 II 2 b.

1049 Siehe oben § 5 II 2 b.

1050 Siehe oben § 5 III 2 b bb.

1051 Daneben bezweckt die Klausel-Richtlinie den Schutz des redlichen Gewerbetreibenden vor unlauteren Geschäftspraktiken seiner Konkurrenz, siehe oben § 5 VII 1.

1052 Der Schutzzweck des AGBG besteht in der Verhinderung der missbräuchlichen Ausnutzung der vom Klauselverwender allein in Anspruch genommenen Vertragsgestaltungsfreiheit, siehe oben § 4 IV 1.

Die Entscheidung des deutschen Gesetzgebers, die Richtlinie 93/13/EWG durch eine Novellierung des AGBG umzusetzen und vom Erlass eines eigenständigen Spezialgesetzes abzusehen, ist im Ergebnis zu begrüßen. Die Schaffung eines neuen Spezialgesetzes neben dem AGBG hätte eine erhebliche, vor dem Hintergrund der Klausel-Richtlinie nicht zu rechtfertigende Verkomplizierung der Rechtslage mit sich gebracht.

Der deutsche Gesetzgeber hat bei der Umgestaltung des AGBG einen *minimalistischen Ansatz* verfolgt. Die Änderungen des AGBG wurden auf das zwingend erforderliche Maß beschränkt. Charakteristisch hierfür ist das Fehlen des § 3 AGBG in der Aufzählung des § 24 a Nr. 2 AGBG. Eine Aufnahme des § 3 AGBG in § 24 a Nr. 2 AGBG war vor dem Hintergrund der Klausel-Richtlinie zwar nicht erforderlich, wäre aber durchaus wünschenswert gewesen[1053]. Eine Anpassung der Klauselkataloge der §§ 10 und 11 AGBG an den Anhang der Klausel-Richtlinie ist ebenfalls unterblieben, obwohl sie in einigen Punkten sinnvoll gewesen wäre[1054].

Angesichts dieses minimalistischen Ansatzes sprechen ausländische Autoren bisweilen von einem spürbaren Widerstand des deutschen Gesetzgebers gegen die Umsetzung der Klausel-Richtlinie[1055]. Dieses Urteil ist sicherlich zu hart, da sich der deutsche Gesetzgeber um eine möglichst bruchlose, organische Einfügung des Richtlinieninhalts in das nationale Recht bemüht hat und dabei zu dem Schluss kam, eine weitgehende Aufrechterhaltung des bewährten AGBG entspreche am ehesten den Interessen der Rechtspraxis[1056].

Die Umsetzung des in Art. 5 S. 1 sowie in Art. 4 Abs. 2 RL verankerten Transparenzgebots überließ der deutsche Gesetzgeber der *Rechtsprechung*. Nach der gefestigten Rechtsprechung des BGH stellen intransparente Klauseln eine unangemessene Benachteiligung im Sinne von § 9 Abs. 1 AGBG dar und sind daher unwirksam. Diese Rechtsprechung ist als zur ordnungsgemäßen Umsetzung des Transparenzgebots der Klausel-Richtlinie ausreichend anzusehen[1057].

Auffallend ist das Bemühen des deutschen Gesetzgebers, die Terminologie der Klausel-Richtlinie an den in Deutschland üblichen juristischen Sprachgebrauch anzupassen. So wurde der in der Richtlinie verwendete ungenaue Begriff des Gewerbetreibenden durch den Begriff des Unternehmers ersetzt[1058]. Darüber hinaus wurde die Generalklausel des § 9 Abs. 1 AGBG nicht verändert, da eine Anpassung an die Formulierung des Art. 3 Abs. 1 RL allenfalls eine Absenkung

---

[1053] Siehe oben § 5 II 2 c.

[1054] Siehe oben § 5 III 3 b.

[1055] *Giampieri* in Le clausole abusive nei contratti stipulati con i consumatori, S. 257, 268 („In altri casi, come la Germania, si nota una sensibile resistenza all'attuazione della Direttiva 93/13, nonostante il testo di quest'ultima risenta fortemente dell'esperienza tedesca.").

[1056] Vgl. BT-Drucksache 13/2713, S. 6.

[1057] Siehe oben § 5 IV 2.

[1058] Siehe oben § 5 I 2 b.

des Verbraucherschutzniveaus bewirkt hätte[1059]. Durch die Anpassung des Richtlinieninhalts an die Terminologie der deutschen Rechtssprache wurde verhindert, dass die richtliniengestützten Vorschriften innerhalb des AGBG als Fremdkörper erscheinen. Die praktische Wirksamkeit der Klausel-Richtlinie wird dadurch erhöht.
Die im Zuge der Schuldrechtsmodernisierung erfolgte Eingliederung des AGBG in das BGB hat in Bezug auf die Umsetzung der Klausel-Richtlinie nur zu geringfügigen Änderungen geführt. Die einzige inhaltliche Änderung betrifft die gesetzliche Verankerung des Transparenzgebots[1060].

2. Umsetzungsdefizite

Die kollisionsrechtlichen Vorgaben des Art. 6 Abs. 2 RL wurden in mehrfacher Hinsicht fehlerhaft umgesetzt[1061]. § 12 AGBG stellt im Gegensatz zur Klausel-Richtlinie nicht auf einen engen Zusammenhang zum Gebiet der Mitgliedstaaten ab, sondern fordert einen engen Zusammenhang zum Gebiet der Bundesrepublik Deutschland. Darüber hinaus greift § 12 AGBG anders als Art. 6 Abs. 2 RL auch im Falle der Anwendung des Rechts eines Drittstaats kraft objektiver Anknüpfung und sieht keinen Günstigkeitsvergleich vor. Diese Umsetzungsdefizite könnten darauf zurückzuführen sein, dass man sich bei der Novellierung des § 12 AGBG zu sehr an der Altfassung dieser Vorschrift und zu wenig an Art. 6 Abs. 2 RL orientiert hat. Der bereits angesprochene minimalistische Ansatz des deutschen Gesetzgebers könnte sich hier also negativ ausgewirkt haben. Im Zuge der Ersetzung des § 12 AGBG durch Art. 29 a EGBGB wurden zwei der oben genannten drei Umsetzungsfehler beseitigt[1062]. Mangels Ermöglichung eines Günstigkeitsvergleichs bleibt indes auch Art. 29 a EGBGB hinter den Anforderungen von Art. 6 Abs. 2 RL zurück.

II. Zur Umsetzung im Vereinigten Königreich

1. UTCR 1994

a) Umsetzungstechnik

Im Vereinigten Königreich erfolgte die Umsetzung der Richtlinie 93/13/EWG durch ein von der Exekutive erlassenes Gesetz im nur materiellen Sinne[1063]. Der Erlass eines formellen Parlamentsgesetzes hätte aufgrund des aufwendigen Ge-

---

[1059] Siehe oben § 5 III 1 b.
[1060] Siehe oben § 5 IV 2.
[1061] Siehe oben § 5 VIII 2 c.
[1062] Siehe oben § 5 VIII 2 d.
[1063] Siehe oben § 4 IV 2.

setzgebungsverfahrens eine erhebliche Überschreitung der durch Art. 10 Abs. 1 RL gesetzten Umsetzungsfrist zur Folge gehabt. Die UTCR 1994 traten neben den unverändert aufrechterhaltenen UCTA aus dem Jahre 1977, die Gelegenheit, den UCTA durch eine Anpassung an die Vorgaben der Klausel-Richtlinie grundlegend zu reformieren, wurde nicht wahrgenommen. Dadurch ist eine sehr unübersichtliche Rechtslage entstanden[1064]. Die Kontrolle unbilliger Vertragsklauseln in Verbraucherverträgen vollzieht sich im Vereinigten Königreich nunmehr auf drei Ebenen[1065]. Zunächst gelten nach wie vor die von der Rechtsprechung entwickelten Einbeziehungs- und Auslegungsregeln des Common Law[1066]. Daneben treten der UCTA sowie die UTCR 1994. Das Zusammenwirken dieser beiden Regelungswerke ist sehr komplex. Der Anwendungsbereich des UCTA ist in mancher Hinsicht weiter, in mancher Hinsicht aber auch enger als derjenige der UTCR 1994[1067]. Weiter ist der Anwendungsbereich des UCTA insofern, als nicht nur Verbraucherverträge erfasst werden, sondern innerhalb gewisser Grenzen auch rein gewerbliche Verträge sowie Verträge, die zwischen Verbrauchern geschlossen werden. Hinzu kommt, dass der Verbraucherbegriff des UCTA von dem der Klausel-Richtlinie bzw. der UTCR 1994 abweicht[1068]. Enger ist der Anwendungsbereich des UCTA insofern, als er in sachlicher Hinsicht auf Haftungsausschluss- bzw. Haftungsbegrenzungsklauseln sowie auf Entschädigungsklauseln („indemnity clauses“) beschränkt ist, während die UTCR 1994 grundsätzlich alle zwischen Verbrauchern und Gewerbetreibenden geschlossenen Verträge erfassen. Der Maßstab der Inhaltskontrolle beider Regelungswerke weist zwar große Ähnlichkeiten auf, ist aber nicht identisch[1069]. Der UCTA erklärt bestimmte Klauseln für schlechthin unwirksam und macht die Wirksamkeit anderer Klauseln von einem „reasonableness test“ abhängig[1070]. Demgegenüber messen die UTCR 1994 die Wirksamkeit von Klauseln am Konzept von „good faith“, stellen also auf Treu und Glauben ab. Zusätzlich enthalten die UTCR 1994 eine „graue Hinweisliste“ potenziell missbräuchlicher Klauseln[1071].

[1064] *Beatson*, ZEuP 1998, 957, 960 f.; *Weatherill* in Neues europäisches Vertragsrecht und Verbraucherschutz, S. 117, 121; *ders.*, VuR 1995, 393, 397 f.

[1065] Siehe oben § 4 IV 2.

[1066] Siehe oben § 4 III 2.

[1067] *Treitel*, Law of Contract, S. 245 f.; *Uff* in Enhancing the Legal Position of the European Consumer, S. 163, 166; *Wagner/Althen*, RIW 1995, 546, 548.

[1068] Siehe oben § 4 III 2 sowie *Collins*, Oxford Journal of Legal Studies 14 (1994), 229, 240; *Uff* in Enhancing the Legal Position of the European Consumer, S. 163, 166 f.; *Beatson*, Cambridge Law Journal 1995, 235, 236.

[1069] *Brownsword/Howells*, Journal of Business Law 1995, 243, 256 f.; *Beatson*, ZEuP 1998, 957, 963; *Dean*, Modern Law Review 1993, 581, 584 f.; *Treitel*, Law of Contract, S. 258 f.

[1070] Siehe oben § 4 III 2.

[1071] Siehe oben § 5 III 1 c aa sowie § 5 III 3 c aa.

Diese knappe Gegenüberstellung von UCTA und UTCR 1994 zeigt bereits, dass im Vereinigten Königreich auf dem Gebiet missbräuchlicher Vertragsklauseln eine nur schwer überschaubare Rechtslage entstanden ist. Die zum Teil sehr diffizilen Unterschiede zwischen UCTA und UTCR 1994 dürften dem juristisch ungeschulten Durchschnittsverbraucher nur schwer zu vermitteln sein, was der Effektivität des Verbraucherschutzes nicht gerade förderlich ist[1072].
Im Hinblick auf die vom EuGH postulierten Anforderungen an eine ordnungsgemäße Richtlinienumsetzung ist das Nebeneinander von UTCR 1994 und UCTA höchst problematisch. Der EuGH fordert von den Mitgliedstaaten, dass sie bei der Umsetzung einer Richtlinie diejenigen innerstaatlichen Formen und Mittel wählen, die für die Gewährleistung der praktischen Wirksamkeit der Richtlinie am besten geeignet sind. Die Richtlinienvorgaben sind in verbindliche innerstaatliche Vorschriften zu transformieren, die den Geboten der *Rechtssicherheit* und *Rechtsklarheit* gerecht werden[1073]. Vor diesem Hintergrund wäre zur ordnungsgemäßen Umsetzung der Klausel-Richtlinie im Vereinigten Königreich eine Anpassung des bereits existierenden UCTA an die Vorgaben der Klausel-Richtlinie erforderlich gewesen. Das Gebot der Rechtsklarheit hätte nur auf diese Weise gewahrt werden können. Die völlig fehlende Koordinierung von UTCR 1994 und UCTA beeinträchtigt die praktische Wirksamkeit der Klausel-Richtlinie, da der Verbraucher aufgrund der unübersichtlichen Rechtslage nur in eingeschränktem Umfang in der Lage ist, die ihm durch die Richtlinie 93/13/EWG eingeräumten Rechte klar zu erfassen. Die unterlassene Anpassung des UCTA an die Vorgaben der Klausel-Richtlinie stellt folglich einen Umsetzungsmangel dar[1074].
Bei der Abfassung der UTCR 1994 hat sich das mit der Umsetzung der Klausel-Richtlinie betraute Department of Trade and Industry weitgehend am Wortlaut der Richtlinie orientiert. Diese Vorgehensweise wirkt zwar teilweise ein wenig unbeholfen – insbesondere in Section 5 (1) UTCR 1994, wo die unjuristisch wirkende Formulierung „shall not be binding" des Art. 6 Abs. 1 RL übernommen wurde[1075] – ist aber im Ergebnis nicht zu beanstanden, da sie keine Umsetzungsdefizite verursacht hat.

b) Umsetzungsdefizite

Die Richtlinie 93/13/EWG wurde im Vereinigten Königreich in verschiedener Hinsicht fehlerhaft umgesetzt. Das am schwersten wiegende, direkt aus der ge-

[1072] *Weatherill* in Neues europäisches Vertragsrecht und Verbraucherschutz, S. 117, 121 („Consumer law needs to be clearly understood to be effective.").
[1073] Siehe oben § 3 II 3 a.
[1074] So auch *Beatson*, ZEuP 1998, 957, 961; zurückhaltender *Hondius*, ERPL 1997, 121, 131; wohl a.A. *Weatherill*, VuR 1995, 393, 398.
[1075] Siehe oben § 5 VI 3 a.

wählten Umsetzungstechnik folgende Umsetzungsdefizit stellt die bereits erwähnte Verletzung des Gebots der Rechtsklarheit dar[1076].
Nicht ganz unproblematisch ist darüber hinaus die in Section 2 (1) UTCR 1994 enthaltene Definition der Begriffe „seller“ bzw. „supplier“. Die dort vorzufindende Bezugnahme auf „goods“ bzw. „services“ hat zu Unsicherheiten darüber geführt, ob die UTCR 1994 Grundstücksverträge erfassen. Hier kann nur durch eine richtlinienkonforme Auslegung Abhilfe geschaffen werden[1077].
Größere Schwierigkeiten hatte das Vereinigte Königreich mit der korrekten Umsetzung von Art. 7 Abs. 2 RL. Im abstrakten Kontrollverfahren nach Section 8 UTCR 1994 fehlt eine Klagebefugnis von Verbraucherverbänden[1078]. Die im Hinblick auf Art. 7 Abs. 2 RL zutage getretenen Schwierigkeiten gehen vermutlich darauf zurück, dass Verbandsklageverfahren eine Neuerung im Recht des Vereinigten Königreichs darstellen[1079].
Fehlerhaft umgesetzt wurden schließlich die kollisionsrechtlichen Vorgaben des Art. 6 Abs. 2 RL. In Section 7 UTCR 1994 fehlt die Möglichkeit eines Günstigkeitsvergleichs zwischen dem gewählten Recht und den Schutzstandards der Klausel-Richtlinie[1080].

2. UTCR 1999

Zum 1. Oktober 1999 wurden die UTCR 1994 durch die UTCR 1999 abgelöst. Zwischen den beiden Umsetzungsgesetzen, die die gleiche Rechtsnatur aufweisen[1081], bestehen zwei Hauptunterschiede.
Zum einen lehnen sich die UTCR 1999 noch stärker an den Wortlaut der englischen Fassung der Klausel-Richtlinie an als die UTCR 1994. Zahlreiche Passagen der UTCR 1999 stimmen mit Vorschriften der Klausel-Richtlinie wörtlich überein[1082]. Im Hinblick auf die Bestimmung des sachlichen Anwendungsbereichs hatte diese Vorgehensweise die positive Konsequenz, dass die unter den UTCR 1994 bestehende Unklarheit darüber, ob Grundstücksverträge erfasst werden, nicht aufkommen konnte[1083]. Davon abgesehen blieb die stärkere Anlehnung an den Wortlaut der Klausel-Richtlinie aber ohne inhaltliche Auswirkungen, es handelte sich also um Änderungen rein redaktioneller Art.

[1076] Siehe oben § 6 II 1 a.
[1077] Siehe oben § 5 II 3 a.
[1078] Siehe oben § 5 VII 3 a.
[1079] Vgl. *Alpa* in Unification of International Commercial Law, S. 27, 38.
[1080] Siehe oben § 5 VIII 3 a.
[1081] Es handelt sich in beiden Fällen um „secondary legislation“ in der Form eines „statutory instrument“, siehe dazu oben § 4 IV 2.
[1082] Siehe etwa oben § 5 I 3 b, § 5 II 3 b, § 5 III 1 c bb, § 5 III 2 c bb, § 5 III 3 c bb, § 5 V 3 b.
[1083] Siehe oben § 5 II 3 b.

Der zweite Hauptunterschied der UTCR 1999 zu den UTCR 1994 bezieht sich auf das abstrakte Kontrollverfahren. Der Auslöser für den Erlass der UTCR 1999 war die Erkenntnis, dass das durch Section 8 UTCR 1994 eingerichtete abstrakte Kontrollverfahren den Vorgaben der Klausel-Richtlinie aufgrund der ausschließlichen Klagebefugnis des Director General of Fair Trading nicht gerecht wurde. Dementsprechend tritt gemäß Section 12 (1) UTCR 1999 neben die weiterhin bestehende Klagebefugnis des Director General of Fair Trading eine Klagebefugnis bestimmter qualifying bodies, die im ersten Anhang zu den UTCR 1999 abschließend aufgezählt sind und zu denen auch die Consumers' Association, der größte Verbraucherverband des Vereinigten Königreichs, zählt[1084]. Die unzureichende Umsetzung von Art. 7 Abs. 2 RL durch die UTCR 1994 konnte durch die UTCR 1999 also korrigiert werden.
Das am schwersten wiegende Umsetzungsdefizit der UTCR 1994 wurde durch die UTCR 1999 allerdings nicht behoben. Die UTCR 1999 haben nichts am Fortbestand des UCTA geändert. Die sich anlässlich der Ausarbeitung der UTCR 1999 bietende Gelegenheit, den UCTA mit den Vorgaben der Klausel-Richtlinie zu einem einheitlichen Gesetz zusammenzufassen, blieb ungenutzt. Aus den bereits im Zusammenhang mit den UTCR 1994 dargelegten Gründen[1085] stellt die fehlende Koordinierung der UTCR 1999 mit dem UCTA einen Verstoß gegen das Gebot der Rechtsklarheit und somit einen Umsetzungsmangel dar.

III. Zur Umsetzung in Frankreich

1. Umsetzungstechnik

Die Umsetzung der Richtlinie 93/13/EWG erfolgte in Frankreich durch den Erlass eines *formellen Parlamentsgesetzes* zur Änderung des Code de la consommation. Der Existenz dieses Verbraucherschutzgesetzbuchs, das im Jahre 1993 durch eine Zusammenfassung der zahlreichen verstreuten Verbraucherschutzgesetze geschaffen wurde, ist es zu verdanken, dass es in Frankreich – anders als in Deutschland und im Vereinigten Königreich – zu keinen nennenswerten Diskussionen über die sachgerechte Form der Umsetzung der Klausel-Richtlinie kam. Es lag auf der Hand, dass eine Einfügung des Richtlinieninhalts in den Code de la consommation der wohl einzig gangbare Weg zur ordnungsgemäßen Richtlinienumsetzung war[1086].
Inhaltlich legte der französische Gesetzgeber bei der Umsetzung der Klausel-Richtlinie einen *minimalistischen Ansatz* zugrunde. Das seit 1978 etablierte

[1084] Siehe oben § 5 VII 3 b.
[1085] Siehe oben § 6 II 1 a.
[1086] Siehe oben § 4 IV 3.

Schutzsystem auf dem Gebiet missbräuchlicher Klauseln in Verbraucherverträgen, das in vielen Punkten über die Regelungen der Richtlinie 93/13/EWG hinausging, sollte nur im zwingend erforderlichen Umfang geändert werden, um eine Absenkung des Schutzniveaus zu verhindern. Dieser minimalistische Ansatz schlägt sich insbesondere im persönlichen sowie im sachlichen Anwendungsbereich der Artt. L. 132-1 ff. CCons. nieder. So schützen die Artt. L. 132-1 ff. CCons. auch nach ihrer Novellierung durch das Gesetz Nr. 95-96 nicht nur Verbraucher im engen Sinne der Richtlinie, sondern darüber hinaus unter gewissen Voraussetzungen auch juristische Personen und Gewerbetreibende[1087]. Vom sachlichen Anwendungsbereich der genannten Vorschriften werden zudem nach wie vor auch im Einzelnen zwischen den Vertragsparteien ausgehandelte Klauseln sowie Klauseln, die den Inhalt verbindlicher Rechtsvorschriften wiedergeben, erfasst[1088]. Das französische Recht der missbräuchlichen Klauseln hat seine bisherigen Eigenheiten insofern also beibehalten.
Nicht beibehalten wurde hingegen das in Art. L. 132-1 CCons. a.F. verankerte System der reinen Verwaltungskontrolle. Der französische Gesetzgeber hat die Umsetzung der Klausel-Richtlinie zum Anlass genommen, die autonome richterliche Kontrollbefugnis auf dem Gebiet missbräuchlicher Klauseln gesetzlich anzuerkennen. Der seit 1991 bestehende offene Widerspruch zwischen gesetzlicher Regelung und Rechtsprechung der Cour de cassation wurde dadurch aufgelöst[1089].
Der französische Umsetzungsakt zeichnet sich durch eine zum Teil enge Anlehnung an den Wortlaut der Klausel-Richtlinie aus[1090]. In Bezug auf den Klauselkatalog im Anhang der Richtlinie hat diese Herangehensweise zu einem Umsetzungsdefizit geführt. Der französische Gesetzgeber hat den Richtlinienanhang wörtlich übernommen, ohne dabei die Existenz des Dekrets des Conseil d'Etat vom 24. März 1978 hinreichend zu bedenken. Einige der im Anhang zum Code de la consommation aufgeführten Klauseln, die laut Art. L. 132-1 Abs. 3 CCons. nur möglicherweise missbräuchlich sein sollen, finden sich auch im Dekret des Conseil d'Etat und sind danach stets unwirksam. Das Gebot der Rechtsklarheit, das nach der Rechtsprechung des EuGH bei der Richtlinienumsetzung von großer Bedeutung ist, wurde somit verletzt[1091].
Die Herangehensweise bei der Umsetzung der Generalklausel der Richtlinie 93/13/EWG erscheint widersprüchlich. Einerseits war der französische Gesetzgeber um eine Anpassung an die Terminologie der Richtlinie bemüht, indem er den Begriff „avantage excessif" durch den in Art. 3 Abs. 1 RL verwendeten Begriff „déséquilibre significatif" ersetzt sowie das Merkmal „abus de la puissance

[1087] Siehe oben § 5 I 4 b.
[1088] Siehe oben § 5 II 4 b.
[1089] Siehe oben § 5 III 2 d.
[1090] *Benabent*, ERPL 1995, 211, 218.
[1091] Siehe oben § 5 III 3 d.

économique", das in der Richtlinie keine Entsprechung findet, gestrichen hat. Andererseits wurde der Grundsatz von Treu und Glauben, der die Generalklausel des Art. 3 Abs. 1 RL entscheidend prägt, nicht übernommen. Hierin liegt aber wohl kein Umsetzungsdefizit[1092].

Das der Umsetzung der Klausel-Richtlinie dienende Gesetz Nr. 95-96 hat insgesamt gesehen nur zu geringfügigen Änderungen der bisherigen Rechtslage geführt[1093].

2. Umsetzungsdefizite

Das bedeutendste Umsetzungsdefizit liegt in der bereits erwähnten mangelnden Abstimmung der Klauselliste im Anhang zum Code de la consommation mit dem Dekret des Conseil d'Etat vom 24. März 1978.

Darüber hinaus wurden die kollisionsrechtlichen Vorgaben des Art. 6 Abs. 2 RL in mehrfacher Hinsicht fehlerhaft umgesetzt[1094]. Art. L. 135-1 CCons. greift, anders als Art. 6 Abs. 2 RL, auch im Falle der Anwendung eines drittstaatlichen Rechts kraft objektiver Anknüpfung und sieht keinen Günstigkeitsvergleich vor. Zudem wurde der von Art. 6 Abs. 2 RL geforderte enge Zusammenhang mit dem Gebiet der Mitgliedstaaten fehlerhaft konkretisiert.

IV. Zur Umsetzung in Italien

1. Umsetzungstechnik

In Italien erfolgte die Umsetzung der Richtlinie 93/13/EWG durch den Erlass eines *formellen Parlamentsgesetzes*. Dieses fügte einen aus fünf Artikeln bestehenden neuen Capo XIV-*bis* in den zweiten Titel des vierten Buchs des Codice civile ein. Gegenstand der vorhergehenden Diskussion um die sachgerechte Form der Umsetzung war weniger, ob der Codice civile geändert werden sollte, als vielmehr, an welcher Stelle des italienischen Zivilgesetzbuchs die neuen Vorschriften eingefügt werden sollten[1095].

Die italienische Umsetzungsgesetzgebung zeichnet sich durch zahlreiche Unstimmigkeiten aus, die auf mangelnde Sorgfalt des italienischen Gesetzgebers bei der Abfassung der Art. 1469-*bis* ff. Codice civile schließen lassen.

1092 Siehe oben § 5 III 1 d.

1093 *Karimi*, Les Petites Affiches, 5 mai 1995 (n° 54), 4, 12; *Mazeaud*, Droit et Patrimoine, juin 1995, études/doctrine, 42, 52; *Paisant*, Recueil Dalloz Sirey 1995, chronique, 99, 108; *Ghestin/Marchessaux-van Melle*, La Semaine Juridique 1995, édition générale, doctrine, Nr. 3854, S. 275, 282.

1094 Siehe oben § 5 VIII 4.

1095 Siehe oben § 4 IV 4.

Nicht ersichtlich ist zunächst, weshalb der neu in den Codice civile eingefügte Capo die Nummer XIV-*bis* erhalten hat. Da es sich um den letzten Capo des betreffenden Titels handelt, hätte er ebenso gut als „Capo XV" bezeichnet werden können[1096].

Darüber hinaus wurde ein Übersetzungsfehler, der dem Richtliniengeber bei der Abfassung der italienischen Version der Generalklausel unterlaufen ist, trotz zahlreicher Warnungen der Literatur in das nationale Recht übertragen[1097]. Der Vorwurf mangelnder Sorgfalt trifft hier freilich nicht allein den italienischen Gesetzgeber, sondern zum gleichen Teil die für die Abfassung der Klausel-Richtlinie zuständigen Stellen.

Eine weitere Ungereimtheit betrifft die Terminologie der neu in den Codice civile eingefügten Vorschriften. Die der Inhaltskontrolle nicht standhaltenden Klauseln werden in Abweichung von der Richtlinie nicht als „clausole abusive", sondern als „clausole vessatorie" bezeichnet. Der italienische Gesetzgeber hat hier einen Begriff aufgenommen, der traditionell zur Bezeichnung der in Art. 1341 Abs. 2 Codice civile aufgeführten besonders belastenden Klauseln verwendet wird[1098]. Diese Anpassung an den in Italien üblichen juristischen Sprachgebrauch ist zwar grundsätzlich zu begrüßen, wurde aber leider nicht konsequent durchgehalten. In Artt. 1469-*quinquies* Abs. 3 und 1469-*sexies* Abs. 1 Codice civile ist von „clausole abusive" bzw. von „abusività" die Rede. Bei unbefangener Lektüre erscheint unklar, ob diese abweichende Formulierung auf einen anderen Bewertungsmaßstab verweist oder ob ihr lediglich ein Redaktionsversehen zugrunde liegt[1099].

Eine besonders schwer wiegende Unachtsamkeit ist im Zusammenhang mit den Klausellisten der Artt. 1469-*bis* Abs. 3 und 1469-*quinquies* Abs. 2 Codice civile festzustellen. Die drei Arten von Klauseln, die nach Art. 1469-*quinquies* Abs. 2 Codice civile stets unwirksam sind, selbst dann, wenn sie individuell ausgehandelt wurden, finden sich auch in dem in Art. 1469-*bis* Abs. 3 Codice civile enthaltenen Katalog der Klauseln, deren Unwirksamkeit bis zum Beweis des Gegenteils vermutet wird. Diese widersprüchliche Rechtslage verstößt gegen die Gebote der Rechtssicherheit und Rechtsklarheit, begründet also einen Umsetzungsfehler[1100]. Der Klauselkatalog des Art. 1469-*bis* Abs. 3 Codice civile lässt darüber hinaus eine Abstimmung mit älteren Vorschriften des italienischen Zivilgesetzbuchs vermissen[1101].

1096 Siehe oben § 4 IV 4.

1097 Siehe oben § 5 III 1 e.

1098 Siehe oben § 4 III 4.

1099 Vgl. *Antoniolli Deflorian* in Europäische Rechtsangleichung und nationale Privatrechte, S. 119, 144 f.

1100 Siehe oben § 5 III 3 e.

1101 Siehe oben § 5 III 3 e.

Mehrere Unstimmigkeiten weist auch die Regelung der Rechtsfolgen der Missbräuchlichkeit einer Klausel auf[1102]. Überflüssig ist zunächst die Bestimmung des Art. 1469-*quinquies* Abs. 3 Codice civile, wonach die Unwirksamkeit einer Klausel nur zu Gunsten des Verbrauchers wirken soll. Wenig durchdacht erscheinen darüber hinaus die von Art. 1469-*quinquies* Abs. 1 Codice civile angeordnete uneingeschränkte Aufrechterhaltung des Restvertrags sowie der Regressanspruch des Verkäufers gegen seinen Lieferanten nach Art. 1469-*quinquies* Abs. 4 Codice civile.
Ein Redaktionsversehen findet sich schließlich in der kollisionsrechtlichen Bestimmung des Art. 1469-*quinquies* Abs. 5 Codice civile. Davon abgesehen wurden die Vorgaben des Art. 6 Abs. 2 RL in Italien jedoch fehlerfrei umgesetzt[1103].
Die neu in den Codice civile eingefügten Umsetzungsvorschriften lassen vielfach eine enge Anlehnung an den Wortlaut der italienischen Fassung der Klausel-Richtlinie erkennen[1104]. Auf der anderen Seite zeichnen sich die italienischen Umsetzungsvorschriften aber auch durch einige kleinere Abweichungen vom Konzept der Klausel-Richtlinie aus. Beispielsweise erlangt die Tatsache, dass eine Klausel den Inhalt verbindlicher Rechtsvorschriften wiedergibt oder dass sie individuell ausgehandelt wurde, nach Art. 1469-*ter* Abs. 3 und 4 Codice civile streng genommen erst auf der Ebene der Inhaltskontrolle Bedeutung, während die Klausel-Richtlinie derartige Klauseln bereits auf der Ebene des sachlichen Anwendungsbereichs ausschließt[1105]. Innovativ, wenn auch leider missglückt, sind auch die Rechtsfolgenregelungen[1106] sowie das Konzept der zwei sich ergänzenden Klausellisten[1107]. Die Bestimmung des Art. 1469-*sexies* Abs. 3 Codice civile, dass der Richter die Veröffentlichung des in einem abstrakten Kontrollverfahren ergangenen Urteils in einer oder mehreren Zeitungen anordnen kann, findet in der Richtlinie ebenfalls keine Entsprechung. Es zeigt sich also, dass der italienische Gesetzgeber bei der Umsetzung der Klausel-Richtlinie keinen völlig minimalistischen Ansatz verfolgt hat, sondern vielmehr bemüht war, die ihm gewährten Umsetzungsspielräume zu nutzen. Kombiniert mit einer sorgfältigeren Arbeitsweise bei der Abfassung der Umsetzungsvorschriften hätte dieses Bemühen zu einer fehlerfreien, insgesamt geglückten Umsetzung der Klausel-Richtlinie in das italienische Recht führen können.

[1102] Siehe oben § 5 VI 5.
[1103] Siehe oben § 5 VIII 5.
[1104] Siehe z.B. Art. 1469-*bis* Abs. 2 sowie Art. 1469-*quater* Abs. 1 Codice civile.
[1105] Siehe oben § 5 II 5.
[1106] Siehe oben § 5 VI 5.
[1107] Siehe oben § 5 III 3 e.

2. Umsetzungsdefizite

Das am schwersten wiegende, bereits erwähnte Umsetzungsdefizit besteht in der mangelhaften Abstimmung des Klauselkatalogs des Art. 1469-*bis* Abs. 3 Codice civile mit Art. 1469-*quinquies* Abs. 2 Codice civile einerseits sowie mit diversen älteren Bestimmungen des Codice civile andererseits[1108]. Darüber hinaus weist das abstrakte Kontrollverfahren des Art. 1469-*sexies* Codice civile das Manko auf, dass gegen die bloße Empfehlung der Verwendung missbräuchlicher Klauseln nicht vorgegangen werden kann[1109]. Streng genommen begründet schließlich das in der kollisionsrechtlichen Vorschrift des Art. 1469-*quinquies* Abs. 5 Codice civile enthaltene Redaktionsversehen einen Umsetzungsfehler. Dieser Mangel ist jedoch so offensichtlich, dass die Gefahr einer wortgetreuen Anwendung der Norm wohl kaum besteht[1110].

V. Fazit

1. Umsetzungstechniken

Die bisherige Untersuchung hat gezeigt, dass sich die einzelnen Mitgliedstaaten bei der Umsetzung der Klausel-Richtlinie höchst unterschiedlicher Umsetzungstechniken bedient haben. Während sich der deutsche Gesetzgeber für eine Novellierung des aus dem Jahre 1976 stammenden AGBG und gegen den Erlass eines eigenständigen Gesetzes über missbräuchliche Klauseln in Verbraucherverträgen entschieden hat, kam es im Vereinigten Königreich zum Erlass zweier Spezialgesetze, die neben den unverändert aufrechterhaltenen UCTA aus dem Jahre 1977 traten. Einen gänzlich anderen Weg ging der französische Gesetzgeber, indem er die Richtlinienvorgaben in das im Jahre 1993 geschaffene Verbraucherschutzgesetzbuch einfügte. In Italien kam es schließlich zur Einfügung neuer Vorschriften in das allgemeine Zivilgesetzbuch. Im Vereinigten Königreich erfolgte die Umsetzung der Klausel-Richtlinie durch Gesetze im nur materiellen Sinne, in den übrigen untersuchten Mitgliedstaaten durch formelle Parlamentsgesetze. Der deutsche Gesetzgeber verwies zur Umsetzung einiger Einzelheiten der Richtlinie auf die Rechtsprechung des BGH, die übrigen Mitgliedstaaten wählten den Weg einer umfassenden gesetzlichen Regelung.
Trotz dieser beträchtlichen äußeren Unterschiede waren die Probleme, mit denen die Mitgliedstaaten bei der Umsetzung der Klausel-Richtlinie konfrontiert waren, ähnlicher Natur. So ist es keinem der untersuchten Mitgliedstaaten gelungen, die Klausel-Richtlinie fristgerecht umzusetzen, obwohl bald nach deren

[1108] Siehe oben § 5 III 3 e.
[1109] Siehe oben § 5 VII 5.
[1110] Siehe oben § 5 VIII 5.

Erlass eine intensiv geführte Debatte über die sachgerechte Form der Umsetzung in das jeweilige nationale Recht einsetzte. Rückblickend erscheint die durch Art. 10 Abs. 1 RL gesetzte Umsetzungsfrist somit als zu knapp bemessen. Gewichtiger als diese Verspätung ist jedoch der Umstand, dass die Klausel-Richtlinie in keinem der untersuchten Mitgliedstaaten inhaltlich fehlerfrei umgesetzt wurde. Bei genauerer Betrachtung zeigt sich, dass die zu Tage getretenen Umsetzungsdefizite keineswegs länderspezifisch sind, sondern auf zwei generelle Fehlerquellen zurückgeführt werden können.

2. Fehlerquellen

a) Inhaltsmängel

In einer ersten Gruppe lassen sich solche Umsetzungsdefizite zusammenfassen, die auf der inhaltlich fehlerhaften Übertragung von Richtlinienregelungen in das nationale Recht beruhen. In diese Kategorie fallen etwa die unzureichende Umsetzung der das abstrakte Kontrollverfahren betreffenden Richtlinienvorgaben im Vereinigten Königreich sowie in Italien. Im Vereinigten Königreich fehlt - bezogen auf die UTCR 1994 - eine Klagebefugnis von Verbraucherverbänden, in Italien ist es nicht möglich, gegen die bloße Empfehlung der Verwendung missbräuchlicher Klauseln vorzugehen. Die Vorgaben des Art. 7 RL wurden in diesen beiden Ländern also nur lückenhaft umgesetzt. Ein weiteres Beispiel für eine inhaltlich unzureichende Umsetzung einer Richtlinienbestimmung bilden die nationalen Umsetzungsvorschriften zu Art. 6 Abs. 2 RL. Keinem der untersuchten Mitgliedstaaten ist es gelungen, die kollisionsrechtlichen Vorgaben der Klausel-Richtlinie fehlerfrei umzusetzen. Der neu gefasste § 12 AGBG ist gleich in mehrfacher Hinsicht misslungen, sein Nachfolger, Art. 29 a EGBGB, ist ebenfalls nicht fehlerfrei. Auch Art. L. 135-1 CCons weist Mängel auf. In Section 7 UTCR 1994 sowie in Section 9 UTCR 1999 fehlt die Möglichkeit eines Günstigkeitsvergleichs zwischen dem gewählten Recht und den Schutzstandards der UTCR 1994 bzw. 1999. Als zur Umsetzung des Art. 6 Abs. 2 RL ausreichend kann allenfalls die italienische Umsetzungsvorschrift, Art. 1469-*quinquies* Abs. 5 Codice civile, bezeichnet werden, sieht man von dem bereits erwähnten Redaktionsversehen einmal ab.
Die in dieser ersten Gruppe zusammengefassten Umsetzungsdefizite, die als Inhaltsmängel bezeichnet werden können, gehen auf Unachtsamkeiten der nationalen Gesetzgeber bzw. auf eine fehlerhafte Interpretation der Vorgaben der Klausel-Richtlinie zurück. Sie sind für sich betrachtet jeweils auf ganz bestimmte Aspekte der Richtlinie beschränkt, sind durch eine Gegenüberstellung mit den entsprechenden Passagen der Richtlinie relativ leicht ausfindig zu machen und können mit wenig Aufwand korrigiert werden.

b) Koordinierungsmängel

In einer zweiten Gruppe lassen sich diejenigen Umsetzungsdefizite zusammenfassen, die auf mangelnder Koordinierung der Umsetzungsvorschriften mit der jeweiligen gewachsenen nationalen Privatrechtsordnung beruhen. Der auffälligste Umsetzungsfehler dieser Art ist im Vereinigten Königreich aufgetreten. Die zur Umsetzung der Klausel-Richtlinie erlassenen UTCR 1994 bzw. 1999 erscheinen bei isolierter Betrachtung weitgehend gelungen: Die Bestimmungen der Richtlinie wurden weitgehend wörtlich übernommen, es finden sich nur wenige Inhaltsmängel im Sinne der soeben erläuterten ersten Gruppe. Bei Berücksichtigung des neben den UTCR 1994 bzw. 1999 existierenden UCTA ändert sich das Bild allerdings. Die beiden Regelungswerke sind in keiner Weise aufeinander abgestimmt, weisen einerseits Gemeinsamkeiten, andererseits aber auch große Unterschiede auf. Im Vereinigten Königreich ist somit eine nur schwer zu überschauende Rechtslage entstanden, die durch das Hinzutreten der von der Rechtsprechung entwickelten Einbeziehungs- und Auslegungsregeln auf dem Gebiet unbilliger Vertragsklauseln noch komplexer wird. Die praktische Wirksamkeit der Klausel-Richtlinie wird durch diese verworrene Rechtslage in schwer wiegender Weise beeinträchtigt. Ein weiterer Koordinierungsmangel konnte bei der Umsetzung der Klausel-Richtlinie in das französische Recht festgestellt werden. Der in den Code de la consommation eingefügte Katalog möglicherweise missbräuchlicher Klauseln widerspricht zum Teil dem Dekret des Conseil d'Etat vom 24. März 1978. Eine mangelhafte Koordinierung der Umsetzungsgesetzgebung mit älteren nationalen Bestimmungen konnte darüber hinaus in Italien beobachtet werden. Der Klauselkatalog des Art. 1469-*bis* Abs. 3 Codice civile lässt eine Abstimmung mit diversen Vorschriften des Codice civile vermissen.
Im Vergleich mit den oben erläuterten Inhaltsmängeln sind Koordinierungsmängel weitaus problematischer. Es handelt sich um verdeckte Umsetzungsdefizite, die bei alleiniger Betrachtung des Umsetzungsakts verborgen bleiben. Zum Vorschein gelangen sie erst bei einem aufmerksamen Blick auf die gewachsene nationale Privatrechtsordnung. Die Vermeidung von Koordinierungsmängeln erfordert ebenso wie deren Beseitigung einen nicht unerheblichen Aufwand. Die Gefahr von Koordinierungsmängeln ist besonders groß, wenn eine Richtlinie – wie die Klausel-Richtlinie – ein Gebiet betrifft, auf dem bereits umfassende ältere Regelungen rein nationalen Ursprungs existieren.

3. Auswirkungen nationaler Umsetzungstechniken auf den Harmonisierungserfolg

Nationale Umsetzungstechniken und Umsetzungsfehler stehen nicht beziehungslos nebeneinander. Das Beispiel der Klausel-Richtlinie zeigt vielmehr, dass die Wahl der Umsetzungstechnik für das Entstehen von Umsetzungsfehlern und somit für den Harmonisierungserfolg einer Richtlinie von großer Bedeutung ist. Zwischen den beiden Arten von Umsetzungsfehlern muss jedoch differenziert werden.

a) Nationale Umsetzungstechniken und Inhaltsmängel

Im Falle der Klausel-Richtlinie hatten die von den untersuchten Mitgliedstaaten gewählten Umsetzungstechniken keinen oder einen nur geringen Einfluss auf das Entstehen solcher Umsetzungsfehler, die der Gruppe der Inhaltsmängel zugeordnet werden können. Für die inhaltlich korrekte Wiedergabe einer Richtlinienbestimmung ist es ohne Belang, ob zur Umsetzung der Richtlinie ein eigenständiges Spezialgesetz erlassen oder eine bereits bestehende Kodifikation geändert wird, desgleichen, ob die Richtlinie durch ein formelles Parlamentsgesetz oder durch ein Gesetz im nur materiellen Sinne umgesetzt wird. Allenfalls ließe sich sagen, dass die Gefahr von Inhaltsmängeln tendenziell umso geringer wird, je enger sich ein Mitgliedstaat am Wortlaut der Richtlinie orientiert.

b) Nationale Umsetzungstechniken und Koordinierungsmängel

Wesentlich anders stellt sich die Situation im Hinblick auf Koordinierungsmängel dar. Das Auftreten von Koordinierungsmängeln steht in einem direkten Zusammenhang mit der gewählten Umsetzungstechnik. Die Wahl der Umsetzungstechnik sollte primär an dem Ziel ausgerichtet werden, den Richtlinieninhalt möglichst bruchlos in die nationale Rechtsordnung einzufügen. Geschieht dies nicht, sind Koordinierungsmängel vorprogrammiert. Deutlich wird dies an einem Vergleich der Umsetzung der Klausel-Richtlinie in Deutschland einerseits und im Vereinigten Königreich andererseits. Die Ausgangslage war in beiden Mitgliedstaaten ähnlich. Im Laufe der 70er Jahre waren zur Regelung der Problematik missbräuchlicher Vertragsklauseln Spezialgesetze erlassen worden, die den Vorgaben der Klausel-Richtlinie jedoch nicht entsprachen. In dieser Situation entschloss sich der deutsche Gesetzgeber zu einer Reform des AGBG. Dieses wurde dort, wo ein Änderungsbedarf gegeben war, an die Vorgaben der Klausel-Richtlinie angepasst. Diese Anpassung war im Einzelnen recht mühsam, auch wenn letztlich wenige textliche Änderungen des AGBG zur ordnungsgemäßen Umsetzung der Klausel-Richtlinie ausreichten. Die Anwendung des AGBG wurde durch die Einfügung von Sondervorschriften für Verbraucherverträge zwar komplizierter, auf dem Gebiet unbilliger Vertragsklauseln blieb die deutsche Privatrechtsordnung aber von Widersprüchen verschont. Das Vereinigte Königreich wählte demgegenüber den Weg des Erlasses eines eigenständigen Spezialgesetzes, das neben den unverändert aufrechterhaltenen UCTA trat. Eine Abstimmung dieser beiden Regelungswerke fand wie erwähnt nicht statt.

Als Folge stellte sich eine erhebliche Rechtsunsicherheit auf dem Gebiet missbräuchlicher Vertragsklauseln ein. Die aus dem Nebeneinander von UTCR 1994 bzw. 1999 und UCTA resultierenden Koordinierungsmängel hätten verhindert werden können, hätte man sich zu einer grundlegenden Novellierung des UCTA entschlossen. Die Abfassung des Umsetzungsgesetzes wäre in diesem Fall zwar mit einem wesentlich größeren Arbeitsaufwand verbunden gewesen, die Mühen des Gesetzgebers wären allerdings durch eine transparente Rechtslage und eine höhere Effektivität des Verbraucherschutzes belohnt worden.
Die Analyse der Umsetzung der Klausel-Richtlinie lehrt des Weiteren, dass nicht jede Umsetzungstechnik in jedem Mitgliedstaat gleich geeignet ist. Eine Umsetzungstechnik, die in einem Mitgliedstaat sinnvoll ist und zu einer ordnungsgemäßen Richtlinienumsetzung führt, kann in einem anderen Mitgliedstaat die Ursache erheblicher Koordinierungsmängel sein. So erfolgte die Umsetzung der Klausel-Richtlinie in Italien durch eine Änderung des Codice civile, also des allgemeinen Zivilgesetzbuchs. In Frankreich hätte eine vergleichbare Herangehensweise, also eine Änderung des Code civil, zu großen Abstimmungsschwierigkeiten geführt, da das französische Verbraucherschutzrecht im Jahre 1993 weitgehend im Code de la consommation zusammengefasst worden ist. Als Fazit bleibt festzuhalten, dass die Mitgliedstaaten die Wahl der Umsetzungstechnik von den jeweiligen Besonderheiten der nationalen Privatrechtsordnungen abhängig machen sollten.

4. Beurteilung des Harmonisierungserfolgs

Die Klausel-Richtlinie hat einen unterschiedlich starken Einfluss auf die Privatrechte der untersuchten Mitgliedstaaten ausgeübt. Ihre Auswirkungen waren umso größer, je weniger das durch sie geregelte Gebiet Gegenstand älterer nationaler Bestimmungen war.
Im deutschen Privatrecht hat die Klausel-Richtlinie nur zu wenigen substanziellen Änderungen geführt. In das AGBG wurden einige Sonderregeln für Verbraucherverträge aufgenommen, die in der Praxis aber nur von geringer Bedeutung sein dürften[1111]. Zudem wurde die in § 12 AGBG enthaltene Kollisionsnorm reformiert. Davon abgesehen wurde das bewährte AGBG – bis zur Eingliederung in das BGB im Zuge der Schuldrechtsmodernisierung – aber unverändert aufrechterhalten. Beispielsweise wurde der weitgehend unbegrenzte persönliche Anwendungsbereich beibehalten, so dass grundsätzlich auch Gewerbetreibende von den Kontrollmechanismen des AGBG profitieren. Es wurde bereits dargelegt, dass dieser im Vergleich zur Klausel-Richtlinie „überschießende" persönliche Anwendungsbereich gemeinschaftsrechtlich unbedenklich ist, da die Klausel-Richtlinie die Gesetzgebungskompetenz der Mitgliedstaaten

[1111] Vgl. *Westphalen*, BB 1996, 2101, 2105.

jenseits des Gebiets der Verbraucherverträge unberührt lässt[1112]. Der deutsche Gesetzgeber machte darüber hinaus von Art. 8 RL Gebrauch und behielt zur Erreichung eines gemessen an der Richtlinie höheren Schutzniveaus Vorschriften bei, die auch für Verbraucherverträge Geltung beanspruchen und die keine Entsprechung in der Klausel-Richtlinie finden. Genannt seien etwa die Einbeziehungsvorschriften des § 2 AGBG oder die nach § 13 Abs. 2 Nr. 2 AGBG bestehende Klagebefugnis gewerblicher Interessenverbände in abstrakten Kontrollverfahren[1113]. In diesem Zusammenhang ist auch die Generalklausel des § 9 Abs. 1 AGBG zu nennen, die im Vergleich zu Art. 3 Abs. 1 RL einen wohl strengeren Maßstab anlegt[1114]. Als Fazit bleibt festzuhalten, dass der deutsche Gesetzgeber bei der Umsetzung der Klausel-Richtlinie einen deutlich erkennbaren minimalistischen Ansatz verfolgt hat. Die Besonderheiten des AGBG wurden im größtmöglichen Umfang aufrechterhalten.
Im Vereinigten Königreich waren die Auswirkungen der Klausel-Richtlinie etwas größer, da das bisherige Schutzsystem, das sich in erster Linie aus dem UCTA ergab, hinter dem Konzept der Richtlinie in wichtigen Punkten zurückblieb[1115]. Die Tatsache, dass der UCTA unverändert aufrechterhalten wurde, zeigt aber, dass auch im Vereinigten Königreich eine - im Vergleich zu Deutschland freilich abgeschwächte - Tendenz zur „Minimalumsetzung“ bestand. Letztlich war man nicht bereit, vom unzureichenden UCTA zu Gunsten eines die Vorgaben der Klausel-Richtlinie aufnehmenden einheitlichen Regelungswerks Abschied zu nehmen.
In Frankreich hatte die Klausel-Richtlinie nur sehr geringe Auswirkungen. Der französische Gesetzgeber war erkennbar bemüht, Änderungen der bisherigen Rechtslage nur im zwingend erforderlichen Umfang vorzunehmen, verfolgte also wie der deutsche Gesetzgeber einen minimalistischen Ansatz. Nach wie vor verfügen die Artt. L. 132-1 ff. CCons. über einen im Vergleich zur Klausel-Richtlinie weiteren persönlichen Anwendungsbereich. Gestützt auf Art. 8 RL wurden auch die Eigenheiten des sachlichen Anwendungsbereichs der Artt. L. 132-1 ff. CCons. beibehalten. So unterliegen auch individuell ausgehandelte Klauseln sowie Klauseln, die den Inhalt verbindlicher Rechtsvorschriften wiedergeben, der Inhaltskontrolle. Es ist bezeichnend, dass die Klausel-Richtlinie für das französische Privatrecht vor allem insofern von Bedeutung war, als ihre Umsetzung zum Anlass genommen wurde, die in der Praxis seit längerem anerkannte autonome richterliche Kontrollbefugnis endlich auch gesetzlich zu verankern.

[1112] Siehe oben § 5 I 2 b.
[1113] Auch die Klagebefugnis gewerblicher Interessenverbände kommt letztlich dem Verbraucherschutz zugute, siehe oben § 5 VII 2.
[1114] Siehe oben § 5 III 1 b.
[1115] Siehe oben § 4 III 2.

Die größten Auswirkungen hatte die Klausel-Richtlinie im italienischen Privatrecht[1116]. Das alte Schutzsystem der Artt. 1341, 1342 und 1370 Codice civile war höchst unzureichend. Es erschöpfte sich in einer rein formalen Kontrolle durch Einbeziehungs- und Auslegungsregeln.
Das durch Art. 25 der Legge comunitaria 1994 in den Codice civile eingeführte Inhaltskontrollsystem der Artt. 1469-*bis* ff. stellt somit eine wichtige Neuerung im italienischen Privatrecht dar. Von großer Bedeutung sind die neu eingefügten Vorschriften auch insofern, als durch sie erstmals der Verbrauchervertrag als eigenständige Vertragsart im italienischen Zivilgesetzbuch etabliert wurde.
Aus der Feststellung, dass die Klausel-Richtlinie ihre größten Auswirkungen im italienischen Privatrecht hatte, dürfen keine falschen Schlüsse gezogen werden. Unter den untersuchten Mitgliedstaaten nimmt Italien insofern eine Sonderrolle ein, als dort vor dem Erlass der Klausel-Richtlinie keine Inhaltskontrollvorschriften existierten, an denen man hätte festhalten können. Insofern wäre es verfehlt, dem italienischen Gesetzgeber eine gemeinschaftsrechtsfreundlichere Einstellung zu attestieren als etwa dem französischen oder dem deutschen.
Aufgrund der in den untersuchten Mitgliedstaaten – mit Ausnahme Italiens – fortbestehenden nationalen Besonderheiten ist höchst zweifelhaft, ob die Klausel-Richtlinie ihrem Anspruch, zur Verwirklichung des Binnenmarktes beizutragen[1117], gerecht wird. In Anbetracht der nach wie vor erheblich voneinander abweichenden nationalen Vorschriften auf dem Gebiet missbräuchlicher Klauseln dürfte die Bereitschaft des Durchschnittsverbrauchers zu grenzüberschreitenden Transaktionen durch die Richtlinie 93/13/EWG wohl kaum gesteigert worden sein. Ebenso wenig hat die Klausel-Richtlinie die grenzüberschreitende Tätigkeit der Gewerbetreibenden erleichtert. Diese sind nach wie vor gezwungen, ihre Allgemeinen Geschäftsbedingungen an die jeweiligen nationalen Besonderheiten anzupassen. Die Klausel-Richtlinie hat folglich wohl keine ins Gewicht fallende Senkung der Transaktionskosten bewirkt[1118].
Bezogen auf die untersuchten Mitgliedstaaten ist der Harmonisierungserfolg der Klausel-Richtlinie somit als gering einzustufen. Beeinträchtigt wurde er vor allem durch zwei Faktoren. Zum einen wirkte sich Art. 8 RL, der den Mitgliedstaaten den Erlass oder die Beibehaltung strengerer Vorschriften zur Erreichung eines höheren Verbraucherschutzniveaus gestattet, negativ aus. Erwartungsgemäß haben die untersuchten Mitgliedstaaten nicht gezögert, von den ihnen durch Art. 8 RL eingeräumten Befugnissen in großem Umfang Gebrauch zu machen. Auf Art. 8 RL entsprechende Mindestharmonisierungsklauseln, die sich in

---

[1116] Vgl. *Bin*, Contratto e impresa/Europa 1996, 431.
[1117] Siehe oben § 4 II.
[1118] Angesichts dieser Feststellungen liegt der Gedanke nicht fern, dass die Richtlinie 93/13/EWG in Art. 95 EGV keine tragfähige Grundlage findet. Das oben unter § 4 II gefundene Ergebnis muss letztlich aber wohl nicht revidiert werden, da die Klausel-Richtlinie zumindest zweifellos auf eine Förderung des Binnenmarktes abzielt.

sämtlichen Richtlinien zum Schutz der wirtschaftlichen Interessen der Verbraucher finden[1119], sollte daher bei zukünftigen Harmonisierungsprogrammen verzichtet werden[1120].
Negative Auswirkungen auf den Harmonisierungserfolg hatte zum anderen der auf Verbraucherverträge beschränkte persönliche Anwendungsbereich der Klausel-Richtlinie. Ältere, über den persönlichen Anwendungsbereich der Klausel-Richtlinie hinausgehende nationale Bestimmungen wurden in sämtlichen untersuchten Mitgliedstaaten beibehalten, um eine Absenkung des bestehenden Schutzniveaus zu verhindern: Der persönliche Anwendungsbereich des deutschen AGBG bzw. der Nachfolgeregelungen des Abschnitts 2 des zweiten Buches des BGB ist nach wie vor grundsätzlich unbegrenzt, im Vereinigten Königreich schützt der UCTA in gewissem Umfang auch juristische Personen und Gewerbetreibende, im französischen Recht bezwecken die Artt. L. 132-1 ff. CCons. nicht nur den Schutz des „consommateur", sondern auch den des „non-professionnel". In Italien schließlich kommt das alte Schutzsystem der Artt. 1341, 1342 und 1370 Codice civile allen Personen zugute. Das in allen untersuchten Mitgliedstaaten zu beobachtende Festhalten an Vorschriften, die über den persönlichen Anwendungsbereich der Klausel-Richtlinie hinausgehen, ist zwar, wie bereits mehrfach dargelegt, gemeinschaftsrechtlich nicht zu beanstanden[1121], schmälert aber den Harmonisierungserfolg der Klausel-Richtlinie. Die fortbestehenden nationalen Unterschiede auf dem Gebiet unbilliger Vertragsklauseln basieren zu einem großen Teil auf den unterschiedlichen Konzeptionen hinsichtlich des persönlichen Anwendungsbereichs.
Die Beschränkung des Anwendungsbereichs der Klausel-Richtlinie auf Verbraucherverträge hat sich auch insofern als problematisch erwiesen, als sie die Einpassung des Richtlinieninhalts in die gewachsenen nationalen Privatrechtsordnungen erschwert hat. Besonders deutlich ist dies in Deutschland zu Tage getreten. Die Autoren, die den Erlass eines Spezialgesetzes zur Umsetzung der Klausel-Richtlinie forderten, begründeten ihre These von der konzeptionellen Unvereinbarkeit von AGBG einerseits und Richtlinie 93/13/EWG andererseits in erster Linie mit der Ausrichtung der Klausel-Richtlinie auf Verbraucherverträge[1122]. Auch wenn die Umsetzung der Klausel-Richtlinie letztlich durch wenige Änderungen des AGBG bewerkstelligt werden konnte, lässt sich doch nicht von der Hand weisen, dass die neuen Sondervorschriften für Verbraucherverträge innerhalb des AGBG ein wenig systemfremd wirken. Schwierigkeiten hat der beschränkte persönliche Anwendungsbereich der Klausel-Richtlinie auch im

---

1119 Siehe etwa Art. 8 der Haustürgeschäfte-Richtlinie 85/577/EWG, Art. 11 der Timesharing-Richtlinie 94/47/EG, Art. 8 Abs. 2 der Verbrauchsgüterkauf-Richtlinie 1999/44/EG.
1120 Weiterführend zur Problematik der Mindestharmonisierungsklauseln im Verbraucherschutzrecht *Taschner* in Mindestharmonisierung im Europäischen Binnenmarkt, S. 159 ff.
1121 Siehe oben § 5 I 2 b.
1122 Siehe oben § 4 IV 1.

Vereinigten Königreich hervorgerufen. Von einer Reform des UCTA sah man unter anderem deshalb ab, weil man eine Anpassung an den persönlichen Anwendungsbereich der Klausel-Richtlinie für zu kompliziert bzw. zeitaufwendig hielt.
Die Untersuchung der Umsetzung der Klausel-Richtlinie hat gezeigt, dass die Beschränkung des Anwendungsbereichs privatrechtlicher Richtlinien auf Verbraucherverträge zumindest dann wenig sinnvoll ist, wenn diese Beschränkung nicht - wie etwa bei der Pauschalreise-Richtlinie oder bei der Timesharing-Richtlinie - aus der „Natur der Sache" folgt[1123]. Ist die einer Richtlinie zugrunde liegende Problematik nicht auf das Verhältnis zwischen Gewerbetreibendem und Verbraucher beschränkt, besteht also auch in Bezug auf andere als Verbraucherverträge ein Regelungsbedürfnis, so sind Koordinierungsprobleme bei der Richtlinienumsetzung vorprogrammiert, falls die Richtlinie ausschließlich auf Verbraucherverträge ausgerichtet ist. In diesem Fall werden die Mitgliedstaaten nämlich hinsichtlich des von der Richtlinie nicht erfassten Bereichs Vorschriften rein nationalen Ursprungs beibehalten oder erlassen, die mit der Richtlinie nicht unbedingt kompatibel sind.

[1123] Kritisch zum beschränkten persönlichen Anwendungsbereich der Klausel-Richtlinie auch *Remien* in Europäische Rechtsangleichung und nationale Privatrechte, S. 107, 113 f.

3. Kapitel: Schlussbetrachtung

§ 7 Die Verordnung als Alternative zur Richtlinie?

Die Untersuchung der Umsetzung der Klausel-Richtlinie hat gezeigt, dass die Privatrechtsangleichung mittels Richtlinien zwei Hauptprobleme aufwirft. Das der Richtlinie eigene, in Art. 249 Abs. 3 EGV verankerte Prinzip der gestuften Verbindlichkeit begründet zum einen die Gefahr der inhaltlich fehlerhaften Umsetzung der Richtlinienvorgaben durch die Mitgliedstaaten, also die Gefahr so genannter Inhaltsmängel. Zum anderen besteht die Gefahr einer unzureichenden Koordinierung des der Richtlinienumsetzung dienenden Rechtsakts mit der gewachsenen nationalen Privatrechtsordnung.
Beim Einsatz der Einheitsrecht stiftenden Verordnung anstelle der rechtsangleichenden Richtlinie ist ein Auftreten von Inhaltsmängeln nicht denkbar. Die Verordnung gilt, ohne dass es eines Umsetzungsakts bedürfte, unmittelbar in allen Mitgliedstaaten. Verordnungsbestimmungen können daher nicht fehlerhaft in das nationale Recht übertragen werden. Hierin liegt zweifellos ein Vorteil der Verordnung gegenüber der Richtlinie.
Im Hinblick auf die bei der Schaffung von Gemeinschaftsprivatrecht stets erforderliche Koordinierung der Gemeinschaftsrechtsakte mit den nationalen Privatrechtsordnungen ist die Verordnung der Richtlinie demgegenüber klar unterlegen. Das Beispiel der Klausel-Richtlinie zeigt, dass eine derartige Koordinierung bei der Schaffung von Gemeinschaftsprivatrecht äußerst wichtig ist, da die Gemeinschaft in über einen langen Zeitraum gewachsene nationale Privatrechtsordnungen eingreift. Werden die mehr oder weniger stark ausgeprägten Besonderheiten der nationalen Privatrechtsordnungen nicht hinreichend berücksichtigt, so drohen Widersprüche zwischen originär nationalem Recht und Gemeinschaftsprivatrecht.
Das richtlinienimmanente Prinzip der gestuften Verbindlichkeit ermöglicht den Mitgliedstaaten eine derartige Koordinierung. Zwar findet, wie die Untersuchung der Umsetzung der Klausel-Richtlinie gezeigt hat, eine sinnvolle Abstimmung der Richtlinienvorgaben mit der nationalen Rechtsordnung oftmals nicht statt, hierin liegt aber weniger ein Systemfehler des Rechtsangleichungsinstruments Richtlinie als vielmehr ein Versäumnis der Mitgliedstaaten.
Beim Einsatz der unmittelbar geltenden Verordnung wird den Mitgliedstaaten demgegenüber die Möglichkeit einer Koordinierung der gemeinschaftsrechtlichen Regelungen mit den nationalen Privatrechtsordnungen genommen. Die Verordnung versagt daher bei der Lösung des Hauptproblems, das sich bei der Schaffung von Gemeinschaftsprivatrecht stellt. Der in der Vermeidung von Umsetzungsfehlern liegende Vorteil der Verordnung gegenüber der Richtlinie wird durch die Nachteile der Verordnung also mehr als aufgewogen. Der Einsatz der

Einheitsrecht stiftenden Verordnung stellt aus diesem Grund keine Alternative zur Privatrechtsharmonisierung mittels Richtlinien dar.

§ 8 Thesen

1) Die zulässige Regelungsintensität einer Richtlinie hängt von der zugrunde liegenden Rechtsetzungskompetenz ab. Die Rechtsetzungskompetenzen der EG sind funktional ausgestaltet, sind also auf die Erreichung bestimmter Ziele gerichtet. Für die Regelungsintensität einer Richtlinie bedeutet dies, dass nur das zur Zielerreichung erforderliche Maß an Detailgenauigkeit zulässig ist.

2) Sofern es zur sinnvollen Zielerreichung erforderlich ist, dürfen Richtlinien im Einzelfall auch sehr genaue Vorgaben enthalten. Von besonderer Bedeutung ist dieser Gedanke für privatrechtliche Richtlinien, da eine Privatrechtsharmonisierung oftmals nur Erfolg versprechend ist, wenn sie an zentralen Stellen ins Detail geht und sich nicht auf die Annäherung allgemeiner Grundstrukturen beschränkt.

3) Die Mitgliedstaaten müssen bei der Richtlinienumsetzung darauf achten, den Richtlinieninhalt möglichst bruchlos in die nationale Rechtsordnung einzufügen. Sie dürfen sich nicht mit einer unreflektierten Übernahme des Richtlinienwortlauts begnügen, sondern müssen darüber hinausgehende Aktivitäten entfalten, um der Richtlinie zur vollen Wirksamkeit im nationalen Rechtssystem zu verhelfen.

4) Zur Umsetzung einer Richtlinienbestimmung ist der Hinweis auf eine dieser Bestimmung bereits entsprechende Rechtsprechung nationaler Gerichte nur unter zwei Voraussetzungen ausreichend. Zum einen muss es sich um eine gesicherte höchstrichterliche Rechtsprechung handeln, da nur diese das erforderliche Maß an Rechtssicherheit gewährleistet. Zum anderen darf sich die „Umsetzungsrechtsprechung" nur auf Randbereiche einer Richtlinie beziehen. Die zentralen Regelungen einer Richtlinie bedürfen aus Gründen der Rechtssicherheit zwingend einer gesetzlichen Umsetzung.

5) Gegen eine Richtlinienumsetzung durch ein Gesetz im nur materiellen Sinne, also durch ein Gesetz, das von der Exekutive erlassen wird, nachdem eine entsprechende Delegation der Gesetzgebungskompetenz durch das Parlament erfolgt ist, bestehen unter dem Gesichtspunkt der Gewährleistung der vollen Wirksamkeit der Richtlinie keine Bedenken.

6) Es lassen sich zwei Arten von Umsetzungsfehlern unterscheiden, Inhaltsmängel und Koordinierungsmängel. In der Gruppe der Inhaltsmängel lassen sich solche Umsetzungsdefizite zusammenfassen, die auf der inhaltlich fehlerhaften Übertragung einer Richtlinienregelung in das nationale Recht

beruhen. In der Gruppe der Koordinierungsmängel lassen sich diejenigen Umsetzungsdefizite zusammenfassen, die auf mangelhafter Koordinierung des Umsetzungsakts mit der nationalen Privatrechtsordnung beruhen.

7) Nationale Umsetzungstechniken haben einen allenfalls geringen Einfluss auf die Entstehung von Inhaltsmängeln.

8) Nationale Umsetzungstechniken haben demgegenüber einen großen Einfluss auf die Entstehung von Koordinierungsmängeln.

9) Die Wahl der Umsetzungstechnik sollte primär an dem Ziel ausgerichtet werden, den Richtlinieninhalt möglichst bruchlos in die Rechtsordnung einzufügen. Geschieht dies nicht, so sind Koordinierungsmängel vorprogrammiert.

10) Daraus folgt, dass nicht jede Umsetzungstechnik für jeden Mitgliedstaat gleich geeignet ist. Die Wahl der Umsetzungstechnik muss in Abhängigkeit von der jeweiligen nationalen Rechtslage vor Erlass der Richtlinie getroffen werden.

11) Die Klausel-Richtlinie hat einen unterschiedlich starken Einfluss auf die Privatrechte der untersuchten Mitgliedstaaten ausgeübt. Ihre Auswirkungen waren umso größer, je weniger das durch sie geregelte Gebiet Gegenstand älterer nationaler Bestimmungen war.

12) Der Harmonisierungserfolg der Klausel-Richtlinie ist – zumindest in Bezug auf die untersuchten Mitgliedstaaten – als gering einzustufen.

13) Angesichts der nach wie vor bestehenden Unterschiede im nationalen Recht der untersuchten Mitgliedstaaten ist höchst zweifelhaft, ob die Klausel-Richtlinie ihrem Anspruch, zur Verwirklichung des Binnenmarktes beizutragen, gerecht wird.

14) Der Harmonisierungserfolg der Klausel-Richtlinie wurde vor allem durch zwei Faktoren beeinträchtigt. Einen negativen Einfluss hatte zum einen Art. 8 RL, der den Mitgliedstaaten den Erlass oder die Beibehaltung strengerer Vorschriften zur Erreichung eines höheren Verbraucherschutzniveaus gestattet. Auf Mindestharmonisierungsklauseln nach der Art des Art. 8 RL sollte bei zukünftigen Harmonisierungsprogrammen verzichtet werden.

15) Negative Auswirkungen auf den Harmonisierungserfolg hatte zum anderen der auf Verbraucherverträge beschränkte persönliche Anwendungsbereich

der Klausel-Richtlinie. Alle untersuchten Mitgliedstaaten haben an Vorschriften, die über den persönlichen Anwendungsbereich der Klausel-Richtlinie hinausgehen, festgehalten, was gemeinschaftsrechtlich zwar nicht zu beanstanden ist, den Harmonisierungserfolg der Richtlinie aber schmälert.

16) Die Beschränkung der Klausel-Richtlinie auf Verbraucherverträge hat sich darüber hinaus insofern als problematisch erwiesen, als sie die Einpassung des Richtlinieninhalts in die nationalen Privatrechtsordnungen erschwert hat.

17) Die Untersuchung der Umsetzung der Klausel-Richtlinie hat gezeigt, dass die Beschränkung des Anwendungsbereichs privatrechtlicher Richtlinien auf Verbraucherverträge zumindest dann wenig sinnvoll ist, wenn diese Beschränkung nicht – wie etwa bei der Pauschalreise-Richtlinie oder bei der Timesharing-Richtlinie – aus der „Natur der Sache“ folgt. Ist die einer Richtlinie zugrunde liegende Problematik nicht auf das Verhältnis zwischen Gewerbetreibendem und Verbraucher beschränkt, besteht also auch in Bezug auf andere als Verbraucherverträge ein Regelungsbedürfnis, so sind Koordinierungsprobleme bei der Richtlinienumsetzung vorprogrammiert, falls die Richtlinie ausschließlich auf Verbraucherverträge ausgerichtet ist. In diesem Fall werden die Mitgliedstaaten nämlich hinsichtlich des von der Richtlinie nicht erfassten Bereichs Vorschriften rein nationalen Ursprungs beibehalten oder erlassen, die mit der Richtlinie nicht unbedingt kompatibel sind.

18) Der Einsatz der Einheitsrecht stiftenden Verordnung stellt keine Alternative zur Privatrechtsharmonisierung mittels Richtlinien dar. Die unmittelbar geltende Verordnung nimmt den Mitgliedstaaten die Möglichkeit einer Koordinierung der gemeinschaftsrechtlichen Regelungen mit den nationalen Privatrechtsordnungen und versagt daher bei der Lösung des Hauptproblems, das sich bei der Schaffung von Gemeinschaftsprirecht stellt.

STUDIEN ZUM VERGLEICHENDEN UND INTERNATIONALEN RECHT

Herausgeber: Bernd von Hoffmann, Erik Jayme und Heinz-Peter Mansel

Band 1 Ferdinand Henke: Die Datenschutzkonvention des Europarates. 1986.

Band 2 Peter Czermak: Der express trust im internationalen Privatrecht. 1986.

Band 3 Peter Kindler: Der Ausgleichsanspruch des Handelsvertreters im deutsch-italienischen Warenverkehr. Eine rechtsvergleichende und kollisionsrechtliche Untersuchung. 1987.

Band 4 Wilhelm Denzer: Stellung und Bedeutung des Engineers in den FIDIC-Bauvertragsbedingungen. 1988.

Band 5 Marijan-Maximilian Lederer: Die internationale Enteignung von Mitgliedschaftsrechten unter besonderer Berücksichtigung der französischen Enteignungen 1982. 1989.

Band 6 Rainer Esser: Klagen gegen ausländische Staaten. 1990.

Band 7 Chang Jae-Ok: Auf dem Weg zu einer Materialisierung des Immateriellen ? Personen-, Persönlichkeitsschutz und Geldersatz des immateriellen Schadens in rechtsvergleichender Hinsicht am Beispiel des koreanischen und japanischen Zivilrechts unter besonderer Berücksichtigung des deutschen Rechts. 1990.

Band 8 Paul-Frank Weise: Lex mercatoria. Materielles Recht vor der internationalen Handelsschiedsgerichtbarkeit.1990.

Band 9 Werner Born: Der Auftrittsvertrag für Musikgruppen im Bereich der Rock- und Popmusik. 1990.

Band 10 Ralf Erich Jürgens: IPR und Verfassung in Italien und in der Bundesrepublik Deutschland. 1990.

Band 11 Rainer Gildeggen: Internationale Schieds- und Schiedsverfahrensvereinbarungen in Allgemeinen Geschäftsbedingungen vor deutschen Gerichten. 1991.

Band 12 Klaus Grabinski: Die kollisionsrechtliche Behandlung des Durchgriffs bei rechtlich verselbständigten Unternehmen in privater oder öffentlicher Hand. 1991.

Band 13 Dieter Stummel: Konkurs und Integration. Konventionsrechtliche Wege zur Bewältigung grenzüberschreitender Insolvenzverfahren. 1991.

Band 14 Joachim Güntzer: Die Rechtsstellung des Geschäftsführers im spanischen Aktienrecht. Die Neuregelung des spanischen Aktienrechts nach dem Beitritt Spaniens zur EG. 1991.

Band 15 Sabine Isenburg-Epple: Die Berücksichtigung ausländischer Rechtshängigkeit nach dem Europäischen Gerichtsstands- und Vollstreckungsübereinkommen vom 27.9.1968. Untersuchungen zum Anwendungsbereich von Art. 21 EuGVÜ unter schwerpunktmäßiger Behandlung der Frage nach der Bestimmung eines europäischen Streitgegenstandsbegriffs. 1992.

Band 16 Ulrich Nickl: Die Qualifikation der culpa in contrahendo im Internationalen Privatrecht. 1992.

Band 17 Theo Rauh: Leistungserschwerungen im Schuldvertrag. Eine rechtsvergleichende Untersuchung des englischen, US-amerikanischen, französischen und deutschen Rechts unter besonderer Berücksichtigung der gerichtlichen Praxis. 1992.

Band 18 Bernadette Chaussade-Klein: Vorvertragliche "obligation de renseignements" im französichen Recht. 1992.

Band 19 Josef Sievers: Verbraucherschutz gegen unlautere Vertragsbedingungen im französischen Recht. Vom Code civil zum "Code de la consommation" – die Entstehung eines Sonderprivatrechts für Verbraucher. 1993.

Band 20 Achim Schäfer: Grenzüberschreitende Kreditsicherung an Grundstücken, unter besonderer Berücksichtigung des deutschen und italienischen Rechts. 1993.

Band 21 Eugenio Hernández-Breton: Internationale Gerichtsstandsklauseln in Allgemeinen Geschäftsbedingungen. Unter besonderer Berücksichtigung des deutsch-südamerikanischen Rechtsverkehrs (dargestellt am Beispiel Argentinien, Brasilien und Venezuela). 1993.

Band 22 Ingo Reng: Unterhaltsansprüche aufgrund nichtehelicher Lebensgemeinschaft – Internationales Privatrecht und ausländisches materielles Recht. 1994.

Band 23 Stefanie Roloff: Die Geltendmachung ausländischer öffentlicher Ansprüche im Inland. 1994.

Band 24 Katharina Ludwig: Der Vertragsschluß nach UN-Kaufrecht im Spannungsverhältnis von Common Law und Civil Law. Dargestellt auf der Grundlage der Rechtsordnungen Englands und Deutschlands. 1994.

Band 25 Malte Diesselhorst: Mehrparteienschiedsverfahren. Internationale Schiedsverfahren unter Beteiligung von mehr als zwei Parteien. 1994.

Band 26 Manfred Kost: Konsensprobleme im internationalen Schuldvertragsrecht. 1995.

Band 27 Wolff-Heinrich Fleischer: Das italienische Wettbewerbsrecht und die Probleme des selektiven Parfümvertriebs unter Berücksichtigung der Rechtslage in Frankreich und Deutschland. 1995.

Band 28 Angelika Fuchs: Lateinamerikanische Devisenkontrollen in der internationalen Schuldenkrise und Art. VIII Abschn. 2 b) IWF-Abkommen. 1995.

Band 29 Jacques Matthias Aull: Der Geltungsanspruch des EuGVÜ: "Binnensachverhalte" und Internationales Zivilverfahrensrecht in der Europäischen Union. Zur Auslegung von Art. 17 Abs. 1 S. 1 EuGVÜ. 1996.

Band 30 Hartmut Ost: EVÜ und fact doctrine. Konflikte zwischen europäischer IPR-Vereinheitlichung und der Stellung ausländischen Rechts im angelsächsischen Zivilprozeß. 1996.

Band 31 Stefan Wagner: Die Testierfähigkeit im Internationalen Privatrecht. 1996.

Band 32 Wolfgang Jakob Hau: Positive Kompetenzkonflikte im Internationalen Zivilprozeßrecht. Überlegungen zur Bewältigung von *multi-fora disputes*. 1996.

Band 33 Markus Schütz: UN-Kaufrecht und *Culpa in contrahendo*. 1996.

Band 34 Volker Geyrhalter: Das Lösungsrecht des gutgläubigen Erwerbers. Ein "vergessener" Kompromiß und die Auswirkungen auf das heutige deutsche Recht unter besonderer Berücksichtigung des internationalen Sachenrechts. 1996.

Band 35 Andreas Kramer: Abwicklungsstörungen bei Kaufverträgen. Die Lieferung vertragswidriger Sachen im deutschen und italienischen Recht. 1996.

Band 36 Petra Krings: Erfüllungsmodalitäten im internationalen Schuldvertragsrecht. 1997.

Band 37 Tonja Gaibler: Der rechtsgeschäftliche Irrtum im französischen Recht. 1997.

Band 38 Dirk Otto: Rechtsspaltung im indischen Erbrecht. Bedeutung und Auswirkungen auf deutsch-indische Nachlaßfälle. 1997.

Band 39 Gregor W. Decku: Zwischen Vertrag und Delikt. Grenzfälle vertraglicher und deliktischer Haftung dargestellt am Beispiel der Berufs- und Expertenhaftung zum Schutze des Vermögens Dritter im deutschen und englischen Recht. 1997.

Band 40 Ulrike Höpping: Auswirkungen der Warenverkehrsfreiheit auf das IPR unter besonderer Berücksichtigung des Internationalen Produkthaftungsrechts und des Internationalen Vertragsrechts. 1997.

Band 41 Andreas Bartosch: Die vermögensrechtlichen Beziehungen der Ehegatten bei bestehender Ehe im englischen Recht – Eigentum, Besitz, Schuldvertrag. 1997.

Band 42 Helene Boriths Müller: Die Umsetzung der europäischen Übereinkommen von Rom und Brüssel in das Recht der Mitgliedstaaten. Dargestellt am Beispiel Deutschlands und Dänemarks. 1997.

Band 43 Bernd von Hoffmann / Myong-Chang Hwang (eds.): The Public Concept of Land Ownership. Reports and Discussions of a German-Korean Symposium held in Seoul on October 7-9, 1996. 1997.

Band 44 Oliver Heeder: Fraus legis. Eine rechtsvergleichende Untersuchung über den Vorbehalt der Gesetzesumgehung in Deutschland, Österreich, der Schweiz, Frankreich und Belgien unter besonderer Berücksichtigung des Internationalen Privatrechts. 1998.

Band 45 Heinrich Schütt: Deliktstyp und Internationales Privatrecht. Dargestellt an grenzüberschreitenden Problemen der Arzthaftung. 1998.

Band 46 Axel Steiner: Die stillschweigende Rechtswahl im Prozeß im System der subjektiven Anknüpfungen im deutschen Internationalen Privatrecht. 1998.

Band 47 Martina Schulz: Der Eigentumsvorbehalt in europäischen Rechtsordnungen. Rechtsvergleichende Untersuchung des deutschen, englischen und französischen Rechts unter besonderer Berücksichtigung von Erweiterungen und Verlängerungen. 1998.

Band 48 Karin Dreher: Die Rechtswahl im internationalen Erbrecht. Unter besonderer Berücksichtigung des italienischen IPR-Reformgesetzes N. 218 vom 31. Mai 1995. 1999.

Band 49 Giuliano Gabrielli: Das Verhältnis zwischen der Anfechtung wegen Eigenschaftsirrtums und den Gewährleistungsansprüchen im deutschen, österreichischen und italienischen Recht. 1999.

Band 50 Bernd von Hoffmann / Myong-Chan Hwang (eds.): Developments in Land Law. Reports and Discussions of a German-Korean Symposium held in Berlin and Trier on July 21-24, 1997. 1999.

Band 51 Volker Heidbüchel: Das UNCITRAL-Übereinkommen über unabhängige Garantien und Standby Letters of Credit. Vergleiche mit den Richtlinien der Internationalen Handelskammer, dem deutschen, englischen und US-amerikanischen Recht. 1999.

Band 52 Jan Christoph Nordmeyer: Pflichtteilsansprüche und Wiedervereinigung. Eine systematische Analyse der Ausgleichsansprüche nach BGB-Pflichtteilsrecht unter besonderer Berücksichtigung der durch den Wiedervereinigungsprozeß eingetretenen Wertveränderungen. 1999.

Band 53 Bettina Linder: Vertragsabschluß beim grenzüberschreitenden Verbraucherleasing. 1999.

Band 54 Almontasser Fetih: Die zivilrechtliche Haftung bei Vertragsverhandlungen. Eine rechtsvergleichende Studie zum deutschen, französischen, ägyptischen und islamischen Recht. 2000.

Band 55 Sona Rajani: Die Geltung und Anwendung des Gemeinschaftsrechts im Vereinigten Königreich von Großbritannien und Nordirland. Der Grundsatz der Parlamentssouveränität im Wandel. 2000.

Band 56 Joachim Kayser: Gegenmaßnahmen im Außenwirtschaftsrecht und das System des europäischen Kollisionsrechts. Eine Analyse der EU-Abwehrverordnung gegen die Auswirkungen extraterritorialer Rechtserstreckung eines Drittlandes. 2001.

Band 57 Albrecht Conrad: Qualifikationsfragen des Trust im Europäischen Zivilprozeßrecht. 2001.

Band 58 Bernd Borgmann: Die Entsendung von Arbeitnehmern in der Europäischen Gemeinschaft. Wechselwirkungen zwischen Kollisionsrecht, Grundfreiheiten und Spezialgesetzen. 2001.

Band 59 Aleksandar Jaksic: Arbitration and Human Rights. 2002.

Band 60 Islamisches und arabisches Recht als Problem der Rechtsanwendung. Symposium zu Ehren von Professor Emeritus Dr. iur. Omaia Elwan. Veranstaltet vom Institut für ausländisches und internationales Privat- und Wirtschaftsrecht der Universität Heidelberg und der Gesellschaft für Arabisches und Islamisches Recht e.V. Herausgegeben von Herbert Kronke, Gert Reinhart und Nika Witteborg. 2001.

Band 61 Patrick Fiedler: Stabilisierungsklauseln und materielle Verweisung im internationalen Vertragsrecht. 2001.

Band 62 Werner Mangold: Die Abtretung im Europäischen Kollisionsrecht. Unter besonderer Berücksichtigung des spanischen Rechts. 2001.

Band 63 Eike Dirk Eschenfelder: Beweiserhebung im Ausland und ihre Verwertung im inländischen Zivilprozess. Zur Bedeutung des US-amerikanischen discovery-Verfahrens für das deutsche Erkenntnisverfahren. 2002.

Band 64 Bernd Ehle: Wege zu einer Kohärenz der Rechtsquellen im Europäischen Kollisionsrecht der Verbraucherverträge. 2002.

Band 65 Heiko Lehmkuhl: Das Nacherfüllungsrecht des Verkäufers im UN-Kaufrecht. 2002.

Band 66 Jochen Nikolaus Schlotter: Erbrechtliche Probleme in der Société Privée Européenne. IPR-Harmonisierung im einheitlichen Europäischen Rechtsraum. 2002.

Band 67 Konrad Ost: Doppelrelevante Tatsachen im Internationalen Zivilverfahrensrecht. Zur Prüfung der internationalen Zuständigkeit bei den Gerichtsständen des Erfüllungsortes und der unerlaubten Handlung. 2002.

Band 68 Tobias Bosch: Die Durchbrechungen des Gesamtstatuts im internationalen Ehegüterrecht. Unter besonderer Berücksichtigung deutsch-französischer Rechtsfälle. 2002.

Band 69 Ursula Philipp: Form im amerikanischen Erbrecht. Zwischen Formalismus und harmless error. 2002.

Band 70 Christian Stefan Wolf: Der Begriff der wesentlich engeren Verbindung im Internationalen Sachenrecht. 2002.

Band 71 André Fomferek: Der Schutz des Vermögens Minderjähriger. Ein Vergleich des deutschen und des englischen Rechts unter Berücksichtigung des schottischen und irischen Rechts. 2002.

Band 72 Nicolas Blanchard: Die prozessualen Schranken der Formfreiheit. Beweismittel und Beweiskraft im EG-Schuldvertragsübereinkommen in deutsch-französischen Vertragsfällen. 2002.

Band 73 Markus Dreißigacker: Sprachenfreiheit im Verbrauchervertragsrecht. Der Verbraucher im Spannungsfeld zwischen kultureller Identität und Privatautonomie. 2002.

Band 74 Vassiliki Myller-Igknay: Auskunftsansprüche im griechischen Zivilrecht. Auswirkungen im deutsch-griechischen Rechtsverkehr sowie im deutschen internationalen Privat- und Verfahrensrecht. 2003

Band 75 Stefan Bruinier: Der Einfluss der Grundfreiheiten auf das Internationale Privatrecht. 2003.

Band 76 Nika Witteborg: Das gemeinsame Sorgerecht nichtverheirateter Eltern. Eine Untersuchung im soziologischen, rechtsgeschichtlichen, verfassungsrechtlichen, rechtsvergleichenden und internationalen Kontext. 2003.

Band 77 Peter Stankewitsch: Entscheidungsnormen im IPR als Wirksamkeitsvoraussetzungen der Rechtswahl. 2003.

Band 78 Jan Wilhelm Ritter: Euro-Einführung und IPR unter besonderer Berücksichtigung nachehelicher Unterhaltsverträge. Eine Untersuchung mit Blick auf das deutsche, französische und schweizerische Recht. 2003.

Band 79 Wolf Richard Herkner: Die Grenzen der Rechtswahl im internationalen Deliktsrecht. 2003.

Band 80 Ira Ditandy: Internationale Zuständigkeit. Neuregelung durch die LOPJ 1985. Vergleich mit dem europäischen Vorbild und Auswirkungen auf das spanische internationale Zivilverfahrensrecht. 2003.

Band 81 Andrea Verena Schefold: Werbung im Internet und das deutsche Internationale Privatrecht. 2003

Band 82 Klaus Herkenrath: Die Umsetzung der Richtlinie 93/13/EWG über missbräuliche Klauseln in Verbraucherverträgen in Deutschland, dem Vereinigten Königreich, Frankreich und Italien. Auswirkungen nationaler Umsetzungstechniken auf dem Harmonisierungserfolg. 2003.

Band 83 Alexander Thünken: Das kollisonsrechtliche Herkunfslandprinzip. 2003.